Inhalt

Einleitung

„Sport und Propaganda – wo lagen die Grenzen? Wir fragten nicht nach den Hintergründen. Wir waren froh, wenn wir spielen durften.“

(Fritz Walter in „Elf Rote Jäger“)

Am 30. Januar 1933 übernahm die Nationalsozialistische Deutsche Arbeiterpartei (NSDAP) die Macht im Deutschen Reich; Adolf Hitler wurde Reichskanzler. Die Nationalsozialisten betrieben in den folgenden Monaten eine Gleichschaltung in allen Bereichen des gesellschaftlichen Lebens. Hitler wollte durch die Eliminierung der Regimegegner seine diktatorischen Machtbefugnisse festigen. Dazu zählte auch die rigorose und konsequente Einbindung des Sports in das politisch-ideologische Konzept der neuen Machthaber.

Sport und Politik sind nie gänzlich voneinander zu trennen. Man braucht gar nicht lange zurückzublicken.

1998 traf der FC Bayern München in einem Qualifikationsspiel zur Champions League auf einen serbischen Fußballklub namens NK Obilic Belgrad. In Unkenntnis der Hintergründe witzelten Fans und Journalisten lange über den niedlichen Gegner und nannten ihn „Obelix“. Dann kam heraus, daß ein Kriegstreiber und Mordgeselle die Fäden zieht bei Obilic: Zeljiko Raznjatovic, genannt Arkan. Der Europäische Fußballverband UEFA hielt sich heraus, und der FC Bayern stolperte konzeptlos durch das fremde Gebiet internationaler Politik. Ratlos mieden die Funktionäre das Rückspiel in Belgrad. Präsident Beckenbauer ließ sich entschuldigen, Vize Rummenigge ließ sich entschuldigen, Vize Scherer ließ sich entschuldigen. Mario Basler fuhr hin. Aber Mario Basler würde vermutlich auch zur Hölle fahren. Denn Mario Basler weiß von nichts. „Ich habe überhaupt keine Probleme damit“, zitiert die *Süddeutsche Zeitung* den Fußballprofi. Daß „dieser Herr“, dessen Name ihm zwischendurch wieder entfallen war, „Präsident von einem Verein ist, ist da drüben vielleicht ganz normal“. Baslers beklemmende Rede gipfelte in dem Satz: „Jeder macht mal Fehler.“ Er meinte Arkan, den Mörder.

Basler ist Nationalspieler, und damit Repräsentant des deutschen Fußballs. 1998 bestritt die bundesdeutsche Nationalmannschaft übrigens ein Freundschaftsspiel gegen die Auswahl Nigerias. Menschenrechtsorganisationen protestierten, weil Nigeria seinerzeit vom skrupellosen Diktator Abacha regiert, besser: geknechtet wurde. Doch der Deutsche Fußballbund (DFB), der das Spiel hätte absagen können, tat seine Standardformel kund: Sport und Politik müsse man trennen.

So ist es heute. Wie war es in den Jahren zwischen 1933 und 1945?

Hitler und der Fußball. Ignorierte der Führer die Kicker? Führte man eine kühle Zweckgemeinschaft? Oder half der populäre Fußball dem populistischen Regenten, die Volksgemeinschaft enger an sich zu binden und das Ausland zu täuschen? Klappte also das Zusammenspiel zwischen Fußball und Nationalsozialismus?

Schenkt man den bisherigen Vereins- und Verbandspublikationen Glauben, dann hat sich zwischen 1933 und 1945 nichts Außergewöhnliches ereignet. Wird das Thema überhaupt gestreift, dann werden die Nationalsozialisten als entfernte, aber strikt lenkende Macht dargestellt. Wie eine Sturmflut brach alles über die – unschuldigen – Fußballer und ihre Funktionäre herein. Die Vereine und Verbände erscheinen stets als Opfer der Anordnungen des neuen Regimes. In den offiziellen Chroniken bleibt die Willfährigkeit gegenüber dem NS-Regime meist ebenso unerwähnt wie das Schicksal jüdischer Vereinsmitglieder.

„Da wurde nach 1945 alles weggeschmissen", antwortet Rolf Lutz, Pressewart des Hessischen Fußballverbandes (HFV) und des Landessportbundes Hessen, auf die Anfrage, ob man denn Einsicht nehmen könne in die Chroniken dieser Sportorganisationen. „Wirklich ganz wenige" Unterlagen würden noch existieren.

Und beim Deutschen Fußballbund (DFB) sei so gut wie nichts mehr vorhanden, führt er weiter aus, beim Deutschen Sportbund (DSB) fast nichts. Wurden die Akten bewußt weggeworfen, um zu vertuschen? Oder waren sie ganz einfach den Verwüstungen und dem Chaos der Kriegstage zum Opfer gefallen?

Hans Scheuerer, Geschäftsführer des Bayerischen Fußballverbandes (BFV), sagt, es sei unbekannt, wo die Unterlagen abgeblieben seien. Ein Archiv für den Bayerischen und Süddeutschen Fußballverband existiere jedenfalls erst seit 1945. Er könne nur mit einem Buch mit dem Titel „60 Jahre Süddeutscher Fußballverband" dienen, das 1957 erschienen sei. Die betreffende Zeit von 1933 bis 1945 sei darin indessen „nicht detailliert" beschrieben.

Richtig. Das gesamte Werk umfaßt 248 Seiten, nur gut drei davon befassen sich mit den Vorgängen zur Zeit der Hitler-Diktatur. Und diese drei Seiten sind ein Paradebeispiel für die unkritische Reflexion der eigenen Geschichte. Sie schließen mit folgenden Sätzen: „Da der Süddeutsche Fußball-Verband in diesen Jahren nur noch mit dem Zusatze 'in Liquidation' in Erscheinung trat, ist weiter nichts zu berichten (!!!).“ Die Spiele? „Die Ergebnisse derselben bringen wir im technischen Teil.“

Paul Flierl, der Verfasser dieser Chronik, war letzter Vorsitzender des Süddeutschen Fußball-Verbandes bis 1933 und dann im Dritten Reich an höchster Position, nämlich „Gausportführer“ des Gaues 16, Bayern. Kein Wunder, daß eine Aufarbeitung der Rolle des Fußballs in der Hitler-Diktatur nicht geschah. Namen will er auch nicht nennen. Ein Beispiel: Der Südwesten stellte nach seinen Worten einen Bewerber für das Amt des „Reichssportführers“. Doch der Name dieses Mannes, schreibt Flierl, täte „nichts zur Sache“. „Fußball und Nationalsozialismus: Eine düstere Geschichte“, bilanziert der Fußball-Autor Hardy Grüne. „Vor allem aber eine unbekannte.“ (Grüne 1995, S. 90)

Dieses Buch soll zeigen, daß die Nationalsozialisten das Fußballgeschehen in den Jahren 1933 bis 1945 in erheblichem Maße beeinflußten. Zwar wollten einige Zeitgenossen, die wir befragt haben, glauben machen, der Fußballbetrieb sei ohne entscheidende Intervention der braunen Machthaber vonstatten gegangen; doch dies ist nur eine oberflächliche Betrachtung. Die Realität sah anders aus. Jüdische Fußballer wurden drangsaliert, von Wettkämpfen ausgeschlossen, einige gar getötet. Bekannte Kicker wurden instrumentalisiert als Aushängeschild für das Nazi-Regime. Länderspiele der deutschen Fußball-Nationalmannschaft wurden benutzt als Propaganda für ein aggressives Deutschland, das sich unter dem Deckmantel sportiver Imagepflege als friedliebend präsentieren wollte. Der Arbeitersport wurde verboten, desgleichen die Leibesübungen der konfessionellen Vereine. Übungen der Fußballer wurden mißbraucht zu paramilitärischer Ausbildung und orientierten sich am Leitbild des „sportlichen Soldaten“. Der Breitensport wurde kanalisiert in einen Drill, der den Nationalsozialisten und ihrer autoritären Ideologie zugute kam. Die Reihe ließe sich beliebig fortsetzen.

Recht blauäugig klingt vor diesem Hintergrund Max Schmelings Versicherung gegenüber dem IOC-Präsidenten Avery Brundage: „Der Sport interessiert sich nicht für Politik“, sagte Schmeling vor den Olympischen Spielen in Berlin. Der Sport war mittendrin – als Spielball. Und der Fußball auch. Als die deutsche Fußball-Nationalmannschaft am 6. April 1941 ein Match gegen Ungarn auszutragen hatte, ließ Reichssportführer Hans von Tschammer und Osten den Elitekickern bestellen: „Spielt ja fair! Es liegt etwas Besonderes in der Luft! Das Spiel ist mehr als ein Fußballspiel. Es ist eine Demonstration der Freundschaft." Er meinte damit: Ungarn wird bald an der Seite der Achsenmächte Deutschland und Italien in den Krieg eintreten. (Schön 1978, S. 97).

Dieses Buch soll auch zeigen, in welchem Maße die Fußballer instrumentalisiert wurden. Was war mit dem FC Schalke 04, der in den zwölf Jahren Nazi-Herrschaft sechsmal Meister wurde – mit seinem kongenialen Duo Ernst Kuzorra und Fritz Szepan an der Spitze? Und die Nationalspieler, Aushängeschilder einer Diktatur? Viele Spitzenfußballer kamen in der Wehrmacht unter und durften, sofern sie sportfreudige Vorgesetzte hatten, ungeachtet ihrer Dienstpläne trainieren. Manche kamen später an die Front als Otto Normalverbraucher, viele erhielten über Gebühr Heimaturlaub, einige wurden aufgrund sportlicher Leistung in einer NS-Organisation befördert.

Über das Thema „Fußball im Dritten Reich" gibt es keine Überblicksdarstellung; nur punktuell behandeln historische Werke oder Fußballbücher die Ereignisse dieser Zeit. Die einzige Chronik, die der DFB bislang über die Vorkommnisse zwischen 1933 und 1945 verfaßt hat, stammt ebenfalls von einem einstigen Funktionär der Nazi-Zeit. Carl Koppehel, der sein Buch 1954 publizierte, war im Krieg Pressewart des DFB. Koppehel trug – was Wunder – ebenfalls wenig Erhellendes bei zu einem sehr dunklen Kapitel des DFB. Bis heute hat der DFB die Zeit nicht aufgearbeitet. Der Rhetorik-Professor Walter Jens geißelte dieses Verhalten schon 1975 bei einem Gastvortrag aus Anlaß des 75jährigen Bestehens des DFB. „Ich könnte den gleichen Vortrag heute noch einmal halten", sagte er im Interview für dieses Buch.

Im Jahr 2000 wird der DFB 100 Jahre alt. Aus diesem Anlaß will er im Herbst 1999 ein Buch herausgeben, für das er eine vierköpfige Arbeitsgruppe eingesetzt hat mit den Mitgliedern Dr. Wilfried Gerhardt (ehemaliger Generalsekretär des DFB), Karl-Heinz Heimann (Herausgeber der Sportfachzeitschrift *Kicker*), Klaus Koltzenburg (Mitarbeiter der Pressestelle des DFB) und Rudi Michel (ehemaliger Fernsehjournalist und Kommentator diverser WM-Endspiele).

Wird sich der DFB in diesem Buch nun endlich der Nazi-Zeit widmen?

Klaus Koltzenburg, den wir zuerst anriefen, sagte im Herbst 1998: „Die Zeit wird im Statistikteil abgehandelt. Ein eigenes Kapitel dazu ist nicht geplant." Es würden nur Fakten angeführt, und es sei darüber hinaus „nicht nötig", ihn zu zitieren. Auch Karl-Heinz Heimann sah seinerzeit keine Notwendigkeit für ein besonderes Kapitel zum Nationalsozialismus.

Im November 1998 traf sich die Arbeitsgruppe mit DFB-Mediendirektor Wolfgang Niersbach in Frankfurt. Als wir Niersbach hinterher anriefen, sah die Sache etwas anders aus: „Natürlich wird es ein Kapitel geben, in dem wir uns mit dem Thema Fußball und Nationalsozialismus beschäftigen." Niersbach bezeichnete es als wichtig, „dieses Thema nicht nachlässig zu behandeln". Man werde es „sauber dokumentiert zu Papier bringen". Auf „15 bis 20 Seiten".

DFB-Präsident Egidius Braun lehnte es ab, uns ein Interview zu geben. Aber nur deshalb, wie Niersbach sagte, „weil er sich erst einarbeiten oder einlesen müßte", um mit uns über Inhalte zu sprechen. So weit sei man noch nicht.

Aber immerhin. Was zur Kehrtwende geführt haben mag, ist ungewiß. Klar ist dagegen, daß sich zumindest Teile des DFB weiterhin schwer tun mit dem Fußball unter dem Hakenkreuz. Und daß das angestrebte, themenreiche Buch wohl nicht der geeignete Rahmen ist für ein derart problembehaftetes Kapitel in der Geschichte des DFB. Einige Seiten einer Festschrift dürften nicht reichen nach 55 Jahren Schweigen.

„Stürmer für Hitler" ist damit nicht nur das erste, sondern vorerst auch das einzige Buch, das sich ausführlich mit dem Zusammenspiel zwischen Fußball und Nationalsozialismus befaßt.

In Anbetracht der ungenügenden Forschungslage war es notwenig, auch auf zeitgenössische Zeitungsartikel, Memoiren von Fußballspielern und die Befragung von Zeitzeugen zurückzugreifen. Diese transportieren in jedem Fall eine Menge Information; ihre Auswertung hat jedoch kritisch zu erfolgen. Schließlich spielen unter anderem die Emotionen und Schutzmechanismen der Zeitzeugen herein, so daß eine objektive Darstellung bisweilen nicht möglich ist. Trotzdem haben diese Aussagen einen gewissen Quellenwert; zumal diese Möglichkeit der Informationsbeschaffung aufgrund des fortgeschrittenen Alters der Befragten irgendwann nicht mehr gegeben ist. Der jüdische Fußballer György Braunstein, der Sportjournalist Michael Steinbrecher, der KZ-Häftling Franz Brückl und der frühere Nationaltorwart Hans Jakob, die wir für unser Buch befragt haben, sind mittlerweile verstorben.

Gerd Fischer, Ulrich Lindner

„30.000 Begeisterte um das weite Rund erwidern erhobenen Armes den deutschen Gruß der Mannschaften", schrieb der *Fußball* unter dieses Foto von einem Berliner Lokalderby 1934.

KAPITEL 1

Die Nazis und der Fußball: Eine schwierige Freundschaft

„Man gebe der Nation sechs Millionen sportlich tadellos trainierte Körper, alle von fanatischer Vaterlandsliebe durchglüht und zu höchstem Angriffsgeist erzogen, und ein nationaler Staat wird aus ihnen, wenn notwendig, in nicht einmal zwei Jahren, eine Armee geschaffen haben, wenigstens insofern ein gewisser Grundstock für sie vorhanden ist."

(Adolf Hitler: Mein Kampf, 1943, Aufl. 775-779, S. 611)

„100.000 sind deprimiert aus dem Stadion weggegangen. Den Leuten liegt der Gewinn dieses Fußballspiels mehr am Herzen als die Einnahme irgendeiner Stadt im Osten", soll Joseph Goebbels nach der Niederlage der Nationalmannschaft gegen Schweden im September 1942 gesagt haben. Offensichtlich war Fußball vielen Menschen wichtiger geworden als das militärische Schicksal des eigenen Volkes. So setzte sich Goebbels also das ehrgeizige Ziel, Länderspielniederlagen fürderhin zu verhindern, um die Moral nicht noch weiter absinken zu lassen. Die einzige Lösung, die ihm einfiel, war, nach einer Schamfrist alle Länderspiele kurzerhand zu verbieten. Dieser verzweifelte Versuch, die Rundheit des Balles zu überwinden, zeigt aber auch die ungeheure gesellschaftliche Bedeutung, die der Fußball in seiner kurzen Geschichte erlangt hatte.

Diese begann etwa 70 Jahre zuvor; in Deutschland wird Sport – im Unterschied zum älteren Turnen – überhaupt erst seit circa 1880 betrieben. Seinerzeit gab es nur eine Handvoll Aktive, geschweige denn, daß diese seltsamen Aktivitäten Publikum angezogen hätten. Die Idee, Spiele an der frischen Luft zu betreiben, war für die meisten Menschen höchst fremdartig; der weitaus größte Teil der Bevölkerung war vollauf damit beschäftigt, das nackte Auskommen zu sichern. Es gab auch kaum Medien, die über den neuen Trend berichtet und ihm damit zu größerer Bekanntheit verholfen hätten. Hinzu kam, daß die junge Sportbewegung vom Establishment, vor allem von den nationalkonservativ geprägten Turnern, ziemlich angefeindet wurde. Erst nach dem Ersten Weltkrieg hatte die Sportbewegung eine wirkliche Chance, sich zum Massenphänomen zu entwickeln, und dies auch erst, als sich nach den Kriegswirren langsam Normalität einzustellen begann. Die verbreitete Sehnsucht nach Modernität, die in den zwanziger Jahren besonders die Jungen erfaßte, bildete einen guten Nährboden für den Sport. Der entwickelte sich dann auch ausgesprochen rasant, und Fußball stand hier eindeutig an der Spitze, sowohl in seiner Bedeutung als Breitensport wie auch als Zuschauersport. Spitzenspiele zwischen den Münchener Vereinen zogen bald bis zu 20.000 Zuschauer an, und die Vereine hatten stürmischen Zulauf, besonders unter der Jugend.

So überrascht es nicht, daß etwa um diese Zeit eine breite Diskussion über den moralischen und gesundheitlichen Wert des Sports und dessen Konsequenzen für die Entwicklung der Gesellschaft begann. Welchen Stellenwert dieses Thema im öffentlichen Diskurs hatte, zeigte das Interesse, das die literarische Boheme dem Sport plötzlich entgegenbrachte – hier stand allerdings vor allem das Boxen im Mittelpunkt. Der Sport hatte sicherlich den Duft des Modernen, und gerade für das eher linke bis liberale Spektrum bestand der Reiz auch darin, daß er eher englisch oder auch amerikanisch geprägt war als treudeutsch. So ließ er sich gegen das konservative Establishment in Deutschland wenden. Bert Brecht und der politisch sehr unstete Avantgardist und Brecht-Freund Arnolt Bronnen etwa steuerten je einen kurzen Essay über die Bedeutung des Sports zu einem Buch des Sportjournalisten Willy Meisl bei. Im Gegensatz zur organisierten Sportbewegung, die mit dem gesundheitlichen Nutzen der Leibesübungen für ihre Sache warb, begeisterte beide gerade das Unbürgerliche, Gewaltsame und Gefährliche des Sports.

Fußball: Deutsch oder undeutsch?

Spätestens von 1924 an entwickelte die Sportbewegung eine solche Größe und Dynamik, daß sie zwangsläufig auch politisch relevant werden mußte. Die Sportbewegung war zu dieser Zeit weltanschaulich gespalten, jedoch bildete die bürgerliche Seite die weitaus größere Fraktion – hier spielte die sozialistisch/kommunistische Seite kaum eine Rolle, denn diese hatte sich in der Arbeitersportbewegung schon vor dem Ersten Weltkrieg ihre eigene Sportorganisation geschaffen.

Der bürgerliche Zweig war fast von den Anfängen an politisch eher konservativ und national eingestellt, insofern man sich nicht als „unpolitisch" betrachtete. So bildete „parteipolitische Neutralität" auch den traditionellen Grundsatz der bürgerlichen Sportbewegung. Die Realität sah jedoch etwas anders aus; weltanschauliche Bekenntnisse waren anscheinend nicht ausgeschlossen, solange keine konkret politischen Stellungnahmen enthalten waren. Der „Flaggenstreit", der 1926 im Deutschen Fußball Bund (DFB) ausgefochten wurde, hellt diese Grauzone vielleicht etwas auf: Bei der Frage, ob man beim Bundestag des DFB die alte schwarz-weiß-rote Bundesfahne hissen oder sie durch eine neue, schwarz-rot-goldene ersetzen sollte, wurde salomonisch beigelegt: Man verzichtete schließlich vollkommen darauf, eine Fahne zu hissen und umging so das Problem, mit der alten Fahne ein faktisches Bekenntnis zur politischen Rechten abzulegen. Es erscheint aber auch bezeichnend, daß man sich nicht dazu durchringen konnte, die Farben der neuen parlamentarischen Republik zu übernehmen.

Diese deutschnationale Grundeinstellung wirkt zunächst vielleicht ein bißchen seltsam, kommen doch fast alle der neuen Sportarten, besonders die Ballspiele, aus dem Ausland, und zwar aus England, dem – in der Diktion der deutschnationalen Propaganda während des Ersten Weltkriegs – „perfiden Albion". Daß dies zumindest anfangs auch in weiten Kreisen so wahrgenommen wurde, zeigen zahlreiche Äußerungen maßgeblicher Personen um die Jahrhundertwende, die den Fußball als „Engländerei" zu diffamieren versuchen. Sehr bald schon gab es aber Bestrebungen sportlich aktiver Deutschnationaler, diesen neuartigen Spielen eine staatstragende Rolle zuzuweisen. Dies begann 1893 mit der Bildung eines permanenten Ausschusses durch Mitglieder der Sportbewegung, der sich mit der Frage beschäftigte, inwiefern diese Spiele der Armee nützen. Auch der DFB stand 1913 nicht abseits, als es darum ging, die „deutsche Sache" nach vorne zu bringen und der Armee seine Dienste anzubieten. Ein führender Funktionär „interpretiert das 'deutsche Fußballspiel' im Jahre 1913 als zuchtvolle Schule männlicher Charakterbildung und kämpferischen Siegeswillens. Er projiziert in das ursprünglich englische Spiel einen 'deutschen Wesensinhalt' und betrachtet es als Volkserziehungsmittel, dieses 'Wesen' zu konservieren." (Bernett 1976) Der DFB hielt sich also nicht mit Details auf und hatte letztlich keine große Mühe, den Sport als etwas originär Deutsches zu deklarieren.

Diese Bestrebungen hatten auch Erfolg, in der Reichswehr gab es schon vor dem Ersten Weltkrieg eine moderne Strömung in der militärischen Ausbildung, die eine allgemeine Körperertüchtigung etwa durch Leichtathletik, Fußball oder Rugby durchaus für nützlich hielt, die Kampfkraft der Soldaten zu steigern. Wie hartnäckig sich dennoch die Ablehnung des Sports in national eingestellten Kreisen bis in die zwanziger Jahre hielt, zeigt folgender Auszug aus einem Artikel, verfaßt von einem Funktionär des völkischen DTB (Deutscher Turnerbund): „Ist Sport nicht ebenso ein schleichendes Gift wie etwa die verjudete Kunst, Wissenschaft und Literatur? Muß der Sport nicht ebenso hart bekämpft werden wie Judentum, Jesuitismus und Internationale? Darum sei es hier gesagt: Der Sport ist undeutsch. Er kann nie deutschen Belangen dienen. Heraus, deutsche Jugend aus den Sportvereinen. Und das gilt auch für die Alten."

Vor demselben Dilemma, den undeutschen Sport „einzudeutschen", standen später auch die Nazis, je mehr diese für breite Wählerschichten akzeptabel sein wollten, und auch sie sahen sich genötigt, den Sport zum urdeutschen Phänomen umzudeuten (was ja alleine die – griechische – Herkunft des Wortes selbst nahelegt!). Die Nationalsozialisten wollten sich zum einen national gebärden; zum anderen mußten sie sich für breite Wählerschichten öffnen, also auch für die Sporttreibenden. Zu Beginn versuchte man sogar, den undeutschen Ausdruck „Sport" zugunsten von „Leibesübungen" zu vermeiden, spätestens nach 1933 gab man diesen Widerstand aber auf. Zum Nachweis der deutschen Herkunft dieses Phänomens bemühte der *Völkische Beobachter* in einem Grundsatzartikel vom 4. März 1933 unsere Vorfahren: „Schon die alten Germanen maßen ihre Kräfte im Werfen, Springen, Laufen und Schwimmen und erkürten ihren Besten zu ihrem Führer. Also ist es auch deutsche Eigenschaft, Höchstleistungen anzustreben ...".

1917, als sich die Niederlage im Krieg schon abzeichnete, hatte sich der Deutsche Reichsausschuß für Leibesübungen (DRA) unter Führung von Carl Diem konstituiert, der auch erster Generalsekretär wurde. „Auf der Gründungsversammlung wurde postuliert, daß die 'deutsche Form der Leibesübungen' die 'Form der Unübertrefflichkeit' sein solle. 'So wird die deutsche Rasse unübertreffbar sein.' Die Deutschen Kampfspiele sollten an die Stelle der Olympischen Spiele treten." (Geyer 1996, S. 21) Die Deutschen Kampfspiele wurden später die große sportliche Schauveranstaltung der SA. Überhaupt war „Kampf" ein zentraler Begriff nicht nur für die national eingestellten Sportfunktionäre, sondern auch für Nationalsozialisten, wenn es darum ging, einen „deutschen Sport" zu definieren. Carl Diem etwa äußerte Folgendes über die Nichtteilnahme Deutschlands an den Olympischen Spielen: „Sogar die nächsten Olympischen Spiele des Jahres 1924 wurden in ein Land des Feindhasses, nach Frankreich verlegt, damit wurde, selbst wenn sich das Internationale Olympische Komitee seiner ureigenen

Pflicht, alle Nationen einzuladen, erinnern sollte, eine Teilnahme Deutschlands unmöglich gemacht. Welcher Deutsche würde zu einem weltoffenen Feste nach Paris wollen, solange Neger in französischen Uniformen am deutschen Rhein stehen! Für uns Deutsche sind die Kampfspiele ein vollwertiger Ersatz geworden." (Geyer 1996, S. 23)

Das Schlimmste für Diem war die Tatsache, daß Deutschland von Negern besetzt gehalten wird, etwas, was die nationale Schmach noch zusätzlich steigert. Diems Ansichten scheinen typisch für die Haltung der bürgerlichen Sportfunktionäre zu sein, deren Selbstbild sehr stark vom Soldatentum geprägt war – so war die Assoziation von Krieg und Sport eher ein Gemeinplatz (Bernett 1983, S. 79f), und die Ansicht, daß der Sport der Wehrhaftmachung des „geschundenen" Volkes zu dienen habe, eine Selbstverständlichkeit. Im Licht solcher Aussagen kann man es sich dann gut vorstellen, daß Diem später eine ganz brauchbare Basis zur Zusammenarbeit mit den Nationalsozialisten fand.

Nicht nur die ziemlich revanchistische und aggressive Grundtendenz hatte die bürgerliche Sportbewegung also mit den Nationalsozialisten gemein, sondern auch die Idee, den Sport als etwas Höheres, als Dienst an der Gemeinschaft und am Vaterland zu sehen.

Dies galt auch für die Fußballer: Im Westdeutschen Spielverband (WSV), dem westdeutschen Regionalverband des DFB, dem der später führende Sportfunktionär im Nationalsozialismus, Guido von Mengden, entstammte, fühlte man sich der Idee verpflichtet, die „'idealistischen' Impulse der Kaiserzeit wieder aufzugreifen und – bestärkt durch das Gemeinschaftserlebnis der 'Front' – zu konkretisieren im Kampf gegen Individualsport, gegen materialistische Tendenzen im Schein-Amateurismus, gegen den Ungeist der Zuschauermassen. Diese begreifliche Aktivität führender Funktionäre des WSV steht aber ganz im Zeichen konservativen Denkens, beladen mit dem Ressentiment des 'Schmachfriedens', voller Mißtrauen gegenüber den demokratischen Kräften der ersten deutschen Republik." Zusammen mit führenden Vertretern der regionalen Wirtschaft und Industrie verschrieben sich die Sportfunktionäre der Idee, „durch eine 'machtvolle Entwicklung der Wirtschaft' Deutschlands 'Wiedergeltung in der Welt' herbeiführen zu helfen" (Bernett 1983, S. 15/16).

Der organisierte bürgerliche Sport war in seiner Gesamtheit also nationalem Gedankengut gegenüber mehr als aufgeschlossen, und von dieser weltanschaulichen Nähe waren die Nationalsozialisten durchaus angetan. Entsprechend waren die personellen Konsequenzen der

Gleichschaltung des Sports weniger dramatisch als in anderen Bereichen. Auf der Ebene der Gauleitung des Deutschen Reichsbund für Leibesübungen (DRL, Dachverband des Sports ab 1934 und Nachfolger des DRA, s.o.) und des späteren Nationalsozialistischen Reichsbund für Leibesübungen (NSRL) wurden zwar fast nur politisch zuverlässige SA- und SS-Leute eingesetzt, auf Ebene der Fachverbände, der sogenannten „Fachämter", blieb personell indes fast durchweg alles beim Alten.

Sportliches Menschenmaterial für die Wehrmacht

So nah die meisten Sportfunktionäre den Nationalsozialisten ideologisch waren, so war umgekehrt die NSDAP zumindest vordergründig sehr sportfreundlich eingestellt: Von allen Parteien der Weimarer Republik hielt sie wohl als einzige programmatische Aussagen zum Thema „Sport" bereit. Dies hatte zweierlei Gründe: Die Nationalsozialisten verstanden sich trotz aller konservativ-deutschtümelnder Elemente auch als moderne Bewegung, zum anderen vertrug sich der Sport prächtig mit der vitalistischen Grundstruktur der NS-Ideologie.

In „Mein Kampf" schrieb Hitler: „Der völkische Staat muß von der Voraussetzung ausgehen, daß ein zwar wissenschaftlich wenig gebildeter, aber körperlich gesunder Mensch mit gutem, festem Charakter, erfüllt von Entschlußfreudigkeit und Willenskraft, für die Volksgemeinschaft wertvoller ist als ein geistreicher Schwächling." Die Idee des Sports wurde – auch von den Intellektuellen selbst – häufiger in einen solchen antiintellektuellen Kontext eingeordnet, auch in der Sportbewegung war dieses Denken recht verbreitet – etwa Guido von Mengden, von 1925 bis 1928 Geschäftsführer des WSV, vertrat eine solche Position (Bernett 1983, S. 29).

Wilhelm Schneemann von der Deutschen Turnerschaft (DT), später stellvertretender Reichsdietwart des NSRL, benutzte diesen scheinbaren Gegensatz noch zusätzlich, um die Juden als „wesensfremde Kräfte" zu denunzieren, die das Volk von „seinen Lebensfragen" ablenkt: „Wenn man schon, wie nach dem Ersten Weltkriege, dem Volk kein Brot geben konnte oder wollte, sollte es wenigstens sein Ergötzen und sein Vergessen in Spielen finden. Allein diese Tatsache erklärt, warum gerade das so ausschließlich auf das Intellektuelle ausgerichtete Judentum, das keinerlei höhere seelische Beziehungen zum Leiblichen besitzt, den Leibesübungen eine auffallende Aufmerksamkeit zuwandte." Die besondere Ironie an diesem Gedankengang ist, daß gerade im Jahr 1943, als der Artikel verfaßt wurde, etwa Fußballänderspiele (gefördert durch das Außenministerium) recht gezielt zu eben diesem „wesensfremden“ Unterhaltungszweck eingesetzt wurden. Noch heute ist die Einstellung, Sport und Intellektualität als Widerspruch zu begreifen, weit verbreitet. Trotzdem ist dieser Gegensatz künstlich – Brecht und Bronnen waren weder die ersten noch die letzten Intellektuellen, die sich für Sport interessiert haben.

Obwohl Hitler das Intellektuelle ablehnte, hielt er sich selbst von sportlicher Betätigung allerdings zeit seines Lebens auffällig fern. Er sei allen körperlichen Anstrengungen aus dem Weg gegangen, heißt es. Hitler begründete es damit, daß er es sich „nicht erlauben“ könne, „sich selbst an irgendeinem Sport zu beteiligen, wenn er nicht in dieser Konkurrenz der Erste sei“ (Krüger 1972, S. 36). Was man Hitler sicher nicht vorwerfen kann, ist, daß er seinem Führerprinzip nicht in allen Lebenslagen treu geblieben wäre. Wenn sich die Nationalsozialisten die alten Germanen allerdings etwas konsequenter zum Vorbild genommen hätten, wäre der Nichtsportler Hitler der Welt als „Führer“ erspart geblieben.

Zum Fußball hatte Hitler persönlich wohl kein ausgeprägtes Verhältnis, er schien jedoch – wie etwa sein Sportexperte Carl Krümmel – die Nützlichkeit dieser Sportart gesehen zu haben, besonders als Erzie-

Doppelpaß von Fußball und Politik: „Die deutsche Elf von Budapest, eine interessante Aufnahme bei – Halbzeit! In der Pause traten unsere Männer vor der Ehrenloge des Reichsverwesers Admiral Horthy an und brachten Ungarns großem Staatsmann den Deutschen Gruß dar. Hinter ihr scharten sich begeisterte Budapester Zuschauer, eine kontrastreich-lebhafte Silhouette hinter den in strammer Haltung grüßenden Deutschen. Von links: Sold, Lenz, Urban, Kitzinger, Sonnrein, Gellesch, Elbern, Janes, Munkert, Szepan.“ *Der Fußball,* 1936.

hungsmaßnahme für die Jugend. So besuchte er im Sommer 1933 einen Trainingslehrgang von Nachwuchsspielern, unter denen auch der spätere Bundestrainer Helmut Schön war.

Die Nationalsozialisten waren ja grundsätzlich keine sehr ideologieorientierte Stömung (ganz im Gegensatz etwa zum Marxismus-Leninismus), so war ihr Programm zum Thema Sport auch nicht allzu konsistent. Dieses hatte zwei Stoßrichtungen: Erstens das „Heranzüchten" von „Volksgenossen", von „ganzen Kerlen" nach einem Menschenbild, bei dem das Körperliche und die Fähigkeit im Vordergrund standen, sich in die „Volksgemeinschaft" einzufügen, deren kollektiver Wille sich im „Führer" kristallisiert. Das Streben nach Höchstleistungen im Sport hatte also keineswegs den Zielen des Einzelnen zu dienen, sondern: „Als oberster Leitsatz über die Erziehung der Jugend muß die Idee der Volksgemeinschaft mit ihren höchsten sittlichen Pflichten stehen!"

Zweites Ziel war die „Wehrhaftmachung" des gesamten Volkes, also die Erziehung besonders der Jugend nach militärischen Erfordernissen, und dieser Aspekt ist der absolut zentrale Grundsatz jeglicher Sportpolitik und -ideologie im Nationalsozialismus. So vertrat Hitler in „Mein Kampf" die Überzeugung, daß ein „Heranzüchten gesunder Körper" notwendig sei für eine Staatsform, wie er sie durchsetzen wollte. Der nationalsozialistische Staat sollte aus gläubigen „Volksgenossen" bestehen, die kampffähig und -bereit, von Vaterlandsliebe und unbedingtem Siegeswillen durchglüht sein sollten, um Deutschland einen der „Herrenrasse" angemessenen Platz auf der Welt zu erkämpfen.

Die eindeutig auf eine militärische Verwendung ausgerichtete Sportideologie legt Hitler im folgenden Zitat aus „Mein Kampf" offen, in dem er sich mit dem obligatorischen Sportunterricht für alle Jugendlichen beschäftigt: „Dabei kann diese Erziehung in großen Zügen schon die Vorbildung für den späteren Heeresdienst sein. Das Heer soll dann dem jungen Manne nicht wie bisher die Grundbegriffe des einfachen Exerzierreglements beizubringen haben, es wird auch nicht Rekruten im heutigen Sinne zugeführt erhalten, es soll vielmehr den körperlich bereits tadellos vorgebildeten jungen Menschen nur mehr in den Soldaten verwandeln."

Diese Ansicht, daß Sport im Dienst der „Wehrhaftmachung des Volkes" (wie dies die Nazis nannten) stand und nicht etwa zum Spaß betrieben wurde, war unter den bürgerlichen Sportlern weit verbreitet. Erst recht galt dies für die Turner, und so wurde in beiden Gruppierungen schon vor 1933 der Wehrsport postuliert und zum Teil auch betrieben.

Wie man solche soldatischen Rohdiamanten produzieren kann, darüber gibt Punkt 21 des Programms der NSDAP vom 24. Februar 1920 Aufschluß: „Der Staat hat für die Hebung der Volksgesundheit zu sorgen ... durch Herbeiführung der körperlichen Ertüchtigung mittels gesetzlicher Festlegung einer Turn- und Sportpflicht, durch größte Unterstützung aller sich mit körperlicher Jugend-Ausbildung beschäftigenden Vereine".

Gleichwohl war die NSDAP grundsätzlich „eine Kampforganisation, die kein ausgeprägtes Verhältnis zum Sport hatte" (Krüger 1972). Den inneren Wesensgehalt des Sports, das Spielerische und Ungewisse nämlich, haben die Nationalsozialisten nie verstanden oder akzeptiert. Sie reduzierten ihn auf das Schlagwort „Kampf", das beispielsweise in einem Grundsatzartikel des *Völkischen Beobachters* vom 4. März 1933 entsprechend häufig vorkommt. Der Artikel stammt von Ludwig Haymann, deutscher Ex-Meister im Schwergewichtsboxen der Amateure (1860 München) und erster hauptamtlicher Sportredakteur des *Völkischen Beobachters.* „Der Sport soll den jungen Menschen zum Kämpfer erziehen", meinte Haymann und begründet dies folgendermaßen: „Das ganze Leben ist ein Kampfgetümmel. Nicht nur in dem blutigen Wettstreit der Völker, im Kriege, finden wir Kampf, sondern genau so überall im normalen Privatleben." Warum man gerade diese Seite mit einer Werbung für das französisch klingende Kosmetikprodukt „Creme Mouson" zieren mußte („Nicht irgendein Fettaufstrich, sondern die Tiefenwirkung der Creme Mouson glättet und verjüngt rauhe, unreine Haut"), bleibt allerdings das Geheimnis der Redaktion.

Im nationalsozialistischen Denken schafft der Sport nicht nur die körperlichen, sondern auch die geistigen Voraussetzungen für den „Kampf ums Dasein". Das spiegelte sich auch in der Sprache. In einer späteren Publikation der *Kicker*-Journalisten Hanns Joachim Müllenbach und Friedebert Becker etwa wurden „Feldherren der Fußballschlachten" präsentiert – gemeint waren ganz schlicht die Mittelstürmer (auch „Sturmführer" genannt) der Nationalmannschaft.

Wehrsport statt Leistungssport

Die nationalsozialistische Bewegung war dafür organisiert, dem kommenden Staat „... auch bereits den vollendeten Körper ihres eigenen Staates zur Verfügung (zu) stellen", schrieb Hitler in „Mein Kampf". Organisierten Sport gab es bei der NSDAP in diesem Sinne jedoch nicht. Einen Grund dafür sieht der Potsdamer Sportsoziologe Prof. Dr. Hans

Joachim Teichler unter anderem darin, daß die Sportvereine- und -verbände „... den Vorstellungen der NSDAP so nahe (kamen), daß diese auf den Aufbau einer eigenen Sportorganisation verzichten konnte". (Teichler 1991, S. 29)

Bei den Nationalsozialisten war der Sport am ehesten bei der SA (später zum Teil auch bei der SS) beheimatet, wo der oben erwähnte Ludwig Hayman ab 1921 als Sportausbilder wirkte. Wenn man von der Rolle der SA als Schläger- und Terrortruppe ausgeht, wird es vielleicht verständlich, daß die Einstellung zum Sport etwas anders war als bei den reinen Sportverbänden. Die SA postulierte vor allem den „Wehrsport", was in erster Linie Kampf- und Geländespiele bedeutete. Hitler selbst offenbarte in einem SA-Befehl von 1926 eine andere Auffassung: Er bevorzugte demgegenüber ein allgemeines sportliches Ertüchtigungsprogramm, das auf Kampfsportarten ausgerichtet war. So gab es in der SA von Anfang an auch allgemeinsportliche Aktivitäten, was unter anderem zur Mitgliederwerbung diente; 1927 wurde in der OSAF (Oberste SA-Führung) ein Sportamt eingerichtet. In vielen Bundesländern firmierte die SA häufig auch unter Tarnnamen wie etwa „Sportverein Rex" in Dortmund. In Berlin schlossen sich die SA-Stürme unter der Bezeichnung „Turn- und Sportabteilungen der NSDAP" zum „Sportverband Berlin-Brandenburg" zusammen, wobei hier die Tarnungsabsicht wohl nicht im Vordergrund stand (Teichler 1991, S. 32).

Sport in der SA erlebte besonders zwischen 1926 und 1930 einen Aufschwung, also zu der Zeit, als die SA wenig zu tun hatte. Danach war die SA zu sehr mit „politischem Aktionismus" beschäftigt, um die Machtergreifung herbeizuführen – für Sport blieb da wenig Zeit. Nach dem Röhm-Putsch 1934, als die SA ihre Schuldigkeit getan hatte und auf Druck der Wehrmacht entmachtet worden war, wandte sie sich wieder verstärkt dem Sport zu, da sie alle sonstigen Aufgaben verloren hatte und irgendeine Beschäftigung brauchte, die die Position der Reichswehr nicht gefährden konnte.

Genausowenig konsistent wie die Nationalsozialisten sich gegenüber der Frage „Wehrsport oder allgemeine Körperertüchtigung" verhielten, stellten sie sich in ihrer Gesamtheit zur Frage „Leistungssport" und „internationaler Sportverkehr". Die Extrempositionen reichten von kompletter Ablehnung – etwa durch die Turner und Teile der SA – bis hin zur Position Hitlers selbst, der 1932 eine Anfrage bezüglich seiner Haltung zu den geplanten Olympischen Spielen 1936 positiv beschied, das heißt, daß er großes Interesse daran habe. Damit stellte er sich gegen die bislang vorherrschende Linie der NSDAP, die vom Deutschen Tur-

Erstes Länderspiel im Nazi-Deutschland am 19. März 1933: Bei der Begegnung gegen Frankreich in Berlin fungierte die SA als „Hilfspolizei".

nerbund (DTB) bestimmt war. Der DTB hatte sich schon vor der Jahrhundertwende abgespalten, als es in der DT um die Frage ging, ob Juden in die Turnvereine aufgenommen werden dürften – die offen antisemitische Fraktion war unterlegen. Die DT war der wesentlich größere der beiden Verbände. Der offen völkisch-rassistische DTB hatte mit der DT jedoch die Ablehnung eines jeglichen internationalen Sportverkehrs gemein. Da man das überlegene Volk war, war es unter dessen Würde, sich mit nicht-satisfaktionsfähigen Völkern zu messen. Überhaupt standen die Turner dem Wettkampfsport eher skeptisch gegenüber, wichtiger war ihnen die Gemeinschaft Gleichgesinnter.

Ab etwa 1930/31 begann sich die Situation bei den Nationalsozialisten aber zu ändern: Im *Völkischen Beobachter* wurden sportliche Erfolge mehr und mehr als Nachweis der rassischen Überlegenheit der Deutschen gefeiert, auch der Spitzensport fand plötzlich Anklang. Dies ging sogar so weit, daß sich Haymann in seinem bereits erwähnten Grundsatzartikel zu folgendem Satz verstieg: „Wer als Spitzenkönner den Sport zu seinem Beruf wählt, soll dies ungehindert tun können, sofern er sich weiterhin den sportlichen Gesetzen unterwirft und wirklich Vorbildliches leistet." Konsens unter den sportpolitisch bestimmenden Leuten war aber, daß die Wehrhaftmachung oberstes Ziel des Sports sein müsse, und daß er so der Volksgemeinschaft zu dienen habe.

Auf der Basis dieser eher schlichten Gedanken ging Guido von Mengden ab etwa 1935 daran, so etwas wie eine offizielle Sportideologie aufzubauen, die Friedrich Jahn zum Idol erhob – dabei würdigte man insbesondere seine teilweise tatsächlich vorhandenen völkischen Ideen: „Er hat damals schon die Forderung aufgestellt, sorgfältig über die Erhaltung der Rassenkraft zu wachen, er hat es damals schon als eine völkische Pflicht erkannt, die Kraft des Blutes und die Reinheit des Volkes vor dem Versinken in den Mischmasch einer sogenannten Menschheit zu bewahren" *(Reichssportblatt 3,* 25.8.1936). Die notwendige Einheit des Volkes sollte vor allem über eine starke Weltanschauung erreicht werden, den Nationalsozialismus, der als „Totalität" bezeichnet wird, denn er kennt nur das „Alles oder Nichts!". Dieser Weltanschauung mußte sich natürlich auch der Sport unterwerfen und sich ausrichten auf „einheitliches völkisches Denken und einen einheitlichen, nationalsozialistischen Willen", und zwar auch organisatorisch – der Sport wurde zum Staatssport. Dies wurde unumkehrbar und offensichtlich gemacht, als 1939 der *Deutsche* in den *Nationalsozialistischen* Reichsbund für Leibesübungen umgewandelt wurde.

Hitlers Lieblingssport

Nun waren nicht alle Sportarten in gleicher Weise geeignet, nationalsozialistisches Gedankengut zu repräsentieren und zu transportieren bzw. die politischen Ziele der neuen Machthaber zu erfüllen. Das Turnen zählte aufgrund seiner nationalistischen und rassistischen Tradition ohne Zweifel zu den „deutschen" Leibesübungen. Auf der anderen Seite fehlte hier alles Kämpferische, das den nationalsozialistischen Sportideologen so heilig war – Wettkämpfe, zumal gegen das Ausland, lehnten die Turner strikt ab. Außerdem gab es keinerlei unmittelbaren Kampf der Kontrahenten gegeneinander, und zuletzt war auch ein mannschaftliches Zusammenwirken im Kampf, das eine Gemeinschaft zusammenschweißt, nicht zu erkennen. So blieb die Bedeutung des Turnens in der Nazi-Propaganda letztlich untergeordnet.

Der Nationalsozialismus sah sich selbst ja trotz allem Nationalismus als revolutionäre und moderne Bewegung und war etwa der Technisierung gegenüber zunehmend aufgeschlossen – und dies war im rechten Lager alles andere als eine Selbstverständlichkeit. Vor diesem Hintergrund ist dann auch die Umarmung des Sports zu sehen, und – obwohl das kämpferische Element weitgehend fehlte – der Motorsport war das Lieblingskind der Nazis. Sie gründeten für diesen Bereich sogar eine eigene Parteiorganisation, das Nationalsozialistische Kraftfahrerkorps (NSKK), und unterstützten diesen Sport in jeder Beziehung. Entsprechende Erfolge blieben auch nicht aus.

Der Motorsport war zudem (zusammen mit der Segelfliegerei, die ebenfalls nach Kräften gefördert wurde) direkt für militärische Zwecke einsetzbar und erfüllte somit ideal die Aufgabe, die dem Sport im nationalsozialistischen Staat zugewiesen war. Ein weiterer Faktor war wohl auch, daß Hitler selbst vom Auto fasziniert war, was für andere Sportarten, wie etwa den Fußball, keineswegs zutraf. Bei einem Empfang des ADAC-Präsidiums in der Reichskanzlei rühmte sich Hitler seiner langjährigen Mitgliedschaft. Die Förderung des Motorsports durch die Nazis ist allerdings noch aus einem anderen Blickwinkel heraus interessant: Motorsport war ohne die direkte Unterstützung der Automobilindustrie nicht denkbar, weil ansonsten zu teuer. Auf Grundlage des Amateurprinzips, das die Nazis sonst bei jeder Gelegenheit vor sich hertrugen, wäre dieser Sport nur für „Herrenfahrer“ aus reichem Hause erschwinglich gewesen, ansonsten wäre jeder gemeine „Volksgenosse“ ausgeschlossen gewesen, was den Sport ideologisch wiederum suspekt hätte erscheinen lassen. Werksfahrer wurden also zugelassen, da es opportun erschien – dies ist nur einer von wenigen Fällen im Bereich des Sports, wo die Machthaber eine erstaunliche ideologische Flexibilität an den Tag legten.

Auch bei einer anderen Sportart wurde ausgiebig gegen das Amateurprinzip gesündigt: als man den Boxsport und die Erfolge des Profiboxers Max Schmeling für die eigene Propaganda und Ideologie einspannte. Das Boxen repräsentierte als reiner Kampfsport das Menschenbild der Nazis fast ideal, und die Erfolge des äußerst populären Schwergewichtsweltmeisters Max Schmeling waren ein weiterer Anreiz, den Sport als „deutsch“ und nationalsozialistisch umzudeuten („Max Schmelings Sieg – ein deutscher Sieg“). Hinzu kam, daß Hitler selbst großes Interesse an diesem Sport hatte, was folgende Aussagen belegen:

„Es gibt keinen Sport, der wie das Boxen den Angriffsgeist in gleichem Maße fördert, blitzschnelle Entschlußkraft verlangt, den Körper zu stählerner Geschmeidigkeit erzieht. Es ist nicht roher, wenn zwei junge Menschen eine Meinungsverschiedenheit mit den Fäusten ausfechten, als mit einem geschliffenen Stück Eisen. Es ist auch nicht unedler, wenn ein Angegriffener sich seines Angreifers mit der Faust erwehrt, statt davonzulaufen und nach einem Schutzmann zu schreien. (...) Würde unsere gesamte geistige Oberschicht einst nicht so ausschließlich in vornehmen Anstandslehren erzogen worden sein, hätte sie an Stelle dessen durchgehend Boxen gelernt, so wäre eine deutsche Revolution von Zuhältern, Deserteuren und ähnlichem Gesindel niemals möglich gewesen." (*Völkischer Beobachter*, 4. März 1933)

Fußball und Nationalsozialismus – der Beginn einer widersprüchlichen Beziehung

Der Fußball läßt sich in Hinblick auf seine Tauglichkeit für die nationalsozialistische Propaganda nicht ganz so leicht einordnen. Ein Hindernis war, daß Hitler – im Gegensatz zum Boxen und zum Motorsport – selbst keinen Bezug zum Fußball hatte, er sollte nach 1933 sogar ausgesprochen unangenehme Erfahrungen mit diesem Sport machen. Ein weiterer Negativfaktor war, daß Fußball auf den ersten Blick ein Spiel ist und kein Kampf – wenn auch bisweilen ein ausgesprochen kämpferisches Spiel. Dementsprechend läßt Fußball auch sowohl die kämpferische als auch die spielerisch-kreative Observanz zu.

Trotz alledem offenbart der Fußball allerdings fast alle Eigenschaften, die ein Sport braucht, um als Instrument für die „Wehrhaftmachung" des deutschen Volkes zu dienen. Carl Krümmel, der an anderer Stelle noch eine Rolle spielen soll, war einer der maßgeblichen Experten für den Militärsport. Obwohl er erst 1937 in die NSDAP eintrat, war er seit den frühen zwanziger Jahren dem Nationalsozialismus, hier namentlich der SA (Sturmbannführer), verbunden. Er beeinflußte Hitlers Ansichten zur Sportpolitik, die sich – kaum verwunderlich – unter den Nationalsozialisten auch durchsetzen sollten. Die Eignung des Fußballs (und des Rugbysports) für die soldatische Ausbildung bewertete Krümmel (etwa 1933) folgendermaßen: „Sie betätigen diejenigen Fähigkeiten, die dem Soldaten am kostbarsten sind: Geschicklichkeit, Geschmeidigkeit, Kraft, Schnelligkeit, Ausdauer ebenso wie Kaltblütigkeit und Geistesgegenwart, Angriffsgeist und Entschlossenheit, Schnelligkeit des Urteils, Disziplin, Kameradschaft und Korpsgeist, außerdem das Gefühl der Verantwortung des Einzelnen nicht nur für sich, sondern für seine Mannschaft." Diese „soldatisch-sportliche Haltung und Gesinnung" sollte auf das ganze Volk übertragen werden, „um so den Wehrgedanken national zu verankern" (Ueberhorst 1976, S. 38). Und genau das war ja die Voraussetzung für die NS-Expansionspolitik, die der Welt das Massensterben des Zweiten Weltkrieges bescheren sollte.

Es läßt sich grundsätzlich nicht bestreiten, daß der Fußball für die oben genannten Ziele einsetzbar ist. Es hängt allerdings davon ab, wie man den Sport vermittelt und unter welchen Vorzeichen. Ebenso gut könnte man auch das Spielerische und die Balltechnik betonen, wie dies in Südamerika eher der Fall ist, und man kann kaum behaupten, daß diese Auffassung weniger erfolgversprechend ist. Die Analyse Krümmels zeigt allerdings, daß der Fußball von seinem Wesen her nicht unbedingt im Widerspruch zur nationalsozialistischen Ideologie steht, besonders wenn man ihn so interpretiert, wie er in Deutschland traditionell betrieben wurde und oft noch wird, nämlich „über den Kampf zum Spiel", wobei weniger wichtig war, ob man dort tatsächlich ankam.

Nicht nur die kämpferischen Eigenschaften des Fußballs, sondern besonders auch das Verantwortungsgefühl gegenüber der Mannschaft, das der Fußball nach Krümmel fördert, lassen sich ideal für die „Wehrhaftmachung" ausnützen. Diese Werte sind aber auch für den unterschwelligen Transport der NS-Ideologie bestens geeignet, wenn man die Mannschaft als Symbol für „Volksgemeinschaft" setzt. Hinzu kommt, daß Fußball ein ausgesprochener Wettkampfsport ist, daß zwischen Sieg und Niederlage ein tiefes Tal der Tränen liegt. Was läge also näher, als Länderspiele als Vorstufe eines Krieges zweier Nationen zu sehen und den sportlichen Sieg als Beleg für die Überlegenheit des eigenen Volkes zu interpretieren. Die Nationalsozialisten konnten (wie auch viele heutige Zeitgenossen mehr oder weniger offen) dieser Versuchung nicht widerstehen – zwangsläufig kam man allerdings in einen ziemlichen Erklärungsnotstand, wenn das mit dem Sieg nicht wie geplant funktionierte. Und wenn das Ergebnis so überfrachtet ist, ist die nationale Katastrophe dann um so existentieller; in letzter Konsequenz wäre sie ein Beleg für die Minderwertigkeit des deutschen Volkes – etwas, was per Definition ausgeschlossen war.

Zieht man zusätzlich zur ideologischen Verwertbarkeit noch die ungeheure Popularität des Fußballs als größte Massen- und Zuschauersportart in Betracht, dann wird offensichtlich, daß die Nazis an einem Phänomen wie dem Fußball nicht vorbeikonnten. Eher verwundert es etwas, daß der Fußball nicht offensiver und expliziter ideologisch interpretiert wurde. Die Presse beschränkte sich hier meistens auf Andeutungen, indem die Journalisten Fußballspiele in der Art euphorischer Kriegsberichterstattung schilderten und dabei kräftig zu Kriegs- und Kampfvokabular griffen. Diese mangelnde ideologische Ausbeutung könnte allerdings ihren Grund auch darin haben, daß man den einfachen „Volksgenossen" geistig und ideologisch nicht überanstrengen und ihm den Fußball als Rückzugsraum von der Realität nicht ganz nehmen wollte, auch wenn dies nicht der offiziellen Doktrin entsprach.

Noch ein anderer Aspekt spielt hier eine Rolle: Fußball ist ein Spiel, in dem nicht objektiv meßbare körperliche Leistungen über Sieg oder Niederlage entscheiden, sondern einzig und allein, wie oft der Ball die Torlinie überschritten hat. Und zwar gleichgültig, wie dies zustandegekommen ist – die vielzitierte Rundheit des Balles hat hier also weitreichende Konsequenzen. Der Versuch der NS-Sportführung, bei den Olympischen Spielen einen Sieg im Fußballturnier zu programmieren, scheiterte ja bekanntermaßen ziemlich kläglich. So verwunderte es kaum, daß spätere sozialistische Diktaturen sich ziemlich konsequent auf besser programmierbare Sportarten verlegten wie etwa Leichtathletik oder Schwimmen.

„Edle" Amateure, „gierige" Profis?

Im Zusammenhang mit der Frage, welche Aufgabe der Sport für Nation und Gesellschaft zu erfüllen hat, steht der Streit um die Zulassung von professionellem Sport. Seit diese Idee in den zwanziger Jahren zum ersten Mal aufgekommen war, blieb dieses Thema heiß umstritten – sogar bis in die siebziger Jahre hinein. Zu Beginn der zwanziger Jahre war Fußball eine der wenigen Sportarten, die populär genug waren, um überhaupt Berufssportler zu ernähren. Schon damals war der Fußball der Sport mit der größten Wirkung in der Öffentlichkeit, in den Sportteilen der Tageszeitungen nahm er die dominierende Position ein. Der Stadionbau lief langsam an, und 30.000 Zuschauer bei einer Spitzenbegegnung wurden durchaus erreicht. Die Frage des Berufsfußballs wurde dann auch das beherrschende Thema in der sportpolitischen Diskussion, und das Thema wurde breit und hitzig diskutiert. Man fragt sich heute zu Recht, warum eine potentielle, meistens ziemlich bescheidene Bezahlung von einigen Spitzensportlern eine solch erbitterte Debatte auslösen konnte. Man fragt sich weiterhin, warum diese Debatte gerade in Deutschland so besonders unerbittlich geführt wurde. Die Antwort ist wohl, daß es nur vordergründig um diese Frage ging, tatsächlich standen sich aber zwei Gruppen mit vollständig verschiedenen Weltsichten gegenüber. Es ging um nichts weniger als um einen modernistisch-liberalen Gesellschaftsentwurf im Gegensatz zu einem idealistisch-irrational-traditionalistischen. Diese Auseinandersetzung spiegelte letztlich die gesamte politische Auseinandersetzung in der Weimarer Republik wider.

Unter den Verfechtern des reinen Amateurismus fanden sich sämtliche nationalkonservativen Kreise in einer Koalition mit den Völkischen, hierunter selbstverständlich auch die Nationalsozialisten. Sogar im „Großen Herder", der ja eher katholisch geprägt war, findet sich in der Ausgabe von 1935 unter dem Stichwort „Sport" der folgende Satz: „Die moderne Entwicklung des Sports ist teilweise, vor allem in einzelnen, zugkräftigen Übungszweigen, unter dem Einfluß des Geldes in Bahnen gelenkt worden, die dem eigentlichen Sinn der Leibesübungen widersprechen; damit ging dem Sport der Wesenszug der spielhaften Betätigung verloren, wodurch auch sein eigentlicher Wert gemindert wurde."

In dieser Frage waren die Kommunisten und die Linkssozialisten, die von der Arbeitersportbewegung vertreten wurden, mit ihren ärgsten Feinden einig, die mit ihnen ja den Antikapitalismus gemeinsam hatten, zumindest auf dem Papier. Allerdings wurde „Großkapital" auch bei den linken Nationalsozialisten wie Gregor und Otto Strasser oder Ernst Röhm rassistisch, das heißt antisemitisch definiert. Bezogen auf den Sport lehnten die Arbeitersportler den Wettkampfgedanken, verbunden mit dem Streben nach Rekorden, genauso ab wie die Völkischen – dies war für sie der Geist des Kapitalismus, der das Denken der Arbeiter vergiften würde. Die Parallele von Sport zum Kapitalismus zogen viele Völkisch-Nationalen allerdings keineswegs so konsequent, in der Praxis hatte die Führung der Nationalsozialisten zum Kapitalismus ein durchaus anderes Verhältnis, wie die Unterstützung durch die Großindustrie beweist.

Wie der Antikapitalismus zwischen Linken und extremer Rechten nur eine scheinbare Gemeinsamkeit schuf, war auch ihre Sportauffassung grundsätzlich unterschiedlich motiviert. Nach Ansicht der Arbeitersportler sollte der Sport nicht nationalen Visionen dienen, sondern dem Internationalismus, also der internationalen Solidarität der Arbeiterklasse. Sportliche Wettkämpfe, die internationale Begegnungen zur nationalistischen Manifestation machten, wurden demnach genauso abgelehnt wie Kriege zwischen Nationen. Genau diese Haltung war es, die sie der bürgerlichen Sportbewegung bescheinigten, und dazu zählte ebenfalls der aristokratisch geprägte „Olympismus". Zwar schrieb auch die Olympische Bewegung Völkerverständigung und Amateurismus auf ihre Fahnen, jedoch mußten die Arbeitersportler dies als reinen Etikettenschwindel sehen, da ihrer Ansicht nach Wettkampf, Rekorde und Medaillen im Vordergrund standen.

Den Gegenpol zu diesen Sportidealisten bildeten die Pragmatiker. Auch unter ihnen gab es Gegner einer Profiliga, wie den Kosmopoliten und *Kicker*-Gründer Walther Bensemann. Der glühende Verehrer des englischen (Profi-)Fußballs begründete seinen Widerstand gegen einen deutschen Profibetrieb allerdings nicht ideologisch, sondern pragmatisch: Die schwierigen wirtschaftlichen und sozialen Verhältnisse ließen derzeit keinen erfolgreichen Berufsfußball in Deutschland zu, die Klubs stünden sehr bald vor dem Ruin.

Pragmatisch dachten freilich auch die Befürworter des Profitums, die vor allem klare, offene Verhältnisse im Sport wollten. Sie kamen meist aus liberalen Kreisen, die der Moderne und der Marktwirtschaft positiv gegenüberstanden und eine Überwindung der alten Verhältnisse anstrebten. Diese Haltung wurde in Literatur und Kunst auch unter „Neue Sachlichkeit" bekannt. Im Sport vertrat diese Haltung besonders konsequent der damals bekannte Sportjournalist Willy Meisl. Auch er schätzte den wahren Amateursport, den Menschen aus Freude und Idealismus betreiben. Er war aber der Ansicht, daß dies in der modernen Gesellschaft nicht die ausschließliche Variante sein könne. Sobald die Masse erkannt habe, „daß da ein schöpferisches Spiel gespielt wurde, daß man aufsehenerregende Taten erleben, die Schlacke alltäglichen Nichterlebens absprengen konnte" (Meisl 1922, S. 49), lag es nahe, Sportplätze einzuzäunen und Eintritt zu verlangen. In diesem Moment begann für Meisl schon der Berufsfußball, der damit in seinen Grundzügen bereits existierte. Es kam lediglich darauf an, diese Tatsache auch offenzulegen und das Profitum entsprechend auszugestalten.

Der internationalistisch gesonnene Meisl wandte sich aber auch deutlich gegen die These, Sport sei „Dienst am Vaterland", und warf dem gegnerischen Lager hohles Pathos vor. Seiner Meinung nach wird Sport letztlich „um seiner selbst willen ausgeübt", und dann, wenn der Sport nicht höheren Zielen dient, könne Berufssport ja auch nichts Verwerfliches sein in einer modernen, marktwirtschaftlich geprägten Gesellschaft. Der Berufssport hat demnach vor allem den positiven Effekt, verlogenen „Scheinamateurismus" zu beseitigen und somit für ehrliche Verhältnisse zu sorgen.

Obwohl gerade im Fußball verdeckte Zuwendungen gang und gäbe waren, stellte sich der DFB ganz eindeutig auf die Seite der Amateuristen und bekannte sich auch programmatisch ganz klar zu dieser Haltung, was der Leitsatz zum Bundestag 1922 zum Ausdruck brachte: „Der Sport ist nicht Selbstzweck, sondern Mittel zum idealen Zweck, die Jugendlichen durch die sittlichen Mittel des Mannschafts- und namentlich des Fußballsports zu tüchtigen Charakteren und brauchbaren Menschen zu erziehen". 1923 gab der DFB sogar die folgende Parole gegen das Profitum heraus: „Kampf gegen diese Verfallserscheinung". Gleichzeitig jedoch verfolgte der DFB die ganze Zeit über eine sehr interessante Doppelstrategie, die von gewisser Hellsichtigkeit zeugte, nämlich „das Berufsspielertum" zu dem Zeitpunkt in eigene Regie zu nehmen, „in dem es nicht mehr abgelehnt werden kann". Der Verband war also machtbewußt genug, auch über diesen Schatten zu springen, wenn dies zur Abwehr einer Konkurrenzorganisation erforderlich war. Der Schatten muß allerdings sehr groß und dunkel gewesen sein, wenn man die Aussage Carl Koppehels von 1954 als repräsentativ einschätzt, Berufsfußball sei eine „minderwertige Erscheinung". Der DFB hatte die ganzen zwanziger Jahre hindurch den Profifußball wütend bekämpft, 1923 begann man, deutschen Vereinen Spiele mit ausländischen Profimannschaften zu untersagen. Bei Vereinswechseln wurden Spieler mit drei Monaten Sperre belegt, Ausländer mit einem Jahr, um das Weglokken von Spielern unattraktiver zu machen.

Es war trotz aller Vorschriften ein offenes Geheimnis, daß zahlreiche Kicker von ihren Klubs Geld kassierten. Die Vereine besaßen finanzielles Potential durch gestiegene Zuschauereinnahmen. Der Fußball hatte einen Boom erlebt, nicht selten platzten die Stadien aus den Nähten.

Der Scheinamateurismus war nicht ewig aufrechtzuerhalten. Zunächst traf es den FC Schalke 04. Am 25. August 1930 erging ein Spruchkammerurteil des Westdeutschen Spielverbandes, wonach zahlreiche Schalker Kicker zu Berufsspielern erklärt und infolgedessen gesperrt wurden. Auch Funktionäre des Klubs wurden mit einer Sperre belegt. Zwar wurde die Strafe auf Druck der Sportöffentlichkeit nach neun Monaten wieder aufgehoben (siehe Kapitel: Schalke 04), das Problem hatte indessen nach wie vor Bestand: Sollten erstklassige Fußballer als Profis spielen oder als Amateure?

Der Zeitpunkt, an dem man die Entscheidung nicht mehr aufschieben konnte, war 1932 gekommen. In Süddeutschland hatte sich eine Privatinitiative gebildet, die begann, in eigener Regie einen professionellen Spielbetrieb aufzuziehen, außerdem verlangte der Westdeutsche Verband eine klare Entscheidung, die auf eine „reinliche Scheidung" zwischen Berufs- und Amateurfußball hinauslief. So sollten im Januar

1933 konkrete Pläne vorgelegt werden, wie der DFB einen professionellen Spielbetrieb organisieren könnte. Diese wanderten jedoch wieder schnellstens in die Schublade, da „höheren Orts" der ausschließliche Amateurismus gefordert wurde, wie es Koppehel in der DFB-Chronik von 1954 formulierte. Im Zuge der vorauseilenden Selbstgleichschaltung der Sportverbände nach Hitlers Machtergreifung lasen die Funktionäre den neuen Machthabern ihre sportpolitischen Wünsche geradezu von den Lippen ab. In dieser Frage taten sie dies wohl allerdings mit besonderem Vergnügen, waren sie doch mit einem Schlag eine Entscheidung los, der sie sich am liebsten ohnehin nie gestellt hätten.

Mit Hitlers Machtergreifung war klargestellt: Es sollte keine Berufsspieler geben, offiziell nur reine Amateure. Die Wirklichkeit sah dann natürlich anders aus: Fußball wurde *politisch* professionalisiert, erhielt staatliche Unterstützung und durfte zudem fortfahren, wo er in der „Weimarer Republik" aufgehört hatte: Die Nazis duldeten es, daß viele Vereine ihre Fußballer bezahlten.

In gewisser Hinsicht beugten sie sich damit auch einem gewichtigen Argument der Befürworter eines Berufssports. Meisl beispielsweise hatte den reinen Amateurismus nicht nur angegriffen, weil er zwangsweise einen verlogenen Scheinamateurismus gebiert, sondern er wandte sich auch dagegen, weil er ihn für unsozial hielt. Er wies nach, daß die Amateurideologie ihren Ursprung im England des 19. Jahrhunderts hatte, als der Sport nämlich vor allem von wohlhabenden Mitgliedern der „Society" betrieben wurde. Der Amateurparagraph war demnach nichts anderes als der Versuch, den Sport exklusiv zu halten, indem man alle ausschloß, die sich den Sport als reines Hobby nicht leisten konnten und damit Geld verdienen mußten, um ihre Familien zu ernähren. So gab er zu bedenken, daß sich auch zu seiner Zeit nur Wohlhabende Spitzensport leisten könnten, der ja mit erheblichen Kosten und Zeitaufwand verbunden ist.

Ein Indiz dafür war auch in der Zusammensetzung und in der fundamental-amateuristischen Haltung der Olympischen Bewegung zu sehen, die sich ja traditionell aus Großbürgern und Aristokraten zusammensetzte. Wie schon erwähnt, versuchte diese Bewegung, Ideale wie Völkerverständigung oder Amateurismus mit einem ausgeprägten Leistungs- und Wettkampfgedanken zu vereinen. Zu dieser Widersprüchlichkeit kommt hinzu, daß die Olympier ihre hehren Ziele als vollkommen unabhängig von der politischen Realität sahen, so paradox dies auch erscheinen mag. Die Vorgeschichte der Olympischen Spiele 1936 in Berlin und die Spiele selbst dienen dafür als Paradebeispiel.

„Nicht die hehre 'Idee' Coubertins, sondern die Organisation des olympischen Spektakels sah das IOC nämlich gefährdet, als zwischen Vergabe der XI. Olympischen Spiele an Berlin im Jahre 1931 und dem Durchführungsjahr 1936" (Geyer 1996, S. 42) eine Herrschaft der NSDAP in Deutschland immer wahrscheinlicher wurde. Noch 1932, als die NSDAP zur stärksten Fraktion im Reichstag aufgestiegen war, war ihre Haltung zum internationalen Sport so völkisch-exklusiv wie die der Turner. Der *Völkische Beobachter* lehnte 1928 jede Begegnung von Deutschen mit „'Juden' und überhaupt 'Nichtariern' ab" und forderte später vom Organisationskomitee: „Die Schwarzen müssen ausgeschlossen werden. Wir erwarten es." Ein anderer NS-Autor verlieh dem verachtenswerten Teil der Olympiateilnehmer „sprachrationell die Bezeichnung 'Judenneger'." (Geyer 1996, S. 42/43)

Wie bereits erwähnt, hatte Hitler selbst schon immer eine etwas abweichende Haltung von der „reinen Lehre" der Exklusivität und des Wehrsports, wie sie ja vor allem in Teilen der SA beheimatet war. Hitler hatte sich ja schon früher zur allgemeinen Leibesertüchtigung durch Sport bekannt, so daß er wenig Probleme hatte, die für die Durchführung der Spiele 1936 notwendigen Kreidestücke zu schlucken. Welchen Grund sollte Hitler aber nun gehabt haben, sich dies anzutun, bestand doch eine gewisse Gefahr, seine dogmatischen Anhänger zu verprellen. Hitler vollzog die Kehrtwende nämlich total, er verordnete eine wahre Spiele-Begeisterung.

Die Olympischen Spiele 1936 sind vor allem vor dem Hintergrund der NS-Außenpolitik zu sehen. Die Nazis mußten das Ausland von der Harmlosigkeit des „Neuen Deutschlands" überzeugen, um die Expansionspolitik, die schließlich im Zweiten Weltkrieg mündete, ungestört vorbereiten zu können. Der Chef des Truppenamtes in einer Denkschrift: „Wir können zur Zeit keinen Krieg führen. Wir müssen alles tun, um ihn zu vermeiden, selbst um den Preis diplomatischer Niederlagen. Wir müssen uns hüten vor Fanfaren, die den Feind unnötig reizen und das eigene Volk trunken machen. In zäher, geduldiger und vorsichtiger Arbeit müssen wir unsere Wehrkraft stärken und das Volk für die schwere Stunde vorbereiten." Auch Hitler hatte im Oktober 1933 festgestellt, daß sich Deutschland „außenpolitisch in einer der ungünstigsten und schwierigsten Lagen" befinde.

NS-Deutschland mußte also die eigene Aufrüstungspolitik propagandistisch abschirmen, wollte man schließlich die Reichswehr in einen

Zustand bringen, in dem sie losschlagen konnte – die Einführung der allgemeinen Wehrpflicht war ein Schritt, den Versailler Vertrag planmäßig zu brechen und ihn so zu revidieren. Zudem unternahm Hitler erste Schritte zu seiner Expansionspolitik mit dem Einmarsch ins entmilitarisierte Rheinland. Der Argwohn im Ausland gegen Deutschland, der vor allem in Frankreich, Großbritannien und interessanterweise anfangs auch in Italien herrschte, sollte besonders in den Anfangsjahren so wenig wie möglich genährt werden. Dazu aber benötigte man ein Propagandaforum, und dafür waren die Olympischen Spiele geradezu ideal geeignet. Die Reichspropagandaleitung umriß den Wert der Olympischen Spiele deshalb wie folgt: „Es ist unsere Aufgabe, das Ausland davon zu überzeugen, daß in Deutschland Ruhe, Ordnung und Sicherheit herrschen und das deutsche Volk von ganzem Herzen Frieden wünscht. Eine nie wiederkehrende Gelegenheit, die ganze Welt in diesem Sinne aufzuklären, bietet sich in der vor uns liegenden Olympiade. Wir wollen in dieser Woche der Olympiade dem Ausland beweisen, daß es eine Lüge ist, wenn dort immer wieder behauptet wird, daß in Deutschland Judenverfolgungen an der Tagesordnung sind." (Krüger 1972, S. 198)

Die Spiele boten die einmalige Gelegenheit, möglichst viele ausländische Besucher ins Land zu holen, um ihnen ein Deutschland im Sinne der NS-Propaganda vorzuführen. Propagandaminister Goebbels appellierte an das ganze Volk: „In den nächsten Wochen müssen wir charmanter sein als die Pariser, gemütlicher als die Wiener, liebenswürdiger als die Römer, weltmännischer als die Londoner und praktischer als die New Yorker." Diese Rede und die sonstigen Maßnahmen verfehlten ihre Wirkung nicht, die Spiele wurden bei den Besuchern ein propagandistischer Erfolg, auch wenn Teile der ausländischen Presse sehr kritisch berichteten. So wandte sich Goebbels bei einem Empfang vor der Weltpresse mit Nachdruck gegen den Vorwurf, Deutschland habe die Absicht, mit den Olympischen Spielen Propaganda für seinen Staat zu betreiben. „Ich kann Ihnen versichern, daß dies nicht der Fall ist. Wenn es der Fall wäre, würde ich es vermutlich wissen", sagte er und „erntete damit Heiterkeit" (*Münchner Neueste Nachrichten,* 1.8. 1936).

Die französische Presse, besonders die rechtsgerichtete, berichtete im allgemeinen sehr ausführlich und begeistert von der Organisation der Spiele sowie von den Feierlichkeiten, und man bewunderte die sportlichen Leistungen der deutschen Athleten – zum Teil wurde sogar gefordert, das deutsche System der Sportförderung zu übernehmen. Daneben wurde die politische Zielsetzung der Spiele allerdings partiell scharf kritisiert, besonders von den eher linksgerichteten Blättern. Der Korrespondent des *Paris-Soir* wurde nach einem kritischen Artikel vom Propagandaministerium sogar ausgeschlossen. Die britischen Zeitungen hingegen berichteten sehr knapp von den Spielen, um die Propagandawirkung möglichst klein zu halten. Die Berichterstattung konzentrierte sich auf den politischen Aspekt und war somit ausgesprochen kritisch.

Freilich gab es große Unterschiede in der Beurteilung Deutschlands und der Spiele zwischen Presse und britischen Besuchern, die zum Teil als Gruppen von der Regierung eingeladen worden waren. Dies läßt sich wohl auch für die Besucher aus den anderen Ländern sagen, so daß der wirkliche Propagandaerfolg bei den einfachen ausländischen Besuchern erzielt wurde, die sich eine heile Welt vorgaukeln ließen und ihre Eindrücke natürlich weitergaben. Die meisten Olympia-Touristen „konnten kaum unterscheiden, was im Reich Hitlers Wirklichkeit und was NS-Regie war ... Sie hatten erwartet, ein Land wirtschaftlichen Niedergangs und schrankenlosen Massenterrors zu betreten, und gerieten aus dem Gleichgewicht, als sie sich jäh mit Verhältnissen konfrontiert sahen, die nicht ihren Klischees entsprachen.“ Und so konnten sich die Botschaften Englands, Frankreichs und der USA bald „nicht mehr vor dem Andrang der Bürger retten, die wissen wollten, warum man ihnen so lange vorenthalten hatte, was sie die 'Wahrheit über Deutschland' dünkte“. (*Der Spiegel* Nr. 31/1986, S. 119)

Weil zumindest jene ausländischen Zeitungen, die politische Korrespondenten gesandt hatten, die Täuschungen der Nazis enttarnten, erreichte die internationale Widerstandsbewegung wenigstens einen Teilerfolg: Eine große Zahl von Sportlern boykottierte die Spiele. Diese Bewegung machte Goebbels auch für den enttäuschenden Erfolg seiner Bemühungen verantwortlich: „Eine drei Jahre lange Dauerbeeinflussung läßt sich niemals in drei Wochen korrigieren.“ (Krüger 1972, S. 236) Trotzdem redete Goebbels' Ministerium den Propagandaerfolg bei der Presse intern schön, nicht nur gegenüber der deutschen Öffentlichkeit, sondern auch gegenüber den eigenen Staats- und Parteigremien.

Man kann also davon ausgehen, daß der NS-Staat seiner eigenen Propaganda glaubte, und dies nicht nur bezüglich dem Presseecho, sondern auch in bezug auf die sportlichen Erfolge der deutschen Athleten. Hitler zog aus dem schwachen Abschneiden Großbritanniens den Schluß, „daß man im Ernstfall von einer solchen Nation kaum etwas erwarten könne“, und diese Äußerung scheint durchaus nicht untypisch zu sein für die Stimmung in der NS-Führungsschicht. Wenn dies der Fall war, könnte der sportliche Erfolg der deutschen Athleten 1936 durchaus die Entscheidung befördert haben, 1939 den Krieg zu beginnen. Die Spiele bedeuteten ja für Nazi-Deutschland die erste Konfrontation mit der Weltmacht USA und den westlichen Demokratien, und obwohl dies nur auf sportlicher Ebene geschah, so zog Hitler doch die Lehre daraus, „daß die Triumphe seiner Athleten eindeutige Vorzeichen waren und daß totalitäre Politik tatsächlich Wunder hervorbringen könnte". Die sportlichen Ergebnisse hätten laut Hitler bewiesen, „daß überzeugte Faschisten dekadente Demokratien besiegen könnten" (Gloede 1980, S. 370). Obwohl auch Mussolinis Italien Frankreich übertrumpfte, stellte sich ab 1939 heraus, daß die Annahme Hitlers ein Kurzschluß war.

Deutsche Sportler siegen für den Führer

Die Täuschung des Auslands gelang also nicht vollständig, das war angesichts der Verstöße gegen die Menschenrechte und den Versailler Vertrag in dreieinhalb Jahren Regierungszeit allerdings auch nicht anders zu erwarten.

Über mangelnde sportliche Erfolge brauchten sich die Machthaber hingegen nicht zu beklagen, Deutschlands Olympiamannschaft war so erfolgreich wie noch keine zuvor. Doch diese Siege kamen nicht von ungefähr: Um die Überlegenheit der sogenannten „arischen Rasse" zu demonstrieren, sollten deutsche Sportler Spitzenleistungen bei den Olympischen Spielen erzielen, und dafür wurde eine systematische Sportförderung installiert. So begaben sich die Verantwortlichen in den Jahren vor 1936 unter anderem auf die Suche nach dem „unbekannten Sportsmann". Mit dieser Aktion sollten bisher unentdeckte Talente „namentlich auf dem Lande und in den Kleinstädten" aufgespürt werden. „Ganz Deutschland geriet in ein Jagd- und Rekordfieber, wie es wohl nur die Nazis zu entfachen verstanden. Olympia-Werbeabende, Olympia-Kameradschaften, Sport-Werbewochen, Sichtungskurse, Nachwuchslehrgänge – alles wurde aufgeboten, um die letzten olympiaverdächtigen Sportler zu entdecken." (*Der Spiegel* Nr. 31/1986, S. 131) Für diese Aktionen und die Vorbereitung der Olympiakämpfer bewilligte der Staat von 1934 bis 1936 den stattlichen Betrag von 1,5 Millionen Reichsmark (Krüger 1972, S. 227). Das war auch nötig, denn Deutschlands Sport, insbesondere die Leichtathletik, hatte nicht eben gehobenes internationales Format.

Der finanzielle Auwand und das fast detektivische Aufspüren von Talenten lohnte sich für die Machthaber: Mit 33 goldenen, 26 silbernen und 30 bronzenen Medaillen standen die Deutschen bei den Olympischen Spielen in Berlin an der Spitze der Nationenwertung. Die deutschen Erfolgsathleten von Herbert Adamski (Rudern) bis Dr. Erich Zander (Hockey) zeigten sich überglücklich, „Sieg und Ehre für Deutschland erkämpft zu haben". „Mein Abschneiden erscheint mir wie ein Traum", sinnierte Kugelstoßolympiasieger Hans Woelke, „es war die glücklichste Stunde meines Lebens.... Ich wurde Olympiasieger unter den Augen des Führers, das erfüllte mich mit Freude und Stolz." (*Münchener Neueste Nachrichten,* 4.8.1936) Diese Diktion findet man später auch bei den Fußballern, obgleich diese wenig hatten, worauf sie stolz hätten sein können: Sie schieden in einem schwachen Teilnehmerfeld in der zweiten Runde aus, und zwar auch „unter den Augen des Führers", was sich in diesem Fall als weniger günstiger Umstand herausstellen sollte.

Am Ende der Spiele empfing der Reichsminister des Inneren, Dr. Wilhelm Frick, die deutschen Olympia-Gewinner. Er betonte, diese Siege seien gewiß kein Zufall, sondern sicherlich auch zu einem großen Teil „ein Erfolg des Dritten Reiches" (*Münchener Neueste Nachrichten,* 15. 8. 1936) – und der Wehrmacht: Als Oberleutnant Gotthardt Handrick im Modernen Fünfkampf (Reiten, Schießen, Fechten, Geländelauf und Schwimmen) die Goldmedaille ergatterte, da bewerteten dies die *Münchner Neueste Nachrichten* als „stolzen Erfolg unserer Wehrmacht". Handrick selbst erhielt zu seinem Ruhm außerdem noch die Beförderung zum Hauptmann. Auch im Fußball war später von „strategischer Übermacht" der Deutschen bei Länderspielen, von „Blitz- oder Endsieg" und einem Überrollen der gegnerischen Abwehr „wie die deutschen Panzer" die Rede. Teile der ausländischen Presse haben, wenn es um die deutsche Nationalmannschaft geht, diese Diktion bis heute nicht aus ihrem Standardrepertoire entfernt.

Olympia bot also eine einmalige Gelegenheit, sich den Schafspelz überzuziehen und sich so politischen Handlungsspielraum zu verschaffen. Um diese Chance zu nutzen, wurde die Außenpolitik erheblich und die Sportpolitik fast vollständig auf dieses Ereignis ausgerichtet. Ein offeneres Vorgehen in der Judenverfolgung und in der Kriegsvorbereitung wurde auf die Zeit nach der Olympiade verschoben. Goebbels schrieb während der Spiele, am 8. August, in sein Tagebuch: „Mittags Führer: Frage Spanien. Nach der Olympiade werden wir rabiat. Dann wird geschossen. Und 2jährige Dienstpflicht eingeführt." Erst nach der Olympiade sollte die Legion Condor im Spanischen Bürgerkrieg losschlagen, und auch die geheimen Pläne zur Kriegsvorbereitung wurden erst im Herbst 1936 intern vorgelegt. Hans von Tschammer und Osten, SA-Obergruppenführer und vom 28. April 1933 an Reichssportkommissar, bekam später aus dem Innenministerium die Anweisung, die Neuorganisation des Sports dürfe „...nicht die doch wichtigste Aufgabe der sorgfältigen sportlichen Vorbereitung der XI. Olympiade schmälern...“. Dementsprechend hatte Tschammer keine Probleme damit, die Sportverbände relativ unberührt zu lassen und den internationalen Sportverkehr unvermindert fortzusetzen – zur großen Verärgerung seiner Kameraden aus der SA. Wie noch genauer zu lesen sein wird, begnügte er sich, 1933 den Deutschen Reichsausschuß für Leibesübungen (DRA) aufzulösen und als neuen Dachverband den DRL zu gründen, der nach dem Führerprinzip organisiert war. Die Einzelsportverbände existierten als „Fachämter“ weiter. Man verzichtete also auf die Umwandlung der Sportverbände in eine Parteiorganisation, da dies den Sportverkehr auf internationaler Ebene stark eingeschränkt hätte.

Diese neue Marschrichtung bedeutete aus demselben Grund zudem, daß jede offensichtliche Militarisierung des Sports zu unterbleiben hatte – damit erreichte der Wehrsport, das Lieblingskind der SA, nie eine entscheidende Bedeutung. Tschammer distanzierte sich also sportpolitisch zunehmend von der SA, was zu deren schleichender Entmachtung paßte, die mit dem Röhm-Putsch 1934 ihren Abschluß fand.

Auch sonst konnten die Sportorganisationen recht ungestört weiterarbeiten, die Bedingungen verbesserten sich durch die neue, leistungssportorientierte Politik sogar erheblich, da der Staat den Sport jetzt materiell und organisatorisch noch viel stärker unterstützte. Die Fußballnationalmannschaft wurde beispielsweise stark aufgewertet, sie konnte deutlich mehr Spiele bestreiten, und die Aufstellung wurde nicht mehr so stark von regionalen Interessen bestimmt. Außerdem konnte Reichstrainer Nerz die Spieler jetzt viel systematischer in Lehrgängen auf die Spiele vorbereiten.

Die Nationalmannschaften hatten insbesondere bis 1936 die Aufgabe, Deutschland im Sport nach außen zu repräsentieren, was Reichsinnenminister Frick als „außerordentlich wichtig“ bezeichnete. In anderen Bereichen war dies nicht mehr möglich, da NS-Deutschland durch Boykottmaßnahmen weitgehend isoliert war. So kam dem Sport die Aufgabe zu, einerseits im Ausland die „Normalität“ Nazi-Deutschlands zu demonstrieren, und andererseits den Deutschen zu zeigen, daß Deutschland als Sportpartner im Ausland begehrt und geschätzt – und den Gegnern überlegen – war.

Die Nazis und das IOC

Heute, über 60 Jahre nach der Berliner Olympiade, ist es so: Das IOC ist ein Hort der Vetternwirtschaft und sperrangelweitoffen für Würdenträger, die einem totalitären Regime entstammen: Der Vorsitzende Samaranch war ein Franco-Günstling, sein Vize Kim Un Yong einstmals südkoreanischer Geheimdienstchef – und Idi Amins ehemaliger Verteidigungsminister Francis Nyangweso sitzt auch im IOC. Olympische Spiele werden nicht selten an den Meistbietenden verschachert; die Zeitungen sind voll davon.

Beides, Korruption und Nähe zu Diktaturen, haben Tradition im IOC. Als sich die Nationalsozialisten um Olympia 1936 in Berlin bemühten, stand ihnen eine einflußreiche Fraktion im IOC zur Seite – und im Besonderen einer, der für seine Nazi-Nähe später belohnt werden sollte: Avery Brundage, IOC-Präsident von 1952 bis 1972.

Wie kam es dazu? Zunächst machte das IOC den Nazis Auflagen. Es verlangte, daß deutsche Juden an den Spielen teilnehmen dürfen. Und es hielt seine schützende Hand über das deutsche IOC-Mitglied Theodor Lewald, der ein Halbjude war.

Lewald war nicht nur unangreifbar, weil sich sein IOC-Posten dem Machtbereich der Nationalsozialisten entzog, sondern auch, weil seine (und Carl Diems) Erfahrung bei der Organisation der Spiele unerläßlich war. Lewald war bis dahin das Haßobjekt besonders der NS-Presse gewesen, diese hatte bis dahin wütend dessen Rücktritt gefordert. Nach einer Beschwerde Lewalds darüber gab Hitler persönlich Anweisung (am 3. April 1933), daß diese Angriffe aufzuhören hätten. Tschammer wurde zum Präsidenten des Deutschen Olympischen Ausschusses (DOA) gekürt, Präsident des NOK wurde allerdings Lewald.

Das größte Problem für Hitler und die NS-Führung stellte aber die Forderung des IOC-Präsidenten Baillet-Latour dar, daß die Spiele laut den Olympischen Regeln „keinerlei politischen, rassemäßigen, nationalen oder konfessionellen Charakter" haben dürfen, worauf Hitler gleich die Schirmherrschaft über die Spiele ablehnte. Knapp drei Wochen später, am 5. Juni 1933, bekam Lewald allerdings eine „Unterwerfungserklärung" anläßlich des IOC-Kongresses in Wien, in der zugesichert wurde, daß „grundsätzlich die deutschen Juden aus der deutschen Mannschaft für die elften Olympischen Spiele nicht ausgeschlossen sein werden". Interessanterweise stellte sich bei den Verhandlungen mit dem IOC 1935 dann heraus, daß Hitler über den Inhalt der Erklärung in keiner Weise Bescheid wußte, obwohl die Erklärung Gegenstand breiter öffentlicher Diskussionen war – der Historiker Teichler führt dies auf ein tiefes Desinteresse Hitlers dem Sport gegenüber zurück.

Die NS-Führung löste dieses Dilemma mit der Teilnahme der Juden dann so, daß man keine Verpflichtung sah, jüdische Athleten in einen olympiareifen Zustand zu bringen, also die Sportler zu behindern und sie dann an den Qualifikationsnormen scheitern zu lassen. Die jüdische Hochspringerin Gretel Bergmann schaffte vor Olympia zwar die geforderte Höhe, jedoch fand die Sportführung fadenscheinige Erklärungen, warum die Leistung trotzdem nicht ausreichend sei. Um den Forderungen des IOC Genüge zu tun, nahm man zwei Athleten auf, die nach den Rassegesetzen von 1935 als „Halbjuden" eingestuft wurden – bei den Winterspielen war dies der Eishockeyspieler Rudi Ball, bei den Sommerspielen die Fechterin Helene Mayer.

Olympier Jahncke „verrät" das IOC

Man wundert sich, daß sich das IOC mit einem solch lächerlichen Anteil jüdischstämmiger Sportler zufriedengab. Zu erklären ist dies zum einen mit dem „Satzungsformalismus" des IOC. Zum anderen waren die politischen Grundüberzeugungen vieler IOC-Mitglieder gar nicht weit vom Nationalsozialismus entfernt. Lord Aberdare, britisches IOC-Mitglied und bekennender Antikommunist, schreibt etwa 1936: „Bei der Begegnung mit Adolf Hitler habe ich die Nähe eines großen Mannes gefühlt. Vor allem habe ich mich in meinen hiesigen Gesprächen davon überzeugen können, daß Deutschland ehrlich bestrebt ist, gemeinsam mit England für den Weltfrieden zu arbeiten." Teichler spricht sogar von einer „profaschistischen Fraktion" im IOC. Diese hatte auch den Ausschluß des amerikanischen IOC-Mitglieds Ernest Lee Jahncke unterstützt, eines Politikers, der den Olympiaboykott befürwortete. Betrieben wurde dieser Ausschluß von Theodor Lewald und Ritter von Halt, den deutschen Vertretern im IOC.

In den USA gab es eine immens starke Boykottbewegung gegen die Spiele in Berlin. Die Verkündung der Nürnberger Rassegesetze im September 1935 hatte den internationalen Boykottforderungen Auftrieb gegeben, und im gleichen Jahr fand in New York eine Protestveranstaltung mit 35.000 Teilnehmern statt. Am 8. Dezember 1935 sollte schließlich die Versammlung der Amateur Athletic Union (AAU), die nationale amerikanische Sportorganisation, abschließend über eine Teilnahme an den Olympischen Spielen entscheiden. Dem AAU-Verwaltungsausschuß lagen vor der Sitzung Resolutionen von Organisationen mit 1,5 Millionen Mitgliedern und Listen mit Unterschriften von 500.000 Menschen vor – alle waren gegen eine Teilnahme an den Olympischen Spielen gerichtet. Das Ergebnis des Votums der 114 Mitglieder fiel denkbar knapp aus. Die Befürworter einer Teilnahme siegten mit zwei Stimmen Mehrheit. Immerhin einigte man sich auf den Zusatz, daß „die Zusage nicht so gedeutet werden könne, daß sie eine Bestätigung der Nazi-Regierung bedeute". Außerhalb der USA war die Boykottbewegung – mit Ausnahme von Spanien und der Sowjetunion – auf einzelne gesellschaftliche Randgruppen beschränkt. In Europa waren es insbesondere Linksintellektuelle, Angehörige von Arbeitersportbewegungen und jüdische Organisationen.

Jahncke gehörte zur Boykottbewegung in den USA, der spätere IOC-Präsident Avery Brundage (1952 bis 1972) war sein Gegenspieler und eindeutig pro NS-Deutschland eingestellt. Seinen Einsatz für die Teilnahme an den Hitler-Spielen rechtfertigte er nach dem Krieg mit dem interessanten Argument, daß nur so die Olympische Idee hatte gerettet werden können. Über handfestere Gründe berichtete unlängst Thomas Kistner in der *Süddeutschen Zeitung:* Nach den Spielen erhielt Bauunternehmer Brundage von Reichssportführer Tschammer die Mitteilung, er sei mit dem Neubau der deutschen Botschaft in Washington beauftragt. Antisemit Brundage rückte 1936 ins IOC nach, als Jahncke, der deutscher Abstammung war, bei der Session in Berlin fast einstimmig ausgeschlossen worden war, und zwar wegen „Verrats an den Interessen des Komitees". Man kann diesen Beschluß, der in der Hauptstadt des Dritten Reiches gefaßt wurde, eigentlich nur als Kniefall des IOC vor den NS-Machthabern werten.

Das ausgezeichnete Verhältnis der olympischen Funktionäre zu den Nationalsozialisten war mit Abschluß der Berliner Spiele aber keineswegs beendet, erhielten doch die Deutsche Arbeitsfront (1938) und die Filmregisseurin Leni Riefenstahl (1939) den Olympischen Pokal bzw. das Olympische Diplom. Zudem entschied sich das IOC noch 1939, die V. Winterspiele wieder nach Garmisch-Partenkirchen zu vergeben, weil die Schweiz die Spiele kurzfristig zurückgab – spätestens seit 1936 war ja bekannt, wie unübertrefflich NS-Deutschland im Organisieren von Massenereignissen war. Die Vergabe an Deutschland muß vor dem Hintergrung der Reichspogromnacht 1938 und der eindeutig aggressiven Expansionspolitik 1939 gesehen werden, was durch das IOC faktisch öffentlich belohnt wurde. Tschammer kommentierte 1939 den Organisationsauftrag dann auch entsprechend: „Das war ein olympischer Sieg Deutschlands."

»Mit Fußball haben die Nazis immer Pech gehabt«

■ Interview mit Prof. Dr. Hans Joachim Teichler

Hans Joachim Teichler ist der führende Sportsoziologe für die Zeit des Nationalsozialismus; er hat einen Lehrstuhl an der Universität Potsdam. Neben vielem anderen veröffentlichte er 1991 die Untersuchung „Internationale Sportpolitik im III. Reich". Er äußerte sich zur Rolle des Fußballs in Politik und Propaganda der Nationalsozialisten und bewertete das Verhalten von Spielern und Funktionären den Machthabern gegenüber.

Nach Aussage des früheren Nationaltorhüters Hans Jakob waren vom Nationalmannschaftsstamm (ca. 25 Personen der Jahre 1930 bis 1938) acht Spieler Mitglied der NSDAP. Waren aktive Sportler in demselben Maße in der NSDAP engagiert wie die Funktionäre?

Da gab es ja diese Aufnahmesperre, und nachdem sie 1937 aufgehoben worden ist, sind fast alle Funktionäre Mitglied geworden. Bei den Aktiven ist mir das in dem Maße – wie das auch zum Beispiel in der DDR der Fall gewesen ist, wo der Anteil bis zu 70 Prozent betrug – nicht bekannt. Da ist kein solcher Druck ausgeübt worden.

Im Fall des Nationalspielers Helmut Schön hat die SS versucht, Druck auf ihn auszuüben, der SS beizutreten oder sich öffentlich politisch zu engagieren. War dies typisch für Anwerbeversuche der SS?

Die SS hat sich relativ stark um den Spitzensport gekümmert. Es gab bei diesen Organisations- und Ämterrivalitäten ein Kompetenzgerangel um die Zuständigkeit für den Sport. Die SA wollte sich so ein bißchen den Sport einverleiben, und der Reichssportführer, obwohl er ja Mitglied der SA war, suchte dann immer Schutz bei Himmler, weil die SS von ihrem Elitegedanken her dem Leistungssport näherstand. Die SA forcierte eher eine Volks-, Massen- und Wehrsportidee, und von der Seite her kann es schon sein, daß es da von der SS etwas Druck gab. Mein Eindruck ist eher ein völlig entgegengesetzter: Die Sportler insgesamt versuchten ihren Sportdienst als politisches Tun darzustellen. Es ist nur dem massiven Drängen der Sportführung zu verdanken, daß der DRL zum Nationalsozialistischen Reichsbund für Leibesübungen (NSRL) wurde, damit dann alle Aktivitäten der Funktionäre als politisches Handeln dastanden. Es es war eigentlich ein Drängen des Sports, denn in der Partei zu sein bedeutete, in der Nähe der Krippe der Macht zu sein, und auch an der Verteilung von Posten und Pöstchen. Und da wollte man nicht mehr allzuviele heranlassen. Bei Max Schmeling lag der Fall allerdings anders: Da gab es ein Gedränge, die SA und die SS wollten ihn haben, und dann hat er in seiner Not eine Entscheidung herbeigeführt, die von Hitler selbst getroffen wurde: Schmeling gehört dem ganzen Volk und nicht einer einzelnen Gliederung.

Es ist doch auffallend, daß im Bereich des Sports die organisatorischen Querelen ziemlich massiv waren. So balgten sich ja SA, Reichsarbeitsfront, SS und die HJ um den Einfluß auf den Sport. Wie würden Sie diese Konflikte bewerten?

Man muß hier sehen, daß sich unter dem jeweiligen Deckmantel zum Teil alte Strömungen verbargen. Da gab es etwa den Turner Neuendorff (der zunächst sportpolitisch der SA nahestand, d.A.), der dann zur KdF ging und dort seine turnerischen volks- und massensportlichen Ideen verwirklichen wollte und den Wettkampfsport als nicht-nationalsozialistisch bekämpfte. Solche Auseinandersetzungen sind ja auch sport- und systemtypisch, nach dem Prinzip „Teile und Herrsche". Ian Kershaw deutet in seiner Hitlerbiographie die Radikalisierungstendenzen durch den Wettlauf um die Gunst der neuen Machthaber. Man gebärdete sich noch radikaler als der jeweilige Konkurrent, um sich einzuschmeicheln, und Hitler hatte es leicht, an der Macht zu bleiben, da er über den Fraktionen stand. Und die Sportführer haben diese widerstreitenden Kräfte um den Sport nicht in den Griff bekommen, weil von Tschammer es nie geschafft hat, näher an Hitler heranzukommen.

Ab wann begann die SS, sich stärker in den Sport einzumischen?

Ab 1938 etwa gab es vermehrt Aktivitäten der SS. Im Reichsbund für Leibesübungen kam es zu einer interessanten Entwicklung: Die Gauführer, die die regionalen Gliederungen politisch absicherten, waren fast alle SA-Leute. Aber die Leute, die die freiwerdenden Posten in den Fachämtern besetzten, das waren fast ausschließlich SS-Mitglieder, obwohl sie fachlich oft nicht viel Ahnung hatten.

War Fußball eine der Sportarten, die von den Nazis bevorzugt instrumentalisiert wurden, oder wurde er von der ideologischen Ausschlachtung her eher links liegen gelassen?

Fußball ist eine solche Volksmacht und spielt eine solche Sonderrolle im gesamten Sportgefüge, daß die Herrschenden versuchen, an dieser Massenpopularität des Fußballs in irgendeiner Weise teilzuhaben. Das zeigt sich übrigens auch bei der Untersuchung der DDR-Sportgeschichte. Das sieht man an Schalke 04, die links und rechts von NSDAP,

SA und Reichsarbeitsdienst flankiert wurden, wenn die Mannschaft nach Hause gekommen ist. Man hat versucht, den Fußball zu instrumentalisieren, aber mit dieser Sportart hat das Dritte Reich ja immer Pech gehabt. Am Anfang gab es zwar diese Siegesserie gegen die sogenannten „kleinen Gegner". Aber dann kam die Niederlage im Poststadion bei Olympia 1936, dann das schlechte Abschneiden bei der Fußball-WM 1938, dann die entsprechenden Niederlagen. Man lud die Länder, die man gerade besetzt hatte, ja immer gleich zu Länderspielen ein, aber insgesamt ist diese Instrumentalisierung gescheitert. So hat man sich der Großmacht Fußball gebeugt und hat ihn unangetastet gelassen. Der internationale Sportverkehr wurde, wie ich vermuten würde, 1942 unter anderem deshalb eingestellt, weil ein verlorenes Länderspiel die Leute mehr aufregte als eine verlorene Stadt in Rußland, wie Goebbels in seinem Tagebuch schreibt.

Ist es nicht auch so, daß sich der Fußball für eine Ausschlachtung schlecht eignet, da der Ball bekanntermaßen rund ist? Es ist ja dann ziemlich riskant, die Überlegenheit der „Herrenrasse" an den sportlichen Erfolg zu knüpfen.

Ja, das ist richtig. Im Fußball ist der Ausgang hoch zweifelhaft, wie die berühmt-berüchtigte Geschichte mit dem Spiel im besetzten Kiew ja zeigt. Da ist man mit der Herrenrassenmentalität kläglich gescheitert, als man plötzlich eine Oberligamannschaft zum Gegner hatte. Die Deutschen konnten auch dann nicht gewinnen, als sie die besten Spieler zusammenholten, und die Legende erzählt, daß einige der gegnerischen Spieler dann deshalb im Lager umgekommen sind.

Kann man eine Regel aufstellen, welche Sportarten – abgesehen vom Fußball – von den Nazis benutzt wurden, beziehungsweise welche von ihnen politisch ausgeschlachtet wurden?

Es ist interessant zu sehen, daß Hitler eigentlich ein Gespür für massenwirksame Sportarten hatte, und seine erste Leidenschaft gehörte dem Auto, beziehungsweise dem Automobilrennsport. Die Masse der Filme, die über den Sport gemacht wurden, feierten den Automobilsport. Man muß sich das einmal bildlich vorstellen: Ein Reichskanzler umgab sich mit Rennsportidolen, und wenn man das auf die Gegenwart übertragen würde, dann würde Kohl, mit großem Geleit und eskortiert von Schumacher und Frentzen, 'Unter den Linden' entlang zur Eröffnung der Internationalen Automobilausstellung fahren. Begleitet von den siegreichen Silberpfeilen fuhr der Reichskanzler feierlich zur IAA und eröffnete sie. Nach dem Auto war das sicherlich Boxen („Schmelings Sieg, ein deutscher Sieg", hieß der entsprechende Film), und dann kam lange Zeit nichts. Das nächste war dann schon der Fußball mit seinen internationalen Auftritten, aber die Hauptaufgabe war besonders bei den Spielen mit Frankreich und England 1935 bis 1936: Antreten, Kontakte knüpfen, fair spielen und auf das Ergebnis kommt es nicht so sehr an – für England war das 1938 allerdings umgekehrt nicht ganz so, für sie war das Ergebnis sehr wichtig.

Wie hoch würden Sie den Stellenwert des Sports bei der ideologischen Indoktrination des Volkes veranschlagen? Haben die Nationalsozialisten die propagandistischen Möglichkeiten des Sports ausgenutzt?

Ich glaube, sie haben die Möglichkeiten des Sports schon ausgenutzt, aber nicht auf eine primitive Weise. Sie haben die indirekte Wirkung des Sports benutzt, also zum Beispiel bei den Olympischen Spielen, indem sie diese großartig aufgezogen haben, um aller Welt ihre Organisations- und Sportkompetenz zu zeigen, und um sich zur Tarnung der eigenen Aufrüstung einen friedvollen Anstrich zu geben. Auf der anderen Seite hat man der deutschen Jugend so etwas wie ein Überlegenheitsgefühl eingeimpft, indem man, entgegen der ursprünglichen Ideologie, eine Aufrüstung und Förderung des Spitzensports betrieben hat. Das ist, glaube ich ein wichtiger Punkt: Die Deutschen gewinnen die meisten Olympiamedaillen, haben große Sporterfolge auf dem internationalen Parkett, und so treten sie den Beweis an für die Herrenrassenideologie. Das bestätigen auch die regelmäßigen sozialdemokratischen Berichte und Meldungen aus dem Reich: Da schreibt der Berichterstatter, daß es nicht die Ideologie ist, es ist auch nicht die Person Hitlers, die die Jugend an dieses System fesselt, sondern es ist der Sport. Es sind die Möglichkeiten, daß Jugendliche in der HJ Leistungssport treiben konnten, es gab ja diese Sonderformationen der HJ, in denen die Jugendlichen beispielsweise mit dem Motorrad durch die Gegend fahren konnten. Diese Verbindung von Technik und Sport, das war der Kick, der die Jugend an das System band, und ganz besonders in Bezug auf diese Gruppe hat der Sport eine wichtige politische Rolle gespielt. Das gilt auch für den Fußball, was man daran sieht, daß Carl Krümmel, der Chef des Amtes K (der Sportbereich im Erziehungsministerium, d.A.) sich für den Fußball stark interessiert hat. Fußball war, zusammen mit Boxen, die neue Sportart, die 1935 in den Jungenoberschulen eingeführt worden war, und Krümmel selbst sagte ganz klar, daß man den Fußball gewählt hat, um die alten, verknöcherten Turnlehrer zu schokken, und um etwas Revolutionäres und Jugendfreundliches zu machen. Natürlich suchte man sich ein Kampfspiel, das abhärtete und im Freien gespielt werden konnte und das den Mannschaftsgeist schulte.

Inwieweit war der ehemalige Fußballer und Stabschef des NSRL, Guido von Mengden, ein überzeugter Nationalsozialist? War er typisch für die Sportfunktionäre in dieser Zeit?

Die bürgerliche Sportführung war sicherlich schwarz-weiß-rot durchgefärbt, sie waren deutsch-national-kaisertreu und zudem soldatisch und militaristisch geprägt. Von Mengden hat aber so viele, auch lyrische, nationalsozialistische Ergüsse von sich gegeben, daß man ihn mit Fug und Recht als Nationalsozialisten bezeichnen darf, ohne ihm wehzutun. Er war sehr Hitler-treu, und das geht natürlich nicht, ohne auch im Rassenbereich die entsprechenden Konsequenzen zu ziehen – und dafür gibt es auch umfangreiche Dokumente.

Wie erklären Sie sich, daß er nach dem Krieg seine Karriere als Sportfunktionär fortsetzen konnte?

Bauwens (der erste DFB-Präsident nach dem Zweiten Weltkrieg, d.A.) und die alte Clique haben ihn unterstützt – die hat ja zusammengehalten wie Pech und Schwefel. Aber von Mengden war ein fähiger Organisator, ein Schreiber, ein guter Arbeiter, und das kommt hinzu. ■

KAPITEL 2

Mittendrin statt nur dabei: Die Neuorganisation des Fußballs im Dritten Reich

Der Sport hat in der Weimarer Republik eine starke Förderung erfahren. Sport, so argumentierten viele Politiker, sei ein guter Ersatz für militärische Ausbildung, die laut Versailler Vertrag streng untersagt war. Nicht nur aus diesem Grund suventionierten kommunale und staatliche Behörden den Sport mit beachtlichen Beträgen. Es war eine allgemeine Aufbruchstimmung zu spüren: „Städte und Gemeinden richteten Sportämter ein und bauten Stadien. In Köln ließ der damalige Oberbürgermeister Konrad Adenauer das Müngersdorfer Stadion errichten." (Gloede 1980, S. 135). 1922 entstand in Duisburg das Wedaustadion mit 40.000 Plätzen, 1927 Dortmunds legendäres Stadion Rote Erde, 1928 die nicht minder berühmte Schalker Glück-Auf-Kampfbahn. Fußball wurde zum Massenereignis. Der Rundfunk berichtete von Spitzenwettkämpfen, Zeitungen installierten separate Sportseiten.

Der Aufschwung des Sports, insbesondere des Fußballs, war kein deutschlandspezifisches Phänomen. In England, dem Mutterland des Fußballs, kannte die Begeisterung keine Grenzen. 1923 wurde das Wembley-Stadion in London mit der Partie West Ham United gegen Bolton Wanderers eingeweiht – und 200.000 Menschen wollten dabeisein. Da die Fußballarena nur 130.000 Anhängern Platz bot, blieben 70.000 draußen – und feierten dort. Drinnen im Stadion sorgte die berittene Polizei dafür, daß der Rasen freigemacht wurde.

In Deutschland nahm nicht nur die Zahl der Konsumenten der sportlichen Ereignisse zu, sondern auch die Anzahl der Aktiven. Im Sog der politischen Umwälzung – die wilhelminische Monarchie war im Ersten Weltkrieg untergegangen, die neue Staatsform war eine demokratische Republik – verbesserten sich die Arbeitsbedingungen der Menschen. Der Acht-Stunden-Arbeitstag wurde eingeführt, womit den Fußballbegeisterten, die zuvor zwei bis vier Stunden mehr malochen mußten, die Gelegenheit gegeben wurde, höchstselbst in der Freizeit gegen die Lederkugel zu treten. Bestehende Klubs erhielten Zulauf, neue Vereine schossen in den Städten wie auf dem flachen Land aus dem Boden. 1920 gehörten dem DFB noch gut 3.000 Vereine an, zehn Jahre später waren es schon knapp 8.000. Nicht eingerechnet sind hierbei die Fußballvereine des Arbeiter-, Turn- und Sportbundes (ATSB).

Interessant ist in diesem Zusammenhang ein Blick auf die Namen der Klubs. Vor 1918 gab es zahllose „Turn- und Sportvereine", wodurch eindeutig die Dominanz der Turner hervorgehoben wurde. Die übrigen Sportarten wurden in einer übergeordneten Bezeichnung untergebracht. Auch in der Weimarer Republik wurden noch Turn- und Sportvereine gegründet, doch jetzt gesellten sich auch die FCs (Fußballclubs) oder SCs (Sportclubs) dazu.

Nun war der Fußball nicht allein auf die bessergestellte bürgerliche Schicht beschränkt, sondern nahm immer mehr Raum in der Lebensgestaltung der Arbeiter ein. Fußball wurde Volkssport. „Schließlich beschränkte sich der Wandel nicht allein auf das Aufkommen reiner Arbeitersportvereine, sondern die Werktätigen strömten auch in die bereits bestehenden bürgerlichen Klubs. Genau genommen hat unser heutiger Volkssport ... seine Seele in den goldenen Zwanzigern bekommen, denn erst durch die Einbeziehung der Arbeiter wurde er 'Sport zum Anfassen' und lockte auch das Massenpublikum ins Stadion." (Grüne 1995, S. 154)

Überdies sollte der Sport in der Weimarer Republik das Defizit an außenpolitischem Prestige abdecken. Zwar war Deutschland nach 1918 zunächst von den Olympischen Spielen ausgeschlossen und durfte erst 1928 in Amsterdam wieder teilnehmen, gleichwohl mühten sich die Sportfunktionäre, internationale Kontakte zu knüpfen und länderübergreifende Vergleichswettkämpfe zu organisieren. „Bis zu Hitlers Machtantritt hatten die deutschen Sportorganisationen ein weltweites Netz von Beziehungen bis nach Los Angeles oder Tokio gespannt." (Gloede 1980, S. 137)

Die neue Organisation von Fußball und Sport im Dritten Reich

Als am 28. April 1933 der SA-Gruppenführer Hans von Tschammer und Osten zum Reichskommissar für Sport ernannt wurde, fanden die turbulenten Ereignisse um die Gleichschaltung des Sports ihr vorläufiges Ende. Die Zeit nach Hitlers Ernennung zum Reichskanzler am 30. Januar 1933 war, nach anfänglicher Untätigkeit, geprägt von einem Wettlauf der verschiedenen Funktionäre und der Verbände um die Gunst der Nationalsozialisten, um jeweils für sich die besten Bedingungen herausholen zu können. So überboten sich plötzlich die meisten bürgerlichen Sportfunktionäre in ihren Beteuerungen nationaler bzw. nationalsozialistischer Grundhaltung, sogar der abgelöste Vorsitzende der Deutschen Turnerschaft (DT), der ehemalige preußische Innenminister Alexander Dominicus, wollte nicht abseits stehen und rühmte die Verdienste der DT bei der Bekämpfung der „Kriegsschuldlüge" (Teichler 1991, S. 63).

Sowohl die Turner als auch die Sportverbände spürten, daß die Gleichschaltung die Chance bieten würde, den eigenen Machtbereich zu erweitern, da alles in Fluß geraten war. So brach also zwischen den beiden Bewegungen ein Machtkampf um die Gunst der Nationalsozialisten aus. Die DT löste am 23. März 1933 den ehemaligen preußischen Staatssekretär, den Bürgerlichen Dominicus, ab, der noch verzweifelt seine deutschnationale Grundeinstellung beteuerte. All dies rettete seine Stellung nicht, und er wurde in den Augen der Nationalsozialisten schonungslos als Demokrat entlarvt.

Die Verbände und Vereine begannen in vorauseilendem Gehorsam, Juden auszuschließen und fleißig Wehrsport zu betreiben. Auch hier hatte die DT die Nase vorne: Schon sehr früh hatte man unter dem neuen Vorsitzenden Eduard Neuendorff, der seit 1932 Parteigenosse war, das Führerprinzip und außerdem ein Wehrturnjahr eingeführt. Alle Juden und Marxisten wurden ausgeschlossen. Auch die Sportfunktionäre unter der Führung des DFB-Vorsitzenden, Kriminalkommissar Felix Linnemann, waren nicht weniger schnell von Begriff. Sie unterstützen von Anfang die Kandidatur von Tschammer und Osten für den Posten des Reichssportführers und brachten die Sportverbände damit in eine gün-

DFB-Präsident Felix Linnemann

stige Startposition. Die Fußballfunktionäre versuchten sich allerdings auch gegenseitig auszustechen: Guido von Mengden, der Pressewart des DRL, unterstellte Linnemann demokratische Gesinnung, was dieser vehement abstritt. Linnemann wurde diesen Geruch vielleicht auch deshalb nicht ganz los, da er erst 1937 der NSDAP beitritt. Anton Kehl, der einen Bildband über Herberger verfaßt hat, behauptet, daß allen führenden Fußballfunktionären der Parteibeitritt verordnet wurde. Nach Kriegsbeginn wurde auch „großer Wert" darauf gelegt, daß führende Polizeibeamte Mitglieder der SS wurden, um beide Organisationen zu verschmelzen. Kripo-Mann Linnemann wurde wegen dieser Funktionen nach dem Krieg von den Briten interniert, und 1948 starb er – 66-jährig – nach sechs Monaten Haft.

Viele Sportfunktionäre, darunter IOC-Mitglied Karl Ritter von Halt und der spätere Reichs- und Bundestrainer Sepp Herberger, traten eilig in die NSDAP ein, um den Karrierezug nicht zu versäumen. Bei den alten Kämpfern genossen sie allerdings nicht das größte Ansehen, allgemein nannte man sie die Märzgefallenen. Über diese ereifert sich in einem Artikel vom 2. Mai 1933 der Schriftleiter des *Kicker,* Hanns-Joachim Müllenbach, der sich bei dieser Gelegenheit plötzlich als überzeugter Nationalsozialist entpuppt. Nur hatte in seinen zahlreichen Texten vor 1933 niemand etwas davon bemerkt – es verwundert schon etwas, wie jemand die Dreistigkeit besitzen kann, genau die Sorte von Mensch zu verurteilen, als die er sich im selben Moment outet.

Am 9. April 1933 unterzeichneten sämtliche süddeutschen Spitzenvereine eine Erklärung, mit der sie sich zum Ausschluß von Juden und Marxisten verpflichteten sowie zur Einführung von Wehrsport – obwohl es eine nationalsozialistische Sportführung noch gar nicht gab, es also niemand von ihnen verlangt hatte. Dasselbe galt für den Süddeutschen Fußball- und Leichtathletikverband, der schon vor dem 22. April die Vereine aufforderte, seine jüdischen Mitglieder auszuschließen. Dieses Verhalten entsprach genau dem Führerprinzip, demzufolge die Volksgenossen den Willen des Führers im einzelnen zu erahnen und ihm entgegenzukommen hatten. Sowohl die Turn- als auch die Sportfunktionäre waren schnell von Begriff, als es darum ging, das Führerprinzip zu verstehen und (zum eigenen Vorteil) in die Tat umzusetzen.

Auch der Westdeutsche Spielverband (WSV) kam gut aus den Blökken: Man führte als erster Sportverband überhaupt im Mai 1933 den „Deutschen Gruß" für alle Wettkampfmannschaften ein, nachdem man schon im April die Leitsätze durch NS-Gedankengut ersetzt hatte. Von einer „Scheidung" zwischen Profis und Amateuren, die die westdeutschen Fußballer noch am 22. Januar 1933 vehement gefordert hatten, war natürlich keine Rede mehr.

Die verschiedenen Verbände und Funktionäre wollten nun ihren Lohn für ihren raschen Fähnchenschwenk erhalten, mit anderen Worten: Sie wollten Führungspositionen bei der Neuorganisation des Sports. Aus außenpolitischen Gründen waren die Umwälzungen ja nicht so radikal, und so konnten sich die meisten Funktionäre berechtigte Hoffnungen machen – solange sie keine Demokraten waren. Und das waren die wenigsten. Die besten Aussichten hatten die Funktionäre in den Fachämtern, unter diesen blieben fast alle – wohl aus außenpolitischer Rücksichtnahme – auf ihren Posten. Da, wo es nicht so auffiel, bei den Gauführern des DRL, wurden relativ konsequent „alte Kämpfer" aus der SA mit Pfründen versorgt.

Unverrückbare Treue zu Adolf Hitler

Diese Machtkämpfe gipfelten im Gezerre um die Ernennung des neuen Reichsführers, der den gesamten Sport autoritär führen sollte. Hinter den Kulissen intrigierten hier Reichswehr, Stahlhelm und die SA gegeneinander. Carl Diem war 1917 Mitbegründer und Generalsekretär des DRA, der Spitzenorganisation des Sports, und war später führend bei der Organisation der Olympischen Spiele 1936 beteiligt. Diem hatte in den letzten Kriegstagen 1945 den Auftrag erhalten, das Reichssportfeld zu verteidigen, wie Reinhard Appel (Chefredakteur des ZDF) berichtet. Dieser war als Hitlerjunge der HJ-Division Großdeutschland dort eingesetzt, und er beschuldigt Diem, durch eine flammende Rede die Jungen sinnlos in den Tod geschickt zu haben. Diem forderte die Hitlerjungen sechs Wochen vor dem Einmarsch der Roten Armee nach dem Vorbild der Spartaner zu großer Opferbereitschaft beim siegreichen Endkampf um Deutschland auf. Dabei fiel unter anderem der Satz: „Schön ist der Tod, wenn der edle Krieger für das Vaterland fällt." Appel traut Diem umstandslos zu, daß dieser den politischen Kontext dieser Zeit kannte und nicht aus Naivität heroische Reden schwang. (Leserbrief von Reinhard Appel an die *Süddeutsche Zeitung*, 3. Januar 1997)

Nach dem Krieg kam Diem wieder in Amt und Würden und war ein geachteter Sportfunktionär, nach dessen Rolle im Nationalsozialismus bis in die achtziger Jahre hinein kaum jemand fragte. Bei der Vorbereitung der Olympischen Spiele 1972 wollte das Organisationskomitee nicht auf seine unschätzbaren Erfahrungen bei der Durchführung prächtiger Massenereignisse (Olympia 1936) verzichten; er war in München als Berater tätig. Dort traf er auf seinen alten Kameraden Avery Brundage, der zu dieser Zeit IOC-Präsident war („The games must go on" entschied er nach dem Mordanschlag auf die israelische Olympiamannschaft in seiner konsequenten Haltung, politische Ereignisse zumindest nach außen hin zu ignorieren). Nachdem allerdings Appel seine Erinnerungen an die Öffentlichkeit gebracht hatte, interessierte diese sich plötzlich dafür, und Diems Rolle wurde neu bewertet. Daß dies notwendig war, zeigt auch folgende Tatsache: Diem machte sich selbst Hoffnungen auf den Posten des Reichssportführers und arbeitete deshalb einen Gleichschaltungsplan aus, in Kooperation mit Oberst a.D. Hierl, dem Leiter des Amtes für Arbeitsdienst bei der NSDAP. Er scheiterte aber genauso wie der schon erwähnte Carl Krümmel sowie Franz Seldte, der Führer des Stahlhelm, der von Reichswehrminister v. Blomberg unterstützt wurde. Auch DT-Führer Neuendorff machte sich Hoffnungen. Die Turner waren sicherlich politisch am zuverlässigsten und hätten die Führung auch bekommen müssen, wenn ausschließlich ideologische Gründe eine Rolle gespielt hätten. Dies war aber nicht der Fall: Der Sport sollte in der Außenpolitik wichtige Funktionen übernehmen, und hier wäre ein völkisch-nationalistischer Befürworter des Wehrsports, der jegliche internationalen Sportkontakte ablehnte, so etwa das genaue Gegenteil einer Idealbesetzung gewesen.

Aber auch eine andere Funktionärsikone sollte an dieser Stelle angemessen gewürdigt werden: Karl Ritter von Halt. Mit Diem zusammen ließ er „heldenhaft" das Reichssportfeld vor dem heranstürmenden Feind verteidigen, auch hatte er mindestens genauso viele Posten gesammelt wie dieser – im Unterschied zu Diems Funktionen waren dabei allerdings auffällig viele, die ein 'N' oder ein 'S' im Namen hatten. Er war Vorstandsmitglied der Deutschen Bank und als Vertreter dieses angesehenen Geldinstituts saß er im „Freundeskreis Himmler", der sich mit der Spendensammlung für die SS beschäftigte. In Halts Fall darf man den Namen dieses Kreises wohl wörtlich nehmen. In einem Brief vom 20. Januar 1940 an Himmler persönlich schrieb Halt:

„Reichsführer!

In Erledigung eines Schreibens des Barons von Schröder, Köln, hat die Deutsche Bank dem Sonderkonto 'S' beim Bankhaus J.H. Stein wie in den vergangenen Jahren den Betrag von RM 75.000.– (Fünfundsiebzigtausend Reichsmark) überwiesen. Meine Bank hofft, Ihnen, Reichsführer, durch die Zurverfügungstellung dieses Betrages wiederum eine Freude bereitet zu haben. Heil Hitler!"

Halt war auch Mitglied dieser „hilfebedürftigen" Organisation, und zwar war er Gruppenführer der SS (im Generalsrang, wie Willy Meisl 1951 in einem Artikel schreibt). Er war außerdem SA-Standartenführer und als Tschammers Nachfolger als Reichssportführer (ab 1944) Führer des NSRL. Sein klarer NS-Hintergrund schwächte aber keineswegs seine Position als geachteter internationaler Sportführer: Von 1929 an saß der ehemalige Zehnkämpfer und Olympiateilnehmer (1912) im IOC, von 1937 bis 1945 in dessen Spitzengremium, dem Exekutivkomitee, außerdem war er von 1931 bis 1938 Präsident des Handballweltverbandes. Von 1933 bis 1945 saß er dem Fachamt Leichtathletik vor. Zudem war er Vorsitzender des Organisationskomitees der Olympischen Winterspiele 1936 in Garmisch-Partenkirchen, und als solcher schrieb er am 14. Mai 1935 einen aufschlußreichen Brief wegen der teilweise gewaltsamen Judenverfolgungen an das Reichsinnenministerium und an Hitler:

„Wenn in G.-P. (Garmisch-Partenkirchen, d.A.) die geringste Störung passiert, dann – darüber sind wir uns doch im klaren – können die Olympischen Spiele in Berlin nicht durchgeführt werden. (...) Für uns Deutsche wäre das ein ungeheurer Prestigeverlust, und der Führer würde die Verantwortlichen zur Rechenschaft ziehen (...). Herr Staatssekretär, ich bitte davon überzeugt zu sein, daß ich diese meine Sorge nicht deshalb äußere, um den Juden zu helfen, es handelt sich ausschließlich um die olympische Idee und um die Olympischen Spiele, denen ich seit Jahren meine ganze freie Zeit widme."

Nach dem Krieg wurde Halt zwar im ehemaligen KZ Buchenwald interniert (immerhin bis 1950), jedoch glaubte man, im deutschen und internationalen Sport nicht auf einen so erfahrenen Mann verzichten zu können: Als IOC-Mitglied hatte er seinen Posten ohnehin nie verloren, er wurde sogar als einziges IOC-Mitglied überhaupt ein zweites Mal Mitglied der Exekutive (1957-63), zudem wurde er von 1952 an Vorsitzender des NOK (Nationales Olympisches Komitee) und später sogar dessen Ehrenpräsident. Es überrascht deshalb auch nicht, daß er 1956 vom Bundespräsidenten mit dem Großen Verdienstkreuz mit Stern der Bundesrepublik ausgezeichnet wurde. Seine erneute Funktionärskarriere war aber nur durch die Unterstützung eines alten Freundes möglich: durch Avery Brundage, den späteren IOC-Vorsitzenden, der Halt einen sogenannten „Persilschein" ausstellte: „Es ist mir eine Freude, Dr. von Halt als Sportler und als Ehrenmann erster Güte zu empfehlen. Er war nie politisch aktiv, er war nie ein Nazi, und er ist des höchsten Vertrauens würdig" (5. Oktober 1950).

Halt war wohl schon sehr früh mit der SA und dem Nationalsozialismus in Kontakt gekommen, er arbeitete mit Krümmel bis 1923 an der Infanterieschule in München als Sportlehrer, wo (beim TSV 1860 München) zusammen mit rechtem Freikorps und SA illegal die Ausbildung der Wehrmachtssoldaten betrieben wurde.

In seinen Reden offenbarte er seine Übereinstimmungen mit den Zielen und Ideen Hitlers und des Nationalsozialismus, so zum Beispiel bei seiner Eröffnungsansprache der Kampfspiele der HJ in Breslau 1941, bei der er pathetisch zu Opfern für den Krieg aufrief: Es sei die Aufgabe, das zu erhalten, „... was der Führer schuf und was immer wieder Wiege und Hort neuer deutscher, starker Jugend sein soll: Deutschland!" (*NS-Sport* 3/1941). Daß ihn auch der Zusammenbruch von NS-Deutschland nicht dazu gebracht hat, seine Position zu revidieren, zeigt sein Verhalten im Fall des österreichischen Goldmedaillengewinners im Gewichtheben (Leichtgewicht), Robert Fein, der sich nach dem „Anschluß" als „Halbjude" versteckt hielt. Fein hatte 1936 die Goldmedaille zusammen mit dem Ägypter Mesbah gewonnen und wollte diese nach dem Krieg, als Halt NOK-Präsident war, auch ausgehändigt bekommen. Obwohl die offiziellen Unterlagen ganz klar das Gegenteil belegten, behauptete Halt, Fein hätte die Medaille nie gewonnen und verweigerte deren Herausgabe.

Ein „alter Kämpfer" als Sportführer

Reichssportführer wurde schließlich Hans von Tschammer und Osten, SA-Gruppenführer und Reichstagsabgeordneter der NSDAP. Tschammer war erst 1929 in die NSDAP eingetreten, aber schon seit 1922 von Hitler angetan gewesen. Alle Welt wunderte sich über diese Besetzung, da er sich bis dahin vor allem mit Terroraktionen gegen politische Gegner hervorgetan und mit Sport eigentlich nichts zu tun gehabt hatte. Als Sonderkommissar der OSAF (Oberste SA-Führung) übernahm er im April 1933 die Einrichtung einer Hilfspolizei, was nichts anderes als die gnadenlose Verfolgung von Oppositionellen bedeutete. Etwa 100 Morde sowie zahlreiche Folterungen sollen unter seine Verantwortung fallen. Dies trübt das Bild doch erheblich, das oft von ihm gezeichnet wurde – anscheinend war er nicht nur der joviale, charmante Gesellschaftslöwe. Noch 1980 verteidigte der selbst schwer belastete von Mengden Tschammer als einen Mann, der unter seiner Position gelitten und sich deshalb nach 1938 mehr und mehr zurückgezogen habe. Vor dem Hintergrund von Tschammers Verbrechen verwundert dies schon

„Reichssportführer" von Tschammer und Osten bei einem Verbandstag der Turner- und Sportbewegung 1936.

etwas. Aufgrund seiner sportlichen Unerfahrenheit konnte auch das Gerücht gedeihen, das Krümmel in die Welt gesetzt hatte: Tschammer sei mit seinem sportlich viel aktiveren Bruder verwechselt worden und habe nur so den Posten bekommen. Dieses Gerücht hielt sich außerordentlich zäh, auch Helmut Schön und Max Schmeling kolportierten es viel später in ihren Memoiren.

Tschammer vereinigte zwei unabdingbare Voraussetzungen auf sich: Zum einen war er SA-Mann, und dies war deshalb so wichtig, da die SA den Sport unter ihre Kontrolle bekommen wollte und irgendwie befriedigt werden mußte. Auch äußerlich entsprach er dem Bild eines alten Kämpfers: Bei seinen öffentlichen Auftritten trug er stets Lederstiefel, eine Reithose, Schirmmütze und Orden. Wie Teichler schreibt, dürfte es überdies unter den SA-Führern kaum Kandidaten gegeben haben, die den Sport nach außen hätten repräsentieren können (Teichler 1992, S. 77). Tschammer indes besaß das Dolmetscherexamen für Englisch und Französisch, beherrschte das internationale Parkett und schwang unterhaltsame Reden. Hans Jakob, seinerzeit Fußball-Nationaltorwart, äußerte in einem Gespräch 1992, Tschammer sei immer lustig gewesen, und keiner (von den Nationalspielern, d.A.) hätte etwas gegen ihn gehabt. Die Fußballer hätten ihn des öfteren „besoffen gemacht". Sein Konkurrent um den Posten, Neuendorff, hingegen schmähte ihn, er sei ein „als Persönlichkeit völlig wertloser Mensch, dieser dumme, hohle und maßlos aufgeblasene Schwätzer" (*Der Spiegel* 31/1986, S. 128).

Nicht nur die SA, sondern auch Stahlhelm und Reichswehr versuchten, den Sport unter ihre Kontrolle zu bringen. Daneben wollten aber auch die Reichsarbeitsfront und die Hitler-Jugend Einfluß ausüben, außerdem stritten sich das Reichsministerium für Volksaufklärung und Propaganda (RMfVuP) unter Goebbels mit dem Auswärtigen Amt unter Ribbentrop um die Kontrolle der internationalen Sportbegegnungen. Zudem darf natürlich nicht vergesssen werden, daß der Sport eigentlich in der Zuständigkeit des Innenministeriums unter Frick lag. Diese Konflikte zeigen, daß im nationalsozialistischen Staat keineswegs organisatorische Ordnung herrschte, sondern daß sich viele konkurrierende Behörden und Organisationen um die Macht balgten.

Genauso ungeordnet wie die Gleichschaltung von oben vor sich ging, so chaotisch verlief auch die Selbstgleichschaltung durch die verschiedenen Regionalverbände und Vereine. Zunächst gab es den Reichsführerring, der die Aufgaben des ehemaligen DRA übernahm. Am 30. Januar 1934 erhielt der Verband erst seine endgültige Struktur, als der DRL (Deutscher Reichsausschuß für Leibesübungen) gegründet wurde. Diesem waren alle Einzelsportverbände als 21 Fachämter untergeordnet – und deren größtes war das Fachamt Fußball, dem auch angeblich verwandte Sportarten wie Cricket oder Rugby zugeschlagen wurden. Dies ist vielleicht noch eine späte Folge der Ablehnung der Engländerei, wie diese Sportarten von nationalen Kreisen um die Jahrhundertwende diffamiert worden waren.

Die neue Organisationsstruktur sollte analog zum Führerprinzip natürlich auch regional eine Zentralisierung bewirken. So mußten die Verbände ihre Geschäftsstellen alle nach Berlin verlegen. Gleichzeitig erfolgte – entsprechend der Neugliederung des Reiches – die Einteilung in 16 Gaue, die sich in Bezirke und Kreise gliederten. Der DFB hatte zuvor sieben Landesverbände gehabt, von denen der westdeutsche WSV der größte und mächtigste gewesen war. Bei den Gauen hielt man sich an die regionale Gliederung der NSDAP: Gau I (Ostpreußen), Gau II (Pommern), Gau III (Brandenburg), Gau IV (Schlesien), Gau V (Freistaat Sachsen), Gau VI (Mitte), Gau VII (Nordmark), Gau VIII (Niedersachsen), Gau IX (Westfalen), Gau X (Niederrhein), Gau XI (Mittelrhein), Gau XII (Nordhessen), Gau XIII (Südwest), Gau XIV (Baden), Gau XV (Württemberg), Gau XVI (Bayern). In den Gauen spielte jeweils eine Staffel mit zehn Fußballmannschaften, genannt Gauliga. Dies bedeutete vom leistungssportlichen Standpunkt eine Verbesserung, da es jetzt weniger Vereine in der höchsten Spielklasse gab. Es waren jedoch immer noch 160. Man kann sich also vorstellen, daß genügend Vereine der Klasse eines FC Mombach oder Alemannia Worms existierten – Spiele wie 1. FC Nürnberg gegen Schalke 04 waren immer noch eine ausgesprochenen Seltenheit, da diese Vereine sich erst in der Endrunde zur Deutschen Meisterschaft begegnen konnten. Eine eingleisige Reichsliga, wie sie sich viele Fußballfans gewünscht hatten, damit der deutsche Fußball den Anschluß an die internationale Entwicklung schaffen würde, wurde ihnen verwehrt.

Linientreue und Führerprinzip

Die Vereine bekamen eine Einheitssatzung, die sie von den Verbänden löste und sie direkt zu Mitgliedern des DRL erklärte. Demokratische Prozeduren wurden natürlich durch das Führerprinzip ersetzt. Die Vereine verloren faktisch das Recht, ihre Führung selbst zu bestimmen, auch wenn nach Ernennung durch den Gau-Sportführer noch eine Scheinwahl stattfand. Der Beamtenapparat der Nationalsozialisten überwachte die Vereine weitgehend, das Beispiel FC Bayern relativiert diese Behauptung allerdings. Hier zeigt sich, daß es doch gewisse Gestaltungsmöglichkeiten in der Vereinspolitik gegeben haben muß (siehe eigenes Kapitel: Die „Hauptstadt“ bewegt sich). Sportwart, Jugendwart, Pressewart und insbesondere der Dietwart (der Beauftragte für die politische Schulung) hatten für Linientreue im Verein zu sorgen.

Dietwarte hatten den Zweck, den DRL fest an Bewegung und Staat zu binden. Sie sollten in den Vereinen und bei deren Mitgliedern das Bewußtsein verankern, daß die Leibesübungen nicht Selbstzweck sind, sondern der Erweckung und Erhaltung des Wehrwillens, des Volksstolzes und des Volksgefühls zu dienen haben (Punkt 1 der Dietordnung, erschienen in *Der Dietwart* 1937, Folge 3, Seite 117f). Die „Dietarbeit“ in den Vereinen gestaltete sich allerdings ziemlich problematisch: Die Dietwarte hatten von weltanschaulichen und rassenpolitischen Fragen nur wenig Ahnung, so daß sie über diese komplexe Materie bald nicht mehr sprechen durften. Die entsprechende Abteilung im NSRL versuchte zwar, die Dietwarte entsprechend zu schulen, aber man kam mit diesem Vorhaben nicht richtig voran. So kam die politische Indoktrination in den Vereinen nie richtig in Schwung, die Dietarbeit stagnierte, und auf den wohl eher schwächlich besuchten „Dietabenden" wurde über Themen wie „nordische Leibeskultur" oder „Fest- und Feiergestaltung" gesprochen. Von Mengden bezeichnete noch 1980 in der Rückschau, als er seine Rolle im Dritten Reich verteidigen wollte, die zeitweilig angesetzten „völkischen Aussprachen" bei Lehrgängen deshalb als „ärgerlich", weil die meisten Dietwarte zu unqualifiziert waren (v. Mengden 1980, S. 80).

Mit ganz anderen Veränderungen war die Arbeitersportbewegung konfrontiert: Sie wurde kurzerhand aufgelöst (siehe dazu Exkurs am Ende des Kapitels). Auch wurde den Arbeitervereinen nicht gestattet, dem DFB bzw. dem entsprechenden Fachamt beizutreten. Ihre Mitglieder durften allerdings einzeln um Aufnahme in die bürgerlichen Sportvereine ersuchen, die ihnen dann alles andere als leicht gemacht wurde. Man brauchte Bürgschaften von zwei Mitgliedern nationaler Verbände und eine eidesstattliche Erklärung, in der der geläuterte Arbeitersportler seine Loslösung vom Marxismus-Leninismus fixieren sollte. Zudem war ein polizeiliches Führungszeugnis vonnöten. Dazu bemerkte der *Völkische Beobachter,* daß man den anständigen deutschen Arbeitern die Hand reichen wolle, lichtscheuen Elementen werde man jedoch scharf auf die Finger sehen. Auf Kandidaten, die das sportliche Niveau heben konnten, legte man allerdings Wert, da sie die deutsche Stärke unter Beweis stellen halfen; außerdem konnte man dadurch die Identifikation der skeptischen Teile der Arbeiterschaft mit dem Regime fördern.

Während man den Arbeitersport schnell ausgeschaltet hatte, erschwerte man den konfessionellen Vereinen die Arbeit zunächst nur, ehe die katholischen und evangelischen Vereine am 23. Juli 1935 verboten wurden. Die Mitglieder konnten im Unterschied zu den Arbeitersportlern ohne Schikanen zu den bürgerlichen Vereinen überwechseln.

Verglichen mit anderen Bereichen des öffentlichen Lebens fällt allerdings auf, daß die Gleichschaltung doch recht halbherzig und vor allem auch zeitlich verzögert durchgeführt wurde. In fast allen anderen Bereichen des öffentlichen Lebens war Ende April 1933, als der Reichssportkommissar ernannt wurde, die Gleichschaltung längst verwirklicht. Beim Ärztebund war dies bereits am 25. März geschehen, der Reichsausschuß der deutschen Jugendverbände war am 5. April der Hitler-Jugnd unter Baldur von Schirach eingegliedert worden.

Abgesehen von der Einführung des Führerprinzips, das allgemein wohl eher begrüßt wurde, blieb beim Sport organisatorisch und personell vieles beim alten. Der DRL, der ja erst Anfang 1934 gegründet wurde, blieb offiziell eine vom Nationalsozialismus unabhängige Organisation, was bei einem so wichtigen Bereich recht ungewöhnlich ist; sogar der DFB blieb als Scheinorganisation für das Ausland erhalten.

Für die verspätete Gleichschaltung, die erst ein Jahr nach der Machtergreifung endgültig abgeschlossen war, kommen zwei Gründe in Frage: Obwohl Hitler die Bedeutung des Sports für seine Ziele theoretisch erkannt hatte, war er persönlich am Sport – den Motorsport ausgenommen – ziemlich desinteressiert. Der andere und vielleicht wichtigere Grund ist das Fehlen einer brauchbaren NS-Organisation, die – nach dem Vorbild der HJ im Jugendbereich – an die Stelle der alten Sportverbände hätte gesetzt werden können. Zwar hatte es vor 1933 einen Nationalsozialistischen Deutschen Sportverband (NSDSV) gegeben, er konnte sich aber innerhalb der NSDAP wegen der SA nie auch nur annähernd flächendeckend ausbreiten.

Zäsur nach Olympia – der Weg in den NSRL

Der Abschluß der Olympischen Spiele 1936 und damit das Ende eines einigermaßen gelungenen Propagandaspektakels bedeutete auf vielen Gebieten den Startschuß für ein deutlich aggressiveres Auftreten NS-Deutschlands. Das galt auch für den Sport. Man nahm nun auch verstärkt Einfluß auf den Umgang unter den Sportlern untereinander und vereinheitlichte die Ausdrucksformen. So hatten sich die Sportler nun mit „Kamerad“ anzureden, mit „Heil Hitler“ zu grüßen, und der gemeinsame Ruf war „Sieg Heil“.

Diese härtere Gangart betraf auch die Organisation des Sportbereichs. Bei der SA fanden verstärkt Überlegungen statt, wie man den Sport in den eigenen Einflußbereich bringen konnte. Nach dem Röhm-Putsch war diese Massenorganisation faktisch entmachtet worden, und sie wurde auf ihrem ureigensten Gebiet, der Unterdrückung und Bekämpfung von politischen Gegnern, von der SS unter Himmler sukzessive verdrängt. Eine der wenigen Aufgaben, die ihr geblieben waren, war die Verantwortung für den Wehrsport. 1937 gelang es der SA, die Deutschen Kampfspiele in größerem Rahmen in Berlin stattfinden zu lassen und so dem Wehrsport ein größeres Forum zu bieten. Da man aber ungenügende Zuschauerresonanz befürchtete, ließ man die Fußballnationalmannschaft gegen eine SA-Auswahl spielen, die allerdings mit Nationalspielern durchsetzt war: Josef Gauchel (TuS Neuendorf), Reinhold Münzenberg (Alemannia Aachen), Willy Jürissen (Rot-Weiß Oberhausen), August Lenz (Borussia Dortmund) und Wilhelm Sold

(1. FC Saarbrücken) spielten hier auf Seiten der SA. Trotzdem setzte sich der Wehrsport nicht wie geplant in den Vereinen durch, wo die traditionellen Sportarten weiterhin dominierten. Im August 1938 gab es ein zweites Spiel zwischen SA und Nationalmannschaft, das mit einem Unentschieden endete.

Auch in den Sportverbänden konnte sich die SA gegen die bürgerlichen Funktionäre, die ihre Position gefestigt hatten, letztlich nie durchsetzen. Viele von diesen waren sogar der SA beigetreten, wie etwa Linnemann oder Reichstrainer Nerz, auch war der Reichssportführer selbst ein altgedienter SA-Mann. Trotzdem blieben diese Funktionäre der SA gegenüber mißtrauisch und distanziert. Dies hatte wohl kaum politische Gründe, wenn man deren sonstige politische Willfährigkeit in Betracht zieht. Vielleicht lag es mehr am unterschiedlichen Milieu, durch das die SA geprägt war: Die Mitglieder kamen eher aus kleinbürgerlichen Verhältnissen und waren als Schläger verschrien. Dies stand in scharfem Kontrast zur Herkunft der meisten Sportfunktionäre, die eher dem etablierten Bürgertum zuzuordnen waren.

Martin Bormann war seit 1930 in der obersten Parteiführung tätig und machte in der NSDAP eine steile Karriere. 1933 wurde er Stabsleiter im Amt des Führerstellvertreters und war nur noch Rudolf Heß und Hitler selbst unterstellt. Außerdem bekam er schon 1931 den Titel des zweiten Privatsekretärs Hitlers, erster war Rudolf Heß. Diesem fehlte es jedoch an Ehrgeiz und Machtinstinkt; er hinterließ somit zunehmend ein Machtvakuum, in das Bormann stieß, der durch seine bedingungslose Loyalität sukzessive Hitlers Vertrauen gewann.

So wandte sich die SA in ihrem Bemühen, den gesamten Sportbereich zu kontrollieren, um Unterstützung an Bormann, der sie auch gewährte. Er hatte auch schlagkräftige Argumente dafür, denn der Sport war formal ja in keiner Weise der Bewegung verbunden und paßte somit nicht in die politische Landschaft, die sich durch eine immer schnellere Radikalisierung in allen Politikbereichen auszeichnete.

Die bürgerlichen Funktionäre um den Fachamtsvorsitzenden Linnemann und der überzeugte Nationalsozialist von Mengden, der seinen Einfluß bei Tschammer immer mehr ausbauen konnte, suchten ihrerseits einen Verbündeteten, und fanden ihn in der Person des Reichsführers der SS, Heinrich Himmler, der der natürliche Widersacher der SA war. Zudem soll von Mengden mit Himmler sogar persönlich befreundet gewesen sein.

In diesem Ringen gab es zunächst einen eindeutigen Verlierer: die SA. In einem Erlaß vom 21. Dezember 1938 ordnete Hitler die organisatorische Angliederung des Sports an die NSDAP an, was letztlich das Ziel der Sportfunktionäre war, die sich lieber der Partei unterstellten als der SA. Diese Haltung war wohl rein sportpolitisch bestimmt, denn man wollte den Sport so weit wie möglich unbehelligt betreiben, d.h. Leistungssport auf internationaler Ebene und so wenig Wehrsport wie möglich – beides wäre unter der SA nicht möglich gewesen.

So wurde der DRL aufgelöst und in den neuen Nationalsozialistischen Reichsbund für Leibesübungen (NSRL) überführt, der den Status einer von der NSDAP betreuten Organisation erhielt, so wie etwa der Reichsnährstand. Die Satzung formulierte ganz offen die nationalsozialistische Zielsetzung der Organisation: Zweck des NSRL ist die leibliche und charakterliche Erziehung der in der Mitgliederorganisation zusammengefaßten Deutschen durch planvoll betriebene Leibesübungen und Pflege des Volksbewußtseins im Geist des nationalsozialistischen Staates (John 1996, S. 9).

Jedoch gab die SA bei ihrer verzweifelten Suche nach einer neuen Aufgabe nicht auf und versuchte, gegen den Erlaß zu arbeiten – wie es scheint, mit einigem Erfolg. Der Machtkampf brach im Januar 1939 erneut aus, bis es dann zu einem Dreiergespräch zwischen Tschammer, Bormann und Himmler kam – Hitler selbst wurde mit solchen organisatorischen Angelegenheiten des Sports kaum behelligt, selbst wenn sie derart grundsätzlicher Natur waren. Der Historiker Teichler wertet dies als Zeichen dafür, daß der Sport bei der NS-Führung keine absolut vorrangige Bedeutung hatte und auf einer Ebene unter Hitler abgehandelt wurde.

Die endgültige Regelung beinhaltete unter anderem, daß Tschammer am 12. Mai 1939 zum Sportbeauftragten der NSDAP ernannt wurde. Nach der Umwandlung des Reichsbundes in eine Parteiorganisation war die endgültige Gleichschaltung geplant, die bis dahin immer noch nicht stattgefunden hatte. Dazu sollte nicht nur die Scheinwahl der Vereinsvorsitzenden abgeschafft werden, sondern gleich die Institution Sportverein als ganze. Man wollte sie in zentral geführte Ortssportgemeinschaften umwandeln und so die traditionellen Strukturen endgültig auslöschen. Diese Pläne wurden zwar nie in die Realität umgesetzt, dies lag aber einzig und allein am Kriegsausbruch.

Sportjugend und Hitler-Jugend

Es darf kein Tag vergehen, an dem der junge Mensch nicht mindestens vormittags und abends je eine Stunde lang körperlich geschult wird, und zwar in jeder Art von Sport und Turnen (Adolf Hitler in „Mein Kampf", S. 454).

Mit der Einführung der Hitler-Jugend (HJ) wurde die Jugend- und Nachwuchsarbeit in den Vereinen stark beeinflußt. Aktivitäten, die über das rein Sportliche hinausgingen – wie Zeltlager, Wanderungen oder diverse gesellschaftliche Aktionen – wurden im Sommer 1934 von Reichsjugendführer Baldur von Schirach und Reichssportführer von Tschammer und Osten verboten. Mit anderen Worten: Für die emotionale Förderung der Gemeinschaft war fürderhin die Hitler-Jugend exklusiv zuständig.

Schirach und Tschammer gingen noch weiter. Im August 1936 ordneten sie an, daß der „Deutsche Reichsausschuß für Leibesübungen und die in ihm zusammengeschlossenen Sportvereine auf eine eigene Jugenderziehung verzichteten und die Sportjugend insgesamt in die HJ überzuführen war" (Gehrmann 1988, S.70). Dabei wurden Unterschiede in den Altersklassen gemacht. Die Verordnung galt uneingeschränkt für die zehn- bis 14jährigen, für die fortan die HJ-Untergruppe „Jungvolk" zuständig war. Die 14- bis 18jährigen konnten in den Vereinen bleiben. Für die Älteren galt freilich die Bedingung, daß sie der HJ und den eigens in den Sportvereinen gebildeten HJ-Gruppen angehörten. Niemand konnte somit in einem Verein beispielsweise Fußball spielen, wenn er nicht gleichzeitig HJ-Mitglied war (Gehrmann 1988, S.70).

In der HJ gehörte Fußball freilich nicht zu den vorrangigsten Sportarten. „Die beliebtesten Kampfspiele waren jene, die neben der Ausrichtung auf einen äußeren Gegner auch gegen den inneren Feind gerichtet waren: Die Anordnung der Spielgegner war häufig eine antagonistische. Eine Kampfsituation Mann gegen Mann wurde hergestellt. Der Führer, Spielleiter, legte einen Regelablauf fest, in dem durch Drücken, Schieben, Stoßen, Werfen, Schlagen, etc. gegeneinander Härte im Zufügen und Erdulden von Niederlagen und oft körperlichen Schmerzen gegen den jeweiligen anderen und gegen sich selbst eingeübt werden sollte. Ein permanenter Kampf ('Kampf ums Dasein') wurde so simuliert, in dem es immer Sieger und Besiegte gab. Jeder lernte so spielerisch selbstverständlich die Selbsteinordnung in eine umfassende Hierarchie, die seinen Wert bestimmte. Dies trifft auf den Fußball nur zum Teil zu." (John 1996, S. 49)

Übrigens: Was bekannte Sportführer wie Guthsmuts lange gefordert hatten, wurde unter den Nazis Wirklichkeit: Sie führten die Sportstunde im Schulunterricht ein. Obendrein wurden Geländelauf und Fußball in die Lehrpläne der Gymnasien aufgenommen und waren Prüfungsgegenstand sowohl bei der Aufnahmeprüfung wie beim Abitur. Lern- und Wissensfächer wurden zugunsten körperlicher Ertüchtigung reduziert. Diese Entwicklung wurde an den Universitäten fortgesetzt. In den ersten drei Semestern mußten die Student(inn)en an der körperlichen Erziehung teilnehmen. „In drei Wochenstunden wird während dieser Zeit eine Grundausbildung im Hallenturnen, Boxen, Leichtathletik, Kampfspielen aller Art, Kleinkaliberschießen, Waldlauf und Schwimmen erteilt." (John 1996, S. 47)

Ein probates Mittel, die Jugend zu reglementieren, zu überwachen und auf den Einsatz an der Front vorzubereiten, war weiterhin der sogenannte Wehr- und Geländesport, dessen Wurzeln in die Weimarer Republik zurückreichten: „Mit der im Herbst (1932, d. A.) erfolgten Gründung des Reichskuratoriums für Jugendertüchtigung ist als neuer Zweig der Leibesübungen der Wehr- und Geländesport in das Blickfeld der Öffentlichkeit getreten und darf seitdem als die vom Staat ideell und wirtschaftlich bevorzugte Form der sportlichen Jugenderziehung gelten. … Ziel des Reichskuratoriums für Jugendertüchtigung ist die Heranbildung der Jugend zu kräftigen, wehrfähigen Männern durch körperliches Training, Schärfung der Sinne und des Geistes und Erziehung zur Heimatliebe, Kameradschaftsgeist, Gruppendisziplin und Wehrfreudigkeit. … Also statt des kunstvollen Hochsprunges wird der Weitsprung (als Sprung über Gräben) und der Hochweitsprung (als Sprung über Hecken, Zäune und Hindernisse) bevorzugt, statt der kunstvoll verdrehten Schwünge beim Diskuswerfen kommt der Wurf mit der 1 Pfund schweren Wurfkeule zu seinem Recht, der häufig als Zielwurf geübt wird. … Die Grundlage jedes Geländesports ist der Marsch im Gelände mit und ohne Gepäck. … Als besondere geländesportliche Spezialitäten gibt es Eilmärsche, Querfeldeinmärsche, Orientierungsmärsche nach Kompaß und Landkarte und nicht zuletzt Nachtmärsche. … Meldeübungen als Rufpostenkette und mündliche Meldungen, Geländebeschreibung, Orientieren nach Karte und Geländeskizze, schnelles Entwerfen von Plan- und Ansichtszeichnungen sowie Fernsehübungen mit und ohne Glas … das soll die Jugend jetzt sportlich erlernen. … Ergänzt wird diese Schulung durch Ausbildung im Kleinkaliberschießen und Nahkampf (Boxen, Ringen, Jiu-Jitsu)." (*Münchener Neueste Nachrichten,* 16.3. 1933)

Der Wehrsport war seit Gründung der SA im Jahre 1921 ihr Lieblingskind gewesen. Folglich versuchte die SA zeit ihres Bestehens, den Wehrsport als einzig seligmachende Sportart durchzusetzen. Mit diesem absoluten Anspruch stieß die SA auch innerhalb der NS-Organisationen auf Widerstand, zum Beispiel bei der konkurrierenden SS. Auch die Reichswehr konnte diese Idee nicht gutheißen, wäre doch eine milizähnliche Organsiation, die den Wehrsport systematisch betreibt, eine ernste Konkurrenz gewesen.

Möglicherweise beteiligte sich auch die SS an der Durchführung von Wehrsportveranstaltungen, um der SA das Feld nicht gänzlich zu überlassen. Am 22. Mai 1938 schrieben die *Münchner Neueste Nachrichten* über die inzwischen fast inflationär abgehaltenen Gepäckmarsch-Meisterschaften: „Die großen Gepäckmarsch-Prüfungen, bei denen der wehrsportliche Charakter in diesem Jahre weitaus stärker betont wird als bisher, lösen sich schnell hintereinander ab (der Kriegsbeginn rückte näher, d. A.). Nach der deutschen Gepäckmarsch-Meisterschaft und dem Hanseaten-Gepäckmarsch folgt am Sonntag in Hamburg die II. Gepäckmarsch-Meisterschaft der SS. ... Den gesonderten Wettbewerb und die Meisterschaft der Verfügungstruppen und Totenkopfverbände bestreitet die Leibstandarte SS Adolf Hitler mit drei Mannschaften, die Standarte Deutschland mit vier und die Standarte Germania mit drei Mannschaften, zu denen sich die Totenkopfverbände Oberbayern und Brandenburg und die Pionier- und Nachrichten-Sturmbanne gesellen."

Die SS begann ab 1937, sich wesentlich stärker im Sport zu engagieren, und gründete im März 1937 sogar ein eigenes Amt für Leibesübungen. Ab 1940 übernahm Reinhard Heydrich selbst den Vorsitz des Fachamts Fechten. Im Gegensatz zur SA verfocht die SS den traditionellen Leistungssport, er vertrug sich auch prächtig mit ihrem Elitegedanken. In der SS-Ausbildung spielte der Sport ohnehin eine sehr große Rolle, und zwar eher in der Form des traditionellen Sports und ohne viel militärischen Drill.

Der Ende Mai 1938 zum sechsten Mal durchgeführte Hindenburg-Gepäckmarsch in Berlin, der bis dato vom Berliner Sport-Club „Komet" durchgeführt worden war, wurde in diesem Jahre „erstmalig von der SA abgewickelt, da nach einer Verfügung des Reichssportführers Gepäckmärsche nicht in das Arbeitsprogramm der Sportvereine gehören" (*Münchener Neueste Nachrichten,* 25.5.1938). Von Tschammer verfügte dies wohl auch deshalb, um den traditionellen Sport von der SA abzugrenzen. Dies war höchst notwendig, da die SA zu jener Zeit versuchte, sich die Sportorgansiation einzuverleiben und den Sport zum Erfüllungsgehilfen des Wehrsports zu machen. Nachdem 1939 der Sportverband endgültig eine Parteiorganisation geworden war, zeichnete sich eine Arbeitsteilung ab: Die SA wurde ausschließlich für den Wehrsport zuständig.

Die nationalsozialistische Ausrichtung der Jugend wurde systematisch betrieben: Junge Kicker mit Hitlergruß, 1935 ***(Quelle: Stadtarchiv München).***

Betriebssportgemeinschaften

Nicht nur in der HJ wurde Sport getrieben, sondern auch in der SA, der SS – und in der NS-Freizeitorganisation „Kraft durch Freude“ (KdF). Neben den Ämtern „Feierabend“, „Schönheit der Arbeit“, „Wehrmachtsheime“ und „Reisen, Wandern und Urlaub“ besaß die KdF ein Sportamt, das im Dezember 1936 zur „Wehrertüchtigung“ und „rassischen Vervollkommnung“ den Sport in die Betriebe der Wirtschaftsunternehmen einführte (Gehrmann 1988, S. 71). Die gesamte Bevölkerung sollte mehr und mehr ins System eingegliedert werden. „Reine Privatleute gibt es heute keine mehr. Jeder, der hinaustritt ins tägliche Leben, ist ein Soldat der Nation und es ist heiligste Pflicht, seine Kräfte möglichst zu stählen und sie für das Gemeinwohl der Nation zu erhalten. Und hier greift der Betriebssport ein, hier hilft er aufbauend mit“, schrieb der *Völkische Beobachter* (John 1996, S. 50).

Es entstanden Betriebssportgemeinschaften (BSG), in denen die Werksangehörigen zunächst auf breitensportlicher Basis ihre Körper ertüchtigen sollten. Im Laufe der Zeit blieb es allerdings nicht bei den bloßen unternehmensinternen Leibesübungen. Der Betriebssport nahm Wettkampfcharakter an, und sogenannte Betriebswettkampfgemeinschaften nahmen am Spielbetrieb des Deutschen Reichsbunds für Leibesübungen teil. Beispiel Fußball: Die Betriebssportgemeinschaft Gelsenguß in Gelsenkirchen, deren 1. Mannschaft über eine erstaunliche Spielstärke verfügte, kämpfte zusammen mit dem FC Schalke 04 in der damaligen Gauliga um Punkte. Ebenfalls in die Gauliga aufgestiegen waren unter anderem die Betriebssportgemeinschaften Neumeyer Nürnberg und Volkswagenwerk der KdF-Stadt.

Ende 1938 gab es im Deutschen Reich etwa 10.000 Betriebssportgemeinschaften mit circa zwei Millionen Mitgliedern. Der Deutsche Reichsbund für Leibesübungen umfaßte zu dieser Zeit mit seinen Sportvereinen etwa 3,6 Millionen erwachsene Mitglieder. Bis Ende 1940 wuchs die Zahl der Betriebssportgemeinschaften sogar auf über 20.000 an (Gehrmann 1988, S. 71).

Die Deutsche Arbeitsfront (DAF) mit ihrer Freizeitorganisation KdF breitete sich allerdings nicht nur zahlenmäßig im Sport aus, sie versuchte auch die Sportpolitik unter ihren Einfluß zu bringen. Dies ist vor allem auf ihren ehrgeizigen Führer Robert Ley zurückzuführen. Er war zugleich Reichsorganisationsleiter der NSDAP und verbündete sich mit Viktor Lutze, dem SA-Führer. Beide waren dem Leistungssport in den Vereinen gegenüber feindlich eingestellt und opponierten besonders gegen jeglichen internationalen Sportverkehr. Der traditionalistische (sozialistische) Flügel der Nationalsozialisten, der in der SA und der DAF verankert war, sprach sich seit jeher gegen den Vereinsegoismus und den partikularen Charakter der Klubs aus. So verdammte die SA den auf einen Fußballverein gerichteten Fanatismus, denn dies lief der SA-Idee der unbedingten Volksgemeinschaft zuwider.

Auf Leys Betreiben ging der Plan zurück, die Sportvereine aufzulösen und mit den Betriebssportgemeinschaften zu Ortssportgemeinschaften zwangszuvereinen. Dieser Plan diente auch dazu, nach der Flucht des DRL unter das Dach der NSDAP wieder größeren Einfluß zu gewinnen. Es hätte auch fast funktioniert, der Plan wurde mit Bormanns tatkräftiger Unterstützung abgesegnet. 1942 jedoch stoppte Hitler die Reform, da solche Umwälzungen im Krieg nicht opportun waren.

Rückgang der Zahl an Vereinen

Verbote von kommunistischen, sozialdemokratischen, konfessionellen Sportorganisationen, Aufbau der Konkurrenzinstitutionen HJ oder BSG – da „überrascht es nicht, daß die Zahl der Fußballvereine, die bis 1932 reichsweit stetig gestiegen war, nun deutlich zurückging“ (Grüne 1995, S. 94).

Dietrich Schulze-Marmeling schreibt über die Verhältnisse im Ruhrgebiet: „1940 entsprach die Zahl der aktiven und in Vereinen organisierten Fußballer aus der Arbeiterschaft nicht einmal dem Niveau des Jahres 1923. 1932 existierten in Hamborn 34 Vereine mit einer Fußballabteilung, 1940 waren es nur noch zehn. In Gelsenkirchen und Essen kam es im selben Zeitraum zu Reduzierungen von 58 auf 24 bzw. von 89 auf 35.“ (Schulze-Marmeling 1992, S. 108)

Ein weiterer Grund für den Rückgang der Anzahl an Klubs ist die im Sommer 1935 eingeführte allgemeine Wehrpflicht, womit den Vereinen Fußballer verloren gingen. Überdies hatten die kontrollwütigen Nazis die Absicht, langfristig nur einen einzigen Verein pro Ort zuzulassen. Deshalb zwangen sie in den dreißiger Jahren kleinere Vereine, sich größeren anzuschließen. Der VfL Bochum beispielsweise ist das Resultat solch einer Zwangsfusion. Der Verein für Leibesübungen entstand 1938 aus den Klubs TuS 08, TV 1848 und SV Germania Bochum. Der Krieg verhinderte weitere Fusionen, schuf aber durch Gründungen von Militärmannschaften und Luftwaffensportvereinen sowie Reichsbahnsportgemeinschaften zusätzliche Konkurrenz für die Vereine.

Die Rolle der Sportpresse

1933 wurde Guido von Mengden zum Pressewart des Deutschen Fußballbundes ernannt. Im *NS-Sport,* dem Zentralorgan des „Deutschen Reichsbunds für Leibesübungen“ verkündete er später: „Wir wollen die Sprache sprechen, die der Nationalsozialismus spricht.“ (Zöller 1978, S. 153)

In den dreißiger Jahren gab es in Deutschland circa 40 bis 50 Sportzeitungen und -zeitschriften. Die bekanntesten Fußball-Publikationen waren der *Kicker, Fußball, Fußballwoche* und *Der Fußballsport.* Von wenigen Ausnahmen abgesehen, spielten diese Organe „brav die Erfüllungsgehilfen“ (Schulze 1986, S. 38). Kritische Kollegen wurden als „Asphalt-Literaten“ verunglimpft, die sich besser einen anderen Job suchen sollten. Zu lange habe der Sport „unter ihrem Unflat und ihrer Ehrabschneiderei leiden müssen. Wir brauchen sie nicht, wir wollen sie nicht – auch wenn sie noch so sehr zu Kreuze kriechen." (Schulze 1986, S. 38)

Einige dieser sogenannten „Asphalt-Literaten" mußten sich tatsächlich nach einem anderen Beruf umsehen. Sie wurden zensiert, ihrer Posten enthoben oder aus dem Land getrieben. Dr. Willy Meisl, Sport-Journalist bei der *Berliner Zeitung,* ging bald nach Hitlers Machtübernahme nach Wien, später nach England. Meisl hatte jüdische Vorfahren.

In der englischen Sportpublizistik brachte es Willy Meisl zu solch hohem Ansehen, daß der englische Fußballverband eine von ihm, dem Ausländer, vorgeschlagene Regeländerung akzeptierte, was fast schon einer Erhebung in den Adelsstand gleichkam (Torberg 1990, S. 221). Willy Meisl hatte übrigens bei den Wiener „Amateuren", der späteren Austria, sowohl das Fußball- wie das Wasserballtor gehütet. Sein Bruder Hugo Meisl war Verbandskapitän des sogenannten österreichischen „Wunderteams" der zwanziger Jahre gewesen.

Ein weiteres Beispiel ist Kurt Jackmusch, der Herausgeber des *Sport-Alarm.* Sein Blatt wurde einfach verboten, weil es, so der verantwortliche Gauführer, „nicht nur bewußt wahrheitswidrig" berichte, sondern „den Sport im übelsten Sinne zur geschäftlichen Ausbeutung" benutze (Schulze 1986, S. 38) – was immer damit gemeint war.

Walther Bensemann war der bekannteste Journalist, der sich nicht mit dem Nazi-Regime arrangieren wollte. Bensemann hatte 1920 in Konstanz den *Kicker* gegründet, womit er seinen Namen nachgerade unsterblich machte in der Welt des Fußballs. Bereits Jahre zuvor hatte er, damals noch als Schüler und Student, mehrere Fußballvereine in Süddeutschland gegründet und die ersten internationalen Begegnungen organisiert – was ihm schon damals den Zorn der Offiziellen einbrachte: 1898 schloß ihn der Süddeutsche Fußballverband aus, weil er ein Auswärtsspiel beim französischen Erzfeind in Paris initiiert und finanziert hatte. Der Sport war für Bensemann ein Bindeglied zwischen den Nationen, ein Medium zur Völkerverständigung und -zusammenführung. „Er war mehr als ein Pionier des Fußballs, er war ein Kosmopolit unter den Sportführern seiner Zeit", sagte ein Freund nach Bensemanns Tod.

Auch Bensemann hatte jüdische Vorfahren. Bevor die Nazis ihn ernsthaft an Leib und Leben bedrohen konnten, ging er freiwillig außer Landes – „gezwungen freiwillig", wie der heutige *Kicker*-Herausgeber Karl-Heinz Heimann es formulierte. Der Sportjournalist emigrierte bereits 1933 in die Schweiz und schied wenig später als Herausgeber des *Kicker* aus. Sein Blatt brachte darüber nur eine lapidare Kurzmeldung ohne Kommentar.

Bensemann starb, wo er aufgewachsen war, in Montreux in der Schweiz – mit 20 Franken in der Tasche. Sein Vermögen hatte er in den Fußball, in den *Kicker* und „in die Idee investiert, daß ein Spiel die Grenzen überwinden, die Vorurteile brechen und die Menschen womöglich ändern könnte" (Huba 1989, S. 68).

Walther Bensemann

Die Journalisten, die in Deutschland und an ihren Arbeitsplätzen blieben, hatten veränderte Arbeitsbedingungen. Michael Steinbrecher, Jahrgang 1915, war von 1933 bis 1936 Volontär bei der Münchner Sportzeitung *Fußball,* später nach dem Reichsarbeitsdienst Journalist beim *Kicker,* dem *12-Uhr-Blatt* in Berlin, dem Stuttgarter *Sportbericht* und der Stuttgarter *Sportillustrierten.* Er berichtete davon, daß keine Köpfe mehr von den Fußballern in den Zeitungen veröffentlicht werden durften, nurmehr das Porträt von Adolf Hitler. Vermutlich, so Steinbrecher, durfte kein Persönlichkeitskult aufgebaut werden neben dem Führerkult.

Steinbrecher arbeitete unter anderem bei der Gestaltung des *Kicker*-Bilderwerks mit, wo sämtliche Köpfe – hier war es ausnahmsweise gestattet – der Nationalspieler seit Gründung der deutschen Ländermannschaft 1908 eingeklebt wurden. Steinbrecher erinnerte sich, daß jüdische Nationalspieler auf Anweisung von Goebbels nicht mehr gebracht werden durften. Der Zensur zum Opfer fielen beispielsweise Julius Hirsch und Gottfried Fuchs, die zwischen 1911 und 1913 einige Länderspiele für Deutschland bestritten hatten.

Obendrein wurde die Sprache martialischer, militärischer. Nicht nur, daß den Torhütern, wie auch heute noch in manchen Blättern üblich, die „Bomben" und „Granaten" um die Ohren flogen; die Diktion war an der Überlegenheit der arischen Rasse orientiert, beispielsweise wenn Länderspiele ausgetragen und gewonnen wurden. Während des Krieges schrieben deutsche Sportjournalisten von einem „Siegeswillen" der rassisch überlegenen deutschen Kicker, den auch die deutschen Soldaten im Felde beweisen würden.

Unrühmlicher Wortführer für derlei Sprachgebrauch war genannter Guido von Mengden, der „bis fünf Minuten nach zwölf" den sinnlosen Widerstand propagierte. Im März 1945, als bereits die Truppen der Anti-Hitler-Koalition auf deutschem Boden standen und weite Teile des Reichsgebiets nur noch einem Trümmerhaufen glichen, erklärte er in der letzten Ausgabe von *NS-Sport:* „Jetzt, wo die Erhaltung der Existenz unseres Volkes des riesigen Kampfes letztes Ziel und tiefster Sinn ist, werden die körperliche Ertüchtigung und die lebensbejahende Leibeserziehung zu einer vom Schicksal selbst diktierten Notwendigkeit." (Zöller 1978, S. 165)

Guido von Mengden

Zu einer Zeit, als die Nazis noch obenauf waren, gebärdete von Mengden sich weit unverschämter: So schrieb er am 4. Oktober 1933 über „den Wert und die Ehre des deutschen Sports": „Wir haben, weiß Gott, allen Anlaß, den Kämpfern der Braunen Armee und unserem Volkskanzler von ganzem Herzen dankbar zu sein, daß sie ... endlich auch die Voraussetzungen für einen, für unseren deutschen Sport geschaffen haben." In der gleichen Ausgabe des nazitreuen *Deutschen Fußballsport* verriet Mengden, was er unter „Wert und Ehre" verstand: „Wer wertet die deutschen Dichter nach Tucholsky und Toller, die deutschen Ärzte nach Magnus Hirschfeld, ... ja wer wagt es ernsthaft, unser ganzes Volk nach seinem Gesindel und Lumpenpack oder auch nur nach seinen mißratenen Söhnen einzuschätzen? Wer das wagt, dem fliegt heute, gottlob, wieder eine Faust zwischen die Zähne. Und wer unseren Sport nach seinen Marodeuren mißt, dem antworten wir, ... man kann die Begebenheiten nach ihrem Glanz beurteilen – und nach ihrem Dreck." (Zöller 1978, S. 151)

Guido von Mengden wurde einige Jahre nach dem Krieg hochrangiger Funktionär im bundesdeutschen Sport. Zunächst war er Geschäftsführer der „Deutschen Olympischen Gesellschaft" (DOG) und ab 1954 dann Geschäftsführer des „Deutschen Sportbundes".

Vergessene Fußballgeschichte: Die Arbeitersport-Bewegung

Die Machtübernahme durch die Nationalsozialisten 1933 bedeutete das Ende des heute weitgehend vergessenen Arbeitersports nach gerade vier Jahrzehnten seiner Existenz. Ende der zwanziger Jahre zählte die „Zentralkommission für Sport- und Körperpflege" 1,2 Mio. Mitglieder; darunter war der Rad- und Kraftfahrbund „Solidarität", dazu zählten die Naturfreunde, der Arbeiter-Samariter-Bund und vor allem der Arbeiter-Turn- und Sportbund (ATSB), dessen 770.000 Mitglieder sich u.a. dem Turnen, der Leichtathletik, dem Handballspiel und dem Fußball widmeten. Allein 8.000 Fußball-Mannschaften wurden um 1930 im ATSB registriert. Den sozialdemokratisch orientierten Sportverband wie auch dessen Abspaltung, die kommunistische „Kampfgemeinschaft für rote Sporteinheit", als „Rotsport" bekannt, traf umgehend das Verbot durch die Nazis, so wie später auch die Fußballspieler der katholischen Deutschen Jugendkraft (DJK), der evangelischen Eichenkreuz-Sportbewegung und der jüdischen Sportbewegung (nach dem Novemberpogrom 1938).

Der geschäftsführende Bundesvorstand des ATSB hatte dabei noch am 7. April 1933 erklärt: „Auch unser Bund erkennt die neuen Verhältnisse an … unsere Stellung zum neuen Staat ist getragen vom ehrlichen Willen zur Mitarbeit." Es half nicht: Das Gesetz „über die Einziehung volks- und staatsfeindlichen Vermögens" vom 14. Juli 1933 ermöglichte es den Nazis über das Verbot hinaus, sich per Raubzug das unter großen Anstrengungen geschaffene Eigentum der Arbeitersport-Vereine anzueignen, darunter die Bundesschule in Leipzig, 1.300 Sportplätze mit Vereinshäusern, 230 Turnhallen u.v.a.m. Der DFB hatte derweil keine Probleme mit dem Verbot der Arbeitersport-Bewegung: „Diese Vereine haben den Sport bisher zur Verfolgung parteipolitischer oder klassenkämpferischer Ziele betrieben und den DFB bekämpft, weil der DFB den Sport und die Jugenderziehung im Sinne der Erstarkung von Volk und Staat löst." (22. März 1933)

Klassenkampf und Breitensport

Der Arbeitersport war Anfang der 1890er Jahre als Gegenbewegung zur kaisertreuen und nationalistischen Deutschen Turnerschaft (DT) entstanden, die teils weder Arbeiter noch Sozialdemokraten in ihren Reihen dulden wollte und bei der SPD-Anhänger keinen Gefallen an Feiern zu Kaisers Geburstag oder den „Sedanfeiern" fanden. Für den ATSB standen Breitensport und die Förderung des Klassenkampfes im Vordergrund – „neutrale Organisationen kann es heute nicht geben in dem Kampf auf Leben und Tod zwischen zwei Weltanschauungen. Die gibt es nicht im bürgerlichen Lager, und sie sind bei uns unmöglich", hieß es 1932. Fairneß und die Gesunderhaltung des Körpers – heute würde man sagen: Fitneß – rangierten vor dem Erfolg, Nationalismus wurde ebenso abgelehnt wie „die blöde Anhimmelung sogenannter Sportskanonen" und „das unbedingte Streben nach Rekorden". Lange Zeit wurden, um „Kanonentum" zu vermeiden, die Fußballer namentlich nicht genannt, weder im Spielbericht noch in Mannschaftsaufstellungen – man las stets nur vom „Linksaußen" oder „Mittelläufer". Sogar das Anhören von „bürgerlichen" Fußball-Länderspiel-Übertragungen im Radio galt als verpönt.

Dennoch trugen auch die Arbeitersportler seit 1920 Fußball-Meisterschaften aus, in denen 1929 und 1931 eine Elf aus dem Hamburger Hafenarbeiter-Viertel Rothenburgsort samt einem späteren HSV-Idol die beste im ATSB und damit Bundesmeister war: Der SC Lorbeer 06 gewann damals vor 15.000 bzw. 20.000 Zuschauern die Endspiele auf dem Hamburger Victoria-Platz gegen Döbern/Schlesien und Pegau (bei Leipzig). Mittelstürmer der Mannschaft aus dem Arbeiterviertel war der junge Erwin Seeler, Sohn eines sozialdemokratischen Gastwirts, der als Neunjähriger im Arbeitersport begonnen hatte. Seeler (1910-1997), Vater von „Uns Uwe" und Dieter, gehörte der Bundesauswahl des ATSB an, der „Nationalmannschaft" der Arbeitersportler, und erzielte bei der Arbeiter-Olympiade 1931 in Wien vor 60.000 Zuschauern sieben Tore beim 9:0 über Ungarn. Man trug ihn auf den Schultern vom Platz, was ihm daheim einen kühlen Empfang bescherte: „Von Platz tragen lassen! – Ihr fangt ja ganz neue Moden an im Arbeitersport", rügten Funktionäre. Über 77.000 Sportler aus 19 Verbänden der Sozialistischen Arbeitersport-Internationale (SASI) mit zwei Millionen Mitgliedern waren zu der Großveranstaltung inmitten der Weltwirtschaftskrise angereist, darunter allein 30.000 aus Deutschland.

Seeler hat sich immer gern an seine Zeit bei Lorbeer erinnert („eine dolle Truppe!"), wo jene, die Arbeit hatten, die anderen ohne Arbeit

Die Mannschaft des Arbeitersportvereins „Lorbeer 06". Zweiter stehend v.l.: Erwin Seeler, rechts daneben August Postler; ganz rechts: Springer.

„durchgeschleppt" hatten. 1932 allerdings wechselte der Mittelstürmer samt Mittelläufer Springer zum DFB-Klub Victoria Hamburg, was ihnen nicht nur die SPD-Zeitung *Hamburger Echo* in einem Kommentar mit dem Titel „Verirrte Proletarier!" übelnahm: „Als Paradepferde für die Kassen der bürgerlichen Bewegung herhalten zu müssen, dafür müssen sich Proletarier zu schade fühlen". Auch andere DFB-Klubs bedienten sich am Potential der Arbeiterfußballer: So hatten Rudi Noack, HSV-Spielmacher und Nationalspieler der dreißiger und vierziger Jahre, Düsseldorfs August Götzinger (der in einer Arbeitersport-Zeitschrift als „Judas" und „Verräter" ebenso gerügt wurde wie „autofahrende Seelenverkäufer von Fortuna") und Holstein Kiels Nationalspieler Oskar Ritter ihre Wurzeln im Arbeitersport.

Seeler senior hatte noch vor seinem Weggang von Lorbeer erlebt, „wie das anfing mit 'Rotsport' und so'n Mist bei uns im Verein": Die beiden Arbeiterparteien SPD und KPD standen sich unversöhnlich gegenüber, was zur Spaltung der Gewerkschaftsbewegung wie auch der Arbeitersportbewegung führte. 1.000 Vereine und 100.000 Mitglieder wurden vom ATSB wegen Parteinahme für die KPD ausgeschlossen. 1930 kam es im Hamburger Gewerkschaftshaus bei einer ATSB-Kundgebung zu einer Saalschlacht zwischen dem sozialdemokratischen Reichsbanner und Sicherheitspolizei gegen Kommunisten. Ein 15jähriger Lehrling kam ums Leben, 26 Menschen wurden nach KPD-Angaben verletzt.

Neben dem SPD-orientierten ATSB bildete sich der erwähnte „Rotsport", zu dem in Hamburg z.B. der VfL 05 gehörte, nach 1945 aufgegangen im VfL 93 Hamburg, der 1997-98 noch in der Regionalliga Nord spielte. Die Spaltung des Arbeitersports hatte zur Folge, daß es auch in Hamburg-Rothenburgsort zwei Arbeitersport-Fußball-Teams gab: Den SC Lorbeer 06 und den FSV Lorbeer 1932 der „Rotsportler". Der hatte Ex-Seeler-Mitspieler August Postler in seinen Reihen, ebenfalls ein bekannter Bundesauswahl-Spieler, der als arbeitsloser Elektriker 1932 drei Monate lang mit der „Rotsport"-Auswahl durch die UdSSR reiste und u.a. in Moskau vor 65.000 Zuschauern spielte.

Der DFB kam oft zu spät

Internationalität war überhaupt ein Merkmal des Arbeitersports: Der ATSB spielte bereits 1924 gegen Frankreich, der DFB entschloß sich erst 1931 wieder zu einer Begegnung mit dem „Erbfeind". Polen hatte der DFB erst 1933 als Spielpartner, die Auswahl der ersten tschechoslowakischen Republik (zwangsweise) 1934 bei der WM – die Arbeitersportler waren da bereits 1925 und 1926 vorausgegangen. Schon 1919, der 1. Weltkrieg war gerade vorüber, war der VfB 05 Hamburg gegen eine englische Schiffscrew angetreten, und im Stadion von Westham United in London trafen 1929 die Fußball-Auswahl der Labour Party und das ATSB-Team aufeinander. Zum Rückspiel 1930 vor 15.000 in Hamburg schrieb das SPD-Blatt *Hamburger Echo:* „Was heißt Deutschland gegen England? Die Erweiterung der internationalen Verbrüderung der Arbeiterklasse. Die Spieler wollen demonstrieren für die Einheit aller Arbeiter aller Länder".

„Die Russen kommen!" lautete die Parole 1927, als erstmals eine sowjetische Nationalmannschaft in Deutschland gastierte und Spiele in Leipzig, Hamburg, Bremen (zweimal), Dresden, Chemnitz, Berlin und im Raum Baden/Pfalz austrug; der DFB traf erstmals 1955 auf die UdSSR. Zwischen 12.500 (bürgerliche Presse) und 25.000 Zuschauer (SPD-*Echo)* wohnten dem Ereignis im Hamburger Stadion des SC Victoria bei, laut *Hamburger Fremdenblatt* (bürgerlich): „Erstklassig, fair und hingebend in der Form." Der NDR-Vorläufer NORAG übertrug bis nach Pommern und ins Rheinland, schaltete sich allerdings aus, als das 400 Mann zählende Trommler- und Pfeifer-Korps die „Internationale" und den „Sozialistenmarsch" zu Gehör brachte.

Der Arbeitersport war bis 1933 allerorten präsent: So spielten in der Fußball-Endrunde 1929 z.B. Vorwärts Königsberg, Magdeburger BSC, TuS Fichte Bielefeld, FTSV Mörfelden, SK Böckingen, Freier FC Ludwigshafen und 1. FC Dachau mit. Studiert man heute Fußballtabellen, so weisen Abkürzungen wie FT (Freie Turnerschaft), ASV (Allgemeiner Sportverein), Fichte oder SKG (Sport- und Kulturgemeinschaft) darauf hin, daß in diesen Klubs ehemals Arbeitersportler zu Hause waren.

So geht auch der heutige TuS Gerresheim in Düsseldorf, aus dem Bundesliga-Profis wie die Brüder Klaus und Thomas Allofs und Demir Hotic hervorgingen, auf den Arbeitersport zurück. Der Stadtteil im Osten Düsseldorfs, dessen Mittelpunkt von jeher die Glashütte (ehemals größte Flaschenhütte der Welt) samt Werkskolonie-Wohnhäusern war, bedeutete eine Hochburg der KPD: Bei der November-Wahl zum Reichstag 1932 entschieden sich rund um die „Hütte" 65,3 Prozent für die Kommunisten, SPD (11,6) und NSDAP (7,8) spielten keine Rolle; im gesamten Stadtteil waren es rund 43 Prozent für die KPD. Entsprechend orientierte sich auch die Freie Turnerschaft Gerresheim von 1901, Nordwestdeutscher Fußball-Meister 1925: 1928 wurde sie aus dem ATSB ausgeschlossen und spielte fortan u.a. mit drei Fußball-Abteilungen bei „Rotsport" mit, die Handballer wurden 1932 „Rotsport"-Meister im Reich.

Angespuckt, beschmiert, gedemütigt

„Wir haben im Sport alles beherrscht", berichtet Ernst „Erni" Leisten, Busunternehmer und Allround-Sportler der FT Gerresheim. Leisten, im Stadtteil nach eigener Aussage „bekannt wie ein bunter Hund", wurde insofern auch Opfer der größten Razzia im Deutschen Reich, bei der 3.000 bis 3.500 Angehörige von SA, SS, Stahlhelm, Politischer Polizei, Schutz- und Hilfspolizei samt Feuerwehr im Morgengrauen des 5. Mai 1933 in das Düsseldorfer Arbeiterviertel einfielen. Er wurde in die Badeanstalt verschleppt, wo man ihn anspuckte und mit Kopierstift auf seine Wange eine römische IV schmierte. „Wir saßen alle auf dem Boden, und der Standartenführer von der SA kam immer 'rein und schrie: 'Mann immer 'ran, wieviele haben wir denn schon?' Gegen 13 Uhr mußten wir uns aufstellen, immer zwei und zwei. Vorneweg der Spielmannszug der Nazis. Unterwegs haben viele traurig geguckt, man kannte uns ja, aber andere am Straßenrand haben auch geschrien: 'Hängt sie auf!', 'Macht sie kaputt!' Wir sind dann ins Gerichtsgefängnis Mühlenstraße gekommen. Ich wurde drei Tage dort festgehalten, dann sagte die SA: 'Sie können nach Hause.'"

Ernst Leisten verlor auf NSDAP-Druck seine Arbeit und machte sich notgedrungen als Kohlenhändler selbständig. Für ihn wie auch andere Kameraden waren die Ideale des Arbeitersports auch mit dem Verbot durch die Nazis nicht hinfällig, weshalb Handballerinnen und Handballer geschlossen zum bürgerlichen Verein Rasensport 08 Gerresheim übertraten. Erst als ein evangelischer Pastor für die Neuzugänge bürgte, akzeptierte die NSDAP den Wechsel. Im Verborgenen ging derweil die politische Arbeit weiter: Es wurden Beiträge für die FT Gerresheim kassiert, obwohl die nicht mehr bestand, es wurde für Sportgenossen in der Illegalität und Haft gesammelt. Die Trikotwäsche übergab man gegen Entgelt der Ehefrau des in den KZ-Moorlagern im Emsland inhaftierten KPD-Reichstagsabgeordneten, der selbst ehemals im Gerresheimer Arbeitersportverein aktiv gewesen war. Es wurden Flugschriften wie der *Westdeutsche Arbeitersport* verteilt, und der Historiker Reinhard Mann urteilte später, die konspirative Arbeit der Düsseldorfer Arbeitersportler sei 1933-34 wesentlich effektiver als die der KPD selbst gewesen.

Als der ehemalige Düsseldorfer „Rotsport-Gauleiter" in Berlin gefaßt wurde, konnte die Gestapo auch der Gerresheimer Aktivisten habhaft werden: Sieben von ihnen wurden vor dem berüchtigten Hagener Oberlandesgericht angeklagt, u.a. wurden Geschäftsführer Heini Fietz (2 Jahre 2 Monate Zuchthaus), Fußball-Abteilungsleiter Gustav Schilling (1 Jahr 10 Monate, er verstarb an den Folgen der Haft) und „Erni" Leisten (1 Jahre 9 Monate) verurteilt. Nach der Freilassung durfte Leisten seine Kohlenhandlung nicht mehr weiterführen, war als „Politischer" „wehrunwürdig" und mußte schließlich 1942 in die „Afrika Brigade 999 aus ehemaligen Wehrunwürdigen" einrücken. In Tunis gefangen genommen, kehrte er 1946 aus Kanada in seine Heimat zurück.

So wie in Düsseldorf-Gerresheim war es vielerorten. Am 12. Februar 1933 überfielen 600 Nazis das KPD-Parteihaus von Eisleben und ermordeten drei Arbeitersportler und einen 13jährigen; das spätere DDR-Staatsrats-Mitglied Bernard Koenen (1889-1964) erblindete nach dem Überfall auf einem Auge.

Widerstand und Verfolgung

Wie in Gerresheim hatten auch woanders Arbeitersportler versucht, sich im bürgerlichen Sport zu reorganisieren. In Hamburg traf man sich zu Fußballspielen im Stadtpark, danach traten sozialdemokratisch und kommunistisch orientierte Sportler u.a. dem Sportverein USC Paloma (den Landesliga-Aufsteiger trainiert heute Rudi Kargus), SV Helius, SC Komet und Turnerschaft Arnim 1893 bei. Fußballspiele im Ausland, wie 1937 in Kopenhagen, nutzten ehemalige „Rotsportler" und Sozialdemokraten zu Kontakten zu emigrierten KPD- und SPD-Funktionären, darunter der frühere Sportredakteur der kommunistischen *Hamburger Volkszeitung*, Ferdinand Kilian, der 1938 nahe Lerida als Mitglied der XI. Internationalen Brigade bei der Verteidigung der spanischen Republik ums Leben kam. Die Hakenkreuz-Fahne, die die früheren Arbeitersportler zu dieser Reise nach Dänemark mitnehmen mußten, hatten sie „vergessen". Aus einem Gestapo-Bericht: „Wir sind zur Zeit dabei, die ehemaligen marxistischen Sportler in unseren heutigen Sportorganisationen ausfindig zu machen, und glauben, in dem Sportklub 'Paloma' den richtigen Angriffspunkt gefunden zu haben. Dort haben die meisten der von uns Gesuchten als Mitglieder Aufnahme gefunden."

In Berlin schlossen sich Arbeiterfußballer den Neuköllner Sportfreunden, dem TSV Lichtenberg und dem KSV Treptow an, in Magdeburg übernahm Cricket-Viktoria sieben Ex-ATSB-Spieler in den Stamm und stieg daraufhin 1934 in die Gauliga auf. Mitglieder des ASV Sparta 1911 Berlin-Lichtenberg gründeten den SC Empor Lichtenberg und nahmen unter diesem Namen am bürgerlichen Sportbetrieb teil.

Auch „prominente" Akteure des Arbeiterfußballs wechselten ins bürgerliche Lager: 1933 schloß sich VfL 05 Hamburg-Mittelstürmer Bruno Heine dem HSV an – er wurde in Pressekritiken als „untrainiert" bezeichnet, mußte er doch nach dem Verbot inaktiv sein. Bundesauswahl-Spieler Heine hatte zwei NSDAP-Mitglieder als Bürgen beizubringen, bevor er dem DFB-Klub beitreten durfte. Später war er bei Victoria Hamburg und schoß drei Tore zum 4:3 im „Tschammer-Pokal", die das Aus für Schalke 04 bedeuteten.

Andere zogen sich zurück: Hermann „Hermi" Schmid, Linksaußen beim linken VfL 05 in Hamburg („der Verein war immer links eingestellt. Und links, das war damals KPD"), bestritt sein letztes Spiel nach dem Verbot (illegal) weit draußen vor der Stadt in Billstedt gegen den jüdischen Sportklub Bar Kochba. „Danach hab' ich keinen Spaß mehr gehabt am Sport, da war Schluß für mich." Aus dem Vereinslokal „Wucherpfennig" wurde ein SA-Treff, woraufhin KPD- und VfL 05-Sympathisanten am 1. April 1933 einen Bombenanschlag auf die Wirtschaft verübten. Das Hanseatische Sondergericht verhandelte 1934 gegen 29 Angeklagte, einer wurde zum Tod verurteilt, weitere zu hohen Zuchthausstrafen.

Herausgeberschaft und Verteiler der Zeitung *Roter Nordsport*, Untertitel: *Organ der Roten Sportler der Wasserkante*, hatte die Staatspolizei dagegen in Hamburg bereits im Herbst 1933 zerschlagen. Einer der konspirativen Treffpunkte war die Wohnung der Eltern des erwähnten Bundesauswahl-Spielers August Postler gewesen. Postler wurde verhaftet und kam am 14. März 1934 noch vor Prozeßbeginn in der Haft ums Leben; er hatte zuletzt anstatt 75 kg nur noch 52 kg gewogen. Postlers Rothenburgsorter Kamerad Walter Bohne, ebenfalls für Lorbeer 32 engagiert, wurde am 5. Januar 1944 in Hamburg von der Gestapo auf offener Straße erschossen.

Ermordete Fußballer

Wie Postler und Bohne wurden viele ehemalige Arbeitersportler Opfer von NS-Justiz und -Terror. 1934 waren vor dem Sondergericht im sächsischen Plauen 62 Dresdner Arbeitersportler angeklagt, gegen die 55 Jahre Haft verhängt wurden. Der Berliner Paul Zobel, ehemaliger ATSB- und später bedeutender „Rotsport"-Funktionär, kam 1945 im KZ Dachau ums Leben. Ernst Grube, Vorsitzender von „Rotsport", erlag 1945 im KZ Bergen-Belsen der Flecktyphus-Epidemie. Die Hagener Fußballer Gottfried Franz (1934 von Faschisten erschlagen) und Heinrich Bohne (1935 erhängt in der Zelle aufgefunden) starben; Alex Jacoby aus der Meisterelf von Adler 08 Berlin wurde im KZ umgebracht; Walter Petruschke aus der Meister-Mannschaft des Dresdner SV 1910, mehrmaliger Auswahlspieler, kam im „Bewährungsbataillon 999" ums Leben; der Dresdner Heinz Steyer, nach dem heute ein Stadion in seiner Heimatstadt benannt ist, wurde in Griechenland von deutschen Militärs hingerichtet. Etliche Arbeiterfußballer, die sich Widerstandsgruppen angeschlossen hatten, wurden von den Nazis getötet, so Ludwig Moldrzyk (Spieler und Spielausschuß-Vorsitzender FT Mannheim) 1942, Felix Tucholla 1943 und Johannes Zoschke (beide Spieler von ASV Sparta Lichtenberg in Berlin) 1944.

Der deutsche Arbeitersport lebte derweil im Exil weiter: An den Volkssport-Spielen 1936 in Prag nahm eine deutsche Fußball-Auswahl, zusammengestellt aus Emigranten, teil. Sie sollte vom 19. bis 26. Juli 1936 mit 70 anderen Fußballteams auch bei der Gegenolympiade (Volksolympiade) in Barcelona spielen, doch begann am Eröffnungstag mit dem Franco-Putsch der spanische Bürgerkrieg, in dem auch deutsche Arbeitersportler auf Seiten der Republik kämpften.

Nach 1945 gab es Initiativen, die Tradition des Arbeitersports weiterzuführen, doch einigte man sich schließlich auf einen Einheitssportverband, in dem frühere ATSB-Funktionäre z.T. einflußreiche Positionen einnahmen. Der DFB setzte seine Tradition bekanntermaßen fort, mit Funktionären, die bereits in der Nazizeit amtiert hatten und Mitglieder der NSDAP gewesen waren.

KAPITEL 3

Spielball der Politik: Die Nationalmannschaft

„Der Führer ist ganz erregt, ich kann mich kaum halten. Ein richtiges Nervenbad. Das Publikum rast. Ein Kampf wie nie. Das Spiel als Massensuggestion." (Joseph Goebbels: Tagebucheintrag im August 1936 über das Spiel gegen Norwegen bei Olympia 1936)

Es gab eine Zeit, da wollten keineswegs alle Politiker ihr Gesicht in die Kamera halten, wenn ein bekannter Fußballspieler in der Nähe war. Dies lag nicht nur an der allgemein geringeren Kameradichte Ende des 19. Jahrhunderts, sondern auch daran, daß der Fußball ein denkbar schlechtes Image hatte. Das Spiel, das von englischen Seeleuten noch vor der Jahrhundertwende nach Deutschland importiert worden war, wurde als „englischer Aftersport" oder – wegen seiner vermeintlichen Brutalität – als „Fußlümmelei" verleumdet.

Wegen der Herkunft der Sportart erscheint es folgerichtig, daß das erste Länderspiel einer deutschen Fußball-Nationalmannschaft (im November 1899 in Berlin) gegen das Mutterland des Fußballs ausgetragen wurde, gegen England, das zu dieser Zeit und noch lange danach als Lehrmeister betrachtet wurde. Erwartungsgemäß ging das Spiel 2:13 verloren. Dieses Länderspiel hatte jedoch keinen offiziellen Status, ein zentraler Fußballverband existierte zu dieser Zeit noch nicht (der DFB wurde erst kurz darauf, am 28. Januar 1900, gegründet). Die Begegnung kam auch nur auf persönliche Initiative des späteren *Kicker*-Herausgebers Walther Bensemann zustande.

Bis zum ersten offiziellen Länderspiel vergingen noch acht lange Jahre nach Gründung des DFB, am 5. April 1908 spielte man gegen die Schweiz und verlor 3:5. Dann jedoch ging es Schlag auf Schlag, am 20. April wurde wieder in Berlin gegen England gespielt (und diesmal 'nur' 1:5 verloren) und am 7. Juni in Wien gegen Österreich (wo es auch eine Niederlage setzte, 2:3). So bestand die wenig rühmliche Länderspielbilanz des Jahres 1908 aus drei Niederlagen in drei Spielen. Obwohl sich diese Bilanz bis in die dreißiger Jahre noch verbessern sollte, wirft dies ein Schlaglicht auf die Bedeutung Deutschlands im internationalen Fußball in dieser Zeit. Die Tatsache, daß zum England-Spiel kein einziger Ersatzspieler mitgenommen wurde und die Spieler außer Anreise und Unterkunft nicht einmal die Verpflegung bezahlt bekamen, illustriert sehr schön die noch lange Zeit typische Einstellung deutscher Fußballfunktionäre, die immerhin eine der poulärsten Sportarten vertraten.

Die Betrachtung der Länderspiele in dieser Zeit vor dem Ersten Weltkrieg, als die Atmosphäre eigentlich mit nationalen Emotionen geradezu vergiftet war, ergibt noch einen anderen interessanten Befund: Nämlich daß im Fußball nicht nur zwischen den jeweiligen Nationalmannschaften, sondern auch unter den Zuschauern geradezu freundschaftliche Gefühle vorherrschten. Nur ein Beispiel ist der überwältigende Empfang, welcher der deutschen Nationalmannschaft 1912 bei ihrem Länderspiel gegen die Niederlande in Zwolle bereitet wurde; auch beim nachfolgenden Spiel (1914 in Amsterdam) klatschten die niederländischen Zuschauer bei deutschen Toren Beifall. Es ist interessant zu sehen, daß Fußballbegegnungen gerade zwischen Deutschland und Holland keineswegs immer von Haßgefühlen geprägt waren. (Erst in jüngster Zeit wurde der Zusammenhang zwischen politischen Ereignissen und der Stimmung bei Fußballveranstaltungen am Beispiel dieser beiden Nationen besonders deutlich.) Eine äußerst freundschaftliche Atmosphäre herrschte beim olympischen Fußballturnier 1912 in Stockholm (wo Deutschland gleich im ersten Spiel gegen Österreich mit 1:5 aus der Hauptrunde ausschied). Die Mannschaften machten gemeinsame Ausflüge und luden sich gegenseitig zum Essen ein.

Internationaler Fußball – Ausdruck internationaler Konflikte

Die radikale Umwälzung aller politischen Verhältnisse, die der Erste Weltkrieg in Deutschland brachte, vor allem aber die Kriegsschuld Deutschlands und die folgende außenpolitische Isolierung, hatten entscheidende Konsequenzen für den deutschen Fußball auf internationaler Ebene. Von der freundschaftlichen Stimmung, die bei internationalen Fußballbegegnungen vor dem Krieg noch der Normalfall gewesen war, war bei Begegnungen mit der deutschen Mannschaft nun nichts mehr zu spüren, ganz im Gegenteil. Der Fußball war nun Ausdruck der politischen Verhältnisse geworden – und vor allem der Konflikte – zwischen den Nationen in Europa. Die Einstellung der Sieger zu Fußball-

Deutschland schildert Krämer in seiner Geschichte der Nationalmannschaft: „Ein Krieg ist kein Fußballmatch, nach dessen Beendigung man sich die Hände schüttelt" (Krämer 1963, S. 69). Sichtbarer Ausdruck für diese Situation waren die Vorgänge um das erste Länderspiel der deutschen Nationalmannschaft, mit dem die Schweiz nicht nur die fußballerische Isolierung Deutschlands durchbrach (Deutschland verlor das Länderspiel in Zürich am 27. Juni 1920 mit 1:4). Zuerst drohten Großbritannien, Frankreich und Belgien mit einem Fußballboykott gegen die Schweiz, als diese sich aber davon nicht beeindrucken ließ, beantragte Großbritannien, Deutschland aus der FIFA auszuschließen. Dieser Antrag ging jedoch nicht durch, und so traten die Briten ihrerseits aus dem Weltverband aus.

Als es im März 1922 zu einem weiteren Länderspiel gegen die Schweiz kam, sagte Belgien aus Protest ein Spiel gegen die Schweiz ab. Die Schweiz hat als einer der wenigen Länder zu dieser Zeit versucht, den Fußball strikt politikfrei zu halten, was sich in der folgenden Verlautbarung im offiziellen schweizerischen Fußballorgan zeigt: „Nun, wir können die Entwicklung der Dinge nicht bedauern, denn kein anständiger Schweizer Sportsmann kann ein ehrliches Interesse dafür aufbringen, mit einem Landesverbande auf dem grünen Rasen zu verkehren, der in seiner Denkart das rein sportliche Moment in den Hintergrund stellt."

Die allgemeine Politisierung und Ideologisierung des Fußballsports in Europa verdeutlichte auch ein Kommentar aus der österreichischen Zeitschrift *Das illustrierte Sportblatt* vom April 1922: Man sieht hier „…in den deutschen Spielern die Vertreter des mit uns stammesgleichen deutschen Volkes, mit dem wir in den trüben Tagen des Krieges verbunden waren, mit dem uns aber auch die Blutsgemeinschaft verbindet, die stärker ist als alle politischen Verträge." Italien, das schon von Mussolini beherrscht wurde, war am Neujahrstag 1923 der für sehr lange Zeit einzige der ehemaligen Kriegsgegner, der sich zu einem Länderspiel gegen Deutschland bereiterklärte. Das nächste Spiel gegen eines dieser Länder war die Begegnung mit Schottland sechs Jahre später; in der Zwischenzeit trugen nur neutrale Staaten Länderspiele mit Deutschland aus, wie etwa die Niederlande, Schweden und Norwegen.

Der internationale Fußball-Boykott gegen Deutschland fand seine Fortsetzung, als Deutschland 1924 – wie schon 1920 – vom olympischen Fußballturnier ausgeschlossen wurde. Hier trat der südamerikanische Fußball zum ersten Mal groß in Erscheinung, die Mannschaft von Uruguay schlug die Schweiz im Endspiel 3:0.

Auch rein sportlich gesehen war Deutschland in den zwanziger Jahren international nur mäßig erfolgreich, wie die Bilanz der Länderspiele zeigt. Von 1920 bis 1933 standen 23 Siegen immerhin 13 Unentschieden und 19 Niederlagen gegenüber, wobei berücksichtigt werden muß, daß es fast keine Spiele gegen die überlegenen Mannschaften aus Großbritannien und nur relativ wenige gegen das starke Österreich gab. Ein Grund für diese schwache Bilanz ist die Zersplitterung des Fußballs in Deutschland. Die Nationalmannschaft wurde vor jedem Spiel von einem Gremium, dem Spielausschuß, zusammengestellt. Es war keine Seltenheit, daß bei diesen Beratungen keineswegs die spielstärkste Mannschaft herauskam, sondern diejenige, die dem Regionalproporz am besten entsprach. Dies lag daran, daß sich der Spielausschuß aus den Vertretern der einflußreichen Landesverbände zusammensetzte, die ihre Spieler in der Auswahl vertreten sehen wollten. So geschah es, daß im August 1923 gegen Finnland eine deutsche Auswahl spielte, in der fast keiner der damals anerkannt besten Spieler zu finden war. Das Heimspiel gegen den schwach eingeschätzten Gegner endete dann auch mit einer 1:2-Niederlage. Es verwundert somit nur auf den ersten Blick, daß ein führender Spieler seiner Zeit wie Hans Kalb in seiner achtjährigen Länderspielkarriere bis 1928 auf nur 15 Einsätze kam. Ähnliches läßt sich über den schon zu seiner Zeit legendären Torhüter Heiner Stuhlfauth sagen, der in zehn Jahren bis 1930 lediglich 21 Mal in der Nationalmannschaft eingesetzt wurde.

In Österreich hingegen verlief die Entwicklung entgegengesetzt: Die Nationalmannschaft stand seit 1925 unter einheitlicher Führung von Hugo Meisl, der das „Wunderteam" formte und wesentlich dazu beitrug, daß Österreich international zu einer der führenden Fußballnationen wurde. Wichtig hierfür war zudem die Einführung des Professionalismus – Österreich machte diesen Schritt schon 1924 als erstes Land auf dem Festland – und einer höchsten Spielklasse, in der die besten Mannschaften aufeinandertrafen und so sportlich ständig gefordert wurden.

Diese Entwicklungen standen im krassen Gegensatz zu den Verhältnissen in Deutschland, wo es bis 1963, bis zur Gründung der Bundesliga dauern sollte, bis der Berufsfußball und eine moderne Ligastruktur eingeführt wurden. Man koppelte sich von der Entwicklung im Nachbarland (und in ganz Europa) jedoch nicht nur ab, sondern belegte Österreich zu allem Überfluß mit einem Länderspielboykott, aus ethischen Gründen, wie es damals tatsächlich hieß. Dieser Boykott wurde erst 1929 aufgehoben, erst 1931 fand wieder ein Länderspiel statt.

Otto Nerz mit „Ossi" Rohr beim Länderspiel gegen Frankreich 1933.

Der erste Reichstrainer – Otto Nerz

Die einzige Modernisierung, die man in Deutschland mitvollzog, war die Bestellung eines Reichstrainers im Jahr 1926. Benannt wurde Otto Nerz, der sich jedoch erst sehr langsam und nie vollständig aus der Umklammerung der Funktionäre zu lösen vermochte. Nerz, selbst nur ein mäßig erfolgreicher Fußballspieler, war als Mensch zwar eher unzugänglich, galt aber auf strategischem und taktischem Gebiet als unumstrittene Kapazität, was ihm später aber auch den Vorwurf der taktischen Unflexibilität und den Ruf eines trockenen Theoretikers eintrug. Ursprünglich Volksschullehrer, war er auf dem Gebiet des Fußballs fast vollkommen ein Autodidakt, was auch für seinen sonstigen beruflichen Werdegang galt. Mit extremem Fleiß und Ehrgeiz studierte er neben seiner Tätigkeit als Reichstrainer Medizin und promovierte schließlich auch, außerdem lernte er mehrere Fremdsprachen.

Er führte schon sehr früh das WM-System aus England in der Nationalmannschaft ein und modernisierte somit den gesamten deutschen Fußball, wo man von Strategie bis dahin noch wenig gehört hatte. Dazu legte er aber auch größten Wert auf die Kondition der Spieler. So waren zum Beispiel ausgiebige 400-m-Läufe wesentlicher Bestandteil seines Trainings, was in diesem Umfang allerdings nicht ganz unumstritten war, wie sich spätestens bei den Olympischen Spielen 1936 herausstellte. Langsam verbesserte sich als Folge von Nerz' Arbeit dann auch die Erfolgsbilanz der Nationalmannschaft, insbesondere ab 1933.

Nerz begann auch, im Vorfeld der Olympischen Spiele 1928 (in Amsterdam), an denen Deutschland zum ersten Mal seit 1912 wieder teilnahm, die Mannschaft umzubauen: Der Münchner Stürmer Josef Pöttinger stieß zum ersten Mal in die Nationalmannschaft vor, die Schalker Legende Ernst Kuzorra bekam 1927 seine erste Chance. Dieser war nur der erste in einer langen Reihe von Schalker Nationalspielern (Fritz Szepan, Adolf Urban und Rudi Gellesch, um nur die berühmtesten zu nennen) und solchen aus westdeutschen Klubs generell in den späten zwanziger und in den dreißiger Jahren (der Verteidiger Paul Janes – lange Zeit Rekordnationalspieler mit 71 Einsätzen –, die Offensivspieler Stanislaus Kobierski und Ernst Albrecht kamen von Fortuna Düsseldorf, Karl Hohmann und Josef Rasselnberg vom VfL Benrath). Auch einige Münchner Spieler schafften in dieser Zeit den Sprung in die Nationalmannschaft (Ludwig Goldbrunner – Stopper, Jakob Streitle, Sigmund Haringer – Verteidiger, Josef Bergmaier, Ludwig 'Pipin' Lachner – Stürmer). Außerdem stand der junge und äußerst vielversprechende Stürmer Ossi Rohr von Bayern München 1932 und Anfang 1933 viermal in der Nationalmannschaft.

Bis dahin war die deutsche Nationalmannschaft eindeutig von Spielern der rivalisierenden Mannschaften aus Nürnberg und Fürth beherrscht, was auch der Situation im Vereinsfußball entsprach – hervorzuheben sind hier die Namen Ludwig Leinberger, Hagen, Seiderer und Franz (SpVgg Fürth) sowie Heiner Stuhlfauth, Hans Kalb, Hans Schmidt und Hans Sutor (1. FC Nürnberg). Es gab nur wenige bedeutende Nationalspieler in dieser Zeit aus anderen Regionen, zu nennen wären hier die beiden Hamburger Adolf Jäger und Otto („Tull") Harder. Jäger kam 1944 bei einem Bombenangriff auf Hamburg ums Leben,

Harder wurde als SS-Mann 1946 von einem englischen Militärgericht wegen Mißhandlung von Häftlingen zu einer 15jährigen Freiheitsstrafe verurteilt. Auch der Dresdner Stürmer und Volksheld Richard Hofmann („König Richard") gab in den späten zwanziger Jahren sein Debüt, gleichzeitig traten bedeutende Spieler der vorhergehenden Generation ab, wie etwa „Tull" Harder.

Kurz vor dem Beginn des olympischen Turniers 1928 veranstaltete Nerz einen Lehrgang mit der Nationalmannschaft, es war das erste Mal, daß überhaupt eine systematische Vorbereitung stattfand. Obwohl alle Nationen, die sich offen zum Profitum bekannten, von den Spielen ausgeschlossen waren, schied Deutschland erneut frühzeitig aus und konnte die Früchte der verbesserten Vorbereitungsarbeit nicht ernten. Zwar konnte die Mannschaft die stark eingeschätzte Schweiz schlagen, dann mußte sie sich aber dem Titelverteidiger aus Uruguay mit 1:4 beugen. Das Spiel war entgegen dem olympischen Geist äußerst hart und ruppig, und dabei wurde die deutsche Mannschaft nach Darstellung Krämers (1963, S. 102f) auch noch vom Schiedsrichter benachteiligt. Kalb und Hofmann wurden neben einem Uruguayer vom Platz gestellt, die Vorgänge wurden in der Weltpresse aber der deutschen Mannschaft angelastet, die somit als schlechter Verlierer dastand. Hofmann und Kalb wurden aufgrund der Ereignisse für ein Jahr gesperrt, was für Kalb das Ende seiner Karriere in der Nationalmannschaft bedeutete.

Deutsche Fußballer als „deutsche Sturmsoldaten"

Dieser Mißerfolg soll aber nicht über die zunehmende Spielstärke der Nationalmannschaft hinwegtäuschen, die in den Erfolgen des Jahres 1929 zum Ausdruck kommt. Von fünf Spielen wurden vier gewonnen (darunter ein Auswärtssieg gegen Italien), das Unentschieden gegen Schottland wurde als Prestigeerfolg gewertet. Gegen Finnland, im letzten Spiel des Jahres, hatte außerdem der 23jährige Fritz Szepan aus Schalke seinen ersten Auftritt in der Nationalmannschaft. Szepan, der bis 1939 37mal dort mitwirkte, entwickelte sich in der Folgezeit zu einem der bedeutendsten Spieler der dreißiger Jahre in Deutschland.

Im Laufe des Jahres 1930 war die französische Armee aus dem Rheinland abgezogen; damit wurde der Weg für das erste Länderspiel gegen das zu dieser Zeit fußballerisch zweitklassige Frankreich frei. Die Beziehungen Deutschlands mit dem westlichen Nachbarn waren vom Ersten Weltkrieg her noch sehr stark belastet. So war in Frankreich der Vergleich des Fußballspiels mit dem Krieg allgegenwärtig (Krämer

1963, S. 133), was sich etwa darin ausdrückte, daß den deutschen Fußballspielern in der Presse die Eigenschaften deutscher Sturmsoldaten zugeschrieben wurden. Entgegen dem Rat des deutschen Botschafters schickten aber Nerz und der DFB nicht „die technisch reifste Mannschaft ins Stade de Colombes“ (ebd.), sondern man stellte eher robuste Naturen wie den Pirmasenser Hergert oder den „Münchner Eisenschädel“ Sigi Haringer auf. Das Spiel verlief dann auch auf eher niedrigem Niveau, die Spielweise der deutschen Mannschaft wirkte eher grobschlächtig und hart, und das französische Publikum wandte sich gegen die Deutschen. Die Aufstellung der deutschen Mannschaft, die den ersehnten Erfolg garantieren sollte, erwies sich in jeder Beziehung als kontraproduktiv. Man verlor durch ein Eigentor des später sehr erfolgreichen Nationalverteidigers Reinhold Münzenberg.

Auch sonst war 1931 kein erfolgreiches Fußballjahr, im Gegenteil: Im September stand das erste Länderspiel gegen die österreichischen Profis auf dem Programm, seitdem der DFB das Nachbarland 1924 mit einem fußballerischen Bann belegt hatte. Das österreichische „Wunderteam“ stand zu dieser Zeit im Zenit seines Könnens und erteilte den Deutschen in Berlin eine Fußballektion: 0:6 – und jedes der Tore war absolut zwingend herausgespielt. Die öffentliche Empörung in Deutschland gegen den DFB richtete sich vor allem gegen dessen absolutes Beharren auf „purem“ Amateurfußball, die Niederlage wurde als Quittung betrachtet, die man für diese Haltung und den selbstgerechten Länderspielboykott präsentiert bekam. Diese allgemeine Kritik ließ die einjährige Sperre gegen Schalke 04 vom Vorjahr wegen Verstoßes gegen die Amateurbestimmungen im Nachhinein noch fragwürdiger erscheinen.

Die Niederlage gab den Anstoß zu ersten Überlegungen bezüglich der Einführung einer Reichsliga und zur Abschaffung des Amateurstatuts. Die Diskussion verlief aber nur sehr schleppend und wurde nach der Machtergreifung 1933 von den Nationalsozialisten abrupt abgewürgt, die Gründe wurden bereits an anderer Stelle besprochen.

Nach dem letzten Spiel des Jahres gegen Dänemark zog sich Fritz Szepan freiwillig aus der Nationalmannschaft zurück, in die er erst 1934 wieder zurückkehrte. Der Grund dafür war Unzufriedenheit mit der eigenen Leistung und mit jener der Mannschaft, und dies, obwohl das Spiel mit 4:2 gewonnen wurde.

Auch das Jahr 1932 brachte nicht den Vorstoß in die absolute Weltspitze. Vier von fünf Spielen wurden zwar siegreich abgeschlossen, jedoch ausschließlich gegen zweitklassige Gegner. Die einzige Begegnung mit einer Mannschaft von Rang ging 1:2 gegen Ungarn verloren.

Der Regensburger Hans Jakob übernahm in diesem Jahr die Torhüterposition von Willibald Kress, der im Gegensatz zu einigen anderen den Fehler beging, sich beim Verstoß gegen die Amateurbestimmungen des DFB erwischen zu lassen. Zudem gab der Verteidiger Paul Janes in der Nationalmannschaft seinen Einstand, der als Rekordnationalspieler viel später erst von Uwe Seeler abgelöst wurde.

Nationalmannschaft und Machtergreifung

Am 30. Januar 1933 wurde Hitler zum Reichskanzler bestellt, und kurz danach setzte er für den 5. März Neuwahlen an. Es traf sich, daß für genau diesen Tag ein Länderspiel anberaumt war, noch dazu ein politisch sehr bedeutsames: das zweite Spiel gegen den „Erbfeind" Frankreich in der Geschichte des Fußballs überhaupt, und das erste auf deutschem Boden. In Frankreich entbrannte eine öffentliche Diskussion darüber, ob ein Deutschland, das von den Nationalsozialisten beherrscht wurde, noch als Länderspielgegner akzeptabel war. Man fürchtete um die Sicherheit der Mannschaft und der mitgereisten Fans. Die Presse warnte die Bürger vor einer Reise nach Berlin, wo angeblich so etwas wie eine Mobilmachungsstimmung herrschen sollte.

Aufgrund der persönlichen Fürsprache von Jules Rimet, des Vorsitzenden des französischen Fußballverbandes und FIFA-Präsidenten, wurden die Bedenken überwunden, und das Spiel wurde lediglich auf den 19. März verschoben. Die Durchführung der Begegnung schien das Ergebnis einer sorgfältig geplanten Propagandaaktion für die französische Öffentlichkeit gewesen zu sein. Die Sicherheitsvorkehrungen zum Schutz der französischen Besucher waren äußerst aufwendig, Polizei riegelte die Straßen in Dreierreihen ab (*Völkischer Beobachter,* 20.3.1933), die Zuschauer wurden schon am Bahnhof mit Musik empfangen, die Straßen und das Stadion waren reich mit Hakenkreuzfahnen und mit den neuen alten schwarz-weiß-roten Flaggen behängt. Der wohl tatsächlich freundliche Empfang wird auch im Bericht des *Völkischen Beobachters* ausdrücklich betont, genauso wie das respektvolle Abspielen der französischen Hymne und der freundliche Beifall für die Mannschaft. Die politische Bedeutung des Spiels läßt sich auch an der Anwesenheit hochrangiger Parteiprominenz ablesen – Hermann Göring saß zum Beispiel zusammen mit Berliner Funktionären auf der Tribüne. Nach dem Spiel, beim gemeinsamen Bankett beider Mannschaften, das damals bei Länderspielen üblich war, hielt Rimet eine Rede, die im *Völkischen Beobachter* als „bemerkenswertes Urteil über die Deutsche Revolution“ gewertet wird. Rimet lobte das „ritterliche Spiel“ und die äußerst faire Haltung des Publikums. Er betonte die – entgegen den Presseberichten im Vorfeld – „vorbildliche Ruhe und Ordnung, die für den hohen Kulturstand des deutschen Volkes den allerbesten Beweis liefere“ (*Völkischer Beobachter,* 21.3.1933). Darüber hinaus kündigte er an, falsche Auffassungen über Deutschland in Frankreich zu korrigieren.

Mit Erfolg hatten die Nationalsozialisten versucht, mit Hilfe dieses sportlichen Großereignisses von den tatsächlichen Vorgängen in Nazi-Deutschland abzulenken und das Bild eines friedliebenden, ordentlichen und stabilen Staates zu vermitteln, wo auch nur gewöhnliche, harmlose Dinge, wie etwa Sportereignisse passieren. Die Unterdrükkung von Sozialdemokraten und Kommunisten unter anderem durch die Notstandsgesetze im Vorfeld der Wahl am 5. März sollte so aus dem Bewußtsein der ausländischen Öffentlichkeit verdrängt werden, falls diese Vorgänge jemals dorthin gelangt waren. Zu genau demselben propagandistischen Zweck sollte der Sport später in viel größerem Rahmen eingesetzt werden: 1936 bei den Olympischen Spielen in Berlin.

Das Spiel wurde aber auch im Inland zu Propagandazwecken eingesetzt. Der *Völkische Beobachter* vom 21. März hob hervor, daß der Preis für einen normalen Stehplatz auf 70 Pfennig gesenkt wurde und zudem 8.000 Erwerbslosenkarten ausgegeben wurden.

Vor allem wurde das Spiel als Großereignis propagandistisch verwendet, das Spiel selbst eignete sich weniger zu diesem Zweck. Das 3:3 war eine Enttäuschung, besonders wenn man die international geringe Wertschätzung des französischen Fußballs berücksichtigt. In den Berichten und Kommentaren rund um das Spiel im *Völkischen Beobachter* fanden sich durchaus Anklänge an eine nationale Symbolhaftigkeit der Begegnung. So war etwa häufig von einer bevorstehenden oder mißglückten Revanche für die 0:1-Niederlage von 1931 im Stade de Colombes die Rede – dieses Spiel nahm fast soviel Raum ein wie die Vorbesprechung des kommenden (*Völkischer Beobachter,* 17.3.1933). Dieser Aspekt beherrschte die parteinahe Berichterstattung geradezu – eine Niederlage gegen Frankreich war ganz besonders bitter. Aufgrund seiner zu nachsichtigen Haltung zu dieser Niederlage wurde der Reichstrainer ziemlich grob abgekanzelt: „Otto Nerz sagte zwar, er betrachte eine 0:1-Niederlage im Ausland nicht als eine Niederlage, aber mit dieser Meinung stand der Reichstrainer – wie so oft – ganz allein da.“ (*Völkischer Beobachter,* 17.3.1933).

Nach dem Unentschieden wurde die Mannschaft im *Völkischen Beobachter* auch entsprechend hart kritisiert, nicht nur der Trainer („Nicht

Theorie und Taktik entscheiden, Herr Nerz, sondern der Kampfgeist" – *Völkischer Beobachter,* 20. 3. 1933). Besonders die Verteidigung (mit Ausnahme von Gramlich) und auch der Sturm wurden trotz der drei Tore noch getadelt, sogar der zweifache Torschütze Ossi Rohr von Bayern München. Rohr war ein äußerst vielversprechender Torjäger, einer, der der Nationalmannschaft im Grunde fehlte. Jedoch beging er das „Verbrechen", im Herbst 1933 als Profi zuerst in die Schweiz (zu Grasshoppers Zürich) und dann nach Frankreich (zu Racing Strasbourg) zu gehen. Es war vollkommen außer jeder Diskussion – erst recht nach der Machtergreifung –, daß er etwa als „Legionär" in der Nationalelf weitergespielt hätte.

In einem Buch, das nach Kriegsbeginn die *Kicker*-Redakteure Hanns-J. Müllenbach und Friedebert Becker herausgaben („Feldherren der Fußballschlachten"), wurde Rohr in ganz besonderer Weise gewürdigt: „Als Spieler ein großes Talent – aber als Charakter? Über einen Vaterlandsverräter gehen wir mit Verachtung hinweg."

„Neues Leben blüht aus den Ruinen"

Fast alle der restlichen Länderspiele des Jahres 1933 wurden gewonnen, freilich suchte man sich auch keine sonderlich starken Gegner – wie etwa beim Spiel gegen Belgien im Oktober. Dieses Länderspiel gegen Belgien, das nach sieben Monaten Pause folgte, war allerdings politisch bedeutsam. Das Land war im Ersten Weltkrieg von Deutschland überrannt und besetzt worden, obwohl Belgien damals neutral war. So läßt sich auch die aktive Rolle verstehen, die das Land 1920 beim Länderspielboykott gegen Deutschland gespielt hatte. Es kam also ausgerechnet kurz nach der Machtergreifung Hitlers zu diesem ersten Länderspiel seit 1913, das ja eigentlich zur Versöhnung der beiden Völker dienen sollte. Belgien wurde in Duisburg aber gnadenlos mit 8:1 besiegt. Im November erreichte die Nationalelf gegen das schwach eingeschätzte Norwegen nur ein 2:2-Unentschieden.

Die deutsche Mannschaft und die Schlachtenbummler wurden aber keineswegs überall besonders willkommen geheißen. Beim Gastspiel der westdeutschen Verbandsauswahl in Luxemburg fanden zahlreiche politische Veranstaltungen gegen die Nazis statt. Als die Spieler dann den Hitlergruß vorführten, kam es auf den Zuschauerrängen zu starken Gegenreaktionen, wie Herberger schreibt. „Es hätte nicht viel gefehlt, und wir hätten vor dem Spiel auf dem Spielfeld Besuch aus den Zuschauerreihen bekommen." (Leinemann 1997, S. 105)

Herberger trat ziemlich rasch, am 1. Mai 1933, in die NSDAP ein (Mitgliedsnummer 22008548) und später in die Deutsche Arbeitsfront sowie die NS-Volkswohlfahrt: Er begrüßte die Machtergreifung ziemlich euphorisch: „Und neues Leben blüht aus den Ruinen", schreibt er in seinen Privataufzeichnungen. Später, 1946, als Herberger sich im Rahmen der Entnazifizierung vor der Spruchkammer rechtfertigen mußte, berief er sich allerdings auf seine politische Unerfahrenheit und das Drängen seiner Umgebung. Herberger ordnete hier sein politisches Gewissen, wie auch sein sonstiges Leben, vorwiegend der Karriere und dem Fußball unter, wie auch der Herberger-Biograph Jürgen Leinemann schreibt. Er ist der erste, der Zugang zu Herbergers Privataufzeichnungen erhielt, und diese wertete er in seinem Buch aus.

Herberger kooperierte mit den NS-Machthabern glänzend, soweit er mit ihnen zu tun bekam – immer im Dienst des Fußballs, wie er es wohl sah. Trotz aller politischen Anpassung wäre es aber falsch anzunehmen, Herberger wäre ein besonders überzeugter Nazi oder ein willfähriger Apparatschik gewesen – er versuchte vor allem, sich geschmeidig mit den Machthabern zu arrangieren, und dabei das meiste für „seine" Nationalmannschaft herauszuholen, wie sich besonders später in der Kriegszeit zeigte. Dabei achtete er konsequent darauf, daß ihm möglichst wenig in seine Arbeit hineingepfuscht wurde. So widerstand er später den Versuchen der SA, in die Trainingslager politische Erziehung und Elemente des Kampfsports aufzunehmen, wie Helmut Schön in seinen Erinnerungen schreibt. Überhaupt bestätigten später sämtliche Nationalspieler, daß Herberger sich in ideologischer Hinsicht nie profiliert habe.

Otto Nerz, der in den frühen zwanziger Jahren Sozialdemokrat gewesen war, startete 1933 eine SA-Karriere, er trat aber erst im Mai 1937, nach Ende des Aufnahmestops, der NSDAP bei. Wie auch der spätere Machtkampf mit Herberger zeigen sollte, war Nerz ausgesprochen ehrgeizig und karrierebewußt, trotzdem war er, ganz im Gegensatz zu Herberger, ein eher verschlossener Mensch, der nur schwer Kontakt zu anderen fand und somit auch weniger gut mit den Nazi-Größen stand. Dies bedeutet aber nicht, daß er an seinem Fortkommen weniger interessiert gewesen wäre, ganz im Gegenteil. Ein Hinweis darauf, daß er darüber hinaus ein überzeugter Nazi gewesen sein könnte, sind die antisemitischen Hetzartikel, die er später geschrieben hat.

WM-Spiele im Schatten der Politik

Das Jahr 1934 stand in fußballerischer Hinsicht ganz im Zeichen der Weltmeisterschaft, der zweiten nach der in Montevideo (Uruguay), wo die Gastgeber gewonnen hatten. Die erste Weltmeisterschaft im Jahr 1930 war im Vorfeld geprägt gewesen von Streitereien unter den Funktionären, wobei besonders Deutschland eine unrühmliche Rolle spielte. Als niemand die Veranstaltung ausrichten wollte, wurde sogar Deutschland darum gebeten; dies wurde vom DFB aber abgelehnt, genauso wie schließlich sogar eine Teilnahme – im wesentlichen deshalb, da auch Profimannschaften beteiligt sein sollten. Aber auch dazu kam es dann nicht, es nahmen überhaupt nur 13 Nationen teil, die besten europäischen Mannschaften blieben zu Hause – Österreich, Ungarn, England, Schottland und die Tschechoslowakei. Mit Ausnahme von Jugoslawien, das bis ins Halbfinale vorstieß, spielten die wenigen europäischen Mannschaften bei dem Turnier keine Rolle.

Die WM 1934, die in Italien stattfand, lief wesentlich geordneter ab: Von den 32 gemeldeten Mannschaften wurden 16 Endrundenteilnehmer durch eine Qualifikation ermittelt, Deutschland bezwang hierbei Luxemburg mit 9:1. Weit weniger geordnet waren zu dieser Zeit jedoch die politischen Verhältnisse, insbesondere die Beziehungen Deutschlands zum Ausrichterland Italien sowie zum späteren Gegner im Spiel um den dritten Platz, Österreich.

Zum besseren Verständnis der politischen Spannungen zwischen dem nationalsozialistischen Deutschland und Österreich ist die Feststellung wichtig, daß sich die Idee des Anschlusses seit dem Ende des Ersten Weltkriegs stark ausbreitete, und zwar in beiden Ländern. Der erste Anlauf 1919, den Anschluß per Beschluß der österreichischen Nationalversammlung durchzuführen, scheiterte an einem Paragraphen im Friedensvertrag von St. Germain, wo dies von der Zustimmung des Völkerbundes abhängig gemacht wurde. 1922 mußte Wien vertraglich zwanzig Jahre auf einen Anschluß verzichten, um eine Völkerbundanleihe zu bekommen. Erneuten Verzicht leistete Österreich aus demselben Grund 1932, was erhebliche Unruhe auslöste, da sich alle Parteien, inklusive der Sozialdemokraten, auf eine Vereinigung mit dem Nachbarn festgelegt hatten.

Nach der Machtergreifung Hitlers wurde diese Frage plötzlich brennend aktuell, da der Anschluß erklärtes Ziel der Nationalsozialisten war und in „Mein Kampf“ schon einleitend gefordert wurde. Hinzu kam, daß die Nationalsozialisten auch in Österreich stark vertreten und äu-

Von links nach rechts: Gramlich, Kress, Stubb, Oehm, besonders zackig: Lehner, Conen, Goldbrunner, Noack, Haringer, Lachner, Politz

ßerst aktiv waren – sie waren für eine große Zahl von Terroranschlägen verantwortlich. Engelbert Dollfuß, seit Mai 1932 Kanzler, bekämpfte die stärker werdenden großdeutschen Kräfte mit einer schrittweisen Abschaffung der Demokratie. Nach dem Verbot der KP traf es im Juni 1933 auch die Nationalsozialisten, die Sozialdemokratie wurde im „Februarputsch" 1934 ebenfalls blutig zerschlagen. Die alte Staatsordnung wurde im Mai durch eine faschistisch geprägte Verfassung ersetzt, die auf dem Katholizismus und einer ständischen Ordnung beruhte. Bis zum Anschluß an das Deutsche Reich fanden zahlreiche Terroranschläge gegen staatliche Einrichtungen und Amtsträger statt, die offensichtlich von Nationalsozialisten verübt wurden. Die Verdächtigen flüchteten oftmals nach Deutschland und fanden dort auch Aufnahme. Dies war aber nicht die einzige Einmischung Hitler-Deutschlands in

Der obligatorische Gruß an den Führer: die Nationalmannschaft 1934 vor dem Spiel gegen Ungarn.

diese Vorgänge, schon auf das Verbot der NSDAP in Österreich folgte als Reaktion ein Wirtschaftsboykott, den Dollfuß wiederum mit einer Visumspflicht für Deutsche beantwortete.

Zum Schutz gegen Hitlers Expansionsbestrebungen lehnte sich Österreich an das faschistische Italien Mussolinis an (Vertrag von Riccione, August 1933), was im März 1934 in den „Römischen Protokollen“ gipfelte, in denen eine Bestandsgarantie für Österreich und Ungarn unter italienischer Führung festgeschrieben wurde. Kurz nach der Fußball-WM (vom 4. Juni bis zum 9. Juni), am 15. Juni, traf Hitler Mussolini in Venedig, die Verhandlungen führten aber zu keinem Ergebnis. Nur zehn Tage später begann ein Putsch der NSDAP, in dessen Folge Dollfuß ermordet wurde – Mussolini ließ daraufhin unverzüglich die Armee am Brenner aufmarschieren, um einen gewaltsamen Anschluß zu verhindern. Es verwundert nicht, daß die Fußballweltmeisterschaft durch diese Spannungen nicht ganz unberührt blieb. Schon im Vorfeld sagte Österreich ein Länderspiel ab, das einige Monate zuvor vereinbart worden war. Auch die italienischen Zuschauer verhielten sich der deutschen Mannschaft gegenüber äußerst zurückhaltend und unterstützten meist die gegnerische Mannschaft.

Gramlichs Abreise und Haringers Bier

Deutschland stieß bei der WM in Italien, die wiederum im K.o.-System ausgetragen wurde, ins Halbfinale von Rom vor. Rudi Gramlich mußte schon vor diesem Spiel die Heimreise antreten, und dies, obwohl er ein äußerst guter Außenläufer war. Sein jüdischer Chef, der Besitzer einer

Lederfirma, brauchte Gramlich dringend für eine größere Transaktion. (Mehr zu diesem Vorfall im Kapitel über Juden im Sport.) Gramlich zeigte zwei Jahre später Charakterstärke, als er sich unter Protest aus der Nationalelf zurückzog, und zwar endgültig. Anlaß hierfür war, wie die Funktionäre Otto Nerz in der Öffentlichkeit gnadenlos (und sachlich nicht ganz gerechtfertigt) demontierten.

Nerz führte ein strenges Regiment und legte größten Wert auf Kondition und Disziplin. Den fast schon militärischen Drill unter Nerz illustriert folgende Episode. Vor dem letzten Spiel reiste der Münchner Verteidiger Sigmund Haringer ab, allerdings nicht freiwillig: Er hatte gegen verschiedene Ernährungsvorschriften verstoßen, unter anderem hatte er eine Apfelsine und verbotene einheimische Speisen (von denen er auch wirklich Durchfall bekommen hatte) gegessen sowie Bier getrunken. Letzteres rechtfertigte er Nerz gegenüber, der für solche Ausschweifungen nur wenig Verständnis hatte, indem er sagte: „Das ist bei uns in München eine Nahrung". Für ihn kam Reinhold Münzenberg aus Deutschland, der deshalb seine Hochzeit absagen mußte.

Der junge Saarbrücker Edmund Conen hatte im Januar beim Sieg gegen Ungarn sein Debüt in der Nationalmannschaft gegeben und auch ein Tor geschossen. Bei seinem nächsten Einsatz im Auftaktspiel gegen Belgien traf er dreimal – in seinen insgesamt 14 Einsätzen bis Ende 1935 machte er durchschnittlich in jedem Spiel ein Tor. So läßt sich ermessen, welcher Verlust für die Mannschaft sein Ausscheiden darstellte, zu dem er nach dem Spiel gegen Polen im September 1935 gezwungen war. Als Grund wird meist ein „nervliches Leiden" oder eine „neurotische Krankheit" angegeben – psychologische Probleme paßten auch schlecht in das Bild vom „Führer und Vollstrecker" (es soll eine Angstneurose gewesen sein). Jedoch gelang Conen knapp vier Jahre später gegen Dänemark die Rückkehr in die Nationalelf, wo er bis 1942 ziemlich erfolgreich spielen sollte.

Die deutsche Mannschaft zog bei der WM 1934, entgegen den Erwartungen der italienischen Presse, die die Deutschen als eine der schwächsten und aussichtslosesten Mannschaften bezeichnet hatten, nach Siegen gegen Belgien und Schweden ins Halbfinale ein. Dort spielten sie gegen die Tschechoslowakei, während die Reste des österreichischen „Wunderteams" gegen den sehr starken Gastgeber antreten mußten. Der Traum von der Finalteilnahme platzte allerdings nach zwei unglücklichen Aktionen von Torhüter Kress, der damit sein letztes Spiel in der Nationalelf bestritten hatte und Hans Jakob aus Regensburg Platz machen mußte; die Tschechen gewannen nach einem hart umkämpften

Spiel 3:1. Das Finale gewann die „Squadra Azzurra“ in einem harten, am Ende von italienischer Seite unfairen Spiel nach Verlängerung 2:1. Diese Mannschaft durfte auf Weisung Mussolinis in dieser Formation nie mehr zusammenspielen, damit sie als ewig unbesiegt in die Geschichte eingehen konnte.

Hans Jakob, ab 1934 Stammtorhüter der deutschen Auswahl.

So kam es am 7. Juni im Spiel um den dritten Platz zu der Begegnung mit der Nationalmannschaft des unter deutschem Druck stehenden Österreich, das vom spärlichen italienischen Publikum (14.000) zu Beginn dementsprechend unterstützt wurde. Allerdings schrien die Zuschauer „Forza Austria“, wenn die Deutschen angriffen, da diese mit den traditionellen weißen österreichischen Trikots spielten.

Durch kleine taktischen Änderungen – Janes rückte mit Münzenberg in die Verteidigung, und Szepan fand endlich die Position, auf der er seinen legendären Ruf erspielte, auf der des Dirigenten aus dem Mittelfeld heraus –, die Fachamtsleiter Linnemann für das Halbfinalspiel noch persönlich verhindert hatte, erreichte die Mannschaft eine noch nie dagewesene Spielstärke. Sie kombinierte die Favoriten an die Wand und ließ ihnen erst gegen Ende die Chance zum Gegenangriff. Durch zwei Tore von Lehner und eins von Conen gewann die deutsche Mannschaft schließlich 3:2.

Opfer sind „Bausteine der Zukunft“

Die Berichterstattung über die WM im *Völkischen Beobachter* unterschied sich von der betont unparteiischen über das Frankreich-Spiel 1933 deutlich, als Deutschland auch international als zivilisierter, friedliebender Staat erscheinen mußte. Die Ideologie steckte in der Beurteilung der Mannschaften, und diente dazu, die deutsche Niederlage in einen moralischen Sieg umzudeuten – ein etwas unbeholfener Versuch. So hieß es etwa am 5. Juni 1934 über das Spiel gegen die Tschechoslowakei: „... kommt der Gegner auf billige Art in der 20. Minute zu seinem ersten Tor" und als Gesamtbewertung: „Aber daß wir einem Gegner unterlegen waren, dem wir drei Fünftel der Zeit feldüberlegen waren, und dessen Taktik und Gewinn darin lag, die Schwächen des Gegners auszunützen, ohne die Kraft und Wucht eines bedeutungsvollen Siegers zu verkörpern, das hat uns nicht gefallen." Dieser Eindruck der Unbeholfenheit wurde dadurch verstärkt, daß sich der Bericht vom 4. Juni und die oben zitierte Nachbetrachtung am 5. Juni im *Völkischen Beobachter* einander eindeutig widersprachen. Wurde im früheren Artikel doch die deutsche Mannschaft wegen ihrer kämpferischen Einstellung noch gelobt – genau aus diesem Grund wird die Mannschaft aber einen Tag später deutlich kritisiert. („Die kämpferische Leistung all unserer Spieler blieb hinter den Erwartungen zurück", 5. April 1934)

Die Sportberichterstattung in den Jahren 1933 und 1934 wurde auch im *Kicker* zunehmend politisiert (Parolen wie „Opfer sind Bausteine für die Zukunft" oder „Deutscher, vergiß die Deutsche Saar nicht"), was kaum überrascht. Von da an allerdings nahm in der Berichterstattung der Grad der Indoktrination keineswegs zu, sondern im Gegenteil: Je näher die Olympischen Spiele rückten, desto sachlicher wurde sie, und dies blieb im Grunde auch so, sogar bis in den Krieg hinein.

Die Niederlage gegen die Tschechoslowakei sollte die einzige des gesamten Jahres 1934 bleiben – es war das erfolgreichste Jahr überhaupt für die deutsche Nationalmannschaft mit sieben Siegen (gegen keineswegs nur schwache Mannschaften) und einer Niederlage.

Im darauffolgenden Jahr fand kein großes Turnier statt; wenn das Fachamt Spielverkehr auf internationaler Ebene haben wollte, mußte man Freundschaftsspiele arrangieren – und von dieser Möglichkeit machte die sportpolitische Führung reichlich Gebrauch, um dem Publikum ständig fußballerische Großereignisse auf internationaler Ebene zu bieten.

Auch 1935 wurde also ein fußballerisches Rekordjahr, allerdings vor allem in quantitativer Hinsicht: Mehr als 17 Länderspiele in einem Jahr hat es bis heute nicht gegeben. Diese Häufung von Länderspielen fiel zusammen mit einer Pause der Expansionsbemühungen Hitlers und unterstützte die Nazi-Politik in verschiedener Hinsicht. Die Olympischen Spiele 1936 wurden dazu benutzt, der Welt und auch dem eigenen Volk zu beweisen, daß Deutschland gutnachbarliche Beziehungen zu den angrenzenden Staaten wünsche und im Dienst der Völkerverständigung stehe. Genau dieses Ziel erfüllte auch die hohe Zahl internationaler Begegnungen der populärsten aller Sportarten. Im März stand eine weitere Begegnung mit „Erbfeind" Frankreich auf dem Programm, gegen Irland wurde zum ersten Mal überhaupt gespielt. Eine weitere Begegnung im Dezember mit dem Fußballehrmeister und ehemaligen Kriegsgegner England ging verloren (0:3 in London). Hitler schaltete sich persönlich in die Organisation dieses wichtigen Spiels ein: Wegen der angekündigten 5.000 deutschen Zuschauer und einer so befürchteten „Invasion" riefen die Gewerkschaften und antifaschistische Gruppen zu einer Demonstration in London auf. Die britische Regierung wollte die Zahl der deutschen Zuschauer reduzieren, worauf sich Hitler aber nicht einließ. So fuhren am Ende alle deutschen Zuschauer wie geplant nach London, und diese wurden von den Demonstranten ferngehalten. Auf dem Spielfeld benahmen sich die deutschen Spieler sehr fair, was auch in der englischen Öffentlichkeit bemerkt wurde.

Fast alle restlichen Spiele wurden gegen eher schwache Fußballnationen ausgetragen und gewonnen. Das Länderspielprogramm dieses Jahres erfüllte somit eine zweifache Funktion: Neben der Demonstration, daß die internationalen Beziehungen in bester Ordnung seien und daß sich Deutschland den internationalen Respekt zurückgeholt hatte, konnte man dem deutschen Publikum auch noch zahlreiche Länderspielsiege präsentieren und so das nationale Selbstbewußtsein stärken. Unter diesen 13 Siegen (neben drei Niederlagen und einem Unentschieden) waren immerhin einige von sportlichem Wert, so das 3:1 gegen Frankreich, das 3:1 gegen Irland und das 3:1 gegen die Tschechoslowakei.

Diese Siegesserie im Fußball hatte für die Verankerung des nationalsozialistischen Regimes in der Bevölkerung eine recht hohe Bedeutung. Kontinuität und kollektive Erfolgserlebnisse, die vor 1933 von der Nationalmannschaft deutlich weniger zustandegebracht wurden, förderten in der Bevölkerung eine positive Stimmungslage, was dem neuen Regime etwas von seinem Schrecken nahm. Nerz selbst führt die Erfolge der Jahre 1934 und 1935 explizit auf das NS-System zurück: „Schon vor 1934 hätten wir gerne dem Spiel der deutschen Nationalmannschaft eine bessere Note gegeben. Aber dies scheiterte aus all den Gründen, die im 'System' – es war im Sport wie in der Politik – der Nachkriegszeit begründet waren. Starrköpfigkeit, Partikularismus,

Vereinsfanatismus, Egoismus der Trainer (Ausländer), Einstellung der Sportpresse und dergleichen trugen ihr redliches Teil dazu bei, die Maßnahmen der Führung zur Erfolglosigkeit zu verurteilen. Die neue autoritäre Führung macht den Weg frei." (Geyer 1996, S. 61/62). Nerz erwies sich hier einen doppelten Dienst: Erstens machte er seinen Diener vor der NS-Führung, und zweitens exkulpierte er die Niederlagenserie vor 1933, die ja unter seiner eigenen Regie als Reichstrainer passiert war.

Interessant in diesem Zusammenhang war auch die 1933 erfolgte Umbenennung von „Internationaler" in „Nationalspieler" im Zuge nationalsozialistischer Sprachreinigung – dieser Ausdruck hat bis heute Bestand.

Die zunehmende Bedeutung von internationalen Sportbegegnungen für das Regime wurde unterstrichen durch die Tatsache, daß alle international eingesetzten Sportler und Mannschaften ab Dezember 1934 zunächst von der Gestapo und dann vom Reichssicherheitshauptamt überwacht wurden, außerdem wurden die jeweiligen deutschen Botschaften informiert.

Die Olympischen Spiele 1936: „Katastrophe" im Fußball

Der sportliche Höhepunkt des Jahres 1936 waren eindeutig die Olympischen Spiele in Berlin. Diese gingen nicht auf eine Initiative der Nationalsozialisten zurück, sie erbten sie sozusagen. Deutschland bekam schon 1931 den Zuschlag – nach der Machtergreifung 1933 bestanden international und seitens des IOC jedoch erhebliche Zweifel, ob die deutschen Machthaber wegen ihrer offen rassistischen Ideologie in der Lage wären, die Spiele zufriedenstellend durchzuführen. Nachdem sich Hitler aber entschieden hatte, die Spiele auszurichten und entsprechend propagandistisch zu nützen, erklärte er im Juni 1936 dem IOC gegenüber, daß das Reglement strikt eingehalten werde und auch Juden starten könnten. Der Bau des Olympiageländes in Berlin, das „Reichssportfeld", wurde das erste bauliche Großprojekt Hitlers. Hier wurden nicht nur die wichtigsten Sportstätten konzentriert (Mittelpunkt ist das Olympiastadion mit damals 97.000 Plätzen), es entstand auch ein Aufmarschfeld und das „Haus des Deutschen Sports", die Hauptverwaltung des Reichsbundes für Leibesübungen.

Wie bereits dargestellt, wurden die gesamten Spiele darauf ausgerichtet, der Welt ein geordnetes, kultiviertes und friedliebendes Deutschland zu präsentieren. Eine schärfere Gangart in der Judenver-

Adolf Hitler beim Spiel Deutschland – Norwegen, das mit der peinlichen 0:2-Niederlage endete.

folgung und in der Außenpolitik wurde auf die Zeit nach den Spielen verschoben. Die Olympischen Spiele sollten den Nazis auf internationalem Parkett Zeitgewinn verschaffen und vorerst die internationale Öffentlichkeit beruhigen. Unter anderem zeigte man sich so geschickt, einen Ausländer – Sven Hedin, den schwedischen Forscher und treuen Freund der Nazis – die Eröffnungsrede halten zu lassen.

Das Olympische Fußballturnier, das im K.o.-System ausgetragen wurde, begann für die deutsche Nationalmannschaft äußerst vielversprechend: Mit einem 9:0-Kantersieg zum Auftakt gegen Luxemburg. Trotz seines eher zweifelhaften sportlichen Wertes verleitete der Sieg die deutsche Mannschaftsführung dazu, die Elf für das nächste Spiel gegen Norwegen vor allem mit jüngeren Spielern zu besetzen, um die bewährten Kräfte für die kommenden Aufgaben zu schonen. Das Ergebnis war eine Mannschaft, die zu einem wesentlichen Teil aus Nachwuchsspielern bestand und in ähnlicher Zusammensetzung noch nie zusammengespielt hatte. Der 7. August 1936 hielt für Fußball-Deutschland auch die entsprechende Quittung für dieses riskante Taktieren bereit: Man geriet schon nach sechs Minuten mit 0:1 in Rückstand – die Norweger waren keineswegs der erwartet schwache Gegner, sondern sie spielten temporeich und schnörkellos. Die deutsche Mannschaft rannte verzweifelt an, erspielte sich Torchancen, aber Simetsreiter und Lenz vergaben. Die Norweger versteckten sich keineswegs und griffen respektlos an. Die deutsche Mannschaft wirkte zunehmend kraftlos und fing sich in der 84. Minute noch das 0:2 ein.

Die Wirkung dieser zunächst sportlichen Niederlage wurde noch dadurch verschlimmert, daß ausgerechnet dieses das erste Spiel der Nationalmannschaft war, dem Hitler persönlich beiwohnte, und zwar zusammen mit Goebbels, Göring, Heß, Rust, von Tschammer und dem Danziger Gauleiter Albert Forster, der Hitler kurzfristig dazu überredet hatte, seine Pläne zu ändern. Goebbels kommentiert: „Der Führer ist ganz erregt, ich kann mich kaum halten. Ein richtiges Nervenbad. Das Publikum rast. Ein Kampf wie nie. Das Spiel als Massensuggestion." Hitler, der ursprünglich zum Rudern gehen wollte, verließ vorzeitig das Stadion, erbost über die Blamage, die vor seinen Augen stattgefunden hatte. Erschwerend kam hinzu, daß der Schütze der beiden Tore und Urheber für die deutsche Blamage ausgerechnet den jüdisch klingenden Namen Isaaksen trug.

Auch die Zeitungen wußten offensichtlich nicht ganz, wie sie reagieren sollten, wie sich am Beispiel des *Kicker* zeigen läßt: Zuerst war von einer „Katastrophe" die Rede, der Autor analysierte gnadenlos die Fehler und forderte ernsthafte Konsequenzen. Als die Rede auf Hitler kam, wurde die Sprache fast opernhaft und der Autor modulierte virtuos von Dur in das Moll tiefer Verzweiflung: „Und dann, als unsere Freunde … am Radio saßen, als sie hörten, daß der Führer unter dem Jubel der Massen in das Poststadion seinen Einzug hielt, da waren sie stolz und glücklich. Adolf Hitler würde einen deutschen Fußballtriumph erleben, es konnte ja nicht anders sein. Nach 1 1/2 Stunden dann die bleierne Aschermittwochstimmung! Dieses 0:2 vor Adolf Hitler, der erstmals einem Fußballkampf zusah – das hätte einfach gar nicht drin sein dürfen, das mußte ausgeschlossen sein." Eine Ausgabe später war der Ton der Kommentare schon wieder versöhnlich, die Solidarität unter den „Fußballern" gewann erneut die Oberhand: „Uns ist eine Art Unglücksfall zugestoßen", „Olympia bedeutet für unsere Mannschaft kein Glück". In der folgenden Passage wurde sogar ein Versuch der Ehrenrettung im Sinne der Ideologie unternommen: „Wir sind kämpfend, in Ehren und voller Ritterlichkeit untergegangen." Auffällig ist, daß sich der im Rampenlicht der auch internationalen Öffentlichkeit stehende *Völkische Beobachter* besonderer Objektivität und Nüchternheit befleißigte, so etwa am 8. August 1936: „In Anwesenheit des Führers konnten die Norweger einen verdienten 2:0-Sieg über die Deutschen erringen." Goebbels konnte sich in seinen Tagebüchern eines Kommentars nicht enthalten und vertrat hier eine etwas andere Meinung – „nicht ganz verdient".

Für die deutschen Fußballführer war das Ausscheiden in zweifacher Hinsicht katastrophal: Zum einen schmälerte eine so peinliche und frühe Niederlage in dieser publikumswirksamsten aller Sportarten die Propagandawirkung der – eben darauf – ausgerichteten Olympischen Spiele natürlich erheblich, zumindest kurzfristig. Zum anderen hatte der Fußball bei der Nazi-Führung (insbesondere bei Hitler selbst) schwer an Sympathie eingebüßt, vor allem bei Gauleiter Forster, der für Hitlers Anwesenheit und damit für seine öffentliche Blamage verantwortlich war.

Dies konnte natürlich nicht ohne sichtbare Konsequenzen bleiben, Forster mußte einen Sündenbock finden. Die beste Eignung für diese Rolle besaß die Einzelperson mit der schwächsten Lobby, und die hieß Otto Nerz. Dabei stammte die Idee, die etablierten Kräfte zu schonen, nicht von Nerz, sondern von Fachamtsleiter Linnemann und seinen Beratern. Dies wurde später vom damaligen Spielausschußvorsitzenden Prof. Glaser ausdrücklich bestätigt – auch Rudi Gramlich empfand die öffentliche Demontage von Nerz als äußerst ungerecht und zog sich unter Protest aus der Nationalmannschaft zurück. Die Hauptvorwürfe der Funktionäre wurden im Leitartikel der Ausgabe des *Kicker* vom 11. August öffentlich – bestimmte Regionen seien bevorzugt worden, das taktische System sei zu starr und die Spieler übertrainiert gewesen. Der *Kicker* fordert in diesem Artikel indirekt den Rücktritt von Nerz: Es sollten „Lehren aus der Katastrophe gezogen werden". Den eigentlichen Verursacher der Niederlage, Fachamtsleiter Linnemann, ließ der opportunistische Schreiber indes ungeschoren. Vielmehr hatte er „das felsenfeste Vertrauen, daß er nun mit starker Hand eingreift und die Geschicke lenkt".

Die Kritik, die Spieler seien übertrainiert gewesen, kann jedoch kaum von der Hand gewiesen werden, war der Trainingskalender der Nationalspieler im olympischen Dorf doch recht prall gefüllt. „Auf gut deutsch gesagt, wir hatten noch nicht einmal Zeit zum Kacken", kommentierte Nationalspieler Hohmann später. (Leinemann 1997, S. 123/124)

Ein Trauzeuge als Erbe: Auf Nerz folgt Herberger

Nerz hatte eigentlich schon vor den Olympischen Spielen den Entschluß gefaßt, seine akademische Karriere an der Akademie für Leibesübungen voranzutreiben und dort eine Professorenstelle anzustreben. Die Oberaufsicht über die Nationalmannschaft wollte er aber „nebenamtlich" behalten und das Tagesgeschäft an Sepp Herberger abtreten. Dieser hatte als Trainer des mächtigen Westdeutschen Verbandes Nerz schon länger sehr erfolgreich zugearbeitet und sollte auch den Titel „Reichstrainer" bekommen. Jedoch hätte ein Abtreten von Nerz zu diesem Zeitpunkt wie eine Abstrafung ausgesehen, was den Tatsachen auch in etwa entsprochen hätte.

Damit begann ein ziemlich offen ausgetragener Machtkampf zwischen dem äußerst ehrgeizigen und taktisch geschickten Herberger und dem ebenso karrierebewußten Otto Nerz um die Führung der Nationalmannschaft, der sich bis 1938 hinziehen sollte. Herberger und Nerz stammten beide aus Mannheim, sie kannten sich seit 25 Jahren. Nerz, um fünf Jahre älter, war Herberger in jeder Hinsicht immer einen Schritt voraus – er ging früher nach Berlin, um eine Karriere beim DFB zu beginnen, zudem war er Herberger auf den Gebieten Taktik und Trainingsmethodik überlegen. Herberger räumte auch offen ein, in der relativ langen Zeit der loyalen Zusammenarbeit von Nerz beruflich viel

Ehrgeizige Konkurrenten: Sepp Herberger (links) und Otto Nerz, 1936.

profitiert zu haben, bei aller Unterschiedlichkeit der Auffassungen. Persönlich verband sie eine spröde Freundschaft – Herberger war etwa 1931 Trauzeuge bei der Hochzeit von Nerz gewesen. So bekam die harte und manchmal rücksichtslose Auseinandersetzung um den Posten des Reichstrainers einen unguten Beigeschmack.

Erstes Beispiel für die konzeptlose Personalpolitik des Fachamtes, die kaum mit dem „Führerprinzip" in Übereinstimmung gebracht werden kann, war die Einsetzung Herbergers als Hauptverantwortlichen der Nationalmannschaft für das Länderspiel in Polen im September 1936 – ohne daß Nerz, in Zwangsurlaub geschickt, darüber informiert worden wäre. Genausowenig dem „Führerprinzip" entsprach, daß die Berliner

SA-Zeitung *Der Angriff* kurz darauf meldete, Nerz habe seinen Dienst an der Reichsakademie schon im April angetreten und den freigewordenen Posten des Reichstrainers habe nun Herberger „offiziell“ am 10. Oktober übernommen. Das hatte auch Herberger, eigenen Angaben zufolge, erst aus der Zeitung erfahren. Die ganze Auseinandersetzung wurde von allen Seiten hauptsächlich über verschiedene Presseorgane geführt. Offensichtlich waren die genauen Zuständigkeiten äußerst unklar. Nerz versuchte fortwährend, seinen Konkurrenten von den wichtigen Entscheidungsprozessen fernzuhalten. Dieser hatte allerdings die Unterstützung der fußballinteressierten Naziprominenz, insbesondere die des schon erwähnten Gauleiters Forster. So überrascht es nicht, daß der Kleinkrieg zu Gunsten von Herberger ausging, wenn auch endgültig erst im Mai 1938, als Nerz zurücktrat. Bis dahin nahm der Einfluß von Nerz, der schließlich zum Spielausschußvorsitzenden ernannt wurde, auf die Nationalelf stetig ab. Herbergers Hauptansprechpartner war Fachamtsleiter Linnemann, der aber bald darauf nach Stettin versetzt wurde und so an Einfluß verlor.

Nach dem propagandistischen Erfolg der Olympischen Spiele fiel die Notwendigkeit zunehmend weg, dem Ausland eine angeblich unpolitische, der Völkerverbindung verpflichtete Sportorganisation vorzugaukeln. So wurde auch der Druck von verschiedenen Nazi-Organisationen auf eine vollständige Gleichschaltung des Sports stärker, was die Bestrebungen mit sich brachte, die Nationalmannschaft stärker zu ideologisieren. SA und SS drängten darauf, Wehrübungen in die Lehrgänge mitaufzunehmen. Dagegen setzte sich Herberger allerdings mit Rükkendeckung durch Tschammer relativ erfolgreich zur Wehr. Jedoch mußte er sich Anweisungen wie die folgende von Otto Nerz gefallen lassen, als dieser im Januar 1937 an Herberger im Trainingsquartier folgenden Brief schrieb: „Ich bitte Sie, Vorsorge zu treffen, daß die Mannschaft am Sonnabend, dem 30. d. M., die Rede des Führers im Gemeinschaftsraum hören kann.“ (Leinemann 1997, S. 145)

Die Mannschaft schien unter diesen Querelen letztlich recht wenig zu leiden, ihre Spielstärke erreichte nämlich im Lauf des Jahres 1937 einen absoluten Höhepunkt. In diesem Jahr wurden elf Länderspiele angesetzt. In deren Verlauf bildete sich eine Formation heraus, die sich einen legendären Ruf erwarb, die sogenannte „Breslau-Elf“, von der noch ausführlicher die Rede sein wird. Ihre Aufstellung: Hans Jakob (Tor), Paul Janes, Reinhold Münzenberg (Verteidigung), Andreas Kupfer, Ludwig Goldbrunner, Albin Kitzinger (Läufer), Ernst Lehner, Rudolf Gellesch, Otto Siffling, Fritz Szepan, Adolf Urban (Sturm).

Länderspiel gegen Italien, 1936. Während die Italiener den „Hitler-Gruß“ eher lässig winken, stehen die Deutschen stramm. Von links: Elbern, Kitzinger, Urban, Siffling, Janes, Goldbrunner, Münzenberg, Gellesch, Munkert, Jakob, Szepan.

Die Elf erhielt ihren Namen durch ein Länderspiel am 16. Mai in Breslau gegen das keineswegs schwache Dänemark – nicht nur das Ergebnis von 8:0 führte zu diesem Ruf, sondern auch die Art und Weise, wie das Ergebnis herausgespielt worden war. Diese Mannschaft zeichnete sich nicht in erster Linie durch ihre Kampfkraft aus – auch damals schon hatten deutsche Mannschaften diesen Ruf (wohl zu Recht) –, sondern durch ihre spielerische Leichtigkeit, und sie war getragen von einigen, meist altgedienten Spielerpersönlichkeiten. Hier wäre zuvorderst Fritz Szepan (die Schaltzentrale des „Schalker Kreisels“) zu nennen, der sich zwar beileibe nicht schnell bewegte, dafür aber umso schneller „schaltete“ und seinen schnellen Nebenleuten die entscheidenden Anspiele servierte. Zuvor hatte man ihn auf wechselnden Positionen eingesetzt, auf denen er seine außergewöhnlichen Fähigkeiten jedoch nicht entfalten konnte. Unter Nerz mußte er einmal als Stopper spielen, später als Mittelstürmer. Auch für letztere Position war er nur bedingt geeignet, er brauchte schnelle Leute um sich, die er einsetzen konnte. Die

Mittelstürmerposition bekam er erstmals von Otto Siffling (Waldhof Mannheim) abgenommen, einem wuchtigen Stürmer, der in diesem Spiel fünf Tore schoß. Die zweite entscheidende Entdeckung dieser Zeit war Anderl Kupfer, der im Spiel gegen Luxemburg im März sein Debüt gab und mit seinem Schweinfurter Mannschaftskameraden Albin Kitzinger fortan ein berühmtes Läuferpaar bilden sollte.

Eine „großdeutsche" Nationalmannschaft

Dieser Nationalmannschaft, die eine so hohe spielerische Qualität erreicht hatte wie nur wenige deutsche Nationalmannschaften danach, war aber kein allzu langes Leben vergönnt – der Fußball konnte sich auch in dieser Situation nicht gegen die politische Entwicklung behaupten, so wünschenswert dies für viele aus sportlicher Sicht gewesen wäre. 1937 brachte insgesamt zehn Siege und nur ein Unentschieden. So kann man sich vorstellen, daß niemand, der am Fußball interessiert ist, eine Umstellung dieser Mannschaft wollte, solange sie erfolgreich war. Genau das sollte aber passieren, nur hatte die Entscheidung nichts mit Sport zu tun, sondern mit Politik, und zwar mit dem Anschluß Österreichs im April 1938.

Österreich hatte nicht nur, im Gegensatz zu Deutschland, schon in den zwanziger Jahren das Profitum eingeführt, dort herrschte zudem eine vollständig andere Auffassung davon, was guten und sehenswerten Fußball ausmacht. Grob gesprochen machten Kampf, Wille, Schnelligkeit und Kondition die Basis des deutschen Spiels aus; das Spielerische wurde dabei nicht verachtet, aber eher als „Kür" betrachtet. In Österreich hingegen waren die Gewichte bei Publikum und Aktiven genau anders herum verteilt, das Spiel war durch offensiven, technisch hochstehenden Kombinationsfußball geprägt.

Dieser Gegensatz mußte zwangsläufig zum Problem werden, als Österreich an Nazi-Deutschland angeschlossen wurde bzw. den Anschluß durch „Volksabstimmung" am 10. April 1938 vollzog. Von diesem Moment an gab es nur noch eine „großdeutsche" Nationalmannschaft.

Bevor es jedoch soweit war, wurde von den Nazis in Deutschland und Österreich ein großangelegter Propagandafeldzug durchgeführt, um eine möglichst große Zustimmung zu erreichen, was wiederum als Rechtfertigung gegenüber den anderen Weltmächten unabdingbar war. In den letzten zwei Wochen vor der Volksabstimmung war der Fußball an einer sportlich-politischen Werbetour durch Österreich führend beteiligt, die Funktionäre bereisten das Land, und es wurden Städtespiele zwischen den Fußballhochburgen ausgetragen; abgeschlossen wurde diese Serie von einem „Verbrüderungsspiel“ zwischen den beiden Nationalmannschaften. Dies korrespondierte natürlich mit einer Serie von Großveranstaltungen von Hitler und anderen prominenten Nazis.

In diesem Feldzug marschierte der Fußball an prominenter Stelle mit, wie die Berichterstattung im *Kicker* zeigt. Das Magazin hatte sich bis dahin sichtlich bemüht, sich im wesentlichen auf das Gebiet des Fußballs zu beschränken. Dies schloß natürlich nicht aus, daß mehr oder weniger regelmäßig Artikel erschienen, die den Sport (rassen-)ideologisch überhöhten und dem Fußballinteressierten das Politische ins Gedächtnis zurückriefen. Insgesamt schien man sich aber als Fachblatt zu verstehen, das sich natürlich, wenn notwendig, in den Dienst des Nationalsozialismus stellte. Diesem Ruf kamen der *Kicker* und der *Fußballsport* insgesamt in dieser Zeit allerdings besonders eilfertig nach. Im *Völkischen Beobachter* wurde ein Aufruf zur Volksabstimmung veröffentlicht, angeblich verfaßt von den Kapitänen der beiden Nationalmannschaften Szepan (D) und Sindelar (Ö) – im Fall von Sindelar scheint die Authentizität seiner Beteiligung allerdings etwas zweifelhaft, da er sich später weigerte, in der „großdeutschen“ Mannschaft zu spielen.

Der deutschen Mannschaft wurde aufgetragen, eher schön als hart zu spielen, um des propagandistischen Effekts willen. Die Österreicher hatten ähnliche Anweisungen bekommen, aber in der zweiten Halbzeit hielt es sie nicht mehr, und sie wollten zeigen, wer der Herr im Haus ist. Sindelar war der erste, der ernst machte; er schoß das erste Tor und war am zweiten beteiligt (siehe auch Kapitel: Fußball in Österreich).

Gehorsame Funktionäre und feindselige Kicker

Der Sieg im Verbrüderungsspiel gab natürlich Bestrebungen Auftrieb, die zukünftige Nationalmannschaft mindestens zur Hälfte mit Spielern aus Österreich zu besetzen. Aber gute Spieler mit Ansprüchen und Ambitionen auf einen Stammplatz in der Nationalmannschaft gab es auch im Altreich zur Genüge. Besondere Brisanz erhielt diese Frage dadurch, daß die Weltmeisterschaft 1938 in Frankreich bevorstand, und so wurde ein Verhältnis von 5:6 oder 6:5 angeordnet. Wer für diese Anweisung – außer den österreichischen Funktionären und von Tschammer – verantwortlich war, läßt sich nicht genauer feststellen, Fachamtsleiter Linnemann sprach Herberger gegenüber kryptisch von einer „höheren Weisung", deren Zweck allerdings auf der Hand lag. Linnemann: „Auch in unserem Falle muß nach außen hin der Zusammengehörigkeit mit den ins Reich heimgekehrten Österreichern sichtbarer Ausdruck gegeben werden". Herberger hegte den wohl nicht unbegründeten Verdacht, daß die Funktionäre in vorauseilendem Gehorsam gehandelt hatten, wie dies auf ausgesprochen rückgratlose Weise schon beim Aufbau der neuen Sportorganisation nach der Machtergreifung vorgeführt wurde.

Herberger und die Nationalmannschaft kamen durch diese politische Anbiederung allerdings in eine sportlich fast unlösbare Situation. Die Öffentlichkeit erwartete von einer Mannschaft, die aus den Besten zweier absoluter Spitzenensembles zusammengesetzt war, natürlich nichts weniger als den Weltmeistertitel; der Reichstrainer sah sich aber unter diesem Erwartungsdruck vor die Aufgabe gestellt, Akteure mit vollkommen unterschiedlicher Spielauffassung, die mißtrauisch und feindselig um die Fleischtöpfe kämpften, zu einer verschworenen Gemeinschaft zusammenzuschweißen. Dazu kam die Tatsache, daß die vormaligen Berufsspieler aus Österreich mit den Funktionären Gehälter, Handgelder und Prämien ausgehandelt hatten, die Deutschen aber Amateure blieben, deren Spesen ausgesprochen kleinlich und knickrig abgerechnet wurden. Unter diesen Vorzeichen fand der erste WM-Vorbereitungslehrgang am 2. Mai 1938 statt.

Die Stimmung unter den Spielern war von Mißtrauen und gegenseitiger Abneigung geprägt, wobei besonders die Spieler aus dem „Altreich" ihre österreichischen Kollegen als arrogant erlebten. Szepan, Janes und die anderen Altgedienten aus der Breslau-Elf empfanden die Situation als unangenehm, da alle um einen Platz in der Stammformation kämpfen mußten, und sie glaubten, das nicht nötig zu haben. Gestört wurde die Vorbereitungsarbeit zusätzlich durch einen Beschluß des Spielausschusses. Demnach wurden die Mannschaften für das schon lange vorher angesetzte, wichtige Spiel am 14. Mai gegen England in Berlin wieder entmischt – hier sollte eine durch den österreichischen Stürmer Pesser ergänzte Breslau-Elf auflaufen. Am nächsten Tag war ein Spiel gegen Aston Villa vorgesehen, das dann von der früheren österreichischen Nationalmannschaft bestritten werden sollte. Hinter dieser sportlich äußerst kontraproduktiven Maßnahme des Reichsbundes steckte vermutlich das banale Motiv, durch die Aufstellung einer heimischen Mannschaft mehr Zuschauer in Berlin anlocken zu können und so die Einnahmen zu steigern. Nach den Notizen Herbergers wußte aber nicht einmal Fachamtsleiter Linnemann von dieser Entscheidung, und der Reichstrainer vermutete, daß nur noch vorauseilender Gehorsam gegenüber der Politik die Haltung des Reichsbundes bestimmte. Um den Einfluß auf diese Organisation tobte zu genau dieser Zeit ein heftiger Machtkampf, der das sportliche Geschehen im Fußball erheblich zu beeinflussen schien.

Auch auf außenpolitischer Ebene wurde die Verbindung zwischen Sport und Politik enger, und nicht zum Vorteil des Fußballs. Das England-Spiel in Berlin zeigte dies deutlich, denn es war stark belastet durch die deutsche Außenpolitik, die von der Einverleibung Österreichs, dem Kampfeinsatz der Legion Condor im spanischen Bürgerkrieg und von Hitlers Versuchen gekennzeichnet war, die Tschechoslowakei zu destabilisieren, um das Land später zu annektieren.

Die Bedeutung des Spiels läßt sich auch an der im Stadion anwesenden Naziprominenz ablesen – Göring, Goebbels und Heß waren darunter – sowie daran, daß die englische Nationalmannschaft vom Botschafter Sir Neville Henderson begleitet wurde. Dieser empfahl den Spielern, zu Beginn den Hitlergruß zu zeigen, was diese, wenn man den Ausführungen von Stanley Matthews folgt, nur sehr widerwillig taten und nun um jeden Preis den Sieg wollten. Das 6:3 für England spiegelte auch den Qualitätsunterschied zwischen beiden Mannschaften wider.

„Es war eine furchtbare Schlacht, es war kein Spiel mehr“

Die außenpolitische Entwicklung prägte auch die Weltmeisterschaften, die gut zwei Wochen später stattfanden. Im Unterschied zu den Olympischen Spielen übertrug die internationale Öffentlichkeit die relative Normalität des Sports nicht mehr auf den Nazistaat als Ganzen, im Gegenteil: Die Fußball-Nationalmannschaft bekam die negativen Gefühle zu spüren, die eigentlich dem Staat und wohl auch der Nation Deutschland galten. Dies war auch Herberger klar, der seinen Spielern einzutrichtern versuchte, daß dies ein Kampf für das Ansehen des „Vaterlandes“ werde.

Der erste Gegner beim WM-Turnier war am 4. Juni in Paris die Schweiz, ein Land, das mit Deutschland auf dem Gebiet des Fußballs enge Kontakte gepflegt hatte und dessen Verbandsfunktionäre besonders auf die Trennung zwischen Sport und Politik gepocht hatten. So hatte die Schweiz – entgegen der sonstigen allgemeinen Ächtung – nach dem Ersten Weltkrieg den deutschen Fußball auf internationaler Bühne wieder hoffähig gemacht. Doch ausgerechnet die Schweizer Fans taten sich nun besonders im Haß gegen die Nationalmannschaft und die deutschen Fans hervor – diese wurden teilweise beschimpft und bespuckt, außerdem waren besonders Hakenkreuzfahnen das Ziel der Angriffe. Die französischen Zuschauer waren erwartungsgemäß auf Seiten der Schweizer. Auch die Spieler blieben nicht ganz verschont, so wurde der Wiener Stürmer Pesser, der nach einem Revanchefoul vom Platz mußte, vom Publikum bespuckt.

Diese Vorgänge sind ein deutliches Indiz, wie sich das Image Deutschlands in der kurzen Zeit geändert hatte. Das Spiel endete 1:1, nach dem damaligen Reglement war somit ein Wiederholungsspiel fällig. Die Funktionäre und Herberger bauten die Mannschaft fast vollständig um, was dieser allerdings nicht allzugut bekam. Szepan kam in die Mannschaft, um den fast völlig umgestellten Sturm zu organisieren, außerdem wurden Kitzinger und Mock durch Goldbrunner und Skoumal ersetzt. Das Wiederholungsspiel am 9. Juni 1938 stellte die erste Begegnung noch in den Schatten. Deutschland verlor 2:4, und Herberger kommentierte die Vorgänge folgendermaßen: „Wir haben in einem tobenden Hexenkessel verloren, in dem sich alles gegen uns verschworen hatte. Glauben Sie mir, es war eine furchtbare Schlacht, es war kein Spiel mehr.“ (Leinemann 1997, S. 169)

Der Machtposition Herbergers war das Debakel paradoxerweise keineswegs abträglich, ganz im Gegenteil: Von einer 50:50-Aufteilung zwischen Wiener und „Altreich“-Spielern war keine Rede mehr. Erstere wurden fast nur noch im Sturm eingesetzt, ansonsten waren aber die Österreicher besser in die Mannschaft integriert, da auch das Spielsystem an sie angepaßt wurde. Außerdem standen jetzt die Chancen für eine Reichsliga, die schon lange von Herberger und Nerz gefordert worden war, wieder besser – ohne die Machtergreifung der Nazis wäre sie schon 1933 eingeführt worden, diesmal wurde sie vom Krieg verhindert. Herberger verstand es zudem, den Einfluß von Funktionären auf die Arbeit der Nationalmannschaft zurückzudrängen, wohl unterstützt durch die Umbrüche in der Machtstruktur des DRL, der nach Übernahmeversuchen durch die SA unter die Kontrolle der NSDAP kam. Felix Linnemann, der Leiter des Fachamtes, wurde in seiner Eigenschaft als Kriminalkomissar nach Stettin versetzt, und war somit weit weg von den Vorgängen in der Nationalmannschaft – ob diese Versetzung dazu diente, ihn kaltzustellen, muß dahingestellt bleiben. Jedenfalls bestimmte der Stabschef des DRL, Guido von Mengden, zunehmend das sportpolitische Geschehen im NSRL, so etwa beim Nachfolgestreit zwischen Nerz und Herberger. Für den fanatischen Nazi hatte „der Nationalsozialismus dem Sport seinen Sinn wiedergegeben, sein echtes Wesen wiederhergestellt und ihn auf die Höchstwerte der Ehre, des Ras-

Verschnaufpause vor der Verlängerung im WM-Spiel gegen die Schweiz. Herberger, Linnemann und Szepan (stehend) beraten, wie eine Blamage abzuwehren ist. Auf dem Rasen (von links): Sportwart Wolz, Gauchel, Kupfer (oben), Kitzinger, Gellesch (liegend), Lehner, Schmaus, Streitle (darüber).

senbewußtseins und der Volksgemeinschaft zurückgeführt". Die Fußballer waren für von Mengden lediglich „politische Soldaten des Führers".

Der Länderspielbetrieb lief jedoch auf vollen Touren, wenn es sich bei den Gegnern auch eher um verbündete oder neutrale Staaten handelte. Am 11. Dezember 1938 war ein Länderspiel gegen die neutralen Niederlande in Rotterdam angesetzt. Jedoch reagierte der dortige Bürgermeister auf die Novemberpogrome der Nazis ausgesprochen konsequent und sagte die Begegnung mit dieser Begründung ab. Dem deutschen Volk wurde der wahre Grund natürlich verschwiegen. Die Absage diente der Nazi-Regierung jedoch dazu, die Sportbeziehungen mit dem Nachbarn abzubrechen. Trotz der äußerst angespannten politischen Lage lag 1939 die Zahl der Länderspiele mit 15 sehr hoch. Man wollte dem Volk beweisen, wie gut das Verhältnis mit den Nachbarn ist, auch wenn dies nicht mehr den Tatsachen entsprach.

In der Zeit bis zum Kriegsausbruch beruhigte sich die politische Situation zunächst wieder, vorläufig gab es keine weiteren Expansionsversuche Hitlers. Außerdem ebbten die internen Machtkämpfe im NSRL ab, und so konnte die Mannschaft jetzt in Ruhe arbeiten, was sich auf ihr Leistungsniveau sichtlich positiv auswirkte. In einer Serie von erfolgreichen

Spielen gegen Norwegen, Dänemark und Estland gewann die Mannschaft wieder die Tugenden der Breslau-Elf zurück, eine Kombination aus Druck und Kampfstärke sowie aus technischer Ausgereiftheit.

Während die Nationalmannschaft sich recht erfolgreich für die Olympischen Spiele 1940 in Helsinki aufbaute und die Welt des Fußballs wieder einigermaßen ins Lot kam, geriet umso mehr die politische Welt in Unordnung. Am 27. August 1939 war ein Freundschaftsspiel gegen Schweden angesetzt, und die Mannschaft hatte sich wie immer im Hotel „Russischer Hof" in Berlin zwei Tage zuvor getroffen, um am folgenden Tag nach Schweden abzufliegen. Die Stimmung war ausgezeichnet, niemand schien die Kriegsvorbereitungen überhaupt zu bemerken. Dann wurde das Spiel aufgrund des Kriegsbeginns plötzlich abgesetzt. Der Spieler Jakob Streitle sollte sofort zu seiner Einheit zurückkehren. Herberger wartete noch bis zum nächsten Tag, bis er die Mannschaft informierte und die Spieler nach Hause zurückschickte. Diese nahmen die Botschaft anscheinend seltsam unberührt auf – sei es, weil sie dachten, daß alles bald vorbei sein würde, sei es, daß sie den Krieg als unabwendbares Schicksal hinnahmen. Paul Janes' Kommentar dazu lautete: „Wenn wir das gestern gewußt hätten, dann hätten wir uns nicht im Trainingsanzug unter dieser Hitze so quälen müssen." (Leinemann 1997, S. 178) Am selben Tag bekam die Mannschaftsführung vom Außenministerium plötzlich die Anweisung, doch zu spielen, was Herberger aber ablehnte.

Indirekt war Mussolini für dieses Vor und Zurück verantwortlich; er hatte nämlich Hitler die Unterstützung für den Überfall auf Polen versagt, und so wurde der um eine Woche verschoben. Ersatzweise fand am 27. August ein kurzfristig angesetztes Spiel gegen die Slowakei mit einer rein österreichischen Mannschaft statt, bei dem übrigens die spätere Trainerlegende Max Merkel zu seinem einzigen Länderspiel kam.

Die Fußballer greifen an

Als der Krieg dann begann, war die Mannschaft sofort auseinandergerissen, der Großteil der Spieler – Klodt, Streitle, Kupfer, Rohde, Gellesch, Conen, Urban, Flotho und Gauchel – mußte zur Wehrmacht einrücken, nicht einmal der Reichstrainer hatte zunächst Kontakt zu ihnen. Vom Winter 1940 an waren fast alle Nationalspieler Soldaten, wie Fritz Walter schreibt.

Auf den ersten Blick erscheint es seltsam, daß ziemlich wichtige Persönlichkeiten des öffentlichen Lebens wie Fußballnationalspieler zumindest anfangs genauso an die Front mußten, wo ihr Leben in größter Gefahr war. Dies hatte zwei Gründe: Dem Sport wurde seit 1933 ganz explizit die Aufgabe zugewiesen, das Volk kriegstüchtig zu machen. Der Sport konnte also endlich seine Bestimmung erfüllen und dem Führer mit seinen Spitzensportlern die besten Soldaten zur Verfügung stellen. Somit erschien eine Fortsetzung des Spielbetriebs auf höchster Ebene zu Kriegsbeginn höchst unwahrscheinlich, und die Sportfunktionäre sonderten markig-patriotische Kriegsrhetorik ab, wie etwa Reichssportwart Christian Busch: „Nicht mehr im internationalen Wettkampf, nicht mehr bei Groß-Festen, nicht mehr bei Meisterschaften treten unsere Mannen auf den Plan, sondern dort, wohin sie der Führer und Oberster Befehlshaber der Wehrmacht berufen hat oder berufen wird. Es ist nicht die Zeit für sportliche Großkämpfe ...“ (Leinemann 1997, S. 181) Im Vordergrund sollten regionale Veranstaltungen stehen, die vor allem der „Entspannung“ und „Wehrertüchtigung“ dienen sollten.

Busch nennt den Hauptgrund für diese Politik mit wünschenswerter Klarheit: Der Kriegseinsatz der Nationalspieler soll dem Volk vor Augen führen, daß bei dieser „großen, nationalen Aufgabe“ alle zusammenstehen müssen, und daß sich alle – ungeachtet ihrer Position – in den Dienst der Nation zu stellen haben. Ins Bild paßt auch die Tatsache, daß sogar Hanns-Joachim Müllenbach, der damalige „Schriftleiter“ des *Kicker,* eingezogen wurde. All dies wurde natürlich gebührend propagandistisch herausgestellt, damit diese Persönlichkeiten als rechte Vorbilder wirken konnten – die Kriegsbegeisterung war nicht überall im Volk so groß, wie sich dies die Machthaber vorgestellt hatten.

Hitler und Außenminister Ribbentrop wollten indes den Sport als wirksame Propagandawaffe bezüglich der neutralen Staaten nicht aus der Hand geben. So befahl Hitler am 12. September 1939 den Weiterbau der Sportstätten in Garmisch-Partenkirchen. Das Auswärtige Amt verlangte, den internationalen Sportverkehr mit den neutralen Staaten fortzuführen. Die Sportführung arrangierte deshalb – teilweise äußerst kurzfristig – im weiteren Verlauf der Jahre 1939 und 1940 zahlreiche Länderspiele.

Der Sport mußte jetzt noch eine zusätzliche Aufgabe übernehmen, nämlich die der Völkerverständigung in Zeiten des Krieges. Programmatisches hierzu findet sich im *12 Uhr Blatt:* „Gewiß mußten unter dem Zwang der Stunde viele geplant gewesene internationale Treffen abgesagt werden. Doch soll auch in Zukunft mit den Nationen, die sich nicht von Juda und dem haßerfüllten britischen Krämergeist einfangen ließen, der Sportverkehr aufrechterhalten bleiben; denn gerade in Zeiten wie den augenblicklichen darf der Wert von Sportprüfungen für das Verständnis von Nation zu Nation nicht unterschätzt werden." Bei aller Völkerverständigung hatte der Sport allerdings auch die Aufgabe, den Völkern verständlich zu machen, daß die Deutschen doch die Herrenrasse sind, und das bedeutete ein Niederlagenverbot für Länderspiele, gegen das unbotmäßigerweise einige Male verstoßen wurde.

Carl Diem, der kein Parteigenosse war, übernahm die kommissarische Leitung der Auslandsabteilung des NSRL, die jetzt doch wieder benötigt wurde (der eigentliche Amtsinhaber, Graf von der Schulenburg, war Leutnant der Fallschirmspringer geworden), und begleitete die Nationalmannschaft nach Kriegsausbruch zu ihren Spielen nach Bulgarien und Rumänien. Diem war im Ausland als unpolitischer Fachmann sehr geachtet, und diesen Ruf warf er nun voll für Sport und Vaterland (und damit auch für das Regime) in die Waagschale, zum Beispiel indem er auf die Schweden Druck ausübte, den Sportverkehr mit Deutschland fortzusetzen. In Schweden, wo Nazi-Deutschland in weiten Kreisen durchaus Sympathien besaß, knickte die Regierung im Frühjahr 1940 schließlich ein und lud deutsche Turner und Leichtathleten ins Land. In einem Artikel, den Diem am 5. November 1939 im *NS-Sport* veröffentlicht, offenbart er eine etwas eigenwillige Auffassung vom Verhältnis Sport und Politik: „Im Sport gibt es Gott sei Dank keine 'Neutralität'. Da gibt es nur Freunde oder nicht. Wer in Kriegszeiten seinen Sportverkehr nach 'politischer Neutralität' abwägen oder gar einrichten möchte, kann uns gestohlen bleiben. Neutralität ist ein politischer Verlegenheitsbegriff, er mag im Kampf der Interessen und vor allen Sorgen um Gut und Blut zu rechtfertigen sein – im Sport hat er nichts zu suchen." (Teichler 1991, S. 272)

Die propagandistische Bedeutung der Länderspiele zeigt das Ringen des Fachamtes Fußball um ein Länderspiel gegen Dänemark im Frühjahr 1940. Dänemark war fünf Monate zuvor besetzt worden, obwohl es ein neutrales Land war. Nicht nur die dänische Bevölkerung hätte ein Länderspiel als Unterwerfungsgeste bzw. als Akzeptieren der Besatzung aufgefaßt, so erließ der König ein Sportverbot. Dieses Verbot hielt auch noch einige Zeit, bis man sich im November schließlich doch zu einem Spiel in Hamburg bereiterklärte und dies freundlicherweise auch 0:1 verlor. Die Kriegsländerspiele sollten die Funktion erfüllen, das Image Nazi-Deutschlands bei den verbündeten und neutralen Ländern zu verbessern und das Selbstbewußtsein des deutschen Volkes zu demonstrieren, wie Diem treffend bemerkte. Auch Fritz Walter machte sich tiefgreifende Gedanken über den Sinn solcher Spiele im Krieg:

„Gab es nichts Wichtigeres in dieser Zeit als Fußball? Wir dachten nicht darüber nach. Wir hätten uns und wir haben uns später jedem anderen Befehl gebeugt.“ (Walter 1959, S. 34)

Carl Diem übertrug seine Sportbegeisterung nahtlos auf Hitlers Angriffskrieg und dessen anfängliche Erfolge. Er schrieb am 25. Juni 1940 im *Reichssportblatt:* „Sturmlauf durch Frankreich, wie schlägt uns alten Soldaten, die wir nicht mehr dabeisein können, das Herz, wie haben wir mit atemloser Spannung und steigender Bewunderung diesen Siegeslauf verfolgt! Diese fröhliche Begeisterung, die wir in friedlichen Zeiten bei einem kühnen, kämpferischen sportlichen Wettstreit empfanden, ist in die Höhenlage des kriegerischen Ernstes hinaufgestiegen, und in Ehrfurcht, und mit einem inneren Herzbeben, in das etwas von dieser fröhlichen Begeisterung hineinklingt, stehen wir staunend vor den Taten des Heeres. In ihnen zeigt sich, was der Deutsche kann. In ihnen wächst der Deutsche über alles frühere und über sich selbst hinaus.“

Arier in kurzen Hosen

Die Kriegsländerspiele boten der deutschen Zivilbevölkerung Unterhaltung und das Gefühl von Normalität, außerdem sollte das Durchhaltevermögen gestärkt werden. Eine ernste Frage aber war, welche Wirkung Niederlagen haben würden – Hitler und ganz besonders Goebbels jedenfalls waren darüber recht besorgt. Schließlich mußte die Überlegenheit der „arischen Rasse“ bewiesen werden, was wiederum erhöhten Druck auf die Spieler zur Folge hatte. Da der Ball aber bekanntlich rund ist, wie Herberger nur zu genau wußte, war diese Propagandastrategie doch mit einigen Risiken behaftet. Die propagandistische Funktion dieser Spiele sahen der Trainer und etwa Helmut Schön recht klar: „Länderspiele waren lange im voraus mit viel Aufwand von beiden Seiten geplant und hatten fast eine diplomatische Funktion.“ Herberger schärfte den Spielern bei Auslandsreisen immer wieder ein (laut Fritz Walter noch im Jahr 1940), sich einwandfrei zu benehmen, sie seien ja schließlich Repräsentanten ihres Landes, für das sie Freunde gewinnen müßten. Äußerungen wie diese verraten ein unglaubliches Maß an politischer Blindheit. Es erscheint jedoch möglich, daß in Herbergers Gedankenwelt Nationalstolz mit den realen politischen Verhältnissen nichts zu tun hatte, auch wenn das eigene Land einen verbrecherischen Angriffskrieg führte. Es schien ihn jedenfalls nicht zu stören, daß er mit seiner Nationalmannschaft massive und wirksame Propaganda für das Nazi-System im In- und Ausland machte.

Arier in Badehosen: Die Nationalmannschaft demonstriert Normalität am Badestrand. Von links: Goldbrunner, Lehner, Hohmann, Jakob, Urban, Sold und Herberger; liegend: Münzenberg.

Tatsächlich trugen die sportlichen Erfolge dazu bei, daß nicht nur im Inland viele wirklich an die physische und geistige Überlegenheit der Deutschen glaubten und davon die militärischen Erfolge zu Beginn des Krieges herleiteten. Der schwedische IOC-Vizepräsident Edström in einem Brief an einen amerikanischen Leichtathletik-Funktionär: „Der Krieg hat die Bedeutung einer starken Kultur des Körperbewußtseins in einer Nation bewiesen. Nur eine solche Nation kann in einem modernen Krieg siegreich sein. Eine Nation mit gesunden und starken Mitgliedern bekommt man durch Turnen und Sport. Ein solches Training muß schon im Schulalter beginnen und bis zum Alter von vierzig aufrechterhalten bleiben…" (Teichler 1991, S. 289/290). Trotz Krieg herrschte in der Mannschaft ziemlich gute Stimmung, was insofern zu verstehen ist, da einige Spieler ja durch den Fußball (wenigstens kurzzeitig) der Front entronnen waren.

Wie die Politiker erwiesen sich die Funktionäre jedenfalls recht erfolgreich in der kurzfristigen Organisation von internationalen Gegnern. So gab es von September bis Dezember 1939 noch sechs Länderspiele gegen verbündete oder unterworfene Nationen wie etwa das „Reichsprotektorat" Böhmen-Mähren, dessen Mannschaft ein 4:4 erkämpfte. Eine recht schwache deutsche Mannschaft kassierte am 24.

September 1939 gegen Ungarn eine 1:5-Schlappe, trotz ziemlich starker Besetzung – ein großer Teil der Breslau-Elf war dabei, dazu unter anderem Schmaus, Pesser und Schön. Herberger führte dies vor allem darauf zurück, daß die „innere Freiheit" fehlte, „sie alle standen vor der Einberufung". Insgesamt bot die Nationalelf in den Kriegsländerspielen keine schlechten Leistungen, abzulesen etwa am Berliner 5:2 gegen Italien im November.

Dies gilt allerdings nicht für den Beginn des Jahres 1940, der zwei Niederlagen und ein Unentschieden brachte. Eine dieser Niederlagen war besonders schmerzlich, nämlich die 3:5-Schlappe in Mailand am 5. Mai ausgerechnet gegen Italien. Die Sportbeziehungen zu diesem wichtigen Verbündeten waren nämlich ausgesprochen schwierig – vor allem, weil die jeweilige Ideologie die Überlegenheit des jeweiligen Volkes predigte und im Sport den unmittelbaren Ausdruck davon sah. So wurde die Frage, ob Direktübertragung des Spiels oder Wunschkonzert im Radio zum Politikum – abzulesen ist dies daran, daß der Schriftleiter der *Lippischen Zeitung* auf Betreiben Goebbels fast ins KZ gewandert wäre, weil er sich „erdreistet" hatte, diese Frage öffentlich zu diskutieren. Man machte die Entscheidung dann davon abhängig, wie das Spiel verlaufen würde und entschied sich trotz eines 1:2-Rückstandes zu einer Liveübertragung – wohl in der Hoffnung, daß die Deutschen das Spiel in der zweiten Halbzeit noch umbiegen würden, wie schon früher geschehen. Wie beim Hitler-Besuch beim Norwegen-Debakel während der Spiele 1936 verschätzte man sich gründlich.

„Ein guter Fußballer ist auch ein guter Soldat"

Das Ende dieser Serie kam dann im Juli mit dem Spiel gegen Rumänien, das die deutsche Mannschaft 9:3 gewann. Helmut Schön, der insgesamt sechzehn Mal in der Nationalelf stand, schilderte die Atmosphäre im Troß vor dem Rumänien-Spiel am 14. Juli 1940 als ziemlich gespannt – man ängstigte sich vor der Atmosphäre im Stadion, sogar ein Anschlag auf die Mannschaft wurde befürchtet. An dem eindeutigen Resultat hatte ein Debütant entscheidenden Anteil, der 20jährige Fritz Walter – der neue Fritz des deutschen Fußballs nach dem Rücktritt Szepans aus der Nationalmannschaft zehn Monate zuvor. Er schoß drei Tore und noch ein viertes, das allerdings aberkannt wurde. Diese Leistung war keine Eintagsfliege, sondern Zeichen für ein Ausnahmetalent. Er wurde der absolute „Lieblingsschüler" von Herberger, der Walter zwanzig Jahre später folgendermaßen würdigte: „Fritz wurde nicht entdeckt.

Sein einmaliges Talent bot sich an, drängte sich auf, setzte sich durch. Von diesem Zeitpunkt an bis zum heutigen Tag war Fritz für mich aus unserer Nationalmannschaft nicht mehr wegzudenken. Fritz ist für mich der größte Fußballer, den der deutsche Fußball je hervorgebracht hat. (...) Fritz war der Feldherr des Spiels. Er war aber auch nicht minder erfolgreich als Vollstrecker. Er schuf durch sein Spiel nicht nur die Voraussetzung für erfolgreiche Torschüsse – wenn Not am Mann war, schoß er auch selbst die entscheidenden Treffer. Fritz besitzt unsere Verehrung." (Leinemann 1997, S.190/191)

Der Mann, der solche Hymnen auslöste, war abgesehen von seinem Talent aber auch ein äußerst williger und konsequenter Trainierer. Auf Geheiß von Herberger legte er täglich Sonderschichten ein, und zwar von sechs bis sieben Uhr morgens, bevor in der Stadtsparkasse die Arbeit anfing. Walter war schon zuvor die besondere Aufmerksamkeit Herbergers zuteil geworden, der den Werdegang des jungen Spielers genau verfolgt hatte. Nachdem Walter am 5. Dezember 1940 zur Wehrmacht einrücken mußte, verstärkte Herberger seine Bemühungen noch. Er motivierte ihn in Briefen zu weiterem Konditionstraining und appellierte an Walters „Sportlerehre": „Ein guter Fußballer ist auch ein guter Soldat!" (Leinemann 1997, S. 193). Zugleich versuchte er tatkräftig, seinen Schüler vor den Gefahren des Krieges zu schützen, indem er mit Walters Oberfeldwebel Nimmler Kontakt aufnahm und dort einen gewissen Schutzraum erwirkte. Herbergers Aktivitäten in der Kriegszeit, von denen in leicht abgeschwächter Form ein relativ weiter Kreis von Nationalspielern profitierte, sind als rein menschlich motiviert zu werten, sicherlich nicht politisch-subversiv. Gerade leicht dürfte Herbergers Vorhaben nicht gewesen sein, widersprach doch jegliche Privilegierung von Spitzensportlern der offiziellen Doktrin.

Natürlich dienten die relativ zahlreichen und ausgedehnten Lehrgänge der Spielstärke, darum dürfte es Herberger aber nicht vorrangig gegangen sein. Er handelte wohl eher aus dem Geist heraus, daß die verschworene Gemeinschaft der Fußballer gegen den Rest der Welt zusammenhalten muß. Herbergers Aktionen wurden in eingeweihten Kreisen „Aktion Heldenklau" genannt. Obwohl die Länderspiele in dieser Zeit einen nicht zu unterschätzenden propagandistischen Wert hatten, benutzte er sie dazu, das Leben einzelner Menschen zu retten, für die er sich persönlich verantwortlich fühlte.

Herberger versuchte, brieflich und durch persönliche Kontakte zu den vorgesetzten Offizieren, seine Spieler von der Front wegzulotsen. Dies gelang jedoch nicht in jedem Fall: Zu den Opfern des Krieges gehörten u.a. auch August Klingler, Adolf Urban, Franz Zürndorf, Erwin Stührk und Jakob Eckert.

Das Gros der Bevölkerung wachte argwöhnisch darüber, daß niemand, auch nicht die bekannten Sportler, sich den Härten und Entbehrungen des Krieges entziehen konnte. Dies bekam auch Helmut Schön zu spüren, der wegen einer langwierigen Knieverletzung untauglich geschrieben wurde und so seinem Dresdner SC zur Verfügung stand. Bei Auswärtsspielen konnte es aber vorkommen, daß die gegnerischen Fans „Helmut Schön k.v." (Abkürzung für „kriegsverwendungsfähig", d.A.)" schrien. Edmund Conen, der längere Zeit an der Heimatfront eingesetzt war, wurde infolge von Protesten an die Front geschickt.

Die Niederlage an Hitlers Geburtstag

Die Schweiz gab seit Sommer 1940 ihre sportpolitische Zurückhaltung auf. Man paßte sich den geänderten Machtverhältnissen an und kooperierte. Der Sportverband versicherte sogar ausdrücklich, daß mit negativen Publikumsreaktionen nicht mehr zu rechnen sei und erklärte sich sogar bereit, zuerst in Deutschland anzutreten, obwohl man der Schweiz eigentlich noch ein Gastspiel schuldig war. Auf innerschweizerischer Ebene wurde die Wiederaufnahme der Sportbeziehungen mit Deutschland ausgerechnet mit finanziellen Argumenten gerechtfertigt. Die Schweizer Seite bestand aber auf einem Rückspiel innerhalb von sechs Wochen in Bern, das dann am 20. April, also Hitlers Geburtstag, stattfand. Die deutsche Nationalelf verlor dieses Spiel 1:2. Helmut Schön schrieb: „Es grenzte an Hochverrat und Majestätsbeleidigung", an diesem Tag zu verlieren – Goebbels schrieb prompt an den Reichssportführer, in Zukunft dürfe „vor allem kein Sportaustausch gemacht werden, wenn das Ergebnis im Geringsten zweifelhaft sei". Antideutsche Kundgebungen der Zuschauer, wie sie häufig bei Länderspielen im Ausland vorgekommen waren, waren für das Propagandaministerium von geringerer Bedeutung als das Ergebnis. In einem Fall gab es sogar richtige Ausschreitungen, und zwar von den Dänen. Dies bewirkte dann die Absage der Gastspielreise von Admira Wien Anfang Juni 1941.

Am 27. Juni 1940 verfügte der Reichssportführer plötzlich, alle internationalen Begegnungen abzusagen – der Krieg hatte mit dem Beginn des Rußlandfeldzugs eine neue Dimension erreicht. Die Länderkampfpause dauerte bis einschließlich September. Beendet wurde sie durch einen Führerbefehl, ein eindeutiger Hinweis auf die politische Brisanz der Frage des internationalen Sports. Diese Entscheidung beruhte allerdings wohl auf einer ziemlich optimistischen Annahme, nämlich daß man an der Ostfront bald siegen würde...

Das Ende der Sportsperre konnte die Führung des Fachamtes Fußball anscheinend nicht mehr abwarten, legte man doch gleich zwei Länderspiele auf den 5. Oktober. Eine „Reservemannschaft", verstärkt mit Gellesch, Willimowski und Kobierski siegte gegen Finnland in Helsinki mit 6:0, die „erste Mannschaft" ging mit 2:4 gegen Schweden in Stockholm unter. Dieses Spiel war das wichtigere von beiden, und erneut wurde gegen das Niederlagenverbot verstoßen. Helmut Schön, von Herberger nie wirklich akzeptiert (weder als Spieler noch später als Bundestrainer), mußte für diese Niederlage büßen – es war ihm nicht nur verwehrt, gegen Dänemark in seiner Heimatstadt Dresden aufzulaufen, sondern er spielte überhaupt nicht mehr in der Nationalmannschaft. Die Rechtfertigung liefert Herbergers erboste Tagebucheintragung: „Die Stürmer sind zu weich! Keine Kämpfer!! Gegen Schweden gewinnt man nur durch Kraft und Kampf, Schnelligkeit und Härte!! Schön ist gegen Mannschaften aus Skandinavien hinfort nicht mehr tragbar!" (Leinemann 1997, S. 206)

Je weiter es im Jahr 1941 dem Winter zuging, desto mehr verschlechterte sich die Versorgungslage in Deutschland. Der Rußlandfeldzug kam nicht mehr recht voran, und so wurde es zusehends schwieriger, Spieler von ihren Einheiten loszueisen. Gegen die Slowakei (4:0 gewonnen) am 7. Dezember lief denn auch eine stark veränderte Mannschaft auf.

In der Bevölkerung, besonders aber in der Arbeiterschicht, der mehr und mehr Entbehrungen auferlegt wurden, begann sich Unmut über den luxuriösen Lebensstil der „besseren Schichten" zu regen, die sich markenfreies Essen und Delikatessen leisten konnten. Mit diesen Schichten brachten die Leute zunächst den Wintersport in Verbindung, und so gerieten die recht zahlreichen Wettkämpfe auf diesem Gebiet in die Kritik. Außerdem kollidierten Sportwettkämpfe schmerzlich mit dem ständig geäußerten Schlagwort, daß „Deutschlands Sportler zu seinen besten Soldaten zählen müssen". Die Lösung dieses Dilemmas geschah zunehmend zu Ungunsten der Sportler, wofür sehr stark Goebbels und das Propagandaministerium sowie Bormann verantwortlich zeichneten, der sicherlich kein Freund des NSRL war, nachdem die von ihm betriebene Eingliederung in die SA gescheitert war. So war der demonstrative Fronteinsatz auch gegen die Vorbehalte gerichtet, die früher von den völkisch eingestellten Turnern kamen und jetzt von der SA und der KdF. Überhaupt ließ sich das Außenministerium zunehmend aus der Sportpolitik zurückdrängen, was den deutschen Sport auf internationaler Ebene schwächte. Dieser paßte nicht zu Goebbels' neuer Marschrichtung, daß sportliche Vergnügungen gegenüber dem bedingungslosen Kriegseinsatz zurückzustehen haben. Gegen die Ideologie des Fronteinsatzes von Spitzensportlern verstieß allerdings die Wehrmacht selbst in zunehmendem Maße; verschiedene Truppenteile gründeten nämlich in der Folgezeit eigene Militärmannschaften für Spitzenfußballer – so die Pariser Soldatenelf und den Luftwaffensportverein Hamburg (siehe Kapitel: Fußball im Krieg).

Das Ende der „herrlichen Fußballzeit"

Trotz der äußerst ungünstigen wirtschaftlichen und politischen Rahmenbedingungen plante die Sportführung, im Winter 1942 in Garmisch Skiweltmeisterschaften zu veranstalten. Hierfür erhielt sie Hitlers persönliche Zustimmung. Herberger verstand es, über persönliche Kontakte diese Situation auszunutzen und auch für die Bedürfnisse des Fußballs offene Ohren zu finden. So konnte er eine Liste von 20 Spielern vorlegen, die für die Nationalmannschaft unabkömmlich waren. Dies durften aber nur solche mit Fronterfahrung sein, getreu dem Schlagwort von den guten Sportlern und Soldaten. Um seinem Anliegen bessere Chancen zu geben, „verlieh" der gewitzte Herberger diversen Spielern auf dem Papier Orden oder besserte bestehende auf. Am Ende hatten von zwanzig Spielern drei das Eiserne Kreuz 1. Klasse (EK 1), acht das EK 2 und sechs das Sturmabzeichen. Herberger erkämpfte außerdem drei Wochen Zeit für die Vorbereitung auf die Spiele. Eigentlich waren die Bedingungen – für Kriegszeiten – ziemlich gut, was auch Helmut Schön später schreibt: „Trotz des sinnlosen Krieges, der das Leben immer mehr beeinflußte, war es für uns Sportler eine herrliche Fußballzeit." (Schön 1972)

Herberger versuchte zudem ständig, Spieler in der Etappe zusammenzuziehen. Ein Beispiel war das Wachbataillon Berlin, wo Fritz Walter und Kupfer zeitweise stationiert waren. Zum Teil betrieben dies aber auch Offiziere wie Major Hilbig, der Vorsitzender des Vereins Breslau 02 war.

Diese „herrliche Fußballzeit" hielt noch das Jahr 1942 an, allerdings unter immer schwierigeren Bedingungen. Verursacht wurden diese vor allem durch die „Winterkrise" an der Ostfront, wo der Vormarsch in einem ungewöhnlich harten Winter ins Stocken geraten war. So wurde in Deutschland eine große Skisammelaktion für die Wehrmacht durchgeführt, und aus diesem Anlaß sagte Goebbels in einem einsamen Entschluß – Hitler konnte überredet werden – gleich die Skiweltmeisterschaften ab. Auch die Nationalmannschaft litt unter immer größeren Versorgungsproblemen, die Herberger durch private Aktionen zu lösen versuchte. In einem Brief an österreichische Freunde vom Januar 1942 versuchte er, einen halben Liter Petroleum und Wolldecken aufzutreiben. So ist es auch kein Wunder, daß die Mannschaft das Spiel gegen die Schweiz am 1. Februar in Wien verlor, was die Position der Elf bei der politischen Führung nicht gerade stärkte.

Nach einem 2:0-Sieg in Kroatien zu Beginn des Jahres und einem 1:1-Unentschieden gegen Spanien in Berlin gestaltete sich die fußballerische Bilanz des Kriegsjahres 1942 mehr als gemischt. Am 3. Mai stand in Budapest für die Ungarn die Revanche für die 0:7-Packung aus dem Jahr zuvor an. Bis dahin war noch nie einer deutschen Nationalelf ein Sieg in Ungarn gelungen. Zur Halbzeit sah es ganz und gar nicht danach aus, daß diese Serie durchbrochen werden könnte, die Ungarn führten nämlich 3:1 und waren drückend überlegen. Nach dem Wiederanpfiff beschränkten sich die Ungarn auf die Defensive und ließen die deutsche Mannschaft aufkommen. Sie holte Tor um Tor auf und gewann schließlich noch mit 5:3. Dieser Sieg wurde in Deutschland frenetisch bejubelt, sonst gab es in dieser Zeit nicht mehr viele Siege zu feiern, da die Situation an der Ostfront immer schwieriger wurde.

Im kompletten Jahr 1942 gelang es der Sportführung, noch zehn Länderspiele zu organisieren, etwa jeden Monat eines. Die meisten Gegner waren verbündete Staaten aus Südosteuropa, allerdings spielten auch neutrale Staaten gegen Deutschland, die Schweiz sogar zweimal. Die andere neutrale Mannschaft kam aus Schweden und brachte in einem unfreundlichen Akt der deutschen Mannschaft eine 2:3-Niederlage bei, und das auch noch auf heimischem Boden in der Hauptstadt Berlin. Der schwedische Sieg hatte spürbare Konsequenzen: Goebbels verbot solche Sportkämpfe in Berlin, und er fand, daß „es in der heutigen Zeit töricht sei, ein Fußballspiel durchzuführen, dessen Ausgang aller Voraussicht nach mit einer Niederlage von uns enden müßte“. Obwohl die Nationalmannschaft durch den Krieg schlechtere Trainingsbedingungen hatte als die Schweden, schien diese Einschätzung mit Blick auf die bisherigen Resultate kaum gerechtfertigt. Die folgende Feststellung, die demselben Brief, geschrieben von Staatssekretär Luther vom Auswärtigen Amt, zu entnehmen ist, wirft ein Schlaglicht auf die Massenwirksamkeit internationaler Fußballbegegnungen, die auch Goebbels klar war: „100.000 sind deprimiert aus dem Stadion weggegangen; und da diesen Leuten ein Gewinn dieses Fußballspiels mehr am Herzen lag als die Einnahme irgendeiner Stadt im Osten, müßte man für die Stimmung im Inneren eine derartige Veranstaltung ablehnen." (Teichler 1991, S. 366)

Insgesamt war die Bilanz des Kriegsjahres 1942 durchaus nicht schlecht, auch wenn wirklich starke Gegner wie Italien nicht dabei waren; bei zehn Spielen gab es zwei Niederlagen, ein Remis sowie sieben Siege. Daß Goebbels auch diese Resultate nicht ausreichten, ist ein Hinweis darauf, daß er dabei war, das Propagandakonzept radikal zu ändern, nämlich mit der Begründung des „totalen Krieges" jeglichen internationalen Sportverkehr zu beenden. Als am 22. November 1942 ein Spiel gegen die Slowakei in Preßburg anstand, sollte dieses für acht Jahre (auf den Tag genau!) das letzte Spiel einer deutschen Nationalmannschaft sein. In alter Tradition waren es – wie 1920 – auch 1950 die Schweizer, die als „gute Sportsmänner" Deutschland aus der internationalen fußballerischen Isolierung holten.

Das Spiel in der Slowakei bildete einen unrühmlichen Abschluß der Fußballänderspiele unterm Hakenkreuz, nicht vom Ergebnis (Deutschland siegte 5:2), sondern von den Begleitumständen her. Den Spielern schlug blanker Haß entgegen, und die Zuschauerausschreitungen erreichten ein ungekanntes Ausmaß.

Kurze Zeit später, am 20. Februar 1943, nach der verlorenen Kesselschlacht von Stalingrad, stellte das Deutsche Reich den gesamten internationalen Sportverkehr ein. Als der Sport seine Rolle für die Politik ausgespielt hatte, starb am 25. März 1943 auch Hans von Tschammer und Osten. Anläßlich dieses Todes hatte auch der Wunderläufer Rudolf Harbig einen seiner letzten öffentlichen Auftritte – er war nämlich dazu auserwählt worden, die Ehrenwache zu halten. Im darauffolgenden Jahr fiel auch er dem Krieg zum Opfer.

»Es war reine Propaganda«

■ Interview mit Nationalspieler Albert Sing

Albert Sing, Jahrgang 1917, bestritt in den Jahren 1941 und 1942 elf Länderspiele für das Deutsche Reich – das letzte im Krieg, im November 1942 in der Slowakei. Der Mittelfeldspieler gehörte den Stuttgarter Kickers an. Sing, der nach seiner aktiven Laufbahn Trainer wurde (unter anderem beim TSV 1860 München), lebt heute in Cureglia im Tessin.

Herr Sing, wann sind Sie zum ersten Mal in die Nationalmannschaft berufen worden?

Das war Ende 1941. Ich habe zuvor ein Jahr gar nicht Fußball gespielt, weil ich den Frankreich-Feldzug mitgemacht habe. Dann bin ich in Stuttgart stationiert worden.

Haben Sie eine politische Einflußnahme auf die Nationalmannschaft verspürt?

Ich muß gleich sagen: Es war eine reine Propagandasache, daß wir im Krieg gespielt haben. Am 1. Februar 1942 haben wir gegen die Schweiz verloren, und danach mußten Herberger und von Tschammer und Osten bei der Regierung antreten...

...bei wem?

Na, ganz oben.

Bei Hitler?

Nein, ich glaube nicht bei Hitler, aber ziemlich weit oben. Vielleicht bei Goebbels. Jedenfalls wurde ihnen gesagt: So geht's nicht! Herberger hat dann gesagt, er bräuchte bessere Bedingungen – und die hat er dann gekriegt. Er durfte vor jedem Länderspiel 44 Spieler zu einem dreiwöchigen Lehrgang nominieren. Und gleich zwölf Länderspiele wurden für 1942 abgeschlossen.

Das bedeutet, daß die nominierten Nationalspieler bei diesem zeitlichen Aufwand um Fronteinsätze herumkommen konnten.

Ja, und wir haben uns im Training förmlich zerrissen, weil jeder Angst gehabt hat, daß er wieder an die Front muß, wenn er nicht aufgestellt wird. Die Bedingung für die Zugehörigkeit zu diesem 44er-Kader war übrigens, daß man schon einmal an der Front war, denn sonst hätte man diese Bevorzugung dem Volk nicht vermitteln können. Vom ersten Aufgebot, das berufen worden war, mußten zwei oder drei wieder gehen, weil sie noch nie im Krieg waren, zum Beispiel der Edmund Conen. Wir haben dann auch ganz erfolgreich gespielt: Gegen Spanien in Berlin 1:1 – da habe ich übrigens zwei Mark für den Länderspieleinsatz bekommen. Dann 5:3 gegen Ungarn gewonnen – das waren Profis. Dann 3:0 in Bulgarien, naja und 0:1 gegen Schweden.

Albert Sing 1940 beim Länderspiel gegen Bulgarien.

Die Nationalspieler sind dann in Deutschland stationiert gewesen, damit man sie schneller zusammenholen konnte?

Ja, zum Großteil. Für 1943 war sogar geplant, alle in Berlin zusammenzuholen, in einem Wachbataillon. Wir hätten dort nicht mehr Dienst tun müssen, wir wären immer für den Fußball verfügbar gewesen.

Daraus wurde nichts.

Nein. Es waren für 1943 schon wieder zwölf Länderspiele abgeschlossen, doch als Goebbels im Februar den totalen Krieg ausrief, war's vorbei mit Fußballspielen. Eine Woche später wurden wir alle einberufen. Und zwei Wochen später waren zwei von uns schon tot – der Ala Urban von Schalke und der August Klingler aus Karlsruhe.

Sie sagten, jeder mußte schon an der Front gewesen sein, bevor er in den 44er-Kader einberufen wurde, damit man diese Maßnahme dem Volk vermitteln konnte. Wie war denn die Stellung eines Fußball-Nationalspielers zu dieser Zeit, Ihre zum Beispiel? Waren Sie bekannt, berühmt?

Das war kein Vergleich zu heute. Ich war halt am Ort bekannt, in Stuttgart. Und insgesamt wurden wir eher angefeindet, da wir nicht im Krieg waren.

Haben Sie sich für die Politik interessiert?

Nein, ich habe mich nicht für Politik interessiert. Bei Herberger war Politik übrigens kein Thema, der war durch und durch Sportler. Dieser dreiwöchige Lehrgang war immer auch ein Trainerkurs. Vor dem Training hat der immer eine Stunde Theorie mit uns gemacht.

Wurden Sie als Nationalspieler jemals von einer nationalsozialistischen Organisation aufgefordert, der Partei oder einer Parteigliederung beizutreten?

Nein, ich bin von niemandem aufgefordert worden. Auch als Soldat bin ich von niemandem aufgefordert worden. ■

KAPITEL 4

Ein Volk, ein Ball, ein Führer: Fußball in Österreich

Er war ein Kind aus Favoriten
und hieß Matthias Sindelar.
Er stand auf grünem Plan inmitten,
weil er Mittelstürmer war.
Er spielte Fußball, und er wußte
vom Leben außerdem nicht viel.
Er lebte, weil er leben mußte,
vom Fußballspiel fürs Fußballspiel.
Er spielte Fußball wie kein zweiter,
er stak voll Witz und Phantasie.
Er spielte lässig, leicht und heiter.
Er spielte stets, er kämpfte nie.
Er warf den blonden Schopf zur Seite,
ließ seinen Herrgott gütig sein,
und stürmte durch die grüne Weite
und manchmal bis ins Tor hinein.
Es jubelte die Hohe Warte,
der Prater und das Stadion,
wenn er den Gegner lächelnd narrte
und zog ihm flinken Laufs davon.
Bis eines Tages ein andrer Gegner
ihm jählings in die Quere trat,
ein fremd und furchtbar überlegner,
vor dems nicht Regel gab noch Rat.
Von einem einzigen, harten Tritte
fand sich der Spieler Sindelar
verstoßen aus des Planes Mitte,
weil das die neue Ordnung war.
Ein Weilchen stand er noch daneben,
bevor er abging, und nachhaus.
Im Fußballspiel, ganz wie im Leben,

war's mit der Wiener Schule aus.
Er war gewohnt zu kombinieren,
und kombinierte manchen Tag.
Sein Überblick ließ ihn erspüren,
daß seine Chance im Gashahn lag.
Das Tor, durch das er dann geschritten,
lag stumm und dunkel ganz und gar.
Er war ein Kind aus Favoriten
und hieß Matthias Sindelar.

Das Gedicht stammt aus der Feder des fußballbegeisterten Schriftstellers Friedrich Torberg, eines profunden Kenners der Wiener Szene zwischen den beiden Weltkriegen. Die österreichische Fußballhistorie dieser Zeit ist die Geschichte des sogenannten „Wunderteams", der Nationalmannschaft, die anfangs der zwanziger Jahre sensationelle Ergebnisse erzielte, die unter anderem den nachbarlichen Piefkes gehörig das Fell über die Ohren zog. Es ist die Geschichte vom Straßenfußball in Wien, dem „Scheiberln", vom Anschluß an das Altreich und von dem gescheiterten Experiment, deutsche Athletik und österreichische Filigranarbeit in einer großdeutschen Länderelf zu vereinigen. Und es ist die Geschichte des Matthias Sindelar, des Mittelstürmers der Wiener Austria, der nicht in dieser Auswahl spielen wollte und noch vor Ausbruch des Zweiten Weltkrieges unter mysteriösen Umständen starb – zusammen mit seiner jüdischen Lebensgefährtin.

Vor 1938 lebten in Wien, und von dieser Stadt soll in den folgenden Zeilen vornehmlich die Rede sein, mehr als 200.000 Juden. Diese Bevölkerungsgruppe war kein homogenes Gebilde. Sie zerfiel zum einen in jene Juden, die während des Ersten Weltkriegs aus dem Osten zugewandert waren, und in jene, welche schon seit Jahrhunderten in den westlichen Ländern der Donaumonarchie lebten. Zum anderen gab es sowohl gesellschaftliche als auch politische und religiöse Unterschiede, es gab orthodoxe Juden, überzeugte Zionisten und auch Assimilierte. Austria Wien war der Klub der Juden, die sich angepaßt hatten; wenn sie gegen die Hakoah kickte, die als Zionisten-Verein galt, dann hieß es: „Die Israeliten spielen gegen die Juden".

Die jüdische Bevölkerung nahm äußerst regen Anteil am Sportgeschehen in der österreichischen Hauptstadt, und zwar nicht bloß das bevölkerungsreiche Proletariat, sondern auch das Bürgertum und sogar Teile der sogenannten Intelligenz.

Die Hakoah hatte in allen Sparten Könner, ihre Fußballer gewannen 1925 gar die österreichische Meisterschaft, ihren Ringern gelang dieses Kunststück gleich mehrmals. „Das damals noch sehr populäre Klischee, das den Juden als eine körperlich minderwertige, feige, wasserscheue und zu irgendwelcher physischen Leistung völlig untaugliche Figur hinstellte" (Torberg 1990, S. 213), wurde damit gründlich widerlegt.

Hakoah avancierte zum maßgebenden Allround-Sportklub Österreichs, und „in der österreichischen Öffentlichkeit kam dem Verein eine Stelle zu wie wohl keiner anderen jüdischen Organisation." Hakoah wurde der am „besten erkennbare Kristallisationspunkt jüdischen Selbstbewußtseins in Österreich". (Schulze-Marmeling 1992, S. 135)

Doch die Juden hatten heftig mit Vorurteilen zu kämpfen, sie wurden im sportlichen Wettstreit diskriminiert und beschimpft.

Der Dichter Friedrich Torberg weiß davon einige Anekdoten zu erzählen: „Es war die Zeit (in den Jahren nach dem Ersten Weltkrieg, d.A.), als mein Klub, die Hakoah, sich den Aufstieg aus der zweiten in die erste Spielklasse erkämpfte und auf dem Weg dorthin auch an allerlei wüste Vorstadtmannschaften geriet, die sich gegen den jüdischen Gegner ganz besonders energisch, ja man darf sagen: brutal ins Zeug legten. Nicht nur auf dem Spielfeld und nicht nur im Zuschauerraum wußten die Rowdies – im Fachjargon 'Pülcher' geheißen – dafür zu sorgen, daß es mitunter lebensgefährlich zuging, auch hinter den Kulissen ließ man nichts unversucht, um die mißliebigen Siegesanwärter zu blockieren. – Wieder einmal hatte die Hakoah unter derart bedrohlichen Umständen anzutreten, gegen eine selbst für unterklassige Verhältnisse besonders derbe Mannschft, auf einem graslosen, holprigen, schotterhaltigen Spielfeld, einer sogenannten 'Gstetten'. In diesem Match sollte sie (die Hakoah, d.A.) durch einen aus Budapest herübergeholten Stürmer verstärkt werden, aber es war nicht sicher, ob die Formalitäten des Übertritts von einem Verband zum andern rechtzeitig erledigt werden könnten und ob der neue Mann spielberechtigt wäre. In der Hoffnung, Endgültiges über seine Mitwirkung zu erfahren, trieb ich mich im Kabinengeviert herum und gelangte in Hörweite eines Gesprächs, das der Schiedsrichter mit einem Funktionär des gegnerischen Vereins führte. Der Schiedsrichter war zweifelsfrei als solcher kenntlich, und daß der Funktionär nur dem gegnerischen Verein angehören konnte, unterlag gleichfalls keinem Zweifel, denn die eigenen Funktionäre, die man natürlich kannte, sahen anders aus. Das Gespräch hatte allem Anschein nach ergeben, daß der Ungar trotz ungeklärter Sachlage spielen würde, und was der Funktionär jetzt äußerte, bildete unverkennbar den Abschluß: 'I sag Ihna wos. Mir treten unter Protest an. Wann mir gwinnen, is eh guat. Und wann die Juden gwinnen, gilts nix.'" (Torberg 1990, S. 228 ff).

Sportklub Hakoah: „Hoppauf, Herr Jud!"

Der Sportklub (SK) Hakoah war 1909 in Wien gegründet worden; Hakoah kommt aus dem Hebräischen und heißt „Kraft". Die Konstituierung eines eigenen Vereins war in den Augen jüdischer Sportler zwingend geworden, da sie in den Wiener Vereinen stets wegen ihrer Religionszugehörigkeit unterdrückt worden waren. Doch nun wurden nicht mehr einzelne Athleten ausgegrenzt, sondern vielmehr ein ganzer Klub – und das vom ersten Tag an. Als der Sportverein Hakoah einen eigenen Fußballplatz im Wiener Arbeiterbezirk Florisdorf beantragte, beschied der Bezirksvorsitzende: „Die Florisdorfer Luft soll den Florisdorfer Arbeitern bleiben." (John/Schulze-Marmeling 1994, S. 127)

Die Gegner der Hakoah saßen überall – in den Ämtern, auf der Tribüne, auf dem Rasen. Von boshaften Zuschauern wurden die jüdischen Sportler genauso angefeindet wie von Fußballern, gegen die sie antreten mußten. Bei den Spielen der Hakoah ging es daher stets turbulent zu. Die *Wiener Morgenzeitung* berichtete im November 1923 über Ausschreitungen: „Menschen, die im gewöhnlichen Leben die Regeln des Anstandes und der guten Sitten befolgen, werden bei den Spielen der Hakoah brutale Terroristen. ... Was sich zum Beispiel beim letzten Spiel Sportklub gegen Hakoah zugetragen hat, übertrifft alle noch so phantastischen Vorstellungen. Schimpforgien, in denen das Wort 'Saujud' immer wiederkehrte, und wilde Drohungen konnte man von allen Seiten vernehmen."

Eine eindrucksvolle Beschreibung der Stimmung auf Österreichs Sportplätzen liefert noch einmal Friedrich Torberg: „Unter ähnlichen Umständen wie in jenem Protestspiel (siehe oben, d. A.), noch in der zweiten Klasse und auf einem erbärmlichen Platz, hatte die Hakoah einen anderen Vorstadtklub zum Gegner, den vom Abstieg in die dritte Klasse bedrohten Brigittenauer A.C. Er lag auf dem vorletzten Tabellenplatz und würde im Fall einer Niederlage vom Letzten der Tabelle, dem im Wiener Vorstadtbezirk Simmering beheimateten FC Vorwärts 06, überholt werden. Die Simmeringer Anhänger hatten somit alles Interesse an einem Sieg der Hakoah und sahen sich in der absonderlichen Zwangslage, für eine jüdische Mannschaft Partei ergreifen zu müssen, was sie mit laustarker Selbstverleugnung besorgten. Die Hakoah, obwohl spielerisch weit besser und ständig feldüberlegen, hatte es auf dem holprigen Boden gegen die mit rücksichtslosem Einsatz agierenden Brigittenauer nicht leicht, und das Spiel stand lange Zeit 0:0. Endlich, um Mitte der zweiten Halbzeit, bekam Norbert Katz, Hakoahs gefährlich schneller Linksaußen, einen weiten Vorleger, der mit größter Wahrscheinlichkeit zu einem Tor führen mußte – vorausgesetzt, daß Katz den Ball erlief. Die Anfeuerungsrufe, unter denen er startete, kamen nicht nur vom Hakoah-Anhang, auch die Simmeringer stimmten kräftig ein, und einer von ihnen, mit hochrotem Gesicht über die Barriere vorgebeugt, konnte sich an wilden 'Hoppauf!'-Rufen nicht genug tun. Nun wird dem 'Hoppauf' üblicherweise auch der Name des Angefeuerten hinzugefügt, aber den kannte der wackere Simmeringer nicht, und das geläufige 'Saujud', das er und seinesgleichen immer bereit hatten, schien ihm in der gegebenen Situation nicht recht angebracht. Da überkam ihn die rettende Erleuchtung: 'Hoppauf!', brüllte er. 'Hoppauf, Herr Jud!'" (Torberg 1990, S. 230/231)

Weil sich Antisemitismus unzweifelhaft auch in Zeitungsredaktionen eingenistet hatte, wurden der Hakoah mancherorts statt sachlichem Schutz spöttischer Schmutz zuteil. Ein Teil der österreichischen Sportpresse erging sich in antijüdischen Witzen und Kommentaren. Eine der größten Sportzeitungen, das *Wiener Sport-Tagblatt,* rief eine antisemitische Kolumne ins Leben, in der zwei Wiener Juden namens Schatzinger und Schmonzides ihre Schweinereien zum Schlechten gaben. Sie warfen den jüdischen Kickern Geldgier und unbotmäßigen Reichtum vor, internationale Tourneen der Hakoah wurden genauso mit Häme bedacht wie der Wechsel jüdischer Spieler zu amerikanischen Vereinen. Auch die *Arbeiterzeitung* schrieb hierzu 1926 spöttisch: „Die Hakoah ist ausgezogen, um ausgerechnet mit einer Profimannschaft die geistige Einigung des Judentums herbeizuführen. Da kam der reiche Onkel aus Amerika und nahm ihr die gehätschelten Lieblinge fort. Ja, wenn man mit Geld eine Idee verkörpern will, da kann man eben durch einen schweren Dollarsack überwunden werden."

1924/25 wurde in Österreich eine professionelle Fußball-Liga eingeführt, und die Hakoah wurde Österreichs erster Profimeister. Der jüdische Klub beschäftigte einige ungarische Spitzenspieler, darunter Bela Guttmann, der später auch als Trainer reüssierte. Mit Benfica Lissabon beispielsweise gewann er 1961 und 1962 den Europapokal der Landesmeister. Tatsächlich unterhielt die Hakoah zusammen mit der Austria für einige Jahre die teuerste Mannschaft.

Austria Wien: „Tore nie gewaltsam schießen!“

Die Hakoah war ein durch und durch jüdischer Verein, der sich dezidiert zur Förderung des jüdischen Selbst- und Nationalbewußtseins bekannte. Hakoah war trotzdem zugänglich für alle Juden, auch für die sogenannten „integrierten“.

Die Austria hingegen war der Klub der assimilierten Juden, vom Zionismus weit entfernt und akkurat darauf bedacht, in der Öffentlichkeit nicht ausschließlich als Verein der Juden dargestellt zu werden.

Die Austria hieß nicht immer Austria. Ihr Vorgänger war der „Wiener Amateur-Sportverein“, der sich 1911 vom „Vienna Cricket and Football-Club“ abgespalten hatte. Bei Einführung des Profibetriebs Mitte der zwanziger Jahre geschah die Namensänderung in „Austria“.

Der Amateur-Sportverein hatte – ähnlich wie die Münchner Bayern in ihrer Anfangszeit – ein durchaus elitäres Bewußtsein. In seiner Satzung gab es einen Paragraphen, der nur Intellektuellen die Mitgliedschaft im Verein gestattete; der Paragraph wurde später indes gestrichen.

Trotz der Öffnung für alle Gesellschaftsschichten blieb die Spielweise der Amateure- und Austria-Kicker kopflastig. Der Alt-Internationale Karl „Vogerl“ Geyer definierte Austrias Philosophie wie folgt: „Zum Fußball gehört zuerst der Kopf und dann Kraft und Schnelligkeit.“ Schulze-Marmeling schreibt: „Die Vermengung von proletarischen Elementen ('Witz', 'Subversivität', 'Schlitzohrigkeit', 'Kraft', 'Ausdauer') mit bürgerlich-liberalen ('Intellektualität') in der sportlichen und sonstigen Selbstdarstellung der Austria verweist auf ein zentrales Charakteristikum des Wiener Fußballs in den 20er und 30er Jahren: In Wien, wo Literatur, Kunst, Musik, Philosophie und Geschäft ihre Heimstätte im Kaffeehaus hatten, speiste sich der Fußball nicht nur aus Quellen der Populär- und Massenkultur, sondern war auch mit Elementen der Boheme und der Kaffeehauskultur durchsetzt. Im besonderen traf dies auf die Wiener Austria zu.“ (Schulze-Marmeling 1992, S. 115).

„Ein bisserl Nobelklub war Austria immer“, sagt Karl Geyer, „wir waren immer der Gentleman-Klub. Bei der Austria war immer der dunkle Anzug im Koffer, und es gab auch auf dem Rasen ein standesgemäßes Motto: Tore nie gewaltsam schießen.“

Die Austria war erfolgreich mit ihrer Spielweise und kam sich 1925 mit der ebenfalls gut aufgelegten Hakoah ins Gehege. Am Ende der Spielzeit 1924/25 gab es nur noch zwei Anwärter auf den Meistertitel, Austria und Hakoah. Heutzutage wird der letzte Spieltag einer Saison komplett ausgetragen, das heißt: alle Spiele finden zeitgleich statt, um Manipulationen vorzubeugen. Damals war es anders: Austria hatte bereits alle Spiele absolviert und führte mit einen Punkt vor Hakoah, die ihr letztes Spiel unbedingt gewinnen mußte, um Meister zu werden. Friedrich Torberg schildert die Spannung am letzten Spieltag: „Gegner der Hakoah war der Wiener Sportklub, im Mittelfeld der Tabelle liegend, also für sich selbst chancenlos; aber die Hakoah um den Meistertitel zu bringen, war auch für ihn – wie Hamlet so richtig sagt – 'ein Ziel, aufs innigste zu wünschen', und das war es vor allem für den Austria-Anhang, der zur Unterstützung der Sportklub-Mannschaft in voller Stärke angerückt kam. ... Hakoah ging 1:0 in Führung, Sportklub erzielte den Ausgleich, zur Pause stand's 1:1, ungefähr in der 30. Minute der zweiten Halbzeit schoß Hakoah ein zweites Tor, und da sie auch weiterhin überlegen blieb, sah es ganz danach aus, als sollte sie den Vorsprung halten können...

Da, zehn Minuten vor Schluß, führte ein Gegenangriff des Sportklubs zu einem Corner, der Ball kam hoch herein, die Hakoah-Verteidigung brachte ihn nicht rechtzeitig weg, und es hieß 2:2. Daran nicht genug: In dem entstandenen Gedränge hatte der Hakoah-Tormann Fabian eine Verletzung erlitten, wurde vom Platz getragen und mußte, da es damals noch keinen Austausch gab, durch einen Feldspieler ersetzt werden. Die Wahl fiel notgedrungen auf den auch als Tormann geschulten Stürmer Nemes, den einzigen, der vielleicht imstande gewesen wäre, in den verbleibenden 10 Minuten das Spiel doch noch für Hakoah zu entscheiden. Mit ihm im Tor statt im Sturm und mit einem Mann weniger im Feld gab es nichts mehr zu hoffen. Der Meistertitel war beim Teufel oder auf dem Weg dorthin. Nur ein Wunder konnte ihn retten.

Das Wunder geschah. Es begann damit, daß Fabian, den verletzten Arm in einer Schlinge, wieder aufs Feld kam, natürlich nicht um seinen Posten im Tor einzunehmen, sondern um die Mannschaft wenigstens zahlenmäßig zu komplettieren. Er lief recht und schlecht auf dem von Nemes verlassenen rechten Flügel mit, und da es die Sportklub-Verteidigung für überflüssig hielt, den Halbinvaliden zu decken, stand er plötzlich frei, bekam den Ball zugespielt, riskierte auf gut Glück einen Schuß – und es stand 3:2 für Hakoah.... Hakoah hatte die österreichische Fußballmeisterschaft gewonnen. Es war die tollste Sensation, die sich denken ließ.

Orkanartiger Jubel brach los, riß die Hakoah-Anhänger auf der Tribüne von ihren Sitzen hoch, meine Freunde und mich und unsern Vordermann, der in besinnungslosem Triumphgeheul immer wieder die Arme emporwarf. Auch der neben ihm sitzende Austria-Anhänger sprang auf, aber bei ihm war's die Verzweiflung über den im letzten Augenblick verlorenen Meistertitel. Und er wußte seiner ohnmächtigen Wut nur dadurch Luft zu machen, daß er den neben ihm jubelnden Hakoah-Anhänger mit einem wohlgezielten Kinnhaken zu Boden streckte. Zwei meiner Freunde, kampferprobte Raufbolde und obendrein vom Siegesrausch beflügelt, stürzten sich auf ihn, schwangen die Fäuste und schickten sich an, ihm Fürchterliches zuzufügen. Da aber ertönte von unten her die Stimme des Mißhandelten: 'Ich bitt Sie, lassen Sie ihn in Ruh. Er ist mein Cousin.'" (Torberg 1990, S. 234 bis 237)

Schwedens König, Attila Hörbiger – und Matthias Sindelar

Einer der größten Fußballer in der Geschichte der Austria war Matthias Sindelar. Wegen seiner schmächtigen Gestalt auch der „Papierene" genannt, galt er als „denkender Fußballer", der spielerischer Intelligenz und Technik den Vorrang einräumte gegenüber kraftvollem Einsatz. Der „Papierene" war Spielmacher und Torjäger in einer Person. Eher umspielte er die gegnerische Abwehr gleich zweimal, als daß er sich mit „Abstaubertoren" begnügte. Zwischen 1926 und 1938 absolvierte Sindelar 44 Länderspiele, in denen er 27 Tore erzielte. Rund 600 Treffer schoß er in 700 Klubspielen. Einmal, bei einem Länderspiel gegen Italien am 20. März 1932, erzielte er zwei famose Tore, so daß ein Chronist euphorisch urteilte: „Diese beiden Volltreffer Sindelars gehören in die Sportgeschichte wie die Schlacht von Marathon, Hannibals Zug über die Alpen oder andere gewichtige Ereignisse." 1932 boten englische Klubs der Austria 25.000 Pfund für Sindelar – vergeblich. Sindelar gilt heute noch als einer der „versiertesten Spieler nicht nur der österreichischen Fußballgeschichte, sondern auch der Weltfußballgeschichte" (Schulze-Marmeling 1992, S. 130). Nicht bloß Friedrich Torberg gehörte zu seinen Anhängern, auch andere Künstler wie Attila Hörbiger und Hans Weigl.

Sindelar, der mit seiner feinen Spielweise die sogenannte „Wiener Schule" repräsentierte, war ein Arbeiterkind aus dem Wiener Stadtteil Favoriten. Das *Sport-Tageblatt* schrieb einmal über die Jugend des legendären Kickers: „Favoriten ist ein Bezirk der Sorgen, in dem es Kinder gibt, die nie das Vorrecht der Jugend, unbesorgt andere für sich sorgen zu lassen, in Anspruch nehmen dürfen. Sie wissen schon, was der Kampf ums Leben bedeutet, noch bevor sie wissen, was Leben ist. Gar unser

Sindelar, der aus einer Arbeiterfamilie stammt, dem der Weltkrieg den Ernährer geraubt hat."

Im Alter von 14 Jahren hatte Matthias Sindelar, der am 10. Februar 1903 in dem Dörfchen Kozlau nahe Iglau geboren worden war, seinen Vater verloren. In Favoriten, wo er mit Mutter und zwei Schwestern wohnte, war „böhmisch" die Umgangssprache. Er galt als stiller, bescheidener, disziplinierter und gutmütiger Mensch, der sich trotz seiner sportlichen Erfolge stets im Hintergrund hielt. Folgende Anekdote gibt davon Zeugnis: „Lehrspiel der Wiener Austria in Schweden. Schwedens Fußballfans feiern die Österreicher. Begeistert zeigt sich auch Schwedens König, ein großer Fußballfan, der es sich nicht nehmen läßt, die Gäste aus Wien in der Kabine zu besuchen. Besonders Matthias Sindelar hat es dem Monarchen angetan. Der König will Sindelar in ein Gespräch verwickeln, aber der geniale Schlachtenlenker des grünen Rasens bleibt stumm wie ein Fisch. Er ist nicht darauf vorbereitet, von einem Monarchen angesprochen zu werden. Nur auf die Frage des Königs, ob es ihm in Schweden gefalle, bringt er ein zaghaftes 'Ja' hervor. Als Schwedens Herrscher den Raum verläßt und das Ereignis von den Spielern eifrig besprochen wird, meint Sindelar: 'Aber daß i deshalb gleich a Red halten hab müssen...'"

Und Sindelar scheint ein Mann mit Prinzipien gewesen zu sein, wenngleich – ein Fleck auf der weißen Weste? – er 1938 ein nach den Arisierungsmaßnahmen frei gewordenes Café übernahm. Allerdings zahlte er dem jüdischen Vorbesitzer, einem guten Bekannten des Kikkers, eine Summe, die dem tatsächlichen Wert der Liegenschaft entsprach.

Am 3. April 1938 fand zwischen Deutschland und Österreich das sogenannte „Anschlußspiel" statt, welches der politisch Entmündigte mit 2:0 für sich entschied – obwohl es vor dem Spiel eine Anweisung gegeben haben soll, die den Österreichern das Toreschießen untersagte. Einer der beiden Torschützen war Matthias Sindelar.

In der ersten Halbzeit vergab Sindelar – bewußt oder unbewußt – eine größere Anzahl an Einschußmöglichkeiten. In der zweiten Spielhäfte indes verwandelte er, Befehl hin oder her, einen Abpraller gefühlvoll zum 1:0 für den heim ins Reich geholten kleinen Bruder. Das 2:0 erzielte Sindelars Spezi „Schasti" Sesta.

Die Zwangsvereinigung auf dem Fußballfeld machte Sindelar nicht mit. Der großdeutschen Auswahl, die sich nahezu paritätisch aus deutschen und ehedem österreichischen Kickern zusammensetzte, blieb er fern. Der damalige Reichstrainer Sepp Herberger hätte ihn liebend

Er „spielte Fußball wie kein zweiter“: Matthias Sindelar.

gerne nominiert. Sindelar verwies offiziell auf sein für einen Fußballer fortgeschrittenes Alter von 35 Jahren. Weil er indessen über das Feld fegte wie ein Junger, mithin Ermüdungserscheinungen nicht zu erkennen waren, vermutete Herberger politische Motive hinter Sindelars ablehnender Haltung: „Ich brauchte einen Mann wie Sindelar wegen seiner Erfahrung, seiner Spielübersicht und seiner Autorität. Aber Sindelar wollte nicht, und zwar aus politischen Gründen. Er konnte sich mit dem Nazi-Regime nicht identifizieren. Das gab er mir gegenüber freilich nicht zu." (Schulze-Marmeling 1992, S. 133).

Matthias Sindelar starb am 23. Januar 1939 im Alter von nur 35 Jahren. Bis heute sind die Umstände seines Todes nicht geklärt; mit Sindelar verschied auch seine jüdische Lebensgefährtin. Der Polizeibericht vermerkte „Tod durch Kohlenoxyd". Der Abzug seines Ofens sei verstopft gewesen, weswegen das giftige Gas nicht abziehen konnte. Die Tatsache, daß seine Lebensgefährtin Camilla Castagnolla Jüdin war, verleitet zu der Annahme, beide seien unter dem brutalen Druck der politischen Ereignisse freiwillig aus dem Leben geschieden – oder, wie einige wenige meinen, gar umgebracht worden. Zumal der Kaminkehrer, der mit der Klärung des Falls betraut worden war, einen Schaden am Kamin ausschloß; ebensowenig sei der Abzug des Ofens mit Watte verstopft gewesen. Überdies sei beim Auffinden von Matthias Sindelar und Camilla Castagnolla in der Wohnung kein Gasgeruch wahrgenommen worden.

Eine Selbstmordtheorie wurde von Verwandten und Bekannten jedenfalls verworfen. „Niemand glaubte daran, daß der Mittelstürmer krank oder lebensüberdrüssig gewesen wäre. Er war gesund, finanziell unabhängig, sein Kaffeehaus ... florierte", schreibt Karl-Heinz Schwind in seinem Buch „Geschichten aus einem Fußball-Jahrhundert". „Als man Sindelar und seine Freundin Camilla Castagnola nackt im Bett liegend fand, standen auf dem Tisch eine zur Hälfte geleerte Likörflasche und zwei Gläser. Sindelar war bereits einige Stunden tot, seine Gefährtin wurde noch lebend in das Allgemeine Krankenhaus eingeliefert, verstarb aber dort, ohne noch einmal vernommen werden zu können. ... Mord aus verschmähter Liebe (Sindelar soll des öfteren mit dem Gedanken gespielt haben, die ohnehin nur flüchtige Beziehung zu seiner Freundin zu lösen, d.A.), Selbstmord aus politischen Gründen, Angst vor Krankheit? Oder vielleicht ein simpler, unvorhergesehener Unfall? Die Behörden hatten für eine restlose Aufklärung niemals Ambitionen gezeigt." (Schwind 1994). Nach amtlicher Version gingen die Dokumente über den Tod der beiden bei Kriegsende verloren.

„Allerdings spricht einiges dafür", meint Schulze-Marmeling, „daß die Selbstmordthese ein Produkt jener Mythen- und Legendenbildung ist, von der alle frühzeitig Verschiedenen – zumal in Wien – verfolgt werden. Tatsache ist, daß das Favoritener Arbeiterkind, das im übrigen seine soziale Herkunft niemals verleugnete, zwar mit der Sozialdemokratie sympathisierte, aber sich nach außen hin völlig unpolitisch gab und dies wahrscheinlich auch mehr oder weniger war." (Schulze-Marmeling 1992, S. 134/135)

Als Sindelar am 28. Januar 1939 auf dem Wiener Zentralfriedhof beigesetzt wurde, waren 15.000 Trauergäste anwesend. In Favoriten wurde eine Straße nach ihm benannt (10. Sindelargasse). Als Sindelars Mutter Marie das Café Sindelar übernehmen wollte, erteilte ihr der zuständige „Kreispersonalamtsleiter" folgende Absage: „Genannte ist Nationaltschechin, die für die Bewegung absolut nichts übrig hatte. Sie war stets gegnerisch eingestellt, verteilte an tschechische Kinder Lebensmittel, ist eine große Egoistin, die nur auf sich bedacht ist. Einer Förderung durch den NS-Staat nicht würdig." (Schwind 1994, S. 105). Das Café führten dann wenigstens Sindelars Schwestern Rosi und Poldi weiter.

Der Bundeskanzler und der Wundertorwart

Fußballer neigen zu Pathos und Übertreibung. So wurde jene österreichische Nationalmannschaft, welche anfangs der dreißiger Jahre famose Vorstellungen auf Europas Fußballfeldern ablieferte, kurzerhand und unbescheiden als „Wunderteam" tituliert.

Jener Eliteauswahl gehörte neben Matthias Sindelar auch der legendäre Tormann Rudi Hiden an. Hiden, der sich stets mit Rollkragenpulli und Schirmmütze auf die Kalklinie zwischen den Pfosten stellte, gilt für viele heutzutage als Österreichs größter Torhüter aller Zeiten. In den dreißiger Jahren war er ungemein populär. Aus dieser Zeit stammt die Anekdote mit einem kleinen Jungen, der den österreichischen Bundeskanzler um ein Autogramm gebeten hatte. Als der Knirps noch ein zweites haben wollte, fragte ihn der Politiker nach dem Grund hierfür. Der Knabe antwortete: „Ja, wissens, für zwei Bundeskanzlerautogramme kann ich in der Schul ein Autogramm für Rudi Hiden eintauschen."

Das „Wunderteam" Österreichs blieb in den Jahren 1931 und 1932 in zwölf Spielen in Serie ungeschlagen. Die Geburtsstunde jener Mannschaft war ein fantastischer 5:0-Sieg über die seinerzeit sehr ernst zu nehmenden Schotten, die damals noch unbesiegt waren auf dem europäischen Kontinent.

Die Schweiz (8:1), Ungarn (8:2) und Deutschland (6:0 in Berlin und 5:0 in Wien) wurden ebenfalls locker vom Rasen gefegt. Die Deutschen mußten sich damals gefallen lassen, von Österreich als „Jausengegner" bezeichnet zu werden.

Gestoppt wurde Österreichs sagenhafte Serie vom Fußball-Mutterland England. Am 7. Dezember 1932 siegten die Briten in London hauchdünn mit 4:3 Toren. Allerdings gaben selbst englische Zeitungen zu, daß das bessere Team verloren habe, denn elf rustikale Kämpfer hatten schlicht mit unbändigem Mannschaftsgeist elf Techniker niedergerungen. Man sprach von einem „einmaligen Fußballfest".

In den folgenden Jahren wurde das „Wunderteam" auf ein profanes Maß gestutzt, wenngleich die Österreicher ein passabler Wettkampfgegner blieben. Bei der Weltmeisterschaft 1934 in Italien wurden sie Vierter und dabei ausgerechnet von „Jausengegner" Deutschland bezwungen im Spiel um Platz drei. Bei den Olympischen Spielen 1936 in Berlin erreichte Österreich immerhin das Endspiel. Erst nach Verlängerung siegte Italien mit 2:1 Toren.

Die österreichische Nationalmannschaft hatte in den Klubmannschaften einen starken Unterbau. Österreich war das erste Land auf dem Kontinent (gefolgt von den anderen mitteleuropäischen Nationen Ungarn und der Tschechoslowakei, die bezeichnenderweise ebenfalls unter permanenten ökonomischen Krisen litten), das den Berufsfußball einführte. Insbesondere Rapid und Austria Wien waren den europäischen Spitzenteams ein ebenbürtiger Gegner, was sich deutlich bei den länderübergreifenden Auseinandersetzungen im sogenannten Mitropa-Cup zeigte. Dieser Wettbewerb war 1927 auf Initiative des Generalsekretärs des Österreichischen Fußball-Verbands (ÖFB), Hugo Meisl, aus der Taufe gehoben worden; mitmachen konnten die Meister und Cupsieger der zentraleuropäischen Länder Jugoslawien, CSSR, Ungarn und Österreich. 1929 wurde Italien mit einbezogen, in der zweiten Hälfte der dreißiger Jahre kamen Klubs aus der Schweiz und Rumänien hinzu. Der Mitropa-Cup besaß den Stellenwert der heutigen Europacup-Wettbewerbe. Rapid Wien gewann den Pokal 1930, Austria 1933 und noch einmal 1936.

„Mit deutschem Gruß"

Österreich hatte sich schon für die Weltmeisterschaft 1938 in Frankreich qualifiziert, als das Land am 12. März dieses Jahres an das Deutsche Reich angeschlossen wurde. Ein Teil der österreichischen Nationalspieler kickte fortan mit leidlichem Erfolg in Reichstrainer Sepp Herbergers Elite-Team. Der Österreichische Fußballverband (ÖFB) setzte am 28. März den Internationalen Fußball-Verband FIFA „pflichtschuldig", wie Rudi Michel später in der *Frankfurter Allgemeinen* schrieb, von seiner Liquidation in Kenntnis. Die Mitgliedschaft in der FIFA sei „als erloschen zu betrachten". Der Brief schließt „Mit deutschem Gruß", gezeichnet Doktor E. Eberstaller.

Die Zwangsauflösung des österreichischen Verbandes und der Nationalmannschaft wurde propagandistisch sorgfältig vorbereitet. Einen Höhepunkt bildete das erwähnte „Anschlußspiel" zwischen Deutschland und Österreich am 3. April 1938, über das der *Kicker* schrieb, das Spiel sei das „Glaubensbekenntnis der Fußballer im Großdeutschen Reich". *Kicker*-Schriftleiter Müllenbach legte gleich noch ein persönliches politisches Bekenntnis nach: „Die Reise der deutschen Fußballexpedition als Abschluß der großen Werbewoche des Reichssportführers in Österreich war ein schönes und erhebendes Erlebnis gewesen, ein schöner Ausklang. Die kameradschaftliche Verbundenheit wurde nach dem Spiele zwischen den Mannschaften und zwischen den Führern weitergefestigt, und bald werden wir mit unseren österreichischen Kameraden gemeinsam in eine neue Zukunft marschieren. Jeder wird dort sein Bestes einsetzen für das gemeinsame, große Vaterland, und jeder wird bestrebt sein, auf seinem Posten das Beste einzusetzen. Dazu gehört, daß wir alle am 10. April unsere Pflicht erfüllen, die darin besteht, dem geliebten Führer Adolf Hitler treue und ergebene Gefolgschaft zu schwören" (am 10. April fand in Österreich die Volksabstimmung über den Anschluß an das Deutsche Reich statt – im Deutschen Reich stimmten nach offiziellen Angaben 99,0 Prozent für den Anschluß, in Österreich sogar 99,75 Prozent, d. A.).

Im Widerspruch zu der hier zur Schau gestellten Kameradschaft ist in demselben Artikel auch noch von nicht näher spezifizierten, anscheinend eher unschönen Vorfällen die Rede: „... und in der Hitze des Kampfes hat manches sich ereignet, das besser ungeschehen gewesen wäre." Tatsächlich gibt es Indizien, daß die österreichischen Nationalspieler die politische Intention des „Verbrüderungsspiels" in der zweiten Halbzeit umbogen. Sie erkämpften einen 2:0-Sieg, den 60.000 Zuschauer so enthusiastisch feierten, „daß Reichssportführer von Tschammer und Osten ... ein gewisses Befremden über diesen 'Nationalismus' nicht unterdrücken konnte" (Huba 1996, S. 103).

Mit bekanntem Pathos hatte Hans von Tschammer und Osten schon vor seiner „Werbewoche" die Vereinigung auf dem Felde des Sports gehuldigt. Dem österreichischen Parteigenossen Müller, der die Führung der dortigen Turn- und Sportfront übernommen hatte, sandte er ein herzliches Begrüßungstelegramm: „Lieber Pg. Müller! Herzlichen Dank für die mir übermittelten Treuegrüße. In der Welle der beispiellosen deutschen Volkserhebung brausen die Kräfte der Turner und Sportler gewaltig mit. Nichts mehr trennt Volk von Volk, der Traum Jahns findet seine Erfüllung! Den heimkehrenden Brüdern sind unsere Herzen weit geöffnet, wir werden ihnen helfen, wo immer wir können. So grüße ich alle leibestüchtigen Menschen Österreichs in herzlicher Verbundenheit." (*Münchner Neueste Nachrichten,* 14.3.1938).

Ende einer Fußball-Kultur

Organisatorisch und politisch krempelten die neuen Machthaber den österreichischen Fußball um. Als Gau XVII „Ostmark" wurde der ÖFB dem Nationalsozialistischen Reichsbund für Leibesübungen angegliedert und spielte seine eigene Meisterschaft aus. Der Ostmark-Primus nahm gegen die übrigen „Gaumeister" an der großdeutschen Meisterschafts-Endrunde teil.

Zugleich wurde das in Österreich verbreitete Berufsspielertum verboten. Die *Münchner Neueste Nachrichten* berichteten darüber am 4. Juni 1938: „Am 31. Mai haben alle in Betracht kommenden Wiener Vereine die Verträge der in ihren Diensten stehenden Berufsspieler gekündigt. Mit diesen Vertragskündigungen haben alle Beteiligten, auch die Spieler, gerechnet; sie hat im Augenblick nur die Bedeutung einer längst erwarteten Formalität. Damit ist aber die Liqidation des Berufsspielertums keineswegs abgeschlossen, da nunmehr die Bemühungen, den Spielern eine Möglichkeit zu einer beruflichen Tätigkeit zu verschaffen, die schon eingesetzt haben, in beschleunigtem Tempo fortgeführt werden. Insgesamt handelt es sich um etwa 160 Spieler. Es besteht natürlich auch die Möglichkeit beruflicher Übersiedelung nach auswärts (die im einen oder anderem Fall sicher erfolgen dürfte). Man spricht zum Beispiel auch in München schon davon, daß bei dieser Gelegenheit vielleicht der eine oder andere Mann hierherkommen könnte."

Das Vorgehen der Nazis trieb auch groteske Blüten. Weil der Name Austria (lateinisch für Österreich) in der Sprachregelung des großdeutschen Reiches nicht vorkommen sollte, wurde der Klubname „Austria" ebenso konsequent wie peinlich in „SC Ostmark" geändert. Weil die Fans vehement protestierten, wurde diese absurde Anordnung schon im Juli 1938 wieder rückgängig gemacht. Rigoros wurde freilich die Führung abgelöst. Nach der Annexion mußte Austrias jüdischer Klubpräsident Dr. Emmanuel „Michl“ Schwarz sein Amt abgeben. Der Verein wurde unter kommissarische Verwaltung gestellt, ein nazinaher „Vereinsführer“ stand fortan an der Spitze des ehedem jüdischen Klubs.

Auch die Mannschaft litt unter den politischen Veränderungen. Sindelar schied aus dem Leben, seine Kameraden Walter Nausch, Mitglied im sogenannten „Wunderteam“ und Kapitän der Austria, und Camillo Jerusalem emigrierten. Nausch hatte sich geweigert, sich von seiner jüdischen Frau zu trennen; er ging zu den Grasshoppers nach Zürich. Der Jude Jerusalem wanderte nach Frankreich aus, denn alle jüdischen Fußballer waren von den Meisterschaftsspielen ausgeschlossen worden. Laut der Satzung des Nationalsozialistischen Reichsbunds für Leibesübungen mußten „nichtarische und undeutsche Elemente“ aus dem Fußballsport eliminiert werden.

Austrias Mannschaft war geschwächt, spielte aber weiter. Hakoah Wien hingegen wurde aufgelöst. Die Nationalsozialisten beschlagnahmten in bekannter Weise das Vereinsvermögen, die Ergebnisse der in Meisterschaftsspielen stehenden Fußballmannschaft wurden annulliert, Hakoahs Fußballplatz wurde der SS-Standarte 90 zugewiesen. Den meisten Hakoah-Mitglieder gelang vor der Deportation und Ermordung die Flucht ins Ausland. Dennoch wurden Dutzende österreichische Hakoahaner getötet oder in Lagern zugrundegerichtet. John Bunzel im Erinnerungsband „Hoppauf Hakoah“: „Die bekanntesten (Opfer, d.A.) sind Fritz Löhner, der unter dem Namen Beda viele Gedichtbände veröffentlichte ... und der einer der Fußball-Pioniere und langjähriger Funktionär war; Löhner, der in einem Nebenlager von Auschwitz starb, war auch der Textdichter des Buchenwald-Liedes; und Max Scheuer, einer der berühmtesten Fußballer der früheren Hakoah, ehemaliger Nationalspieler.“ (Bunzel 1987)

Zerstört war auch die einst hochgelobte Spielkultur der österreichischen Nationalmannschaft. Die Zwangsvereinigung der beiden Nationalteams, die Reichstrainer Herberger betreiben mußte, scheiterte zwangsläufig (siehe auch Kapitel: Die Nationalmannschaft). Zur Weltmeisterschaft 1938 wollte Hitler mit einer 50:50-Kombination der starken Teams aus dem „Altreich“ und aus Österreich zweierlei erreichen: sowohl den sportlichen Erfolg wie auch die politische Demonstration. Doch das Zusammenspiel auf dem Fußballfeld klappte nicht: Zwei verschiedene Spielsysteme prallten aufeinander und waren unvereinbar.

Die Deutschen waren konditions- und laufstark, überaus diszipliniert und schnörkellos, aber technisch weniger stark als die Österreicher. Der Deutschen raumgreifende Kombinationen standen im krassen Gegensatz zur Wiener „Scheiberln", jenem genialen, aber bisweilen zu ballverliebten Kurzpaßspiel. Hinzu kamen persönliche Animositäten zwischen den deutschen und österreichischen Kickern. Herberger soll über die Österreicher gesagt haben: „Die mit ihrem Scheiberl-Fußball, die können doch nicht kämpfen." Etwas origineller verpackte der Rapid-Fußballer Pesser seine Kritik an den Deutschen: „Die spielen streng nach Heeresordnung ihren Kraft-durch-Tritte-Fußball."

Der sportliche Mißerfolg war die Konsequenz: Bei der WM in Frankreich flog das vereinigte Team in der ersten Runde aus dem Turnier. „60 Millionen Deutsche spielen in Paris", hatte der *Völkische Beobachter* vor der Partie gegen die Schweiz noch getönt. Nach dem Sieg der Eidgenossen feixte der Schweizer Journalist Edwin Kleiner von *Zürich Sport* zurück: „Da spielen also 60 Millionen Deutsche – uns genügen elf Spieler."

Meisterschaftsfinale: „Flotter Marsch gegen Wiener Walzer"

Dreimal gelangten Wiener Vereinsmannschaften bis 1944 ins Finale der Deutschen Meisterschaft, wo sie jeweils auf die damals nahezu übermächtige Elf von Schalke 04 trafen: 1939 Admira Wien (0:9), 1941 Rapid Wien (4:3) und 1942 Vienna Wien (0:2). Vor allen die Finalspiele 1939 und 1941 wurden wegen ihrer unerwarteten Resultate von politischen Diskussionen begleitet. Während sich 1941 die Schalker verschaukelt fühlten, schürte der ungewöhnliche 9:0-Kantersieg der Westdeutschen 1939 den Verdacht, die Nazis hätten wenige Monate vor Kriegsausbruch über ihren Vorzeigeklub Schalke 04 noch einmal Stärke demonstriert.

1939: Schalke 04 - Admira Wien 9:0. Die Stimmung rund um diese Finale beschrieb der *Kicker* 1941 in seinem Sonderdruck „Deutsche Fußballmeister": „Mit riesiger Spannung sah Großdeutschlands Fußballgemeinde dem Endspiel entgegen, stand doch hier zum erstenmal seit der Geschichte der deutschen Fußballmeisterschaft eine Mannschaft der ins Reich heimgekehrten Ostmark im Kampf gegen eine Elf aus dem Altreich. 'Schalker Kreisel – Wiener Technik', unter diesen und ähnlichen Schlagzeilen war das Spiel Gegenstand spaltenlanger Betrachtungen in den Fachblättern und Tageszeitungen. An alles hatte man gedacht, nur nicht an das, was sich dann auf dem Rasenteppich des Olympia-Stadions abspielte. Schalkes neuer Trainer, der frühere Karlsruher

Leichtathlet und Fußballer Otto Faicht, der das Erbe des 1938 wieder nach Süddeutschland zurückgekehrten 'Bumbas' Schmidt übernommen hatte, brachte mit Klodt, Bornemann, Schweißfurth, Gellesch, Tibulski, Berg, Eppenhoff, Szepan, Kalwitzki, Kuzorra und Urban eine Mannschaft heraus, die sich körperlich in einer nicht zu überbietenden Verfassung befand. Alles das, was man schon seit langem an dem Schalker Spiel rühmte, die vollendete Technik und Körperbeherrschung jedes einzelnen Spielers, die haargenaue Ballkontrolle und die so kunstvoll zusammengefügten Kombinationen spielte diese Elf in einer Art und Weise aus, wie man es noch nie von einer deutschen Mannschaft erlebt hatte."

Die Admira hingegen war für die *Münchner Neueste Nachrichten* „ein hilfloses Wrack, das inmitten der Schalker Kombinationswellen trieb und sich kaum zu helfen wußte. Nach 24 Minuten hieß es schon 3:0 für Schalke. Trotzdem hätte man aber erwartet, daß sich die Wiener wenigstens ernstlich wehren würden, wie man das von einem ernsthaften Endspielgegner gewohnt ist. Nichts geschah aber. Nur fünf Minuten lang, gegen Mitte der ersten Halbzeit, sah man so etwas wie ein logisches und interessantes Spiel der Wiener Elf, dann sackte sie wieder vollkommen zusammen und blieb in einer kaum verständlichen Lethargie ... Als die Unterlegenen dann noch derb zu werden versuchten, hatten sie nicht mehr die geringste Sympathie beim Publikum."

Zweifellos: „Schalke spielte das beste Spiel überhaupt", schrieb Dieter Ueberjahn in seinem Buch „Meisterclubs des deutschen Fußballs", „Fußball in Vollendung. Ein flotter Marsch gegen einen Wiener Walzer. Der beste 'Kreisel', den es je gab." (Ueberjahn 1980, S. 40).

Indes macht es mißtrauisch, daß einige der besten Admira-Kicker kurz vor dem Endspiel zu einem an sich wertlosen Auswahlspiel berufen worden waren. Prompt verletzten sich der starke Tormann Platzer und der kaum minder wichtige Verteidiger Schall. Sie fehlten beim Finale, Admira war mithin enorm geschwächt. „Noch heute grollt man in Wien", schrieb Hardy Grüne, „und schwört, daß Platzer und Schall absichtlich verletzt wurden, um Schalkes Sieg im ersten 'großdeutschen' Endspiel sicherzustellen" (Grüne 1995, S. 125).

Zur Machtdemonstration geriet auch das Ausmaß der Strafe für den des Feldes verwiesenen Austria-Kicker Klack. Die *Münchner Neueste Nachrichten* berichteten am 19. Juni 1939 unter dem Titel „Schnelle und schwere Strafe": „Der Reichssportführer hat wegen des tätlichen Angriffs des Admiraspielers Klack gegen den Schalker Spieler Szepan folgende Entscheidung getroffen:

1. Klack wird für dauernd aus dem NSRL (Nationalsozialistischen Reichsbund für Leibesübungen, d.A.) ausgeschlossen.

2. Admira wird bis zum Schluß der diesjährigen Spielzeit, 30. Juni 1939, gesperrt.

3. Falls bei der Admira nochmals schwere Verstöße gegen die Sportkameradschaft vorkommen, wird gegen den ganzen Verein mit schweren Strafen vorgegangen.

4. Die Vereinsleitung der Admira erhält einen scharfen Verweis, weil sie in fahrlässiger Weise ihrer Erziehungspflicht gegenüber der Mannschaft nicht nachgekommen ist."

1941: Rapid Wien gegen Schalke 04 4:3. Am 22. Juni 1941 standen sich im Finale der österreichische Arbeiterverein Rapid Wien, den die Nazis bis dato weit weniger drangsaliert hatten als etwa Hakoah oder Austria Wien, und wiederum der FC Schalke 04 gegenüber – ausgerechnet am Tag des deutschen Überfalls auf die Sowjetunion. Es wäre gewagt, hier einen Zusammenhang zu konstruieren. Immerhin aber verkündete der Stadionsprecher vor 90.000 Zuschauern im Berliner Olympiastadion: „Der Sport dient dem Einsatz für Führer und Volk. Wir gedenken mit heißem Herzen unserer Soldaten an allen Fronten. Es lebe der Führer!" Die Tatsache, daß gleichzeitig mit der Ausweitung des Krieges dieses Finale durchgeführt wurde, diente als „Beweis für die guten Nerven und die absolute Zuversicht aller Deutschen" (Goch 1990, S. 92).

Doch war das Ergebnis nach dem Geschmack der braunen Machthaber? Die Wiener siegten nach 0:3-Rückstand überraschend mit 4:3 Toren. Dabei soll schon vor Spielbeginn Schalkes Name in die Trophäe eingraviert worden sein. Nur Täuschung? Manche mutmaßen, der Wiener Erfolg sei auf Geheiß der Nazi-Führung zustandegekommen – um sich die Loyalität des zwangsvereinigten Brudervolks zu sichern. Wie anders sei es sonst zu erklären, daß Rapid gleich zwei Elfmeter zugesprochen bekam und somit die Aufholjagd zu einem glücklichen Ende führen konnte? Der Schalker Kapitän Kuzorra jedenfalls soll, so sagt es die Legende, die Annahme der Silberplakette verweigert haben mit den Worten: „Das war Politik, nicht Sport."

Dem widerspricht freilich das Verhalten der Nazis nach dem Finale: In einer Erklärung der NS-Sportführung hieß es, „die bessere Mannschaft" habe verloren. Überdies wurden die stärksten Spieler Rapids an die Front beordert, darunter der berühmte Franz „Bimbo" Binder. Billige Rache? Ihm hatte es gar nichts geholfen, daß er in neun Spielen für

Deutscher Meister 1941: Rapid Wien. Ganz rechts Franz „Bimbo" Binder.

die gesamtdeutsche Nationalmannschaft zehn Tore erzielt hatte. Tatsächlich hat Binder nach diesem Endspiel nie mehr für die deutsche Nationalmannschaft gespielt.

Binder schoß für Rapid in 19 Jahren und 756 Spielen genau 1006 Treffer – das übersteigt sogar die Dimensionen des späteren „Bombers der (deutschen) Nation", Gerd Müller. Der 1,90 große Binder war in St. Pölten als Sohn eines Eisenbahners aufgewachsen. Mit Rapid wurde er sechsmal österreichischer Meister und einmal Pokalsieger. Die Herkunft seines Spitznamens ist übrigens so schlicht wie peinlich: Als Binder einst mit Mannschaftskameraden im Kino saß und ein Schwarzer in dem Film mitspielte, der einen ähnlich schlurfenden Gang hatte wie Binder, hießt der Wiener fortan „Bimbo"...

Binder überlebte den Krieg und arbeitete später erfolgreich als Trainer, unter anderem bei Rapid Wien, dem PSV Eindhoven, dem 1. FC Nürnberg und dem TSV 1860 München.

Randale gegen Deutsche aus dem „Altreich"

In Österreich wuchs trotz der vermeintlichen Beschwichtigungsaktion vom 22. Juni 1941 der Unmut. „Ohne Zweifel waren seit der nationalsozialistischen Machtübernahme in Österreich bei Teilen der Bevölkerung Umdenk- und Orientierungsprozesse im Gange, die als 'Österreich-Tendenzen' zu bezeichnen sind", analysiert der Wiener Historiker Michael John. „Jedenfalls können sie als Antwort auf einen Identitätsverlust interpretiert werden. In den Ausschreitungen österreichischer

Fußballanhänger manifestierte sich diese Haltung wenig reflektiert auch auf dem Fußballfeld." (John/Eisenberg 1996, S. 12)

In den folgenden Jahren kam es immer wieder bei Spielen gegen Mannschaften aus dem „Altreich" zu anti-deutschen Krawallen. „Als im Jänner 1939 Rapid-Spieler und -Anhänger in Berlin beim Cup-Finale als 'Ostmarkschweine' beschimpft worden waren, revanchierte sich das Wiener Publikum 1940 beim Pokalspiel Rapid gegen Fürth. Der SD (Sicherheitsdienst)-Bericht der SS hielt fest: 'Der Krach ging los, als der Schiedsrichter das Feld betrat und bekannt wurde, daß er ein Berliner sei. Er wurde mit Pfeifen und Gejohle empfangen... Es waren genug gegnerische Elemente unter dem Publikum, denen es gelang, mit der Parole 'Gegen die Altreichsdeutschen' auch Gutwillige und Parteigenossen mitzureißen'." (John/Eisenberg 1996, S. 11)

Überliefert sind überdies vor allem die Zwischenfälle während und nach dem Spiel Admira Wien gegen Schalke 04 am 17. November 1940. Wien wurde in diesem Spiel von einem Schiedsrichter aus Dresden angeblich benachteiligt. Die aufgestaute Wut entlud sich. „Antideutsche Sprechchöre, Schlägereien, Steinwürfe und stürmische Parteinahme zehntausender Stadionbesucher für die Wiener meldete der SD." (John/Eisenberg 1996, S. 12) Der Schalker Mannschaftsbus wurde demoliert und sämtliche Reifen der Karosse von Gauleiter Baldur von Schirach zerschnitten.

„Wie tief kann man noch sinken?" – Österreichischer Fußball nach 1945

Der österreichische Fußball konnte nie wieder an die Erfolgsära zwischen den beiden Weltkriegen anknüpfen. Die Deutschen, welche vom österreichischen „Wunderteam" einst vorgeführt wurden, sind zum großen Bruder geworden, dessen Erfolgsbilanz unerreichbar ist.

Fast 30 Jahre mußte der südliche Nachbar warten, ehe er dem nördlichen fußballsportlich ein Schnippchen schlagen konnte. Nach acht Pleiten und drei Unentschieden seit 1951 erlebten die Österreicher 1978 ein nationales Glücksgefühl. Beim Gruppenspiel der Weltmeisterschaft in Argentinien besiegte Österreich Deutschland mit 3:2. Nicht alleine der Sieg machte das Team froh: Deutschland verpaßte durch die Niederlage in Cordoba zumindest den Einzug in das sogenannte „kleine Finale". Es war eine Genugtuung besonderer Art für die in Deutschlands Schatten stehende Alpenrepublik, die zuletzt bei der Eishockey-WM 1996 ihre offene Antipathie gegen die Piefkes zur Schau trug, deren Schützenhilfe sie benötigten. Der *Wiener Kurier* schrieb stellvertretend: „Die Österreicher müssen heute zu den Deutschen halten, ob sie wollen oder nicht. Wie tief kann man noch sinken?"

Die österreichischen Vereinsmannschaften spielten nach 1945 im internationalen Fußball nur noch eine untergeordnete Rolle. Drei Finalteilnahmen im Europacup der Pokalsieger haben die Wiener Klubs Austria und Rapid vorzuweisen (Austria 1978, Rapid 1985 und 1996). Wacker Innsbruck gewann 1975 und 1976 den inzwischen bedeutungsarmen Mitropa-Cup, und Austria Salzburg schaffte es 1994 ins Finale des UEFA-Cups, verlor dort aber.

Die höchste Liga im österreichischen Fußball taugt ebenfalls nicht als Aushängeschild und wird zuweilen als „Operettenliga" verhöhnt. Nicht selten verschlägt es in Deutschland gescheiterte Jungprofis nach Wien, Salzburg oder Innsbruck. Mit den Trainern verhält es sich ähnlich. Horst Hrubesch und Egon Coordes beispielsweise, denen in Deutschland der Durchbruch verwehrt blieb, trainierten in den letzten Jahren Spitzenklubs in Österreich.

„Empörende Vorfälle" nach dem Krieg

Hakoah Wien wurde wiedergegründet nach dem Zweiten Weltkrieg, am 10. Juni 1945. Dies geschah allerdings unter katastrophalen Umständen. Zum einen lebten nach dem Ende des nationalsozialistischen Rassenwahns bloß noch einige tausend Juden in Wien. Mehr als 120.000 waren vertrieben worden, 65.000 hatten ihr Leben lassen müssen. Die Fußballmannschaft wurde mit Halbprofessionellen separat vom Stammverein geführt, mußte aus Personalmangel auch Nicht-Juden aufnehmen und spielte zuerst in der zweiten, dann in der dritten Liga.

Zum anderen hatten die wieder sporttreibenden Hakoahner erneut mit dem Antisemitismus von Ewiggestrigen zu kämpfen. Im Polizeibericht vom 24. März 1946 hieß es über Ausschreitungen beim Spiel Polizei Wien gegen Hakoah: „Als in letzter Minute vom Schiedsrichter gegen Hakoah ein Strafstoß angeordnet wurde, kam es zunächst zu einer Anrempelung des Schiedsrichters, die zu einer allgemeinen Schlägerei führte, weil angeblich von unbekannter Seite die 'Saujuden' gefallen sind... Ein Teil der Zuschauer rief dabei: 'Ins Gas mit ihnen.' Die Alarmabteilung der Wiener Polizei mußte die nachfolgende Schlägerei beenden."

Zweieinhalb Jahre später, am 7. November 1948, „entgleiste das Spiel der Wiener Dritten Klasse, Brigittener AC Sparta gegen Hakoah: Tobendes Publikum, verbale und physische Übergriffe gegen jüdische Spieler und Zuschauer sowie ein parteiischer Schiedsrichter führten zu folgendem Kommentar der Hakoah: 'Die oberste österreichische Sportbehörde wird davon Kenntnis nehmen müssen, daß es unter solchen Umständen unmöglich ist, von einem geregelten Sportbetrieb zu sprechen. Mit Rücksicht auf das Ansehen des österreichischen Sports und auf das Ansehen Österreichs in der Welt ist es Aufgabe des Fußballverbandes, die Sicherheit der jüdischen Sportler und des Publikums mit allen zur Verfügung stehenden Mitteln zu gewährleisten, zumal sich ähnliche empörende Vorfälle seit der Befreiung wiederholt ereignet haben.' Auf den Protest der Hakoah beschloß der Fußballverband eine Annullierung und Neuaustragung des Spiels unter Ausschluß der Öffentlichkeit." (John/Schulze-Marmeling 1994, S. 133)

1950 mußte der Fußballklub Hakoah aufgrund von Finanz- und Nachwuchsproblemen den Betrieb einstellen. Doch die Geschichte der Hakoah Wien war damit nicht zu Ende.

Im Frühjahr 1961 erschien in Israel ein Flugblatt. Darin hieß es unter anderem: „Als 1938 in Wien der Sportklub Hakoah aufgelöst wurde, seine Sportler, die Funktionäre und die vielen Tausende von Mitgliedern und Anhängern, wenn nicht den Schergen zum Opfer gefallen, flüchten mußten, da dachten nur wenige daran, daß die Bande zwischen allen, die sich 'Hakoahner' nannten, so innig geschmiedet waren, daß sie nach mehr als zwei Jahrzehnten in alter Kraft bestehen würden. Aber die gemeinsame Idee, der erfolgreich bestandene Kampf haben das Zusammengehörigkeitsgefühl geschaffen, das nach dem Erscheinen von Arthur Baars erfolgreichem Werk '50 Jahre Hakoah' einen neuen bedeutenden Impuls erhielt. Das Echo, die Begeisterung, die das Jubiläumsbuch auslöste, hat von neuem gezeigt, daß die 'Hakoah-Idee' lebt, daß die Hakoahner in aller Welt das Bewußtsein haben, zusammen zu gehören."

Dieser Aufruf wurde an die Hakoahner in aller Welt verschickt. Das Echo war überwältigend. Eine Gruppe von Initiatoren rief daraufhin den „Brith Hakoah 1909" ins Leben. In kurzer Zeit wurde dieser Bund zum Sammelplatz der überlebenden Hakoahner. Die Zentrale ist in Israel, Zweigstellen bestehen in New York, Los Angeles, London, Wien Sydney, Melbourne und Buenos Aires. Der Mitgliederstand bewegt sich um 500 herum; der Kontakt wird durch ein monatlich erscheinendes Nachrichtenblatt aufrechterhalten. Der Grundsatz der „Brith" lautet: „Das Andenken an den Sportklub Hakoah Wien und die Ruhmestaten seiner Mitglieder der Nachwelt in Erinnerung zu erhalten."

Im österreichischen Spitzenfußball gibt es seit mehr als 30 Jahren keine jüdischen Spieler oder Trainer mehr. Der letzte war Bela Guttmann, ein ehemaliger Hakoahner. Der Ungar Guttmann war Spieler bei MTK Budapest, Hakoah Wien und den New York Giants, später international anerkannter Coach beim AC Mailand, Sao Paulo und Benfica Lissabon. Anfang der sechziger Jahre trainierte er die österreichische Nationalmannschaft. 1964 trat er von diesem Amt zurück – auch aufgrund antisemitischer Übergriffe.

Obwohl die Hakoah aufgelöst wurde, obwohl bei der Wiener Austria seit Jahrzehnten keine Juden mehr kicken oder als Funktionäre tätig sind, gibt es weiterhin einen recht sonderbaren Antisemitismus unter Österreichs Fußballanhängern. Denn die Austria wird von manchen unverdrossen als sogenannter „Judenverein" diskriminiert.

Wenn die Austria das emotional aufgeheizte Derby gegen Rapid bestreitet, plärren oftmals Hunderte von Rapid-Anhängern „Haut's die Juden eini!". Und dies, obwohl „sich die beiden Klubs in Spielerreservoir, Publikum und politischem Umfeld nur mehr wenig unterscheiden. Auch auf dem Weg vom Stadion oder in der U-Bahn kommt es – falls Rapid verloren hat – mitunter zu solchen Manifestationen. Auf Befragen, warum die Rapid-Anhänger dies tun, konnten sie keine rationale Antwort geben." (John/Schulze-Marmeling 1994, S. 134)

»Geschoben war da nichts«

■ Interview mit Wolfgang Hempel

Wolfgang Hempel, Jahrgang 1927, war einer der bekanntesten Rundfunk- und Fernsehreporter in der ehemaligen DDR. Von 1952 bis 1991 war er bei Radio DDR, seit 1992 arbeitet Hempel für den MDR Thüringen und für Eurosport. Als 14jähriger war er dabei, als Rapid Wien am 22. Juni 1941 im Finale der Deutschen Meisterschaft 4:3 gegen den FC Schalke 04 gewann – nach 0:3-Rückstand. Der junge Hempel war Schalke-Fan.

Herr Hempel, um dieses kuriose Endspiel ranken sich zahlreiche Legenden. Eine davon besagt, daß die politische Führung einen Ostmark-Meister haben wollte, und deswegen der Schiedsrichter den aussichtslos zurückliegenden Wienern unberechtigte Elfmeter und Freistöße zugesprochen hat.

Das stimmt nicht. Das sind absolute Ersatzgerüchte. Es war ein Spiel, das auch heute immer mal wieder vorkommt. Die Schalker, die hatten in der ersten Halbzeit gezaubert und waren nach dem Vorsprung überheblich. Die dachten, sie hätten das Spiel schon gewonnen. Und dann war es auch noch ein konditionelles Problem für die Schalker Stars, für Szepan und Kuzorra, die ja schon Mitte dreißig waren – es war nämlich ziemlich heiß. Und Rapid war, im Gegensatz zur Austria, eine kampfstarke, eine kernige Mannschaft.

Aber die beiden Freistöße und der Elfmeter, die Bimbo Binder verwandelt hat?

Waren allesamt berechtigt. Binder hat übrigens noch einen Elfmeter verschossen beim Stande von 0:2. Der ging daneben. Das war noch vor der Halbzeit.

Und kurz nach der Halbzeit hat Schalke das 3:0 gemacht.

Ja, Schos hat dann verkürzt – in der 62. Minute. Und mit einem Hattrick hat Binder in der 63., in der 64. und in der 70. Minute das Spiel noch gedreht. Das 2:3 war ein Freistoß aus 22 Metern, der ist wie ein Strich ins Tor geflogen. Der zweite Freistoß war auch von halblinks. Und den Elfer hat er geschossen, obwohl sein erster daneben gegangen war. Der Ernst Werner von der Berliner *Fußballwoche* hat geschrieben: „Vier Tore in neun Minuten – wie ein Gewitter kamen die Wiener über Schalke“. Aber geschoben war da nichts. Entscheidend war vielmehr, daß Schalkes Trainer Bumbas Schmidt den Otto Tibulski gegen Binder gestellt hat. Binder war über 1,90 Meter groß, Tibulski nur 1,73 Meter oder 1,74 Meter. Der Tibulski ist ja immer am Rücken vom Binder abgerutscht. Der hat dann auch einen Elfer verursacht.

Hat Bumbas Schmidt nicht umgestellt?

In der zweiten Halbzeit ist dann auch noch der Gellesch zu Hilfe gekommen. Doch der war auch zu zart, zu grazil.

Wie haben die Schalker die Niederlage hingenommen?

Ich habe hier ein Bild aus der *Fußballwoche.* Da geht Fritz Szepan nach dem Spiel lächelnd auf Binder zu und drückt ihm die Hand. Und Ernst Werner schreibt: „Noch nie hat eine Mannschaft eine solche Niederlage mit so einer Fassung getragen. Schalke hat sich als wahrer Meister erwiesen."

Aber Kuzorra soll doch, weil er eine politische Einflußnahme witterte, seine Medaille für den zweiten Platz nicht angenommen haben.

Ich konnte beobachten, daß die Schalker Spieler die Medaillen noch auf dem Platz bekommen haben.

Nun war der 22. Juni 1941 ja ein besonderer Tag – nicht nur in sportlicher Hinsicht. Hitler hat an diesem Tag die Sowjetunion überfallen. Glauben Sie, daß ein Zusammenhang besteht zwischen den beiden Ereignissen?

Nein, das glaube ich nicht. Zumal der Tag des Endspiels schon lange feststand, eigentlich schon die ganze Saison.

Haben Sie zum Zeitpunkt des Spiels von diesem Überfall gewußt?

Für mich hatte das keine Bedeutung, ich war 14. Mich hat der Krieg gegen die Sowjetunion deshalb gar nicht tangiert. Für mich war die Schalker Niederlage eine Katastrophe, ich habe geheult wie ein Schloßhund. Nach dem 3:4 bin ich zusammengebrochen, habe mich hingesetzt und vom Spiel gar nichts mehr mitbekommen, denn alle anderen sind ja gestanden. Das war für mich eine Katastrophe.

Und die Erwachsenen? War Ihr Vater, der mit im Stadion war, über die neue Kriegslage informiert?

Ja, schon. Die anderen auch. Kurz vor dem Spiel hat Rolf Wernicke, der bekannteste Sportreporter damals, einen flammenden Appell durch den Stadionlautsprecher geschickt: Ab heute früh wird geschossen! Und 90.000 sind aufgesprungen und haben „Sieg heil" gebrüllt. Diese Fußballverrückten hatten keine Ahnung, was der Kriegsausbruch zu bedeuten hatte. ■

KAPITEL 5

Sechsmal Meister im Dritten Reich: Der Fall Schalke 04

„Man möchte überhaupt feststellen, daß der Vollendung des Schalker Siegeszuges im Dritten Reich geradezu symbolische Bedeutung zukommt. ... Gerade die Mannen um Kuzorra und Szepan haben gefühlt und erkannt, welche Kräfte in der Begeisterung einer ganzen Gemeinschaft stecken.... Schließlich geht es auch dem Fußballspieler so wie dem Künstler oder dem Redner, daß er aus dem Erlebnis des Publikums, das an seiner Leistung teilnimmt, aus dem Echo, das vielstimmig seinen Ruf zurücksendet, erneut Kraft gewinnt, um über sich hinauszuwachsen. In all diesem hat die Schalker Mannschaft eine besonders innige Beziehung zu den Voraussetzungen des Nationalsozialismus. Hier wird einfach Fußball getrieben im Sinne der Bewegung. ... Schalke wurde Deutschland. Irgendwie Deutschland."
(aus: Heinz Berns/Hermann Wiersch: Das Buch vom Deutschen Fußballmeister. Die Geschichte zweier Mannen und einer Mannschaft. Wattenscheid 1936).

FC Schalke 04. Der Name mobilisiert Massen, nicht erst seit dem schier sensationellen Gewinn des UEFA-Cups im Jahre 1997, der dem Klub überregionale Beachtung bescherte. Mittenmang im Kohlenpott ist Schalke ohnedies Religion, Kristallisationspunkt für die Wünsche und Hoffnungen vieler. So strömen Abertausende ins Parkstadion zu Thon, Wilmots und Eijkelkamp.

Vor 60 Jahren hat Europacupsieger Schalke immense nationale Erfolge gefeiert. Nicht weniger als sechs der sieben Deutschen Meisterschaften der Schalker fielen in die Zeit des Nationalsozialismus (1934, 1935, 1937, 1939, 1940, 1942); 1937 wurden sie zudem Pokalsieger. Protagonisten der Schalker Ära waren Ernst Kuzorra und Fritz Szepan. „Er war ein bißchen langsam, der Fritz", sagte Kuzorra einmal über seinen Schwager Szepan, „aber Fußball spielen konnte er gottbegnadet. Ich war der gefährliche Dribbler mit Torriecher, er war der Mann, der den Ball streichelte, der ihn gekonnt an seine Mitspieler weitergab und der ein Spiel aufziehen konnte. Wir waren wirklich ein tolles Gespann."

Zwischen 1933 und 1944 gewannen die Schalker überdies sämtliche elf Gaumeisterschaften. In vier Spielzeiten blieben sie gar ungeschlagen, mußten jeweils nur einen Minuspunkt (in 18 Begegnungen) hinnehmen.

Zufall? Oder war Schalke 04 Objekt gezielter sportpolitischer Intervention durch die Nationalsozialisten?

Eine Schachtanlage als Wiege

1850 war Schalke, das heute ein Stadtteil Gelsenkirchens ist, ein kleines Dorf mit 400 Einwohnern. Als die Industrialisierung voranschritt in Europa, änderte sich dies im Eilzugtempo; Schalke, mittendrin im Stahl- und Kohlerevier, entwickelte sich zur Zechenkolonie Gelsenkirchens, es entstanden in den sechziger Jahren des 19. Jahrhunderts das Stahlwerk „Grillo Funke" sowie die Schachtanlagen „Consolidation" und „Graf Bismarck". Arbeitsplätze gab es genug, weswegen Malocher von außerhalb herangeschafft werden mußten. Die Arbeitsimmigranten kamen vornehmlich aus Polen und den deutschen Ostgebieten. 1890 waren 81,8 Prozent der Einwohner Gelsenkirchens Polen und Masuren. Ein Blick auf die Aufstellung der späteren Schalker Meisterelf zeugt davon: Die Herren hießen Kuzorra, Szepan, Tibulski, Kalwitzki, Burdenski.

Der Fußball breitete sich rasch aus unter den Ruhrarbeitern, weil dieser Sport zum einen naturgemäß kaum Kosten verursachte, zum anderen prächtig ein Zusammengehörigkeitsgefühl schuf, das die ihrer Heimat entbundenen Arbeiter suchten. Vereine wurden gegründet, blieben freilich zunächst „wild". Sie waren weder dem bürgerlichen Deutschen Fußballbund (DFB) angeschlossen, noch waren sie Bestandteil der organisierten Arbeitersportbewegung. Der DFB lehnte diese Straßenmannschaften als „unordentlich" ab. Die Arbeitersportbewegung erwartete hingegen in der Regel politisches Engagement, womit diese „wilden" Vereine und deren Mitglieder wenig anzufangen wußten.

In der Schachtanlage „Consolidation" stand die Wiege des späteren FC Schalke 04. Unter dem Namen „Sportclub Westfalia Schalke" hoben junge Arbeiter der „Consolidation" am 4. Mai 1904 einen eigenen Verein aus der Taufe. Erster Vorsitzender wurde der Steiger und Wiegemeister der „Consolidation", Heinrich Hilgert. 1912 schloß sich dieser Verein dem „Turnverein Schalke 77" an. Hier taucht erstmals der Name Fritz Unkel auf, der unter dem Kosenamen „Papa Unkel" später so populär gewordene Klubchef des FC Schalke 04. Unkel arbeitete als Magazinverwalter auf der Zeche „Consolidation".

Die sportliche Ehe mit dem Turnverein hielt zwölf Jahre, dann hatte sich der Fußballsport nicht bloß emanzipiert, sondern den Turnern in Zuschauergunst und Attraktivität den Rang abgelaufen. Die bis dato untergeordnete Sparte Fußball trennte sich folgerichtig vom Turnverein, und 1924 entstand der „FC Schalke 04".

In diesen Jahren wurde die berühmte „Glückauf-Kampfbahn" mit einem Fassungsvermögen von 36.000 Zuschauern errichtet, das langjährige Fußballstadion Schalkes. Weil die Stadt Gelsenkirchen pekuniäre Unterstützung leistete, nannte sich der Fußballverein ab 1928 „FC Gelsenkirchen-Schalke 04". In diesem Jahr war Schalke 04 Westdeutscher Meister geworden. Die Werksführung der „Consolidation", an deren Spitze ein nationaldemokratisch gesinnter Mann stand, erkannte die imagefördernde Wirkung durch die erfolgreichen Kicker und führte zügig Vergünstigungen ein: So mußten die Schalker Fußballer nicht mehr unter Tage fahren und erhielten leichtere Aufgaben. Ernst Kuzorra machte nie ein Hehl daraus, daß er zwar den Beruf Bergmann gelernt, aber in seiner Fußball-Glanzzeit kaum unter Tage gearbeitet hatte: „Was ich damals an Kohle abgebaut hatte, reichte kaum, um damit ein Pfund Erbsen zu kochen."

Der Fußballsport war zu jener Zeit heftig im Aufwind, die Spiele der Schalker zogen Zehntausende von Zuschauern an. Im Sog dieser Entwicklung wurden Spielergehälter gezahlt, ein zunächst verdecktes Profitum eingeführt, der Sport mithin kommerzialisiert. Mit anderen Worten: Es herrschte ein Scheinamateurismus. Welche Konflikte sich aus diesem Widerspruch ergeben konnten, zeigt ein folgenreicher Vorfall aus dem Jahre 1930. Am 25. August dieses Jahres erging ein Spruchkammerurteil des Westdeutschen Spielverbandes (WSV), nach dem fast alle Spieler der ersten Mannschaft des FC Schalke 04 wegen vielfältiger Verstöße gegen das Amateurstatut zu Berufsspielern erklärt und mit sofortiger Wirkung vom Spielbetrieb des Westdeutschen Spielverbandes ausgeschlossen wurden.

„Die eingehende Prüfung der Kassenbücher mit den dazu gehörigen Belegen", hieß es im Urteil, „hat im weitesten Maße Verstöße gegen die Amateurbestimmungen erwiesen. ... Das Verfahren hat auf Grund der vorliegenden buchmäßigen Belege und Geständnisse der beteiligten Vorstandsmitglieder und Spieler ergeben, daß

1. die Spieler der ersten Mannschaft regelmäßig Spesenbeträge erhalten haben, die über das nach Satzungen zulässige Maß weit hinausgehen;

2. die Spieler neben diesen Spesen regelmäßig für ihre spielerische Mitwirkung eine regelrechte Entlohnung erhalten haben;

3. mehrere dieser Spieler außerdem weitere Zuwendungen in Gestalt von Geschenken, Darlehen und Vorteilen in ihrer beruflichen Stellung angenommen haben."

Am Inhalt des Urteils gab es wenig zu rütteln. Die Schalker Spieler kamen fast ausnahmslos aus der Arbeiterschaft, sahen sich überdies von der wachsenden Arbeitslosigkeit bedroht und betroffen. Es steht außer Frage, daß sie die Zuwendungen des Vereins, der in die Gunst steigender Zuschauereinnahmen gekommen war, bereitwillig einsteckten. „In Schalke wurde gezahlt," bestätigte der damalige, mittlerweile verstorbene Nationaltorwart Hans Jakob (Jahn Regensburg). Dennoch reagierte die Presse des Ruhrgebiets emotional und mit größter Empörung. Die *Buersche Zeitung* titelte am 27. August 1930: „Der Dolchstoß gegen Schalke – Die Sportbürokratie erwürgt den Meisterverein Schalke 04." Auch die Spieler standen treu zu ihrem Klub. Lukrative Angebote ausländischer Vereine lehnten sie ab, was heute undenkbar wäre.

Auf „vielfältigen Druck aus der Sportöffentlichkeit" wurde die Sperre nach neun Monaten aufgehoben. Für Willi Nier kam diese Begnadigung indes zu spät. Der Finanzobmann der Schalker hatte nach dem Spielverbot für seinen Klub Selbstmord begangen. „In die Satzungsverstöße, die dem Verein zur Last gelegt wurden, offenbar tief verstrickt", schreibt der Historiker Teichler, „hatte er die öffentliche Bloßstellung mit seiner Berufsehre als pflichttreuer Bankbeamter nicht vereinbaren zu können geglaubt." (Teichler 1987, S. 159)

Zum ersten Spiel nach Aufhebung der Sperre kamen übrigens – je nach Quelle – zwischen 70.000 und 100.000 Zuschauer. „An einem Wochentag, dem 1. Juli 1931", schrieb der *Kicker*, „wälzten sich ungeheure Menschenmassen durch die Schalker Arbeiterviertel, wie eine Lawine ergoß sich die Menge über die 'Glückauf-Kampfbahn' und ihre Umgebung. Hecken, Zäune wurden wie Streichhölzer geknickt, berittene Polizei mußte das Spielfeld säubern, auf den Drahtnetzen hinter den Toren hockten in hellen Haufen die Schalker Buben, Tausende sahen von den Dächern der umliegenden Häuser zu, selbst die in der Nähe stehenden Gasometer wurden erklettert, an die 100.000 Menschen waren herbeigeströmt zu einem – Freundschaftsspiel. Vom Spiel selbst bekamen Zehntausende kaum einen winzigen Ausschnitt zu sehen."

„Ein Sieg der Arbeiterklasse“: Schalke und der Nationalsozialismus

Die große Zeit Schalkes fällt indes in die Zeit des Nationalsozialismus, und seither wird diskutiert, ob dies nur zufälliger zeitlicher Zusammenhang war.

Dietrich-Schulze-Marmeling schreibt in seinem Buch „Der gezähmte Fußball“: „In welchem Ausmaß die zeitliche Parallelität von Schalker Erfolgsära und Nazi-Herrschaft Zufall und inwieweit sie ein Produkt bewußter sportpolitischer Intervention war, läßt sich nicht mit letzter Sicherheit klären. Da sich der Schalker Aufschwung aber bereits einige Jahre vor der nationalsozialistischen Machtergreifung und in einem gänzlich anderen politischen Milieu abzuzeichnen begann, dürfte allemal falsch liegen, wer die Erfolgsära der 'Knappen' ausschließlich als nationalsozialistisches Retortenprodukt interpretiert.“ (Schulze-Marmeling 1992, S. 117)

Fakt ist freilich, daß die famosen Fußballer für faschistische Propagandazwecke instrumentalisert wurden. So feierten die intellektuellenfeindlichen Nazis Schalkes Erfolg als „Sieg der Arbeiterklasse“. Heinz Berns und Hermann Wiersch, die 1936 ein Buch über die Schalker Idole Fritz Szepan und Ernst Kuzorra publizierten (siehe oben), formulierten seinerzeit Kuzorras angebliche Gedanken zu diesem Thema: „Man hat manchmal gefragt, warum gerade eine Arbeitermannschaft in dem Industrieort Schalke den höchsten Ruhmestitel, den der deutsche Fußballsport zu vergeben hat, errang. Wir nehmen keinen Anstoß daran, daß man uns eine Arbeitermannschaft nennt, wenn auch nicht alle von uns Handarbeiter sind. Arbeiter aber, meine ich, ist ein stolzes Wort. Gerade hier im Gebiet, und Gott sei Dank heute wieder in ganz Deutschland (wenn man die paar Blasierten, die sich auch von Adolf Hitler nicht überzeugen lassen, abrechnet). Jeder Deutsche, der seine Pflicht tut, sei es an höchster, sei es an geringerer Stelle, ist in dem neuen, weiten, echten Sinne des Wortes ein 'Arbeiter'. Und was den Fußballsport angeht, so ist gerade die Arbeiterschaft im engeren Sinne der begeisterte Träger der deutschen Sportbewegung. Und wir Schalker sind stolz und froh, mit dieser Arbeiterschaft zu leben, zu kämpfen und zu siegen. Ich will weiß Gott den sogenannten Geistesarbeitern nicht zu nahe treten, aber ich glaube wohl: Wäre Schalke 04 eine Studentenmannschaft, mehr oder weniger eine Akademikermannschaft, und im traditionellen Sinne 'bürgerlich' bestimmt, so würden wir das nicht geschafft haben, was wir schaffen konnten. Denn all das hat seine tieferen

Gründe: Die Schuljungen, die schon in jungen Jahren in den Arbeitsprozeß eintreten, die volle Wucht der nicht immer leichten Tatsachen zu spüren bekommen, werden früher reif und vor allem auch härter, zäher, energiegeladener, als diejenigen, die so gut wie ohne Unterbrechung eineinhalb Jahrzehnte oder noch mehr die Schulbank drücken und von Vaters Portemonnaie ihren Lebensunterhalt bestreiten. Und ferner, vielleicht gilt auch dies: Der studierende Mensch ist noch zu sehr der Fragende, um die antwortfrohe Entschlossenheit aufzubringen, auf die es im Sport, wie nebenbei auch auf anderen Gebieten, z.B. in der Politik – welchen Beweis liefert hier allein schon Adolf Hitler – vielleicht zu allererst ankommt. Ich habe die Feststellung gemacht, daß bei den sogenannten Intelligenzvereinen, den gut bürgerlichen Sportvereinen mit dem Stich ins Vornehme, zwar die Schüler- und Jugendmannschaften ihren Gegnern aus anderen Vereinen überlegen sind. Aber wenn es heißt, den Sprung in die erste Mannschaft (die Senioren, d. A.) zu tun und die entscheidende Probe zu bestehen, dann versagt allzu oft gerade dieser Nachwuchs. In der Liga-Elf versagt er, einfach weil er zu weich ist! Weil die Feuerprobe, die letzte Durchhärtung gefehlt hat, die wohl nur der Existenzkampf gibt, und die Tuchfühlung mit der nüchternen Arbeit und der drängenden Not des Alltags, wie man sie in Schalke kennt. Dann stellt sich eben heraus, daß die Bürgerlichen sowohl körperlich wie energiemäßig den Anforderungen der Großkämpfe, die sowohl zähe Geduld wie letzten Einsatz der Kräfte verlangen, nicht gewachsen sind. Beispiele hiefür gäbe es massenhaft! Hinzu kommt auch dieses, daß in der Vielfalt verteilter Interessen diesen von der Blässe des Gedankens angekränkelten Menschen die große Liebe zum Sport fehlt, der Eifer für die Sache, ohne welchen Eifer nichts Großes zustande kommt." (Berns/Wiersch 1936)

Der Schalke-Experte und Buchautor Hans-Dieter Baroth erhebt starke Zweifel bezüglich der Authenzität dieser Sätze: „Der Sprachduktus und der klare Satzbau Ernst Kuzorras irritieren. Der sprach doch nie so." Die Autoren, so Baroth, „praktizierten schon 1936 eine Arbeitsweise, die 50 Jahre später ein Franzose mit dem urdeutschen Namen Meyer bei Harald (Toni) Schumacher anwandte: Die Fußballstars von damals und heute erzählten Journalisten in langen Gesprächen ihr Leben, die Autoren gossen das Erzählte in eine journalistische Fassung. Auf Seite 65 des Buchs von 1936 hieß es, daß man mit Ernst Kuzorra ausführlich gesprochen habe, und die Autoren glaubten, wie sie schrieben, seine Gedanken nicht falsch zu deuten. Da könnte Ernst Kuzorra einiges in den Mund gelegt worden sein." (Baroth 1988, S. 118)

„Stark der Arm und frei der Blick", untertitelte die Zeitschrift *Fußball* dieses Foto von Ernst Kuzorra beim Endspiel 1936.

Authentisch ist allemal, was die Schalker Vereinszeitung 1933 zu Sportler, Volk und Vaterland beizusteuern hatte: „Der Sportler ist ein urwüchsiger, lebenbejahender, kampfesfroher Bursche, der Freude am Spiel seines Körpers hat, der stark sein, kämpfen und siegen will und mit unbändiger Freude und frischem Draufgängertum sich auf dem grünen Rasen und in der Natur sich mit seinen Kameraden tummelt.... Er muß ein Kerl sein, ein ganzer Mann; ein wehrwilliger und wehrhafter Mann! Die Grundeigenschaften eines solchen Mannes sind: körperliche Leistungsfähigkeit (Ausdauer, Kraft und Schnelligkeit), Gewandtheit, Härte gegen den inneren Schweinehund, Willensstärke, Mut und Entschlußkraft, Zucht, Ordnungsliebe, Kameradschaft, Wehr- und Opferbereitschaft für seinen Nächsten, seine Heimat, für Volk und Land". Von der „Blässe des Gedankens angekränkelt" durften solche Typen bestimmt nicht sein. Auch wenn Kuzorras Sätze angezweifelt werden müssen – es herrschte wohl ein Grundkonsens über Charakter und Leistungskraft eines erfolgreichen Fußballers. Und in diesem Ideal ähnelte er einem weithin geschätzten Menschentypus in der Zeit des Nationalsozialismus.

Auch die zweite Schalker Galionsfigur, Fritz Szepan, wurde von den Autoren Berns und Wiersch zitiert. Von seinen Erlebnissen bei der Fußball-Weltmeisterschaft 1934 in Italien soll er wie folgt erzählt haben: „Für uns, ganz besonders für mich, kam nun ein unvergeßlicher Anblick: Ich stand vor Mussolini. Auge in Auge mit dem Duce, oben wehen die Farben unseres Reiches. Das Deutschland- und Horst-Wessel-Lied schwingt über den Platz. In dieser Stunde – versteht ihr, daß das ans Herz geht? ... Man muß sich an alles erst gewöhnen: da stand ich 'kleiner' Schalker, der Mann aus dem 'Kohlenpott', auf einmal vor Italiens Regierungschef, um eine Ehrung für Deutschland zu empfangen, eine Ehrung, die schließlich Adolf Hitler zukam, aus dessen Geist wir gespielt haben und immer besser spielen werden." (Berns/Wiersch 1936, S. 85)

Diese Aussagen sind vermutlich ebenfalls mit dem Pathos der Autoren versetzt. Doch den Fußballspieler Szepan rücken auch andere Quellen in ein schales Licht. 1938, nach dem erzwungenen Anschluß Österreichs, erfolgten die „Wahlen" zum „Großdeutschen Reichstag". In den Sportteilen der Zeitungen erschienen Anzeigen, in denen bekannte Sportler zum Votum für die Nationalsozialisten animierten. Im *Völkischen Beobachter* erschien am Tag der Wahl, dem 10. April, der Wahlaufruf der Spielführer der beiden Nationalmannschaften Österreichs und Deutschlands. Für Deutschland unterschrieb Szepan. Überdies wurde Fritz Szepan nach dem Schalker Finalsieg über Admira Wien 1939 vom

Reichssportführer Tschammer und Osten in den „Führerrat des Reichsfachamtes Fußball" berufen. Beides kann man abtun als (bereitwilliges?) Fügen in äußere Zwänge.

Aber als 1938 in Schalke jüdische Geschäfte enteignet wurden, war auch Szepan unter den Nutznießern. In der Schalker Stadtchronik heißt es unter dem Datum 5. November 1938: „Das bisherige jüdische Kaufhaus Julius Rode & Co. am Schalker Markt ist in arische Hände übergegangen. Es wird geführt von Fritz Szepan, dem Schalker Mittelstürmer, der ein Spezialgeschäft für Textilwaren in den Verkaufsräumen eingerichtet hat." Szepan soll es auch gewesen sein, der nach dem zwielichtigen Endspiel von 1941 zwischen Schalke 04 und Rapid Wien (3:4) die Ehrennadeln für den Vizemeister entgegengenommen haben soll - die Kuzorra zuvor angeblich verweigert hatte. „Mit Politik haben wir nichts zu tun", soll der den Reichssportführer von Tschammer und Osten angeschnauzt haben, berichtete der damalige Mitspieler Herbert Burdenski. Ernst Kuzorra soll vermutet haben, daß Rapids Sieg durch Einflußnahme von höchster Stelle verordnet wurde – damit auch die angeschlossene Ostmark zu einem großdeutschen Fußballmeister käme. Der Spielverlauf stützt diese Vermutung, denn Schalke führte zunächst mit 3:0 Toren, ehe die Wiener – begünstigt von Elfmetern und Freistößen – das Blatt noch wenden konnten.

In Wien wird indessen eine andere Version verbreitet: Man habe ohne Bevorteilung, vermittels einer furiosen Aufholjagd den Meistertitel errungen – und dafür bitter bezahlt. Bimbo Binder, der dreifache Torschütze, sei am Tag nach dem grandiosen Sieg an die Front beordert worden. Überdies habe Adolf Hitler das Stadion wutentbrannt verlassen. „Denn jeder Sieg einer österreichischen Mannschaft", schreibt Schulze-Marmeling, „drohte den anti-preußischen Nationalismus der Österreicher zu nähren und damit den Zusammenhalt des Reiches zu bedrohen" (Schulze-Marmeling 1992, S. 140). Außerdem soll der Name Schalke 04 schon vor dem Endspiel in die Meistertrophäe eingraviert worden sein. Legenden? Zeitzeuge Wolfgang Hempel meint: ja (siehe Interview im Anschluß an das Kapitel Österreich).

Ein blau-weißes Schwein

Szepan profitierte also von der Enteignung eines Juden. Schalke als Arbeiterviertel war insgesamt nicht jüdisch geprägt. Unter den Spielern waren keine Juden, doch „in dem Maße, wie der Verein zum Repräsentanten des Stadtteils wird", schreibt Georg Röwekamp in seinem Buch,

„wird er auch von ortsansässigen Geschäftsleuten unterstützt. Zahnarzt Dr. Eichengrün saß bis etwa 1933 im Vorstand, ein gewisser Nathan leitete den Presseausschuß." (Röwekamp 1996, S. 135)

Die Spieler hatten regen Kontakt zu zwei jüdischen Metzgern. Leo Sauer, „der billigste Metzger der Stadt", strich bei einer Meisterfeier ein Schwein blau-weiß. Das Tier wurde beim Triumphzug mitgeführt. Dem Fußballer Kuzorra bezahlte Sauer im Jahre 1927 den Führerschein und stellte ihn als Fahrer an. Auch den Schalker Vorstand zog es in den zwanziger Jahren regelmäßig zu Metzger Sauer.

Beim jüdischen Metzger Kahn kehrten die Schalker Spieler stets nach dem Training ein; sie stärkten sich in der Wurstküche. Bis 1938 hing in seinem Schaufenster ein Plakat: „Ich bin Frontkämpfer des Weltkrieges und Träger des EK I." Das war den Nazis bekanntlich egal. Was aus Eichengrün, Kahn und Sauer geworden ist, ist unbekannt. Nicht einmal Zeitzeuge Herbert Burdenski, der seinerzeit Mitglied diverser Schalker Meistermannschaften gewesen ist, konnte weiterhelfen.

Inwieweit Textilhändler Szepan, Kuzorra und seine Kameraden dem NS-Regime und seiner Ideologie tatsächlich huldigten, bleibt unklar. Von Otto Tibulski wird zwar behauptet, er habe den Hitlergruß verweigert – aber zumindest bei großen Spielen war das unmöglich. Es existieren statt dessen Bilder einer Schalker Mannschaft, die geschlossen den rechten Arm zum Hitlergruß reckt. Hans-Josef Justen, Sportchef der *Westdeutschen Allgemeinen Zeitung* und Schalke-Kenner, meint dazu: „Die Schalker Spieler der damaligen Zeit waren keine politisch interessierten oder infiltrierten Männer, sondern schlichte Gemüter, hart arbeitende Männer. Sie hatten nicht viel im Sinn mit Ideologie. Der geistige Kopf dieser Mannschaft war Ernst Kuzorra – und der konnte kaum fehlerfrei einen Satz sagen."

Dumpfe Befehlsempfänger also, im Training und im richtigen Leben? Den damaligen Schalker Trainer, Hans „Bumbas" Schmidt, beschreibt Rudolf de la Vigna, der später beim VfR Mannheim unter ihm spielte, so: „Ein Pfundskerl mit einem ganz rauhen Ton, der uns Spielern, die wir in der Wehrmacht waren, geläufig war. ... Vor dem Endspiel (1949, d. A.) hat er zu uns gesagt: „So, ihr A ... löcher, geht da rein und gewinnt!" Kasernenhoftöne für Befehlsempfänger?

Befehlsempfänger, die sich auch bereitwillig vor den nationalsozialistischen Propagandakarren spannen ließen? Beispielsweise beim Parteitagsspiel der NSDAP am 9. September 1937, als Vorzeigeklub Schalke den VfB Leipzig mit 4:0 besiegte?

„Die Spieler sind ehrenhalber in die SA aufgenommen worden", erklärt Stefan Goch, Buchautor und Mitarbeiter am Institut für Stadtgeschichte in Gelsenkirchen. Seien bestimmte Spiele gewonnen worden, so Goch, dann sei der Rang der Kicker erhöht worden. Es sei die Aufgabe des NSDAP-Kreispropagandaleiters Wilhelm Bunse gewesen, den Empfang der Schalker Meistermannschaft und die zahlreichen Festlichkeiten in Gelsenkirchen zu organisieren. Neben den blau-weißen Vereinsfahnen hätten schwarz-weiß-rote und Hakenkreuzfahnen die Stadt und das Schalker Vereinslokal geschmückt, schreibt Goch in einem Buchbeitrag. Die Schalker Spieler seien stets von SA-Ehrenabordnungen empfangen worden, berichten Berns und Wiersch, „nicht enden wollende Heil!-Rufe erschallten aus aller Mund. Natürlich durfte der Fackelzug nicht fehlen, der am folgenden Abend bei ungeheurer Beteiligung stattfand. ... Noch einmal eine kurze Siegerehrung, die ausklingt in ein Sieg-Heil auf Führer und Volk, dann steigt brausend aus den Kehlen das Deutschland- und das Horst-Wessel-Lied." (Berns/Wiersch 1936)

Schon 1934 rief die Ortsgruppenleitung der NSDAP wie folgt zur Meisterehrung auf: „Heute Empfang des Deutschen Fußballmeisters. Aufruf der Partei zur Meisterehrung. Der Deutsche Fußballmeister Schalke 04 trifft am Montag gegen 19 Uhr auf dem Gelsenkirchener Hauptbahnhof ein. Sämtliche Behörden und Dienststellen des Gaues Westfalen-Nord sind anwesend. Der großen Sympathie-Kundgebung für die so beliebte und tapfere Schalker Mannschaft Rechnung tragend, ist folgende volksverbundene Feier festgelegt: Die feierliche Begrüßung und Ehrung des neuen Meisters durch die Dienststellen, Behörden und Volksgenossen erfolgt am Montag gegen 20 Uhr auf dem Festplatz (Schalker Markt). Alle Sportsanhänger werden hiermit aufgefordert, die volkstümliche Mannschaft durch ihr Erscheinen bei der Festveranstaltung zu ehren. Ortsgruppenleitung der NSDAP, Schalke – Keßler. Zum 24. bzw. 25. Juni 1934" (Berns/Wiersch 1936). Bei der Meisterfeier im Klublokal Thiemeyer überreichte der NS-Oberbürgermeister Böhmer dem Vereinschef Unkel und den Schalker Spielern ein Exemplar von Adolf Hitlers „Mein Kampf" – versehen mit einer Widmung Böhmers.

Der gleiche Böhmer sandte dem FC Schalke 04 sofort nach der Titelerringung 1935 folgendes Glückwunschtelegramm: „Zu Eurem herrlich erkämpften Sieg beglückwünscht Euch von Herzen und voll Stolz Eure Heimatstadt. Ganz Gelsenkirchen ist begeistert. Ein herzliches Glück auf! Heil Hitler! Gez. Böhmer Oberbürgermeister".

Nach der Meisterschaft 1937 brachte der Oberbürgermeister den Schalker Sieg mit dem nationalsozialistischen Sieg in Verbindung. Nach

Reichssportführer von Tschammer und Osten gratuliert Fritz Szepan zum Gewinn der Meisterschaft 1939.

ihm sprach der NSDAP-Kreisleiter Kossol: „Wer kämpfe und Kämpfer sein wolle, sei des Nationalsozialisten Freund. Er helfe, dem Führer die Menschen zu geben, die bereit seien, alles für die Gemeinschaft einzusetzen." Erfolgs-Trainer „Bumbas" Schmidt „verdient die Anerkennung seitens der maßgebenden Behörden und Parteistellen".

Es scheint, als hätten sich die Schalker Spieler zwar keineswegs als fanatische Protagonisten des Hitler-Regimes hervorgetan; vermutlich haben sich die meisten Spieler öffentlich kaum politisch geäußert – mit Ausnahme von Szepan. Doch ließen sie sich – wie die Masse der Arbeiterschaft, wie die Anhänger der Fußballvereine, wie die anderen Kicker auch – mitreißen vom gefährlichen Treiben der Nationalsozialisten. Es ist eine Illusion, wie manche Zeitzeugen glauben machen wollen, den Sport von politischen Einflüssen fernzuhalten.

Widerstand regte sich offensichtlich nicht. Nicht einmal ansatzweise. Widerstand leisten hätte beispielsweise bedeutet: Zurückziehen aus dieser Mannschaft, die instrumentalisiert wurde durch die Nazis. Das wäre viel verlangt gewesen. Das machte keiner. Sie machten mit.

Den Nationalsozialisten war es daher ein Leichtes, die Schalker Fußballer einzubinden, ihnen durch Überhöhung der Sekundärtugenden Siegeswillen, Kameradschaft und Einsatzbereitschaft Repräsentationsaufgaben zu übertragen, welche die faschistische Ideologie noch stärker eindringen ließ in die Masse der Fußballinteressierten.

Der Mikrokosmos Schalke galt jenen als blühendes Beispiel für ein ganzes Land.

»Das Spiel war gesteuert«

■ Interview mit Herbert Burdenski (Schalke 04)

Herbert Burdenski (Jahrgang 1922) wurde mit Schalke 1940 und 1942 Deutscher Meister. Sein Sohn Dieter, Torhüter des SV Werder Bremen, wurde wie Vater Herbert in die Nationalmannschaft berufen. Herbert Burdenski verwaltet heute das Archiv des FC Schalke 04. „Der Schlüssel zum Archiv ist für mich Schalker Heiligtum", sagte er im Frühjahr 1998, „den rücke ich nicht raus."

Schalkes Meisterspieler gingen morgens als Kumpel unter Tage, und von dort, möglichst noch dreckverschmiert und mit riesigen Schwielen an den Händen, direkt auf den Fußballplatz: Eine schöne Legende – oder die Wahrheit?

Ach, bei uns hat keiner in der Zeche gearbeitet, obwohl hier die Stadt der tausend Feuer war.

Von Ernst Kuzorra hieß es …

… der war 14 Tage drunten, nicht länger. Wir haben zwar alle einen Beruf ausgeübt, aber nicht als Kumpel. Die meisten waren im handwerklichen Bereich, ich im kaufmännischen. Wir waren bei Firmen, die dem Sport gegenüber sehr großzügig eingestellt waren. Wir genossen sehr viele Freiheiten.

Konkret?

Naja, manchmal hatte man tagelang frei, im Normalfall hat man etwa fünf Stunden pro Tag für diese Firmen gearbeitet.

Bekannte Fußballer haben dann auch im Krieg Vorzüge genossen.

Ja, wir waren meistens in Deutschland stationiert und bekamen Sporturlaub, wurden für Spiele freigestellt. Das hat sich allerdings 1941/42 geändert, da gab's keine Vorteile mehr. Hitler hat angeordnet, daß alle Spitzenspieler Frontbewährung haben sollten.

Warum das?

Naja, es sollten halt keine Ausnahmen mehr gemacht werden.

Und in einer Militärmannschaft, wie Fritz Walter bei den „Roten Jägern" des Luftwaffengenerals Graf, waren Sie nicht?

Nein, das Glück hatte ich nicht.

Wo waren Sie an der Front?

Ich war in Rußland, bin dann in Königsberg in die Gefangenschaft geraten.

Zurück zu Schalke. Der Verein wurde sechsmal Deutscher Meister im Dritten Reich. Der Verdacht liegt nahe, der Klub sei protegiert worden von den Nazis.

Dieter und Herbert Burdenski.

Nein, überhaupt nicht. Die Distanz zu den Nazis war sehr groß. Schalke war ganz neutral. Wir waren mit dieser Sache nicht so verbunden, wie es immer heißt. Die Nazis haben natürlich versucht, mit uns, weil wir erfolgreich waren, Kontakt aufzunehmen, aber das hat nicht geklappt.

Wie sah diese Kontaktaufnahme aus? Hat man Ihnen Formulare für den Parteieintritt vorgelegt?

Nein, das nicht. Wir sind halt nach den Meisterschaften immer nett empfangen worden, und man hat gemerkt, daß die Nazis gerne näher an uns dran gewesen wären. Hitler selbst hat uns vor dem Endspiel gegen Nürnberg 1937 mit einem Blumenstrauß begrüßt.

Ich dachte, er hat nur ein einziges Fußballspiel in seinem Leben gesehen, das 0:2 der deutschen Nationalmannschaft gegen Norwegen bei den Olympischen Spielen in Berlin.

Nein, das stimmt nicht, er war auch bei diesem Endspiel dabei.

Wie standen denn die Schalker Spieler zu Hitlers Politik?

Die hat uns überhaupt nicht interessiert. Wir hatten andere Themen, haben uns gefreut, wenn wir Fußball spielen konnten. Wir wurden vor den Spielen gebeten, den Hitlergruß zu machen, also haben wir das gemacht. Wir wurden von den Nazis empfangen, hätten wir uns geweigert, wäre doch die Bombe hochgegangen.

Und keiner hat für die Nazis Partei ergriffen?

Keiner. Sehen Sie, nach dem Endspiel 1941 gegen Rapid Wien, das wir nach 3:0-Führung 3:4 verloren haben, hat Ernst Kuzorra sich geweigert, von Reichssportführer von Tschammer und Osten die Silbernadel für den zweiten Platz entgegenzunehmen. Er hat gesagt: „Herr Tschammer, daß wir hier verloren haben, war Politik, kein Sport." Mit anderen Worten: Das Spiel war gesteuert, die Ostmark sollte einen Meister haben. Wie ist es sonst zu erklären, daß Rapid Wien zwei fragwürdige Elfmeter bekommen hat?

Aber die Nazis haben doch kühl reagiert auf Rapids Titelgewinn, haben verlauten lassen, „die bessere Mannschaft" habe verloren. Alles nur Show?

So war es wohl.

In den Vereinen soll während des Dritten Reiches ein sogenannter „Dietwart" für die nationalsozialistische Umschulung zuständig gewesen sein. Was hat dieser Dietwart beim FC Schalke 04 gemacht?

Wir hatten so einen Dietwart gar nicht. Ich will Ihnen dafür ein anderes Beispiel erzählen. 1938 bin ich mit der Schalker A-Jugend zum Turn- und Sportfest nach Breslau gefahren. Weil wir keine HJ-Uniformen trugen, sind wir für dieses Sportfest gesperrt worden.

Im Vorstand und im Umfeld der Schalker gab es Juden. Der Zahnarzt Eichengrün soll 1933 noch dem Vorstand angehört haben, ein gewisser Nathan den Presseausschuß geleitet haben. Darüberhinaus gab es die jüdischen Metzger Sauer und Kahn, die dem Verein eng verbunden waren...

...alles nette Leute, die bei uns nett aufgenommen worden sind. Da wurden keine Unterschiede gemacht.

Aber als die Nazis kamen, gab es doch Unterschiede. Was geschah mit ihnen – wann verloren die Metzger ihre Läden?

Das hat sich alles von selbst aufgelöst.

Wie?

Wir hatten unsere Probleme, die hatten ihre Probleme. Das ist nicht an die Öffentlichkeit geraten. Das hat sich von selbst aufgelöst.

Sie waren auch in der deutschen Fußball-Nationalmannschaft. Wurde dort ebenfalls nicht über Politik gesprochen?

Nein, da hat sich keiner dafür interessiert. Wir waren froh, wenn wir spielen und uns austoben konnten, für 14 Mark pro Spiel übrigens. Die Kameradschaft war hervorragend, und man hat viel gesehen. Klar, wir mußten strammstehen, und da hat sich keiner geweigert.

Und nachgedacht über Hitlers Politik, den Krieg, wurde nicht?

Nein.

Und auch in der Nationalelf gab es keine Spieler, die offen Partei für die Nazis ergriffen?

Nein. Spieler und Trainer überhaupt nicht. Die vom Verband, die waren natürlich schon angehaucht. ■

KAPITEL 6

Die »Hauptstadt« bewegt sich: FC Bayern und TSV 1860

Wie andere Fußballstädte in Deutschland (Hamburg, Berlin) ist München mit einer fußballerischen Lokalrivalität gesegnet, die dem Fanleben erst die richtige Würze verleiht. Diese beiden konkurrierenden Vereine sind bekanntermaßen der FC Bayern und der TSV 1860 München. Beide Klubs verfügten 1933 bereits über ein überregionales Renommee. München zählte damals zu den Fußball-Hochburgen – und zugleich war die Stadt für die Nazis von besonderem Symbolwert. Hier war Hitler 1919 einer noch unbekannen Splittergruppen namens Deutsche Arbeiter Partei beigetreten (die spätere NSDAP), hier hatte er 1923 einen erfolglosen Putschversuch unternommen, und hier sah „der Führer" ab 1935 auch offiziell die „Hauptstadt der Bewegung". Deshalb ist von besonderem Interesse, wie die beiden größten Vereine der „Hauptstadt" auf die neuen politischen Machtverhältnisse reagierten.

Sportliche Entwicklung des Münchner Fußballs

Oberbürgermeister SS-Gruppenführer Dr. Fiehler ließ es sich nicht nehmen, Spieler und Funktionäre des TSV 1860 München zu einem gemütlichen Beisammensein in sein Privathaus einzuladen, um den Gewinn der Südbayerischen Meisterschaft des Jahres 1943 zu feiern. Obwohl eine Feier mit der Mannschaft des FC Bayern München wohl kaum weniger stimmungsvoll ausgefallen wäre. Als diese ihrerseits ein Jahr später die „Südbayerische" gewonnen hatten, sollte es dazu nicht kommen. Die „Bayern" bekamen dafür großzügigerweise ein Buchgeschenk, jedoch fand sich bedauerlicherweise kein Anlaß, um es der Mannschaft persönlich zu überreichen. Dafür bekam man eine Mitteilung vom Oberbürgermeisteramt, daß man sich besagtes Buch nun im Sekretariat abholen könne...

Trotz der schwierigen Umstände gegen Ende des Krieges im Jahr 1944 wirft diese kleine Anekdote vielleicht doch ein Schlaglicht auf das unterschiedliche Verhältnis der beiden Vereine zu den Nationalsozialisten. Das vom Münchener Stadtarchiv herausgegebene Buch „München und der Fußball“ diente als wertvolle Quelle für diese Fallstudie, und es enthält neben weiteren Geschichten eine Fülle detaillierter Informationen zur Geschichte der beiden Vereine.

Zunächst war München in Sachen Fußball im Vergleich zu einigen anderen Städten eher ein Nachzügler. Es dauerte bis Ende der zwanziger Jahre, bis man den Anschluß an die bayerische Spitze fand. Dort thronten ganz unangefochten die Mannschaften aus Nürnberg und Fürth, die bis Anfang der dreißiger Jahre vor dem HSV und Hertha BSC Berlin die deutsche Spitze bildeten.

Eine große Rolle spielte insbesondere nach dem Ersten Weltkrieg der FC Wacker München, der in der Zwischenkriegszeit der populärste Münchner Verein war und die meisten Zuschauer ins Stadion lockte (bei einem Spiel gegen Fürth 1922 waren es 20.000).

Der Fußball wurde besonders bei der Jugend immer beliebter, und die Vereine betrieben intensive Nachwuchsarbeit. Dies trug ab etwa 1927 Früchte, was das Abschneiden in der Meisterschaft und die zunehmende Berufung von Münchner Spielern in die Nationalmannschaft beweist. Die Münchner Stadtauswahl feierte vielbeachtete Erfolge, so gewann man gegen die starken Berliner 1929 mit 6:1.

In der Zeit von 1920 bis 1930 war 1860 der erfolgreichste Münchner Verein und belegte in der deutschlandweiten Rangliste Platz sechs, kurz dahinter folgte der FC Bayern auf Rang neun, und Wacker kam immerhin noch auf den 14. Platz. Die Weltwirtschaftskrise traf jedoch besonders die Vereine in München hart, und so sanken sie in der Folgezeit ins Mittelmaß ab. Der FC Wacker verlor zunehmend an Bedeutung, und auch die beiden anderen Vereine spielten nach Bayerns Meistertitel 1932 in Deutschland fast keine Rolle mehr. Diese Durststrecke dauerte im Prinzip bis zur Gründung der Bundesliga 1963 an.

Der TSV 1860 schaffte es allerdings, im Kriegsjahr 1942 den „Tschammer-Pokal“ im Endspiel gegen den hochfavorisierten FC Schalke 04 zu gewinnen, den damals in Deutschland dominierenden Verein, bei dem zahlreiche aktuelle und ehemalige Nationalspieler spielten. Diesen Erfolg relativiert allerdings die Tatsache, daß der Pokal damals in Deutschland keinen allzu hohen Stellenwert besaß – und dies, obwohl er nach dem Reichssportführer persönlich benannt war. Außerdem waren viele Mannschaften durch Abstellungen zur Wehrmacht geschwächt, was für 1860 nur eingeschränkt zutraf.

Der TSV 1860 München – ein Turnverein im Schafspelz

Verglichen mit dem FC Bayern (und anderen, heute nicht mehr bestehenden Klubs) wurde die Fußballabteilung beim damaligen „Turnverein München von 1860" etwas verspätet gegründet, nämlich 1899. Zu Beginn war die Mannschaft der Konkurrenz noch klar unterlegen, ab 1904 fand sie aber Anschluß an die Münchner Spitze, da viele neue Mitglieder – darunter auch starke Spieler, die zum Teil sogar aus Wien kamen – hinzugekommen waren. Der Verein bezog seine Attraktivität aus seinen guten Trainingsmöglichkeiten; so hatte man zum Beispiel das Nutzungsrecht für zwei Wiesen etwas außerhalb der Stadt. Diese Plätze durften jedoch nur im Sommer bespielt werden und bloß, wenn sie trocken waren. Einige Jahre später besaß der Verein dann schon vier Spielfelder an der Grünwalderstraße.

1860 München ist im Arbeiter- und Kleinbürgerviertel Giesing im Süden Münchens beheimatet, was für die Sozialstruktur des Vereins wichtige Konsequenzen hatte und in gewisser Weise sogar heute noch hat. Nicht nur die Haltung zum Nazi-Regime wurde davon beeinflußt, sondern auch der Spielstil der Fußballmannschaft und besonders die Erwartungen daran von Fans und Funktionären. Bis zum heutigen Tag sind die Basis für den sportlichen Erfolg (wenn er sich gerade einmal einstellt) Tugenden wie Kampf, Einsatz und Kondition und eher im Ausnahmefall technische oder spielerische Brillanz. Hinzu kommt, daß der TSV (sic!) 1860 ursprünglich ein Turnverein gewesen war, und zu diesem Zeitpunkt war die Turnabteilung noch sehr bestimmend. Dementsprechend ist es nachvollziehbar, daß die nationalkonservative Haltung – bei der Turnbewegung mit antisemitischem Drall – die Einstellung des Gesamtvereins prägte. Weitere Schwerpunkte waren die Leichtathletik, aber auch die Schwerathletik, und hier nicht zuletzt das Boxen – alles Sportarten, die gut in die soziale Umgebung paßten. Im Lauf der zwanziger Jahre kamen noch Abteilungen wie Faltbootfahren, Handball und Motorsport hinzu, wobei gerade letztere Sportart sich später zu einer der Lieblingssportarten der Nazis entwickeln sollte.

Trotz seiner teilweise proletarischen Mitgliedschaft gehörte der Verein aber ganz klar der politisch konservativ eingestellten bürgerlichen Sportbewegung an und war kein ausgesprochener „Arbeiterverein" – die klassenbewußten, politisch links stehenden Arbeiter hatten sich in einer eigenen Sportbewegung zusammengeschlossen, zu der es nur wenige Kontakte gab.

Obdach für SA und Freikorps

So wird auch verständlicher, wie die Leichtathletikabteilung des TSV 1860 dazu kam, Teile der Reichswehr täglich auf dem Vereinsgelände trainieren zu lassen, und zwar zusammen mit Angehörigen des Freikorps Oberland, das bei der Niederschlagung der Münchner Räterepublik 1919 Greueltaten begangen hatte und später eine Keimzelle der SA war.

Eine solche Kooperation zwischen Sportvereinen und Militär war im Versailler Vertrag (§ 177) ausdrücklich verboten. In Bayern hatten Wehrverbände und die Reichswehr damals den Ruf, für „die Neubegründung aller innerstaatlichen Verhältnisse" zu stehen, und zwar kaum in Richtung Demokratie.

Oberleutnant Wilhelm Brückner, später zusammen mit Röhm militärischer Berater Hitlers, war nicht nur Mitglied des TSV 1860 (wie auch sehr viele andere Offiziere), sondern auch SA-Mitglied. Die personelle Verflechtung des Vereins mit der SA ging so weit, daß die SA selbst die Vereinsanlagen für ihre Übungen benutzen konnte. Einer der sportlichen Ausbilder war das Vereinsmitglied und der deutsche Amateur-Boxmeister im Schwergewicht von 1924, Ludwig Haymann – dieser sportliche Erfolg wird in einer offiziellen Vereinsgeschichte übrigens stolz und kommentarlos vermerkt. Haymann war ab 1931 der erste hauptamtliche Sportredakteur des *Völkischen Beobachter.*

Auch Leutnant Carl Krümmel, später für die gesamte Sporterziehung im „Dritten Reich" verantwortlich, war Ausbilder der Reichswehr und Mitglied im Verein, als er 1919 Deutscher Meister im 5.000-m-Lauf wurde. Als Trainer spielte er eine führende Rolle in der Leichtathletikabteilung des TSV 1860. Auch damals vertrat Krümmel schon die Idee, daß der Sport dazu diene, die nationale Erhebung vorzubereiten. In einem Brief an das Kriegsministerium, der das Angebot von Trainingsmöglichkeiten enthielt, „empfiehlt sich der Verein als Wahrer militärischen Traditionsgutes und Erneuerer soldatischer Tugenden" (Ueberhorst 1976, S. 30). Die Verbindungen zwischen dem Verein und nationalen Kräften bis hin zur nationalsozialistischen Bewegung selbst waren also schon weit vor 1933 ziemlich eng, und so ist es kaum verwunderlich, daß es den Nazis später leichtfiel, die Macht bei 1860 so schnell und so gründlich zu übernehmen.

Der Sport als Massenphänomen nahm in den zwanziger Jahren insgesamt einen stürmischen Aufschwung, besonders seit etwa 1924, als sich die wirtschaftlichen Verhältnisse nach der Inflation langsam zu bessern begannen. Diese Entwicklung ging an den Münchner Vereinen generell und auch an den „Sechzigern“ nicht spurlos vorbei. Die Zuschauerzahlen stiegen an, das Stadion wurde ausgebaut, und die eingleisige bayerische Bezirksliga brachte seit 1923/24 die führenden süddeutschen Klubs, den 1. FC Nürnberg und die SpVgg Fürth, nach München.

Zu diesen Vereinen konnte der TSV gegen Ende der zwanziger Jahre aufschließen und schaffte 1927 zum ersten Mal die Teinahme an der Deutschen Meisterrunde – Endstation war aber am 29. Mai im Halbfinale der 1. FC Nürnberg. Max Breunig, der Altinternationale aus der Vorkriegszeit, war seit 1925 Trainer der Löwen und am Erfolg maßgeblich beteiligt, genauso wie Alois Pledl, ein glänzender Techniker und die herausragende Spielerpersönlichkeit der Mannschaft. Die Münchner Fachzeitschrift *Fußball* bezeichnete ihn als „die fleischgewordene Idee des Fußballspiels“. Pledl hätte wohl sicherlich in der Nationalmannschaft gespielt, hätte er noch beide Arme gehabt – als Einarmiger war er zum einen gehandicapt, und zum anderen als Behinderter für die Nationalmannschaft nicht akzeptabel.

Die gesamte Sechziger-Mannschaft verfügte über beachtliches spielerisches Potential, eine Eigenschaft, die keineswegs alle vorangegangenen und späteren Mannschaften besaßen. Der Stürmer Ludwig „Pipin“ Lachner (wegen seiner geringen Körpergröße so genannt) sowie Josef Wendl und Josef Hornauer spielten in dieser erfolgreichen Zeit von 1927 bis 1933 mehrmals in der Nationalmannschaft.

Im Jahr darauf, 1928, mußte man dem Rivalen FC Bayern den Vortritt lassen, erst 1931 schaffte die Mannschaft wieder die Endrundenteilnahme und zog sogar ins Finale ein. Gegner war die Berliner Hertha. Doch der TSV 1860 wurde nach Ansicht der gesamten deutschen Presse um die Meisterschaft betrogen – drei krasse Fehlentscheidungen des Schiedsrichters gingen zu seinen Lasten.

Die Mannschaft änderte seit Kriegsbeginn ziemlich häufig ihr Gesicht, wovon der Verein aber eher profitierte – unter den Hinzugekommenen waren der Stürmer Heinz Krückeberg aus Hannover und der Nationalspieler Ernst Willimowski vom PSV Chemnitz, der 1942 als Sechziger-Spieler auf vier Einsätze im Nationaltrikot kam. Zuvor hatte der Mittelstürmer bereits das polnische Nationaltrikot getragen. Für Polen absolvierte Willimowski 22 Länderspiele, in denen er 24mal ins Schwarze traf. An Willimowski konnte auch das Fachamt Fußball nicht vorbei, und so wurde der Pole ein guter Deutscher, zumal er deutsche Vorfahren hatte und sich auch noch zum Deutschtum bekannte. Willimowski kam jedoch nie ganz zur Ruhe, nach dem Krieg spielte er bei diversen Vereinen, bis er über vierzig war. Nach Alkoholproblemen und

Schwierigkeiten mit der Polizei starb er 1997, nachdem er zuletzt als Nachtwächter gearbeitet hatte.

Der schleichende sportliche Niedergang des Klubs ließ sich aber keineswegs auf die Machtergreifung durch die Nazis zurückführen, obwohl auch hier der Vereinspräsident wechselte. Vielmehr ging die Machtübernahme der Nationalsozialisten bei den Löwen glatt und ohne jegliche Widerstände über die Bühne.

„Deutsche Meisterschaften und Siegeskränze"

In diesem Zusammenhang ist es aufschlußreich, die Darstellung der Nazizeit in den Vereinschroniken zu betrachten, die ziemlich knapp ausfällt. So beklagte man sich in der 1960 erschienenen Chronik zum 100jährigen Jubiläum über die Behandlung des ehemaligen Vereinspräsidenten, Dr. Emil Ketterer, der ein Nazi der schlimmeren Sorte gewesen war, durch die Alliierten in der Nachkriegszeit: Ketterer, ein Mann, der sich so ungeheure Verdienste um den Verein erworben habe, sei gänzlich ungerechterweise interniert worden.

In der nächsten Chronik zum 125. Jahrestag enthielt man sich solcher Kommentare und verzichtete auf eine Abhandlung des Themas fast zur Gänze. In entwaffnender Schlichtheit heißt es da: „Im Dritten Reich blieb den Jugendlichen für den Verein nicht mehr so viel Zeit, sie wurden bei HJ und BDM gedrillt und für Vereinszwecke nur selten freigestellt. Der sportliche Erfolg der Sechziger setzte sich zunächst trotzdem fort: Olympiamedaillen 1936, deutsche Meisterschaften und Siegeskränze."

Dann folgt noch ein Satz über ein besonders gravierendes Beispiel für die Grausamkeit des Krieges: „Am 14. Juli sank das Vereinsheim in der Auenstraße unter den Bomben in Schutt und Asche. Das Herzstück des Vereins war vollkommen zerstört." Konsequent wird die Zeit des Wiederaufbaus *nach* dem Krieg als „sicher bis heute die schwerste Zeit des TSV 1860 München in seiner 125jährigen Geschichte" bezeichnet. Aus der subjektiven Sicht der Spieler und Funktionäre scheint diese Einschätzung folgerichtig, denn der Verein hatte mit den Nazis ja bestens kooperiert und mußte im Dritten Reich nicht gerade Nachteile hinnehmen.

Der TSV nach 1933: politischer Aufstieg, sportlicher Abstieg

Noch 1933 war der langjährige Präsident Heinrich Zisch durch Wilhelm Hacker abgelöst worden, der der Deutschen Turnerschaft nahestand, kein Parteimitglied war, sich aber zur „Neuordnung des deutschen Sports" bekannte. Ab 1934 füllten dann nur noch SA-Mitglieder diese Position aus, zuerst die SA-Sturmbannführer Ebenböck und Dr. Holzer, die beide indes bald versetzt wurden. 1936 kam der Arzt Dr. Emil Ketterer an die Macht und gab diese bis zum Kriegsende nicht mehr ab. Er war nicht nur altgedientes Vereinsmitglied (seit 1908), sondern auch NSDAP-Mitglied (seit 1923) und außerdem ein leuchtendes Beispiel für das Phänomen „Ämterhäufung". Seit 1931 war Ketterer SA-Mitglied und dort Chef des Sanitätswesens. Außerdem war er Mitbegründer des Nationalsozialistischen Ärztebundes München-Oberbayern, Führer des Deutschen Sportärztebundes, sowie Mitglied des seit April 1933 gleichgeschalteten Stadtrates. Im Februar 1941 vermeldete er OB Fiehler, daß im Verein „das Führerprinzip immer stärker ausgeprägt war und daß ein prozentual hoher Anteil der Mitgliedschaft sehr früh bei der Fahne Adolf Hitlers zu finden war. Siehe große Zahl der Blutordensträger."

Tatsächlich wurden auch zahlreiche weitere Positionen im Verein von Parteigenossen gehalten: So wurde beispielsweise 1941 SA-Obersturmführer Sebastian Gleixner, ebenfalls ein Multifunktionär (z.B. Mitglied im Stadtrat, Führer des Gesamtbetriebrates der städtischen Arbeiterschaft), Leiter der Fußballabteilung. Nach dem Einmarsch der Alliierten verlor er jedoch an Bedeutung – als einfacher Insasse eines Arbeitslagers für fünf Jahre. Weitere Konsequenzen seiner Verurteilung als Hauptschuldiger im Entnazifizierungsverfahren waren ein 19-jähriges Berufsverbot sowie Vermögensentzug bis auf 1.000 DM.

TSV-Pokalsieger von 1942: (v.l.) Schiller, Krückeberg, G. Pledl, Rockinger, Kanitz, L. Janda, Willimowski, Schmeiser, Bayerer, Keis, Schmidhuber.

Der Grund dafür, daß sich der Verein den neuen Machthabern in die Arme geworfen hat, liegt auf der Hand: Das Klientel des Vereins deckte sich ziemlich exakt mit dem der Nationalsozialisten. Auch die Tatsache, daß im Sommer 1933 40 Prozent der Vereinsmitglieder arbeitslos waren, kann als Erklärung für die starke Affinität zu den Nazis dienen.

Das Verhältnis von Verein und politischer Führung war aber durchaus von Geben und Nehmen bestimmt: Dafür, daß sich der Verein als Profilierungsmöglichkeit für Partei und SA zur Verfügung stellte, hielt er die Hand auf für die Rettung aus seiner desolaten finanziellen Situation, die tatsächlich existenzbedrohend war. Als die Sparkasse und der Stadtkämmerer dem Klub im Januar 1937 wegen dessen schlechter Bonität ein Darlehen verweigerten, versuchte man, eine Bürgschaft der Stadt zu bekommen. Dies erwies sich aber rechtlich als undurchführbar, und so wurde der oben erwähnte Wilhelm Brückner eingeschaltet, der mittlerweile zum persönlichen Adjutanten Hitlers aufgestiegen war. Brückner war gern zu Diensten und schrieb an den bayerischen Innenminister und Gauleiter Adolf Wagner mit der Bitte, dem Verein zu helfen. Obwohl alle Beteiligten bereit waren, sich am Rande (und vielleicht sogar neben) der Legalität zu bewegen, ließ sich die Bürgschaft nicht bewerkstelligen. So beschloß der Stadtrat, unter Umgehung der staatlichen Aufsichtsorgane, die Stadionanlage an der Grünwalderstraße für 356.560 RM zu kaufen.

Trotz aller Förderung „von oben" konnten die Löwen nicht wieder an ihre spielerischen Glanztaten der späten zwanziger und frühen dreißiger Jahre anknüpfen. Das Beispiel des TSV 1860 zeigt somit das Dilemma, in dem sich politische Propagandisten befinden, wenn sie sportliche Erfolge für ihre Zwecke einsetzen möchten. Die Unberechenbarkeit des Wettkampfsports – vor allem der Mannschaftssportart Fußball –, wo der Erfolg von einer Fülle von Faktoren abhängt, macht jegliche Planung sehr schwer – der Ball bleibt eben immer noch rund.

Der FC Bayern München – ein „Juden- und Kavaliersverein"

Die Ursprünge des FC Bayern München gehen bis ins Jahr 1896 zurück, als Kaufleute, Studenten und Künstler im kosmopolitischen Stadtteil Schwabing einen Klub für die neuartigen Rasensportarten gründeten. Der lateinische Name des Vorläufervereins reflektiert die Einstellung der Gründer: „Terra Pila", übersetzt „Erdkugel", drückt bereits zeitig den globalen Anspruch des ambitionierten Klubs aus.

Schon früh wurden Ausländer integriert, wie etwa der niederländische Star Hesselink, der zwischen 1903 und 1905 auch Vereinsvorsitzender war. Mit der damals – besonders in der Turnbewegung – vorherrschenden Deutschtümelei hatte man jedenfalls nichts zu tun, der elitäre Anspruch bezog sich eher auf Bildung und soziale Stellung. Von neuen Mitspielern wurde in der Anfangszeit ein Mittelschulabschluß verlangt, und so erwarb sich der Verein bald den Ruf eines „Kavalierklubs" – der Spieler Bender etwa trat auf dem Spielfeld nur mit langer Krawatte auf. In der ersten Mannschaft des späteren FC Bayern spielten ein Notar, ein Apotheker, ein Filmregisseur, ein Opernsänger, ein Buchhändler sowie der spätere Direktor des Nationalmuseums, Dr. Buchheit.

Terra Pila war anfangs ein Klub für sämtliche Rasenspiele britischer Herkunft, insbesondere Baseball und Faustball. 1898 gründete man sich neu als „1. Münchner Fußballklub von 1896", man nahm also in Anspruch, die Ersten gewesen und damit Hüter der Tradition zu sein. Trotzdem schloß man sich dem großen MTV 1879 München an, wohl weil die Trainingsmöglichkeiten dort besser waren. 1900 traten zehn Fußballer im Streit wieder aus und gründeten den FC Bayern. Wie überall hatten sich die Fußballer mit den Turnern gestritten, die den Fußball bestenfalls als Ausgleichssport für das Turnen ansahen. Dies hinderte den FC Bayern allerdings nicht daran, auch in der Folgezeit noch einige Male als Fußballabteilung bei anderen Turn- oder Sportvereinen Obdach zu suchen.

Die soziale und geographische Herkunft des Vereins, dessen Aktivitäten auch tatsächlich noch relativ lange Zeit in Schwabing konzentriert waren, prägte auch hier die Haltung zum späteren Hitler-Regime und zudem den Spielstil der Mannschaft. Noch bis heute stehen die balltechnischen Fähigkeiten mannschaftsintern und bei den Fans besonders hoch im Kurs. Seit Mitte der sechziger Jahre hat dies zu einem beispiellosen Erfolg geführt, in den dreißiger Jahren und in der Zeit nach dem Krieg aber zu äußerst schwankenden Leistungen und fast zum Absturz in die sportliche Bedeutungslosigkeit.

Kurt Landauer macht die Bayern groß

Seit 1919 wurde der Verein von Kurt Landauer geführt, und in seiner Ära gelang ab 1922 ein steiler Aufstieg, zu dem auch die britischen Trainer William Townley und Jim McPherson entscheidend beitrugen. Durch die Fußballbegeisterung bei der Jugend wuchsen dem Verein junge Talente zu, so etablierten sich auch die späteren Nationalspieler

Ludwig „Wiggerl“ Hofmann und Ernst Nagelschmitz sowie der Münchner Stürmerstar Josef Pöttinger. 1928 erreichte man das Halbfinale der Deutschen Meisterschaft, ging indes gegen den HSV 2:8 unter. Bayern verfolgte der Ruf einer „launischen Diva“, der erst 1932 mit dem erstmaligen Gewinn der Deutschen Meisterschaft einigermaßen abgelegt werden konnte.

Die Spielkultur des Vereins war eher durch gute Balltechnik sowie durch flüssiges Kombinationsspiel der „Wiener Schule“ geprägt, aus der der österreichische Trainer Richard „Little“ Dombi schließlich auch stammte. Er hatte das Stürmertalent Oskar „Ossi“ Rohr aus Mannheim, „Conny“ Heidkamp von Düsseldorf 99 sowie „Sigi“ Haringer und Ludwig „Lutte“ Goldbrunner aus der eigenen Jugend in die Mannschaft eingebaut – alle wurden später „Internationale“, wie sie damals noch hießen. Diese Mannschaft stellte aber auch den Gipfelpunkt einer anderen Entwicklung dar, nämlich der hin zu einer zunehmenden „Professionalisierung“ – soweit man in den Zeiten der Amateurismus-Ideologie überhaupt davon sprechen kann. Der FC Bayern hatte zudem den Ruf, Spiele öfters unverdient und durch Glück zu gewinnen, dies zeugt aber wohl eher von Cleverness – eine Eigenschaft, die dem Klub heute noch allgemein zugeschrieben wird.

1932 schaffte die Mannschaft die Teilnahme an der Endrunde zur Deutschen Meisterschaft und erreichte auch das Finale in Nürnberg gegen Eintracht Frankfurt. Obwohl die Bayern-Elf über weite Strecken unter Druck stand, konnte sie sich der Frankfurter Härte erwehren und einen 2:0-Sieg erspielen. Dieser Erfolg leitete einen kurzen Aufstieg des Münchner Fußballs an die deutsche Spitze ein, der FC Bayern konnte sich dort allerdings nicht lange halten, was wenigstens zum Teil durch die Machtergreifung am 30. Januar 1933 verursacht wurde.

Am 12. März 1933 trugen der TSV 1860 und der FC Bayern eines von vier Lokalderbys des Jahres aus – den Sieg von 1860 erlebten 18.000 Zuschauer mit. Fast zehnmal so viele Menschen wollten ein anderes, ganz und gar unsportliches Ereignis mit eigenen Augen sehen – auf dem Oberwiesenfeld landete Adolf Hitler, der der „Hauptstadt der Bewegung“ seinen Antrittsbesuch anläßlich der Machtübernahme abstattete. In dieser Atmosphäre geriet der langjährige (1913 - 1914; 1919 - 1921; ab 1922) Präsident Kurt Landauer, der jüdischer Abstammung war, immer stärker unter Beschuß der neuen Machthaber und mußte schließlich zurücktreten. Es gab schwere Machtkämpfe mit der eher kleinen Nazi-Fraktion im Verein, die aber noch relativ lange in Schach gehalten werden konnte. Landauer floh im Mai 1939 nach Genf, nachdem er 1938

Bayern im Endspiel um die Deutsche Meisterschaft 1932: Bayern-Stürmer Krumm, der später den Siegtreffer erzielte, und Torwart Schmidt von Eintracht Frankfurt.

nach den Novemberpogromen vier Wochen im KZ Dachau eingesperrt gewesen war. Die „erste Mannschaft" des FC Bayern hatte im Jahr 1940 ein Gastspiel in der Schweiz. Wie Uri Siegel, Landauers Neffe, erzählt, nutzten die Spieler die Gelegenheit, ihrem alten Präsidenten im Exil einen Besuch abzustatten. Diese Aktion blieb den NS-Machthabern nicht verborgen, und die Spieler wurden deshalb ernsthaft abgemahnt.

Die Nazis brachten vier Geschwister Landauers in den Vernichtungslagern um, nur eine Schwester überlebte den Holocaust. Nach dem Krieg kehrte Kurt Landauer nach München zurück und leitete den FC Bayern noch einmal von 1947 bis 1952.

Die anderen jüdischen Mitglieder konnten ihre Funktionen im Verein noch gewisse Zeit ausüben, im Jahr 1935 waren dann alle Mitglieder von Sportvereinen zur Vorlage des „Ariernachweises“ verpflichtet. Bis zum 15. September 1935 mußten alle Sportvereine auf einen Befehl des Reichssportführers hin Listen mit sämtlichen Vorstandsmitgliedern an die Staatsregierung einreichen, die Informationen über die politische Haltung sowie die Zugehörigkeit zur „arischen Rasse“ enthalten mußten. Somit war auch der FC Bayern „arisiert“. Wenig später hatte sich die Mitgliederstruktur schon zu Gunsten der Nazis verschoben, besonders wenn man berücksichtigt, daß schon im Jahr 1935 20 Prozent aller Selbständigen – Hauptklientel des FC Bayern – Mitglieder der NSDAP waren.

Die Bayern in Ungnade

1933 verlor der Verein seinen Torjäger Ossi Rohr, der im Herbst als Profi zuerst zu Grasshoppers Zürich und dann nach Frankreich ging. Die Münchner Zeitschrift *Fußball* verabschiedete den herausragenden Stürmer mit dem moralisierenden Vorwurf, Rohr habe sich „im Ausland als Gladiator verkauft“. „Ein romantisierender, spießiger Antikapitalismus von Rechts, mit dem Dekaden später noch ein anderer Bayern-Akteur konfrontiert werden sollte: Paul Breitner.“ (Schulze-Marmeling 1997, S. 60).

Sportlich stieg der Verein langsam ab, außerdem sanken die Zuschauerzahlen wegen der Weltwirtschaftskrise kontinuierlich, 1934 betrug der Schnitt unter 10.000. Zuerst übernahm ein enger Mitarbeiter Landauers den Vorsitz kommissarisch, allerdings nur bis zur regulären Hauptversammlung im Oktober.

Der neue Präsident, Dr. Karlheinz Öttinger, war zwar kein Nationalsozialist, galt aber als Vertreter der Jungen und Unzufriedenen, die sich in der Skiabteilung sammelten. Diese Abteilung wurde mit der Zeit auch mehr und mehr zum Hort der Sympathisanten für die Nationalsozialisten und besetzte zunehmend Schlüsselpositionen im Verein. Aus ihrer Mitte kam auch der „Dietwart“, der für die nationalsozialistische Umerziehung zuständig war und die sogenannten „Dietprüfungen“ durchführte. Absurderweise war er gleichzeitig auch der Vergnügungswart. Der Leiter der Klubzeitung entstammte der Skiabteilung – „kein Wunder, daß sich diese Vereinsnachrichten mehr und mehr zu einem Publikationsorgan der Skiabteilung (und auch der den Nazis gewogenen Kräfte, d. A.) gestalteten“, schreibt die Bayern-Chronik.

Nach 1935 wechselte die Präsidentschaft noch einige Male, zwischendurch gelang es sogar, ein NSDAP-Mitglied an der Spitze zu installieren, bis 1942 wurde der Verein aber vom völlig unbelasteten Oberlehrer Nußhardt geführt. Erst danach konnte die NS-Fraktion ihren Kandidaten, den Bankier Sauter, durchbringen. Jetzt wurde der Verein in der gleichgeschalteten Presse angemessen berücksichtigt, und bei den Spielen zogen nun SA-Kapellen um die Aschenbahn. Sicher ist, daß zumindest die Spieler der „ersten Mannschaft" ideologisch geschult wurden, wie Herbert Moll bestätigt: „Wir haben auch eine staatspolitische Prüfung machen müssen; dafür wurden wir geschult, und danach ist das Ergebnis in den Spielerpaß eingetragen worden, wir haben alle weiter spielen dürfen; die Stadtmannschaft war natürlich auch darauf ausgerichtet, wir mußten mit dem 'Deutschen Gruß' einlaufen, und wir mußten das auch üben." (Stadtarchiv 1997, S. 9)

Wegen der politischen Distanziertheit des Klubs in der Vergangenheit hatte die neue Freundschaft jedoch ziemlich enge Grenzen; die anfangs erwähnte „Ehrung" der Mannschaft zum Gewinn der Südbayerischen Meisterschaft 1944 durch ein „großzügiges" Buchgeschenk steht dafür als Beispiel. Als die Luftangriffe auf München häufiger wurden, zeigte sich, daß Vereinspräsident Sauter den Heldenbegriff des Nationalsozialismus etwas falsch verstanden hatte: Er zog es vor, aus der sicheren Distanz der schwäbischen Provinz mit dem Verein mitzuleiden, in München war er weniger und weniger zu sehen.

Nach 1933 erlebte der FC Bayern einen konstanten sportlichen Niedergang, der vom Verschleiß an Präsidenten und Trainern sicherlich mitverursacht wurde. 1938/39 entging der Verein nur knapp dem Abstieg, den in der folgenden Saison alleine der Kriegsausbruch verhinderte. Auch während des Krieges wurden die Meisterschaftspiele fortgesetzt, indes waren sie sportlich kaum mehr ernstzunehmen. Vereinswechsel waren zwar seit Kriegsbeginn verboten, jedoch konnten Soldaten am Ort ihrer Stationierung eingesetzt werden. Außerdem gab es Reisebeschränkungen, was 1942 dazu führte, daß der Radius von 50 km nicht mehr überschritten werden durfte und eine südbayerische Staffel innerhalb der Gauliga eingerichtet wurde (die Spiele gegen Jahn Regensburg konnten nur mit Ausnahmegenehmigung durchgeführt werden).

Im Oktober 1943, als die Lebensmittelrationen kleiner wurden und die Bombenangriffe zahlreicher, gewann der FC Bayern gegen Wacker die Gaumeisterschaft im Dantestadion. Spiele im Grünwalder Stadion waren zu dieser Zeit schon zu riskant, nachdem es kurz zuvor Ziel eines verheerenden Bombenangriffs geworden war. Ab Herbst 1944 fand praktisch nur noch eine Stadtmeisterschaft statt, aber diese wurde bis fast zum letzten Atemzug des „Tausendjährigen Reiches" ausgespielt, nämlich bis zum 4. März 1945. Am 22. April, als die amerikanischen Truppen schon vor den Toren Münchens standen, trugen die Lokalrivalen FC Bayern und der TSV 1860 München noch ein Freundschaftsspiel aus, das die „Roten" (nicht politisch zu verstehen) vom FC Bayern mit 3:2 gewannen.

Der FC Bayern erscheint von seinem sozialen Milieu wie ein Gegenentwurf zum TSV 1860, so wird auch die Rivalität beider Vereine etwas verständlicher. Obwohl die jüdischen Mitglieder auf Druck der Machthaber bald ausgeschlossen wurden, entsprach der Großteil der verbleibenden Vereinsangehörigen nicht dem Bild des idealen Nationalsozialisten: eher unpolitisch-weltoffen und liberal eingestellt als national und völkisch sowie eher groß- und bildungsbürgerlich geprägt als kleinbürgerlich. Die Tatsache, daß dem Verein schon immer zahlreiche jüdische Mitglieder angehört hatten, unterstreicht diese Tendenz. Es gab zum Beispiel die Firmenmannschaft Kaufhaus Tietz. Diese Mannschaft, die dem FC Bayern angegliedert war, war vorwiegend von Juden besetzt. Aber auch die Mitgliederschaft war teilweise durch Juden geprägt, die meist dem großbürgerlichen Milieu entstammten – der FC Bayern war also ein Fußballverein, zu dem man sich vor 1933 auch in Kreisen der Münchner Gesellschaft bekennen konnte.

Die soziale Prägung des Vereins hängt sicherlich mit seiner Herkunft aus dem bürgerlich-wohlhabenden Stadtteil Schwabing zusammen, das gleichzeitig aber die Heimat der Bohemiens war, die das kulturelle Leben in der Zeit vor und nach dem Ersten Weltkrieg maßgeblich geprägt haben. Entsprechend äußert sich Herbert Moll, Jahrgang 1916, langjähriger Liga- und Auswahlspieler beim FC Bayern: „... es war doch so, daß damals Bayern und 60 viertelbezogen war; also Bayern war Schwabing..." (Stadtarchiv 1997, S. 9).

Auch beim FC Bayern lohnt es sich zu betrachten, wie der Verein seine Geschichte aufarbeitet. Zwar hat sich der FC Bayern, besonders im Vergleich mit anderen Sportvereinen, bezüglich der NS-Zeit letztlich nichts vorzuwerfen; umso verwunderlicher ist, daß die offiziellen Chroniken des Vereins so gut wie nichts zu den Geschehnissen dieser Zeit enthalten.

»Das hat alles keine Rolle gespielt.«

■ Interview mit Herbert Moll (FC Bayern)

Herbert Moll im Bayern-Dress.

Herbert Moll, Jahrgang 1916, war Spieler des FC Bayern in den dreißiger Jahren. Moll war Mitglied der Läuferreihe, war zu diversen Lehrgängen der deutschen Fußballnationalmannschaft eingeladen, kam aber nie zu einem Länderspieleinsatz. In den fünfziger Jahren hat er zusammen mit seinem ehemaligen Mannschaftskameraden Jakl Streitle den FC Bayern trainiert.

Herr Moll, wann sind Sie beim FC Bayern in die erste Mannschaft gekommen?

Mei, wann bin ich in die erste Mannschaft gekommen... 1936.

Haben Sie Kurt Landauer, den jüdischen Präsidenten des FC Bayern, noch kennengelernt?

Ja, freilich habe ich den noch kennengelernt. Am Anfang. Und dann war der Herrmann Präsident. Der war der zweite Mann gewesen hinter Landauer. Landauer war zwar in den Jahren nach 1933 nicht mehr Präsident, war aber bei Feiern noch da und auch auf dem Fußballplatz. Der hat im Hintergrund gewirkt. Mei, der Landauer. Seine ganze Familie ist ja umgekommen. Seinen Bruder hat man an die Wand gestellt undsoweiter.

Haben Landauers Geschwister auch in München gewohnt?

Ja, die waren alle da. Und Kurt Landauer hat hier in Schwabing gelebt, wie ich auch. Wir haben uns da später immer gesehen, als er schon abgesetzt war. Da hat er schon Wert darauf gelegt, daß ihn die Spieler noch gekannt haben.

Wie meinen Sie das?

Mei, der ist in diese Richtung schlecht behandelt worden. Und die haben ja auch ein Geschäft gehabt in der Kaufinger Straße, das mußte er auch aufgeben.

Was für ein Geschäft?

Textilien.

Ein großes Geschäft?

Ja, ein großes Geschäft.

Aber wie meinen Sie das: Er sei „in der Richtung schlecht behandelt worden"?

Damals, 1937, war er noch da, aber er war nicht mehr im Amt. Wenn man ihn dann gesehen hat mit seinem gelben Stern, dann hat man Grüß Gott gesagt, und das hat ihn dann schon irgendwie beruhigt, daß ihn manche noch gekannt haben, in der Richtung.

Aber viele haben ihn dann nicht mehr gekannt?

Nein, die waren schwer dagegen.

Der Sohn von Landauers Schwester, die als einzige aus der Familie neben Kurt Landauer das Dritte Reich überlebt hat, wohnt hier in München. Der sagt, daß Landauer ins KZ nach Dachau mußte. Wissen Sie etwas davon?

Ja, 1937 mußte er nach Dachau.

Nur einige Monate, oder war er länger dort?

Das weiß ich nicht.

Wie haben Sie als Spieler das mitgekriegt. Hat sich das rumgesprochen?

Ja, ja, das war bekannt. Irgendwie, wie soll man sagen, bei Vereinsfesten oder sonst, da war er an sich da, und plötzlich war er natürlich weg.

Also ist er 1934 bis 1936, als er nicht mehr im Amt war, zu den Vereinsfesten noch gekommen?

Ja.

Und nach 1945 ist er wieder Präsident geworden bei den Bayern.

Ja, da ist er dann wieder gekommen aus der Schweiz, großes Remmidemmi war da natürlich. Dann ist er wieder Vorsitzender geworden.

Es gab auch noch andere Juden beim FC Bayern, vornehmlich in der Jugendabteilung, zum Beispiel Otto Beer, den Jugendleiter. Der mußte sich 1935 „zurückziehen", wie es hieß. Wie ging das vor sich?

Das hatte alles keine Bedeutung gehabt.

Was heißt das? Hatten Sie mit Beer nicht viel zu tun?

Nein, gar nichts. Jede Mannschaft hat ihren Betreuer gehabt, und da ist nicht politisiert worden. Es gab auch Juden, die Mannschaften betreut haben.

Und die mußten alle aufhören?

Jaja.

Waren die von einem Tag auf den anderen nicht mehr da? Oder wie muß man sich das vorstellen? Die waren ja noch in München. Hat man die noch gesehen?

Ja, freilich. Die sind ja weiterhin auf den Fußballplatz gegangen, wenn ihre Mannschaft gespielt hat. Aber sie haben halt nichts mehr zu sagen gehabt.

Aber wie war das? Hat der Vereinsführer gesagt: Ihr müßt jetzt gehen! Oder hat jemand von der NSDAP-Ortsgruppe gesagt: Ihr müßt gehen!

Ich nehme an, daß das von oben runter gegangen ist. Daß es hieß: Alles was Juden sind, müssen raus.

Die Nazis haben das angeordnet?

Jaja. Das hat für uns gar keine Bedeutung gehabt.

Und Ihre jüdischen Vereinskameraden? Haben die zu Ihnen nie etwas gesagt?

Nein, nein. Nichts. Das war völlig unpolitisch. Wie's halt so gegangen ist.

Wer hat dann die Aufgaben übernommen? Leute aus dem Verein?

Ja, der Herrmann ist Jugendleiter geworden.

Der hat ja viele Ämter übernehmen müssen. Bevor Herrmann Landauers Nachfolger wurde, war er Zweiter Vorsitzender…

…und mit Landauer innigst verbunden. Aus dem Grund war das so, daß es gar nicht so aufgefallen ist, daß der Herrmann da gewirkt hat, da war der Landauer immer noch im Schatten.

Herrmann ist also quasi in der Öffentlichkeit Erster geworden, Landauer blieb im Hintergrund.

So ist das gewesen, ja.

Und dieser Dr. Oettinger, Karl-Heinz Oettinger, der war doch auch mal Vereinsführer.

Ja, ungefähr ein Jahr.

Wie war Oettinger einzuschätzen?

Ich weiß nicht, wir haben uns da nicht so sehr um die Vorsitzenden gekümmert, so daß das nicht besonders ins Gewicht gefallen ist.

Oettinger war aus der Skiabteilung des FC Bayern. Und es heißt, daß die Skiabteilung von den Nazis dominiert gewesen ist.

Ja, die waren im großen und ganzen nach rechts ausgerichtet.

Schon vor Hitler, schon in den zwanziger Jahren?

Ja, die waren schon immer Opposition im Verein.

Das ist aber eigenartig. Der FC Bayern hatte ja eher den Ruf, ein liberaler Verein zu sein. Warum geht man dann, wenn man eher rechtsgerichtet ist, überhaupt in diesen Klub? Die hätten doch auch bei Sechzig Skifahren können.

Das weiß ich nicht so genau. Aber bei den Skifahrern war es so, die waren im großen und ganzen immer gegen die Vorstandschaft. Warum? Weil bei Bayern immer bloß Fußball gezählt hat. Die haben dann immer Unruhe reingebracht.

Es gab in den letzten Kriegswochen ein Spiel zwischen Bayern und 1860. Waren Sie da dabei?

Jaja. Da war ich dabei.

Wie war da die Stimmung? Waren viele Zuschauer da?

Da haben wir gespielt an der ... am Säbener Platz, 3:2 oder so gewonnen. Viele Zuschauer haben nicht Platz gehabt an der Säbener Straße. Das war kein richtiger Fußballplatz, das war unser Trainingsplatz. Da sind nicht soviel reingegangen. Aber ich kann mich nicht mehr genau erinnern.

Als der Verein dann vom Vorsitzenden der Skiabteilung geleitet wurde, haben Sie da gemerkt, daß Politik Einzug hält im Verein – hin zu den Nazis?

Nein. Nazis? Mei, das war der unzufriedene Teil. Die, die nicht genug Rechte hatten.

Auch bei Bayern gab es einen sogenannten Dietwart, der für die nationalsozialistische Erziehung im Verein verantwortlich war. Ferdinand Mayer hieß er. Können Sie sich an den noch erinnern?

Also bei uns sind alle diese Strömungen wenig von Bedeutung gewesen. Wir haben, mein Gott, was soll man sagen, wir sind da mitgeschwommen, so auf diese Tour. Der Ferdinand Mayer? Weiß ich nicht mehr, wer das war. Der hat keine große Rolle gespielt.

Dennoch gab es politische Schulungen für die Spieler.

Ja, die wurden jeden Dienstag nach dem Training im Schelling Salon (eine traditionsreiche Kneipe in der Schellingstraße in Schwabing, d.A.) abgehalten.

Wer hat die abgehalten?

Der PG Wagner.

Adolf Wagner, der bayerische Innenminister?

Nein, nicht dieser Wagner, ein anderer, ein „kleiner" Parteigenosse.

Und was wurden Sie gelehrt?

Das war ziemlich oberflächlich. Zum Beispiel: Wann wurde der Führer geboren? Das haben wir für die staatspolitische Prüfung wissen müssen. Nur wer diese Prüfung bestanden hat, bekam einen Stempel in seinen Spielerpaß und durfte überhaupt spielen.

Also wurden diese Prüfungen auch bei anderen Vereinen gemacht.

Das nehme ich an, ja.

Und vor den Spielen: Mußten Sie stets mit dem deutschen Gruß die Begegnungen beginnen?

Ja, das haben wir halt müssen. So haben wir halt einlaufen müssen bei den Spielen. Aber das war ohne Bedeutung.

Waren da manchmal SA-Leute da, bei Städtespielen vielleicht.

Ja, bei Städtespielen, da war's offizieller. Aber ich muß sagen, Fußballer haben sich gar nicht geeignet für solche Sachen. Ich habe auch mit anderen keine Schwierigkeiten gehabt, wie bei 1860 mit dem Burger oder mit wem auch immer wir da zu tun gehabt haben.

Was ist der Burger gewesen?

Der Burger Schorsch. Spieler. Spielführer teilweise. Stürmer erst, später Läufer. Wir waren bekannt vom Militär her. Wer bei Bayern war, ist in die zweite Kompanie gekommen, zu den Funkern. Und wer Sechziger war, war in der ersten Kompanie bei den Fernsprechern. Da ist gar nicht lange geredet worden.

Hat das eine Bedeutung gehabt? Hat es da Unterschiede gegeben.

Nein.

Und dieser Burger, Sie sagten, es gab keine Schwierigkeiten mit ihm. In welchem Zusammenhang?

Der war wohl bei der Partei. Wir wissen es nicht genau. Aber der hat das nicht heraushängen lassen.

Hat dieser Burger nach dem Krieg Schwierigkeiten bekommen?

Weiß ich nicht.

Bei Sechzig gab es einen Vorsitzenden mit enger Verbindung zu den Nazis: Dr. Emil Ketterer, der auch Leibarzt von Röhm gewesen ist. Welchen Ruf hatte dieser Ketterer in München?

Da haben wir nichts gewußt. Daß der Röhms Arzt war undsoweiter undsoweiter. Das ist halt immer so: Das hat alles keine Rolle gespielt. Wir haben Fußball gespielt. Das andere war so am Rande. Wenn's einen nicht selbst betroffen hatte...

Und die Rivalität mit Sechzig war rein sportlicher Natur? Da hat man nicht gesagt: Wir, die Bayern, sind der liberale Verein, und die Sechziger sind eher die Rechten...

...da gab's nichts. Kann ich mich nicht erinnern, daß es etwas gab. Das war sportlich.

Es hieß immer, daß die Sechziger stets diejenigen waren, die hart, aber nicht technisch betont gespielt haben. Die Bayern hingegen seien die Techniker gewesen.

Nein, das war gleich. Es war nicht so, daß die Techniker zu Bayern gingen, die Kämpfer zu Sechzig. Sechzig und Bayern – das war nur viertelbezogen. Es war unmöglich, daß ein Bub aus Schwabing zu Sechzig gegangen wäre. Genausowenig einer aus Giesing zu Bayern. Das war nicht drin. Schwabing spielt gegen Giesing. Und Wacker war bei Sendling. Das war schon wegen dem Verkehr so: Wir sind mit der Siebzehner (Trambahn, d. A.) zu Sechzig gefahren, das hat eine Ewigkeit gedauert undsoweiter. Alle diese Dinge haben eine Rolle gespielt.

Die Bayern haben 1944 die Südbayerische Meisterschaft gewonnen, wurden von der Stadt München aber ignoriert. Die Sechziger haben auch die Südbayerische Meisterschaft gewonnen, sind aber groß empfangen worden.

Ja, bei denen sind sie hängengeblieben. Die Sechziger sind eingeladen worden zum Bürgermeister Fiehler.

Sechzig hat ja auch finanziell profitiert, hat Gelder von der Stadt bekommen. Kam da bei Bayern kein Neid auf?

Nein, ums Geld haben wir uns überhaupt nicht gekümmert. Die haben ja weiß Gott was alles bekommen. Darlehen undsoweiter. Aber es war nicht unsere Aufgabe. Wir haben uns ums Geld nicht gekümmert, nicht ums Vereinsvermögen. Höchstens was unsere Spesen anging.

Der mittlerweile verstorbene ehemalige Nationaltorwart Hans Jakob hat gesagt, für einen Länderspieleinsatz hat man ein paar Mark bekommen und eine Bahnkarte – zweiter Klasse. Das war alles. Wie war es bei Bayern?

Das war bei uns auch so. Ich weiß gar nicht mehr, was wir für ein Spiel bekommen haben. Ich glaube fünf Mark oder acht Mark.

Pro Sieg oder pro Spiel?

Pro Spiel.

Und pro Sieg noch was drauf?

Nein, da hat's nicht viel gegeben. Und so oft haben wir auch nicht gewonnen. Wir haben einen Bon gekriegt zum Essen im Schelling Salon. Einen Trainingsbon, da waren zwei Mark fürs Essen drauf. Da hat's dann ein anständiges Essen gegeben. Das war schon was für uns. Das meiste, was wir gekriegt haben, war mal über zehn Mark, mal zwölf Mark oder sechzehn, wenn wir gegen den Club (1. FC Nürnberg, d.A.) gespielt haben. Das war schon allerhand. Da hat man ja einiges gekriegt dafür, da hat man einiges essen können. Das kann man mit heute ja nicht vergleichen.

Ihr Mitspieler Willi Simetsreiter war Mitglied im Nationalsozialistischen Kraftfahrerkorps (NSKK) und hat auch für die NSKK-Auswahl gespielt…

…und vor allem sein Bruder, der war bei der SS.

Der war aber nicht beim FC Bayern.

Nein. Aber der war schon intensiv dabei.

Willi Simetsreiter nicht?

Nein.

Waren Sie auch im NSKK?

Ja, die sind auf uns zugekommen. Das war eigentlich das Harmloseste von dem, was uns so treffen konnte. Da sind viele Fußballer dazugegangen.

Sind von ihren Mannschaftskameraden welche in die Partei eingetreten?

Weiß ich keine. War wohl keiner dabei.

Sind die Nazis aggressiv auf Sie zugegangen, um Sie zur Mitgliedschaft zu bewegen?

Nein.

Und Politik war kein Thema in der Mannschaft?

Nein.

Ihr habt aber später einen richtigen Nazi als Präsidenten gehabt, den Sauter.

Ja, der Sauter, der war ein Nazi. Der hat mit uns nichts zu tun gehabt, gar nichts.

Ist der nicht zu den Spielen gekommen?

Das hat uns gar nicht berührt, wenn der gekommen ist.

Hat der den Kontakt zur Mannschaft nicht gesucht?

Nein, nein.

Später sind Sie aber doch arg mit der Politik in Berührung gekommen, Sie mußten in den Krieg. Wann wurden Sie eingezogen?

Ja, wir sind eingezogen worden. Ich bin zuerst in den Arbeitsdienst, dann sind wir zum Militär gekommen. Das ist automatisch gegangen in dieser Richtung, so daß wir uns gar keine Gedanken haben machen müssen. Und wann war ich ... 1938 im Arbeitsdienst, bis Herbst. Im Herbst ist dann das Militär angegangen, und dann war ja Krieg. Und dann war ich dabei bis zum Schluß.

Die Nationalspieler durften zu Lehrgängen in die Heimat reisen, Herberger rief sie. Ab 1943, nach Ausrufung des totalen Kriegs, mußten dann alle an die Front. Wie war es bei Nicht-Nationalspielern? Welche Privilegien hatten die?

Keine. Wir wurden behandelt wie alle anderen. Ich konnte nur Fußball spielen, wenn ich Urlaub hatte. Ich hatte nach dem Arbeitsdienst drei Wochen Urlaub, und dann sind wir zum Militär gekommen. Da waren wir dann, ich bin zuerst nach Polen marschiert. Und dann von Polen ... wo sind wir denn dann hin? ... nach Frankreich natürlich. Holland, Belgien, Frankreich. Dann bin ich nach Rußland gekommen. Ich war dann die ganze Zeit an der Ostfront als Funker. Aber ich habe immer Glück gehabt. ■

KAPITEL 7

Verfolgt und ermordet: Die Juden im Sport

„Die jüdischen Elemente in den Vereinen sind die ärgsten Fanatiker und Geschäftemacher. Sie müssen in Zukunft durch Männer ersetzt werden, die zwischen Geschäft und Sport zu unterscheiden wissen, und die Spieler nicht als ihre Gladiatoren betrachten, die sie sich zu ihrem Vergnügen 'halten'." (Völkischer Beobachter vom 4./5. März 1933).

Als „Keimzelle der jüdischen Sportbewegung", schrieb Kurt Schilde in seinem Buch „Mit dem Davidstern auf der Brust", gilt der jüdische Turnverein „Bar Kochba", der am 22. Oktober 1898 in Berlin ins Leben gerufen worden war. Die Namensgebung erfolgte in Erinnerung an den Heerführer Simon Bar Kochba, den Anführer des letzten großen Aufstandes der Juden gegen die römische Besatzung in den Jahren 132 bis 135. Die Wahl des Namenspatrons läßt die Vermutung zu, daß die Körperertüchtigung fortan auch als Ersatz für militärische Ausbildung betrachtet wurde.

Der Anstoß für die Gründung dieses Klubs war beim 1898 in Basel abgehaltenen II. Zionistischen Weltkongreß gegeben worden. „Auf dem Kongreß wurde zum ersten Mal vor aller Welt die einseitige Pflege kultureller Bestrebungen gegeißelt und die Ausbildung des bisher stark vernachlässigten Körpers durch turnerische Bestätigung energisch verlangt." (Schilde 1988, S. 11). Bei diesem Kongreß forderte der Schriftsteller und Mediziner Max Nordau: „Wir müssen danach trachten, wieder ein Muskeljudentum zu schaffen."

Gründungsmitglieder des Berliner Turnvereins „Bar Kochba" waren 48 meist national-jüdische Studenten und Kaufleute. Über deren Selbstverständnis sagte Richard Blum, einer der Mitbegründer: „... so waren wir doch infolge der Beschäftigung mit national-jüdischen Fragen zu der Überzeugung gekommen, daß wir unser Ideal in unserem Turnen in Vereinen der deutschen Turnerschaft nicht erblicken konnten. Da uns in manchen deutschen Turnvereinen die Aufnahme verwehrt und wir in anderen nur geduldet waren, mußte unser Nationalitätsbewußtsein dazu führen, daß wir uns nach dem Vorbild deutscher Turnvereine organisierten".

Es war eine Zeit, in der sich in Deutschland die Turn- und Sportbewegung auszubreiten begann. Nicht jeder Jude mochte sich indes mit den – wenn auch gemäßigten – zionistischen Intentionen des neuen Klubs vorbehaltlos identifizieren. „Alfred Flatow", schrieb Michael Reinsch in der *Frankfurter Allgemeinen,* „Olympiasieger im Turnen 1896 in Athen, den die Nationalsozialisten im Konzentrationslager ermordeten ..., lehnte es seinerzeit ab, Mitglied von Bar Kochba zu werden. Ihm ging der politische Anspruch des Vereins offenbar zu weit." Der *Tagesspiegel* mutmaßte, Flatow habe sich als bekennender „Deutscher jüdischer Konfession allen Anwerbungsversuchen Bar Kochbas erwehrt". Fünf Jahre später schlossen sich jüdische Klubs aus Deutschland, Österreich und vom Balkan auf dem VI. Zionistischen Kongreß 1903 in Basel im Dachverband der „Jüdischen Turnerschaft" zusammen. „Bar Kochba" Berlin war der einflußreichste Verein und stellte auch die führenden Funktionäre des neuen Dachverbandes.

1921 wurde dann auf dem Zionistischen Kongreß in Karlsbad der „Makkabi-Weltverband" gegründet. „Er unterschied sich von der Jüdischen Turnerschaft qualitativ dadurch, daß er sich entschiedener als sein Vorgänger zum politischen Zionismus bekannte", analysierte Hajo Bernett in seinem Buch „Der jüdische Sport im nationalsozialistischen Deutschland 1933 bis 1938." (Bernett 1978, S. 223). Der Name Makkabi weist ebenfalls auf das Vorbild eines Juden hin, der für die Unabhängigkeit seines Volkes kämpfte: Jehuda Makkabi initiierte 165 vor Christus einen Aufstand gegen die herrschenden Seleukiden.

Die Verbandszentrale war erst in Berlin, später in Wien und Brünn, ehe sie 1929 wieder nach Berlin zurückverlegt wurde. 1932 fand in Tel Aviv die erste Makkabia – die Olympischen Spiele des jüdischen Sportes – statt, 390 Sportler aus 18 Ländern nahmen teil. Anfang 1933 übersiedelte der Makkabi-Weltverband nach London.

„Kein Platz im deutschen Sport"

Im Deutschen Reich brachte das Jahr 1933 einschneidende Veränderungen für die jüdischen Sportler. Im Gegensatz zu Kunst und Kultur konnten die Juden im Spitzensport zwar keine exponierte Stellung einnehmen, doch im Breitensport gestaltete sich die Lage anders. Bis 1933 waren 40.000 jüdische Sportler (von 506.000 Juden in Deutschland insgesamt) Mitglieder in 250 Klubs, in den allgemeinen Turn- und Sportvereinen. Innerhalb von zwei Jahren wurden alle diese Athleten genötigt, auszutreten. Kommunale Behörden und Sport-Verbände teilten sich brüderlich die zweifelhafte Aufgabe, jüdische Sportler davonzujagen. Sie begannen damit unmittelbar nach der politischen Machtübernahme der Nationalsozialisten am 30. Januar 1933. Mit dem 1. April 1933 startete die Kampagne der Behörden, jüdische Bürger von öffentlichen Sportstätten auszuschließen. Für Bruno Malitz, den Sportführer der SA, war dies ein längst überfälliger Schritt: „Franzosen, Belgier, Polacken, jüdische Nigger, alle sind sie auf deutschen Rennbahnen gelaufen, haben auf deutschen Fußballplätzen gespielt und sind in deutschen Schwimmbecken geschwommen. Alle diese Ausländer haben auf unsere Kosten eine herrliche Zeit gehabt. Die Förderer des Sports haben das Geld bedenkenlos ausgegeben, um die internationalen Verbindungen Deutschlands mit seinen Feinden noch enger zu machen."

Am 2. Juni 1933 verkündete der neue Erziehungsminister den Ausschluß der Juden aus den Jugendwohlfahrtsverbänden und Sportvereinen. Wettkämpfe zwischen jüdischen und arischen Mannschaften wurden untersagt. Fritz Rosenfelder aus Bad Cannstatt beging im Juli 1933 Selbstmord, weil, so hieß es, „er seinen Sportverein nicht mehr betreten durfte", schreibt Richard Mandell in seinem Buch „Hitlers Olympiade – Berlin 1936" (Mandell 1980, S. 61). Rosenfelder war lange Jahre Vorsitzender seines Bad Cannstatter Klubs gewesen. Julius Streicher, der unsägliche Herausgeber des *Stürmer,* veröffentlichte folgenden „Nachruf": „Wir brauchen hier keine Worte zu verlieren. Juden sind Juden, und es gibt keinen Platz für sie im deutschen Sport. Deutschland ist das Vaterland der Deutschen und nicht der Juden, und die Deutschen haben das Recht, in ihrem Vaterland zu tun, was sie wollen." (Mandell 1980, S. 60)

Durch rigorose Maßnahmen zum Ausschluß der jüdischen Sportler zeigten die Sportverbände, daß sie gewillt waren, Schrittmacherdienste zu leisten für die neuen politischen Machthaber. Noch vor der Entlassung der „nichtarischen" Beamten (Gesetz zur Wiederherstellung des Berufsbeamtentums vom 7. April 1933) verbot am 4. April der deutsche Boxsportverband den Juden die Teilnahme an Wettkämpfen. Er erklärte, daß er „jüdische Kämpfer und jüdische Schiedsrichter nicht länger in seinen Reihen dulden werde" (Mandell 1980, S. 59). Der Profiverband deutscher Faustkämpfer ordnete an, „daß sämtliche Juden ... von der Mitgliederliste zu streichen" seien.

Ebenfalls im April schloß der nach den Worten von Bernett „besonders anpassungsbereite" Schwimmverband seine jüdischen Mitglieder aus. Sein Vorsitzender Hans Geisow brüstete sich öffentlich: „So wurde ich Nationalsozialist." In den folgenden Monaten wurden alle Badeorte für Juden „zu ihrem eigenen Schutz" verboten. Am 12. Dezember 1933 mußten alle jüdischen Mitglieder aus der deutschen Lebenrettungsgesellschaft entlassen werden, denn „an deutschen Stränden durften nur Arier gerettet werden – von Ariern" (Mandell 1980, S. 60). Der Leichtathletikverband folgte alsbald mit dem Ausschluß seiner jüdischen Mitglieder; dann die Ruderer, Schachspieler und Skiläufer. Letztere stellten im bayerischen Skiort Garmisch-Partenkirchen ein Schild auf mit der Aufschrift: „Juden: Euer Zutritt ist verboten" (Mandell 1980, S. 60).

Am 24. Juli 1933 verkündete der deutsche Tennisverband: „Nichtarier dürfen weder an Turnieren teilnehmen noch in Ersatzmannschaften aufgenommen werden." In ihrem nationalistischen Fanatismus gingen die Tennis-Funktionäre noch einen Schritt weiter: „Deutsche Spieler" müßten „deutsche Tennisbälle benutzen", ordneten sie an. Englische Tennisbälle dürften nur solange gebraucht werden, „bis das deutsche Produkt, das zur Zeit noch hergestellt wird, den Anforderungen entspricht" (Mandell 1980, S. 63). Fünf Tage später wurde auch die jüdische Pfadfinderorganisation in Pirmasens verboten und ihre Vereinskasse beschlagnahmt.

Doch „am unbarmherzigsten verfuhr die Turnerschaft mit ihren ungefähr 20.000 jüdischen Turnbrüdern- und -schwestern", schrieb Walter Gloede in seinem Buch „Sport, die unbekannte Größe im politischen Spiel" (Gloede 1980, S. 203). Um freie Bahn bei der Aussortierung der Juden zu haben, „nötigten die Turner ihren Vorsitzenden, den eher demokratisch eingestellten Dominicus, zum Rücktritt" (Gloede 1980, S. 137/138). Sein Nachfolger Eduard Neuendorff „ließ Hitler versichern, die Turner stünden 'Seite an Seite neben SA und Stahlhelm'". Die konservativen Turner, so Gloede weiter, hätten „die Chance erkannt, ihr Monopol auf alle Leibesübungen unter Hitlers Diktatur zurückzuerobern. Sie verlangten die Auflösung des Deutschen Reichsausschusses und schlugen sich selbst als neuen Dachverband für jede Art der Sportausübung vor". Neuendorff forderte Ostern 1933, „alle Juden und 'jüdisch Versippten', sowie Marxisten aus dem Sportbetrieb auszuschließen" (Gloede 1980, S. 137/138). Im Mai mußten dann tatsächlich die jüdischen Turner aus der Turnerschaft ausscheiden – kraft eines „Arierparagraphen", den die zuständigen Funktionäre dieser Sportart ins Leben gerufen hatten. Bereits eine jüdische Großmutter genügte zum Ausschluß. Dabei entsprach ein Verstoßen von sogenannten „Vierteljuden" gar nicht den „Judengesetzen" der Nationalsozialisten. Der Sporthistoriker Hajo Bernett meinte dazu: „Es ist nun evident, daß die DT- (Deutsche Turnerschaft, d. A.) Führung ihre nichtarischen 'Turnbrüder' und 'Turnschwestern' schlechter behandelt hatte als der nationalsozialistische Staat seine erklärten Widersacher und fiktiven Erzfeinde." (Gloede 1980, S. 203)

In wenigen Fällen ergriffen (nicht-jüdische) Sportler für (jüdische) Sportler Partei. So soll der Berliner Schlittschuh-Club seine schützende Hand über die beiden jüdischen Brüder Ball gehalten haben. Der Klub-Vorsitzende, so *Kicker*-Herausgeber Karl-Heinz Heimann, habe einen Gestapo-Mann gekannt, und dieser habe beide Augen zugedrückt. Heimann: „Sicher hat auch der Gestapo-Mann irgendwie profitiert. Eine Hand wäscht die andere – und 'die da oben' merkten eben nicht alles."

Auch Max Schmeling, das Box-Idol, setzte sich für seinen jüdischen Manager Joe Jacobs ein. Obwohl der Profiverband deutscher Faustkämpfer im April 1933 sämtliche Juden ausgeschlossen hatte, hielt Schmeling an Jacobs fest. „Er setzte sich sogar bei Hitler für ihn ein", schrieb Gloede.

Und der Fußball?

In vorauseilendem Gehorsam veröffentlichte der Deutsche-Fußballbund (DFB) bereits am 19. April 1933 eine Amtliche Bekanntmachung im Verbandsorgan *Kicker:* „Der Vorstand des Deutschen Fußballbundes und der Vorstand der Deutschen Sportbehörde halten Angehörige der jüdischen Rasse, ebenso auch Personen, die sich als Mitglieder der marxistischen Bewegung herausgestellt haben, in führenden Stellungen der Landesverbände und Vereine nicht für tragbar. Die Landesverbände und Vereine werden aufgefordert, die entsprechenden Maßnahmen, soweit diese nicht bereits getroffen wurden, zu veranlassen." (siehe auch Kapitel: Neuorganisation des Fußballs).

Für die von den Sportverbänden verstoßenen jüdischen Sportler gab es nun mehrere Möglichkeiten: Zahlreiche Athleten und Funktonäre verließen das Deutsche Reich aufgrund der drohenden Gefahr für Leib und Leben. Doch Tausende suchten den Weg in die jüdischen Vereine; in kurzer Zeit wuchsen diese auf mehr als 40.000 Mitglieder an. Überdies entstanden neue jüdische Klubs, im Jahr 1935 gab es mehr als hundert Makkabi-Vereine, allein zehn davon in Berlin. 1933 waren es etwa 30 gewesen im gesamten Deutschen Reich. Der *Völkische Beobachter* machte sich später lustig über die Neugründungen. Die neuen jüdischen Sportvereine seien „über die lächerliche Rolle von Außenseitern nie hinausgekomen", hieß es in der Ausgabe vom 27. November 1938. Tatsächlich bildeten die jüdischen Sportler „in Hitlers Reich die größte jüdische Organisation" (Gloede 1980, S. 203/204).

Allerdings war der jüdische Sportbetrieb behördlichen Schikanen unterworfen. Kommunale Stellen bestimmten, ob jüdische Sportler Hallen und Sportplätze benutzen durften – „gewöhnlich", so Kurt Schilde, „durften sie es nicht" (Schilde 1988, S. 204). Richtige Sportplätze mit allen dazugehörenden Anlagen gab es nur in Berlin-Grunewald und auf dem Leipziger Bar-Kochba-Platz. Leere Fabrikhallen und Tanzsäle wurden gekauft oder gemietet und als Turnhallen eingerichtet. Die Klubs standen „unter entwürdigender Beobachtung, mußten jede Veranstaltung rechtzeitig anmelden, Mitgliederlisten einreichen und ständig ergänzen" (Schilde 1988, S. 204). In der Regel konnten nur jüdische Sportler untereinander Wettkämpfe austragen, weshalb ein rein jüdischer Spielbetrieb im Deutschen Reich entstand. Ferner versuchten die gegängelten Athleten, Glaubensgenossen im Rahmen der Makkabi-Spiele zu treffen. Ein Beispiel aus dem Jahre 1933 zeigt freilich, daß die Reise zu den internationalen Zusammenkünften mit immensen Problemen behaftet war: Die Makkabi-Spiele sollten in Prag stattfinden, doch um im August 1933 mit einer Sportmannschaft ins Ausland fahren zu können, bedurfte es der Erlaubnis der Gestapo. Diese gab den jüdischen Athleten folgende Antwort: Man hätte nichts dagegen, wenn die Sportler nach Prag fahren würden – ob sie wieder nach Deutschland zurückkommen könnten, müßte indes noch geprüft werden...

Das war nur ein Anfang der Schikanen für die jüdischen Mitbürger im Deutschen Reich. Zwei Jahre später, am 15. September 1935, verabschiedete der Reichsparteitag der NSDAP die sogenannten Nürnberger Gesetze. Nürnberger Gesetzte ist die Sammelbezeichnung für zwei Rassengesetze: 1. Gesetz zum Schutz des deutschen Blutes und der deutschen Ehre. 2. Reichsbürgergesetz. Gesetz Nummer eins sah Zuchthausstrafen vor für Eheschließungen und außerehelichen Geschlechtsverkehr zwischen Juden und Menschen „deutschen Blutes". Das sogenannte Reichsbürgergesetz schuf die Grundlage für den Status des Reichsbürgers, der alleine Ariern vorbehalten war. Juden behielten hingegen nur die Staatsbürgerschaft. An den Begriff des Reichsbürgers waren alle politischen Rechte geknüpft. Überdies wurden aufgrund der Nürnberger Gesetze die letzten Juden aus dem öffentlichen Dienst entlassen, weitere Berufe wurden für sie verboten.

Außenpolitische Rücksichten vor dem Olympiajahr 1936 dürften das Regime zunächst vor weiteren Maßnahmen abgehalten werden.

Generell ist festzuhalten, daß den Juden ihre – gleichwohl ghettoisierte – Sportausübung wohl nur gestattet war, um die Ausrichtung der Olympischen Spiele mit Bedacht auf das internationale Image nicht zu gefährden. Die deutsche Unterdrückungspolitik hatte im Ausland bereits Besorgnis hervorgerufen. Das Nationale Olympische Komitee der USA hatte nur mit hauchdünner Mehrheit eine Teilnahme ihrer Sportler in Deutschland bewilligt. Und eine Boykottbewegung hatte es nicht bloß in den Vereinigten Staaten gegeben.

Derweil zeigten sich jüdische Zeitungen unbeeindruckt, als 1936 in Berlin die Olympischen Spiele ausgetragen wurden. In den Monaten davor bedauerte beispielsweise das *Israelitische Familienblatt* die Nicht-Teilnahme der deutschen Juden (nur die im Ausland lebenden Rudi Ball und Helene Mayer durften mitmachen) und stellte regelmäßig frühere jüdische Olympiasieger vor. Als die Spiele dann begannen, wurde kein Wort über den Verlauf verloren – obwohl im *Israelitischen Familienblatt* täglich ein bis zwei Seiten Sport erschienen. Statt dessen wurde ausführlich über Bezirksmeisterschaften der Makkabi, über jüdische Sportfeste in München, Leipzig, Hamburg und Danzig oder über Sportfeste an jüdischen Schulen berichtet.

„Selbstbehauptung im Land des Unterdrückers"

Die jüdische Sportbewegung Deutschlands war zwischen 1933 bis 1938 in zwei stark konkurrierende Gruppen zerfallen: in die zionistische Makkabi-Bewegung „mit dem erklärten Ziel, Juden auf die Auswanderung vorzubereiten", und die „Schild"-Vereine des Verbandes jüdischer Frontkämpfer, die auf Integration bedacht waren (im Herbst 1937 gewann übrigens ein Makkabi-Team gegen eine Auswahlmannschaft des „Schild" mit 15:1 im Boxen).

Makkabi vergab ein eigenes Sportabzeichen, vor dessen Erwerb auch Kenntnisse der hebräischen Sprache, der jüdischen Geschichte und des Zionismus nachzuweisen waren. Von ungefähr 20.000 Makkabi-Mitgliedern wanderten zwischen 1933 und 1938 etwa 11.500 aus, fast die Hälfte nach Palästina. Sportliche Reisen wurden für die Emigration genutzt. Nach der Makkabia 1935, zu der die NS-Regierung eine jüdische Mannschaft fahren ließ (vermutlich ohne Rückreise-Garantie …, d. A.), blieb ein großer Teil des Teams in Palästina.

Auf dem 17. Delegiertentag des Deutschen Makkabikreises am 24. Oktober 1938 in Berlin wurde bekanntgegeben, daß „die Mehrzahl der ausgewanderten Makkabi-Sportler … sich überall in der Welt sofort wieder einem Makkabiverein oder doch einem jüdischen Sportverein angeschlossen habe", schrieb das *Israelitische Familienblatt* am 3. November 1938. Und es berichtete über „viele Briefe unserer ausgewanderten Sportkameraden", die schreiben, „wie gerade sportliches Können es ihnen erleichtert, sich in ihrer neuen Umgebung rascher einzuordnen".

Nicht Flucht, sondern „Selbstbehauptung im Land des Unterdrükkers" – so lautete das Motto der „Schild"-Vereine des Verbandes jüdischer Frontkämpfer (im Ersten Weltkrieg hatten 100.000 Juden auf deutscher Seite gekämpft, 12.000 waren gefallen / Gloede 1980, S. 203). In ihrer Zeitung *Die Kraft* gaben sie sich anfangs kämpferisch. Im Dezember 1933 erschien dort folgender Artikel: „Die nationalsozialistische Umwälzung hat die Frage nach dem Schicksal der deutschen Juden mit einer Heftigkeit aufgeworfen, die uns alle erschütterte. Jüdische Frontsoldaten, die einst ihr Leben für Deutschland in die Schanze schlugen, sind die Sturmtruppen im Kampfe um die jüdische Selbstbehauptung. Die staatsbürgerliche Gleichberechtigung ist verlorengegangen. Wir werden sie zurückerobern! Um unser selbst willen, um unserer Ehre willen, als Deutsche, als Juden! Ihr, die jüdische Jugend, sollt in unserer Jugendgruppe berufen sein, mit den ehemaligen Frontsoldaten Schulter an Schulter zu stehen! Wir wollen eine Jugend, mit strengster geistiger und körperlicher Disziplin, eine Jugend, die – erzogen zur Wehrhaftigkeit – vor allen Dingen tapfer, selbstbewußt und treu ist, eine körperlich und sportlich ertüchtigte Jugend." (*Die Kraft*, Dezember 1932, S. 2)

Wie viele andere deutsche Juden, die im Ersten Weltkrieg ihr Leben für das deutsche Vaterland riskiert hatten, konnten auch die „Schild"-Sportler nicht glauben, daß eben dieses Vaterland sie brutal bekriegen würde. Die jüdischen Frontkämpfer und ihre „Schild"-Vereine indes verloren den ungleichen Kampf mit den Nationalsozialisten.

Diese hatten ihre Maske im November 1938 endgültig fallen gelassen. SS, SA, HJ und andere nationalsozialistische Organisationen verwüsteten in der Nacht vom 9. auf den 10. November jüdische Geschäfte und Wohnungen, schlugen Synagogen kaputt und Menschen tot. Insgesamt wurden in dieser Reichspogromnacht 7.500 Geschäfte zerstört, 171 Synagogen niedergebrannt, 91 Juden ermordet, ungezählte Frauen vergewaltigt, viele Menschen in die Konzentrationslager verschleppt.

Neue Dekrete verstärkten nun die Diskriminierung der Juden. Jüdische Kinder durften nicht mehr zur Schule gehen, der Besuch von Theater, Kino, Konzerten und Ausstellungen wurde allen Menschen jüdischen Glaubens untersagt. In die Pässe der jüdischen Mitbürger, die schon seit August 1938 die zusätzlichen Vornamen Sara (weiblich) und Israel tragen mußten, wurde ein „J" eingetragen.

Der jüdische Sportbetrieb wurde nun endgültig verboten. „Alle Büros, alle Turnhallen, Sportplätze, Jugendheime etc., die man mit soviel Mühe und Liebe aufgebaut und eingerichtet hatte, wurden mit sämtlichen Geräten beschlagnahmt", schrieb Robert Altlasz (Atlasz 1937, S. 118). Und Kurt Schilde meinte: „Vierzig Jahre nach seiner Gründung wurde das 1898 von jungen jüdischen Menschen in Berlin begonnene Kapitel der Sportgeschichte wieder zerstört." (Schilde 1988, S. 57) Viele der in den jüdischen Vereinen bis dahin aktiven Jungen und Mädchen wurden mit ihren Eltern deportiert und ermordet.

Nur „ein Flatow rettete sich aus der Hölle von Terezin"

Selbst bekannte jüdische Sportler hatten – von wenigen Ausnahmen abgesehen – keinerlei Privilegien gegenüber ihren geschundenen Religionsbrüdern und -schwestern. Sie litten ebenso unter den nationalsozialistischen Repressionen. Viele fielen der Vernichtungspolitik zum Opfer. Wieviele es genau waren, ist bis heute nicht erforscht. „Ein nach Zeitzeugenaussagen zusammengestelltes Gedenkbuch im Sports Museum in Rabat Gan", schrieb Ute Frings in der *Frankfurter Rundschau,* „enthält 300 Namen."

Manche emigrierten rechtzeitig. Einer der ersten und fähigsten Sportler, der das Land verließ, hieß Alex Natan. Er gehörte zur Vierermannschaft im 400-Meter-Staffellauf, die einen Weltrekord aufgestellt hatte. Natan floh nach England. Daniel Prenn, einer der besten deutschen Tennisspieler, emigrierte ebenfalls auf die britische Insel. Im Juli 1933 hatte der Deutsche Tennisverband, wie oben erwähnt, verkündet, daß Nichtarier nicht mehr an Turnieren teilnehmen durften. Eine Zusatzklausel besagte: „Der Spieler Dr. Prenn (ein Jude) kann nicht in die Davis-Cup-Mannschaft von 1933 gewählt werden" (Mandell 1980, S. 63). Prenn wurde britischer Staatsbürger und spielte weiterhin Tennis, vermutlich mit englischen Bällen ...

Die Turner Gustav-Felix und Alfred Flatow blieben in Deutschland und mußte dafür mit dem Leben bezahlen. Die SS ermordete sie in Theresienstadt. Alfred starb im November 1944, sein „Cousin Gustav-Felix", so schrieb Jens Weinreich im *Hattrick Fußballmagazin* 1996, „verhungerte am 29. Januar 1945, abgemagert auf 22 Kilo. Ein Flatow aber rettete sich aus der Hölle Terezin: Stefan Flatow, Sohn von Gustav-

Felix, lebt seither in Rotterdam. ... Während der Olympiabewerbung für das Jahr 2000 war Stefan Flatow Stammgast in Berlin. ... Für die Bewerberdokumentation hatte Flatow einen Text verfaßt, in dem er anregte, den Olympischen Fackellauf von Athen über Theresienstadt nach Berlin zu führen: 'Dabei sollte für ein paar Minuten ein Stopp am Grab meines Vaters eingelegt werden. Das war meine Bedingung.'"

Das Andenken an Albert Richter hält Renate Franz in Ehren. Frau Franz hat ein Buch geschrieben mit dem Titel „Der vergessene Weltmeister – Das rätselhafte Schicksal des Kölner Radrennfahrers Albert Richter." Richter war 1932 in Rom Weltmeister im sogenannten Fliegerrennen der Radamateure geworden – und den Nazis über Jahre hinweg suspekt. Die Inhaber der Kölner Kunstfiguren-Fabrik, in dem Modelleur Richter arbeitete, waren Juden, der Meister ein Sozialdemokrat. Richters Betreuer war der jüdische Sportmanager Ernst Berliner. Richter hob bei Siegerehrungen nie den Arm zum Hitlergruß. Er nannte die Nazis sogar einmal ein „Verbrecherpack".

Trotzdem ließen ihn die Nazis lange Zeit unbehelligt. Warum? Klaus Budzinski schrieb in der *Süddeutschen Zeitung:* „Ein bescheidener, charaktervoller Mann und mit seinem athletischen Körper, dem blonden Haar und den blauen Augen zum Vorzeige-Arier wie prädestiniert." Das war es wohl.

Doch mit Kriegsbeginn 1939 verschärfte sich die Lage. Ein Gestapo-Mann hatte Richters Eltern beauftragt, ihren Sohn soweit zu bringen, „bei Auslandsrennen Skizzen militärischer Anlagen zu beschaffen, seine Gegner auszuhorchen und alles der Gestapo zu melden" *(Süddeutsche Zeitung,* 12.12. 1998). Es war Zeit für Richter, zu gehen. Am Morgen des 31. Dezember 1939 nahm er den Zug nach Basel – mit 12.700 Reichsmark im Reifen versteckt; Geld, das ihm der jüdische Textilhändler und Geschäftsführer der Kölner Sportstätten Gmbh, Alfred Schweizer, anvertraut hatte, bevor dieser das Land verlassen hatte.

Doch Richter wurde am Grenzübergang gestoppt – man munkelt, neidische Radfahrerkollegen hätten ihn verpfiffen. Er kam ins Gerichtsgefängnis Lörrach , wurde in eine Einzelzelle gesperrt und starb am 2. Januar 1940. Zunächst streuten die Nazis aus, Richter habe sich erhängt. Doch sein Bruder Josef, der die Leiche sah, sprach von „blutbesudelten Taschentüchern auf seinem Haupt". Und der Totengräber hatte gesagt, der Tote habe keine Strangulierungsmerkmale, dafür indes eine Schußwunde im Genick. Irgendwann wechselte die Gestapo die Strategie und sprach davon, Richter sei „auf der Flucht erschossen worden" – eine beliebte Verschleierungsformulierung einer staatlich legitimierten Mörderbande. Und der *Völkische Beobachter* schickte ihm ein „Heute rot – morgen tot" mit ins Grab.

Renate Franz „und einigen Kölner Radsportenthusiasten", so die *Süddeutsche Zeitung*, „ist es zu verdanken, daß die neue Radrennbahn in Köln nach dem lange Vergessenen benannt wurde".

Ein ähnliches Schicksal wie die älteren Flatows und den Radfahrer Richter ereilte die beiden Bad Kreuznacher Ringer und Gewichtheber Julius und Hermann Baruch – und Lilli Henoch, die in den dreißiger Jahren zu Deutschlands herausragenden Leichtathletinnen zählte. 1920 war Lilli Henoch dem Berliner Sportclub (BSC) beigetreten, einem der renommiertesten Leichtathletikvereine Berlins. Sie betrieb Leichtathletik und spielte Handball. Die deutsche Frauenleichtathletik steckte nach dem Ersten Weltkrieg noch in den Kinderschuhen, nahm jedoch einen rasanten Aufschwung und stieß bald in die Weltspitze vor. Lilli Henoch war eine der markantesten Protagonistinnen. Nicht nur in ihrer Spezialdisziplin, dem Kugelstoßen, wurde sie mehrmalige Deutsche Meisterin. Auch im Diskuswurf, im Weit- und Hochsprung gehörte sie jahrelang zur Spitzenklasse. Ihr läuferisches Talent war ebenfalls bemerkenswert. Insgesamt errang sie sieben deutsche Einzeltitel und drei deutsche Staffelmeisterschaften. Mit der 100-Meter-Staffel des Berliner Sportclubs stellte sie sogar einen Weltrekord auf.

Am 5. September 1942 wurde Lilli Henoch gemeinsam mit ihrer 66-jährigen Mutter nach Osten deportiert. Es spricht alles dafür, daß sie in der Nähe von Riga ermordet wurde. Eine Überlebende aus dem Rigaer Ghetto berichtete: „Jeden Tag kamen Unmengen von Kleidung ins Ghetto: Bettzeug, Schuhe, Toilettenartikel. Alles wurde in den Riesenhallen ausgeladen, dann sortiert. Die SS wachte wie Schießhunde darüber, daß alle Wertgegenstände wie Gold, Silber, Uhren, Schmuck und Geld gesondert abgeliefert wurden. Niemals gelangte auch nur eine Menschenseele von den Tausenden und Abertausenden in unser Ghetto. Wir wußten inzwischen, wo sie blieben: im Hochwald. Alle, ohne Ausnahme. Alle wurden erschossen und in Massengräbern verscharrt." Auf Beschluß der örtlichen kommunalen Stellen trägt eine Straße am Prenzlauer Berg in Ost-Berlin den Namen Lilli Henoch.

„Faßförmig, halslos, plattfüßig"

Mit ihren herausragenden Resultaten waren sie alle, ob Prenn oder die Flatows oder Lilli Henoch, ein Stück deutscher Sportgeschichte gewesen. Den Nazis, die 1938 das komplette sportliche Leben der Juden zerstörten und später noch viel mehr, war das egal. Sie spotteten nur.

Wie ein gewisser Dr. Löffler, der am 27. November 1938 im Hetzblatt *Völkischer Beobachter* menschenverachtend vom Leder ziehen durfte über die angebliche Unfähigkeit der Juden zu sportlicher Betätigung: „Abkehr vom Leben, Askese und Verachtung des Leibes“ seien Grundelemente der jüdischen Weltanschauung, mit der sie sich in „schroffsten Gegensatz stellten zu der kämpferischen, freudig bejahenden Einstellung der arischen Rasse“. Überhaupt fehle den Juden die „Begabung zu harmonischer Bewegung. Sie sind körperlich minder veranlagt.“ Dies zeige sich in bestimmten Bereichen des gesellschaftlichen Lebens: „Die Komik der unzähligen jüdischen Clowns, erinnern wir uns an die Typen Szöke, Szakal, Siegfried Arno, Otto Valburg, Felix Bressart, Kurt Herron, Charlie Chaplin – beruhte auf der bewußten Herauskehrung jener körperlichen Unzugänglichkeiten der jüdischen Rasse.“ So wurden nach Löfflers Ansicht „Chaplins grotesk nach außen stehende Füße, sein stapfender Gang, sein komisches gewissermaßen isoliert erfolgendes Zucken der Achseln auf der ganzen Welt Symbol für eine Rasse, die ihre Zusammengehörigkeit weder in den polnischen Ghettos, noch im englischen Parlament, auf der Frankfurter Börse oder in den Ateliers von Hollywood verleugnen konnte“.

Dr. Löffler legte noch nach: „Und wir erinnern uns aus unserer Schulzeit noch an jenen schwammig-fetten oder ästethisch-schwächlichen Typ des Judenjungen, der entweder vom Turnen 'dispensiert‘ war oder vom Vorturner wie ein hilfloses Stück Fleisch auf das Reck oder den Barren gehoben werden mußte.“ Doch dort wo es um Geld ging, habe der Jude erstaunlichen Ehrgeiz an den Tag gelegt. „In den sogenannten feudaleren Sportarten ... wie Tennis, Reiten und Fechten finden wir den Juden schon zahlreicher vertreten ... Er wandte sich diesen Sportarten zu, weil es hier – auch als Amateur – unverhältnismäßig mehr zu verdienen gab als in der Leichtathletik oder beim Fußballspielen.“ Mithin hätte sich den Juden „mit dem Aufkommen des Sports eine neue Erwerbsquelle geboten, die geradezu auf seine Rast- und Wurzellosigkeit zugeschnitten schien: der internationale Profisport“.

Natürlich drängten die Juden, so Löffler, in führende Positionen – ihres großen Ehrgeizes wegen, wie er meint. Beispiele aus der Schauspiel-Branche bewiesen dies: „Kurt Herron, dessen faßförmiger, halsloser, plattfüßiger Körper demonstrierte, wie weit die jüdische Rasse degenerieren kann, hatte den Ehrgeiz, endlich keine Zuhälterrollen mehr spielen zu müssen. Chaplins glühende Sehnsucht war – den Napoleon mimen zu dürfen.“ Und so habe dieser Ehrgeiz auch im Sport dazu geführt, daß „soviele der sportlich unbegabten Juden Trainer, Mannschaftsführer und Delegierte deutscher Sportsleute gewesen sind".

Als Sportjournalisten „gingen die Juden zudem daran, Einfluß auf das sportliche und staatliche Leben zu nehmen". Sie wollten sich „die geistige Führung in der moderneren Sportbewegung sichern oder doch maßgebend an ihr teilnehmen. Die Sportpresse Berlins befand sich zum Großteil, die in Wien fast ausnahmslos in jüdischen Händen. Die wichtigsten Sportbücher waren von Juden geschrieben." Dort „feierte das Talent des Juden, zu analysieren, auf die Spitze zu treiben und das eben noch begeistert Geschilderte mit der Säure vorderasiatischen Zweifelns wieder zu zerfetzen, Triumphe."

Löfflers Unterstellung, die Juden hätten sich mit Vorliebe den ertragreichen Sportarten zugewandt, hält – wie alle anderen Anwürfe – der Realität nicht stand. Vor 1914 war das Turnen in der jüdischen Sportbewegung das wichtigste Element, nach dem Ersten Weltkrieg wurde ihm insbesondere von der Leichtathletik der Rang abgelaufen.

„Die Nazis brachten Nationalspieler Hirsch um"

Der Fußball indes wurde in den deutschen Makkabi-Vereinen nie so beliebt wie die Leichtathletik oder andere Mannschaftssportarten wie Handball und Hockey. So mangelt es auch an berühmten jüdischen Fußballern. Die bekanntesten waren Julius Hirsch und Gottfried Fuchs. Beide spielten in der deutschen Nationalmannschaft, allerdings lange vor der Ära des Nationalsozialismus, nämlich zwischen 1911 und 1913. Hirsch (Jahrgang 1892) absolvierte als erster jüdischer Fußballer überhaupt Länderspiele für Deutschland, sieben an der Zahl, vier als Mitglied des Karlsruher Fußballvereins (FV), drei für die Spielvereinigung Fürth. Fuchs (Jahrgang 1889, ebenfalls Karlsruher FV) war sechsmal im Einsatz und stellte einen Rekord auf, der heute noch Gültigkeit hat: Am 1. Juli 1912 erzielte Fuchs zehn Tore in einem Länderspiel. Die Deutschen besiegten seinerzeit Rußland beim Olympischen Fußballturnier in Stockholm mit 16:0 Toren. Auch das ist Rekord.

Die Nazis indes wollten derlei Heldentaten aus den Annalen tilgen. Michael Steinbrecher, mittlerweile verstorbener Münchner Sportjournalist, erstellte in den dreißiger Jahren ein sogenanntes *Kicker*-Bilderwerk, heute heißt das *Kicker*-Almanach. „Dort sollten alle Spieler rein, die seit 1908 (als das erste Länderspiel stattfand, d. A.) in der Nationalmannschaft gespielt haben", erinnerte sich Steinbrecher, insgesamt waren es 392 Fußballer. Kleine Bilder sollten eingeklebt werden, mit kurzen Personalien. Fuchs und Hirsch fehlten. „Dr. Goebbels“, erzählte Steinbrecher, „hatte zur Auflage gemacht, daß keine jüdischen Spieler dort reinkommen durften.“ Als 1988 von einem Kölner Verlag ein Nachdruck angefertigt wurde, fehlte etwas anderes: die Bildseiten 3 und 4, auf denen Adolf Hitler und Reichssportführer von Tschammer und Osten abgebildet waren, zum Teil zusammen mit National- und Meisterspielern.

Julius Hirsch als Nationalspieler bei den Olympischen Spielen 1912.

Die *Frankfurter Rundschau* hat das Schicksal der Sportler Fuchs und Hirsch am 26. Februar 1997 unter der Überschrift „Die Nazis brachten Nationalspieler Hirsch um“ näher beleuchtet. Während Gottfried Fuchs sich 1937 gerade noch rechtzeitig nach Kanada absetzen konnte, blieb Julius Hirsch im Lande.

Julius Hirsch, den alle nur „Juller“ nannten, hatte 1925 seine Laufbahn beendet. „Der gebückte Angriffsstil des kleinen und schnellen schwarzhaarigen Stürmers“, schreibt Werner Skrentny, „war berühmt“ gewesen: „Wenn der Hirsch die Hos verliert, dann gibts ein Tor“ (Skrentny 1993, S. 8/9), wußten damals die Buben der badischen Residenz.

Nach der Machtübernahme der Nazis zählte das nicht mehr. Zunächst verlor er seine Mitgliedschaft im Karlsruher FV, bald danach seinen Arbeitsplatz. Dem KFV hatte er übrigens am 10. April 1933 seine Austrittserklärung zugesandt mit folgenden Zeilen: „Ich lese heute im Sportbericht Stuttgart, daß die großen Vereine, darunter auch der KFV, einen Entschluß gefaßt haben, daß die Juden aus den Sportvereinen zu entfernen seien. Leider muß ich nun bewegten Herzens meinem lieben KFV, dem ich seit 1902 angehöre, meinen Austritt anzeigen. Nicht unerwähnt möchte ich aber lassen, daß es in dem heute so gehaßten Prügelkinde der deutschen Nation auch anständige Menschen und vielleicht noch viel mehr national denkende und auch durch die Tat bewiesene und durch das Herzblut vergossene Juden gibt.“ (Skrentny 1993, S. 9). Hirschs Bruder Leopold war im Ersten Weltkrieg gefallen.

Der Karlsruher FV indes wollte die Austrittserklärung nicht annehmen. „Wir haben immer noch die Richtlinien des Sportkommmissars abgewartet, die aber bis heute noch nicht erschienen sind. Unserer Auffassung nach besteht vorerst kein Anlaß für Sie, aus dem KFV auszutreten. Wir würden es sehr bedauern, wenn wir Sie als altes und bewährtes Mitglied verlieren würden und bitten Sie daher, Ihre Austrittserklärung als nicht geschehen zu betrachten." (Skrentny 1993, S. 9). Doch die Richtlinien folgten alsbald, und Hirsch mußte den Verein verlassen.

Seinen Arbeitsplatz verlor er zunächst deswegen, weil sein Arbeitgeber, der Sportartikel-Hersteller Sigfa-Sport GmbH, pleite ging. Hirsch war für die Sigfa-Sport als Geschäftsführer und Reisevertreter tätig gewesen.

1934 arbeitete er kurzzeitig als Trainer im Elsaß, 1937 und 1938 als Hilfslohnbuchhalter für eine jüdische Firma in Ettlingen-Maxau. Als die Firma arisiert wurde, war Julius Hirsch erneut ohne Arbeit. In einer *Kicker*-Anzeige empfahl er sich ohne Erfolg als Trainer: „Ich glaube ganz bestimmt, Ihrer Mannschaft durch meine langjährige ersprießliche Tätigkeit ein Fußballspiel lehren zu können, das es ihr ermöglichen wird, in jeder Weise in der Nationalliga zu bestehen."

Seine Situation wurde immer bedrückender. „Im Juli 1938 sprang Hirsch nach einem Verwandtenbesuch in Frankreich aus dem fahrenden Zug", schrieb die *Frankfurter Rundschau,* „und wurde in eine psychiatrische Klinik eingeliefert. Als er wenige Tage später von den Ereignissen der Reichspogromnacht erfährt, verschlimmert sich seine psychische Situation weiter. Um seine evangelische Frau zu schützen, reicht er 1939 die Scheidung ein."

Dann wurde er zunächst vom Tiefbauamt Karlsruhe als Hilfsarbeiter auf einem Schuttplatz arbeitsverpflichtet, ehe er im Februar 1943 seine letzte Chance verpaßte, den nationalsozialistischen Massenmördern doch noch zu entkommen. Als ihm angewiesen wurde, er solle sich zu einem „Arbeitseinsatztransport" einfinden, wies er das Angebot eines befreundeten Lokführers, der ihn aus Deutschland hinausbringen wollte, zurück – „in der Überzeugung, daß die Gerüchte über den Massenmord an den Juden nicht der Wahrheit entsprachen und ihm nichts passieren könne. Am 1. März 1943 wurde Hirsch zusammen mit elf weiteren badischen Juden abgeholt und nach Auschwitz abtransportiert. Zwei Tage später verschickte er sein letztes Lebenszeichen: eine Postkarte an seine Tochter Esther." (*Frankfurter Rundschau,* 26.2. 1997).

Das Amtsgericht Karlsruhe erklärte Julius Hirsch 1950 mit Datum vom 8. Mai 1945 für tot. Die seinerzeit verfügte „Entschädigung" belief sich auf 3.450 Mark. Seine Kinder Heinold und Esther überlebten das Konzentrationslager Theresienstadt.

Gottfried Fuchs ist nie mehr nach Deutschland zurückgekehrt. Bundestrainer Sepp Herberger ließ zwar eine Grußkarte nach Kanada schicken, als die deutsche Nationalmannschaft 1955 in der Sowjetunion antrat (Fuchs hatte seinen Torrekord bekanntlich gegen Rußland aufgestellt). Doch Fuchs nahm keine Einladung an. Er starb 1972 in Montreal. Eine Karlsruher Zeitung schrieb im Nachruf: „Politische Ereignisse zwangen ihn dazu, seine Heimat zu verlassen."

Nach Julius Hirsch und Gottfried Fuchs spielte kein Jude mehr in der deutschen Fußball-Nationalmannschaft.

Eintracht Frankfurt: „Ab heute nach dem Führerprinzip geleitet"

Vom sogenannten Judenverein FC Bayern war im vorigen Kapitel bereits die Rede. Daneben galten die Stuttgarter Kickers, Tennis Borussia Berlin und vor allem Eintracht Frankfurt als Klubs mit jüdischem Umfeld.

Eintracht Frankfurt hat heute knapp 6.000 Mitglieder. Darunter befinden sich nach Auskunft des ehemaligen Eintracht-Geschäftsführers Jürgen Gerhardt „erfreulich viele Juden". Juden nähmen seit jeher am sportlichen Leben der Stadt regen Anteil. Aufgrund dieser Tradition gilt der Klub mancherorts als „jüdischer Verein", was einige Ewiggestrige zu seltsamen Schmähungen verleitet: „Eintracht-Fußballer der E- und F-Jugend werden heute noch als 'Jude-Bube' beschimpft", sagt Jürgen Gerhardt, der von Schwierigkeiten zu berichten weiß, wie man den Eintracht-Knirpsen derlei Dummheiten erklären soll. „Wie soll man einem Achtjährigen den ganzen Hintergrund mit Hitler, dem Dritten Reich, den Juden deutlich machen?"

Die Eintracht hatte im Dritten Reich nicht nur reichlich jüdische Mitglieder, einer saß sogar im Vorstand. Hugo Reiss war vor Hitlers Machtergreifung jahrelang Schatzmeister der Frankfurter Eintracht. Doch schon im Frühjahr 1933 hieß der Schatzmeister nicht mehr Reiss, sondern Karl Löffler. Hugo Reiss hatte auf der Jahreshauptversammlung vom 12. Mai 1932 noch den Ehrenbrief des Deutschen Sport-Bundes erhalten. In den Vereins-Nachrichten der Eintracht vom Juli 1932 dankte der 1. Vorsitzende Egon Graf von Beroldingen „seinen Mitarbeitern im Vorstand, insbesondere dem Schatzmeister Reiss und dem Schriftführer Lotz für die geleistete Arbeit".

In den Vereins-Nachrichten vom Mai 1933 prangte dann auf Seite 1 die Überschrift „Gleichschaltung der Eintracht". Im folgenden Text heißt es: „Die meisten Mitglieder haben sicher aus der Tagespresse von folgendem gefaßten Beschluß Kenntnis erhalten: In der Versammlung der Ehrenmitglieder, Ehrenspielführer und älteren Mitglieder der Frankfurter Sportgemeinde Eintracht vom 2. Mai 1933 wurde Graf von Beroldingen einstimmig zum kommissarischen Vorsitzenden ernannt. ... Die für den 18. Mai 1933 geplante ordentliche Hauptversammlung wird solange vertagt, bis der Herr Reichssportkommissar seine Richtlinien für die Sportvereine bekanntgegeben hat. Inzwischen hat unser Vorsitzender, Graf von Beroldingen, nachstehende Herren zu Mitarbeitern berufen: Stellvertretender Vorsitzender und Jugend: Wilhelm Ewald, Schriftführer Willy Lotz, Schatzmeister: Karl Löffler. ... Der Verein wird heute nach dem Führerprinzip geleitet." Im engeren Vorstand also nur eine Änderung: Hugo Reiss fehlte.

Noch im Jahr 1933 starb der Vereinsvorsitzende der Eintracht, Graf Beroldingen. Aus diesem Grunde wurde am 21. September 1933 eine außerordentliche Hauptversammlung einberufen mit folgenden Tagesordnungspunkten: 1. Umstellung der Satzungen auf das Führerprinzip. 2. Wahl des Vereinsführers.

Neuer Eintracht-Vereinsführer nach des Grafen Tod wurde Hans Söhngen, Stadtturnrat, später Vertrauensmann im Reichsbund für Leibesübungen im Gau 13 – und SA-Sturmführer. In den Vereins-Nachrichten, Ausgabe Dezember 1933, schrieb er stramm: „Die nationalsozialistische Revolution konnte auch vor dem deutschen Sporte, der im liberalistischen Zeitalter vielfach falsche Wege gegangen war, nicht Halt machen. ... Darum muß sich jeder, der zum heutigen Sport eine Beziehung hat, klar darüber sein, daß er sich entweder freudig und vorbehaltlos zur Verfügung stellt, oder aber – wenn er das nicht fertig bringt – ein für allemal von der Bildfläche verschwindet. Die Zeit fauler Kompromisse ist vorbei.... Der Weg, den wir alle, den somit auch die Sportgemeinde Eintracht zu gehen hat, ist klar vorgeschrieben. Weil ich überzeugt bin, daß die gesamte Eintracht-Gemeinde sich willig hinter ihren Führer stellt, habe ich mich entschlossen, vorläufig die Führung des Vereins zu übernehmen. Im Sinne des unbekannten SA-Mannes, der sich opferwillig und pflichtbereit unterordnet, der nicht nach Beifall und Kritik fragt, der immer mehr *sein* will als scheinen, der in all seinen Handlungen nur das eine im Auge hat: Deutschland, nichts als Deutschland, will ich meine Aufgabe als Führer der Sportgemeine Eintracht auffassen. ... Heil Hitler"

Bei der Eintracht wurde die Anpassung an die neuen Verhältnisse also rasch vollzogen. Die jüdischen Mitglieder wurden, wie in anderen Vereinen auch, aus dem Klub gedrängt. Und die Geldgeber verloren bald Position und Freiheit in Deutschland. Die Eintracht erhielt beispielsweise finanzielle Unterstützung durch die Eigentümer und leitende Angestellte der jüdischen Lederfabrik Adler-Neumann, ohne daß allerdings die Firma offizell als Sponsor auftrat. Als Walter Neumann 1933 das Land verließ, lag die Führung der Firma alleine in den Händen der ebenfalls jüdischen Brüder Lothar und Fritz Adler.

Nationalspieler Rudi Gramlich arbeitete in dieser Lederfabrik, und die Legende lebt, daß der Eintracht-Verteidiger 1934 die Weltmeisterschaft in Italien vorzeitig verließ, um seinem „bedrängten jüdischen Chef beizustehen". Gramlich reiste zwar heim – aber ausschließlich aus beruflichen Gründen. Der Fußballer war erster Ledereinkäufer des Unternehmens und als solcher unabkömmlich bei einem größeren Geschäft, das getätigt werden sollte.

Bert Merz arbeitete ab 1936 als Lehrling in der Lederfabrik Adler-Neumann. Merz, Jahrgang 1920, war zwischen 1965 und 1985 Ressortleiter Sport der *Frankfurter Rundschau.* Er erinnert sich, daß nach der sogenannten „Reichskristallnacht" vom 9. November 1938 die Brüder Adler abgeführt wurden. In der Firma hätten zu jener Zeit nurmehr drei Juden gearbeitet, die anderen seien in den Jahren davor „der Reihe nach ausgewandert". Die Firma wurde nach den Worten von Merz „von einer Gesellschaft übernommen, die mit den Nazis zu tun hatte", Gramlich arbeitete dort weiter, übernahm nebenher 1939 die Präsidentschaft bei der Eintracht und trainierte die Frankfurter SS-Sportgemeinschaft. Mitspielen wollte er bei dieser Nazi-Mannschaft freilich nicht – er täuschte, so Merz, „eine Knieverletzung vor".

Nur zweimal gelang es der Frankfurter Eintracht in den Jahren der Hitler-Diktatur, in die Meisterschaftsendrunde vorzudringen: 1933 und 1938. Die Brüder Adler kehrten übrigens nach dem Krieg nach Deutschland zurück, um die Lederfabrik zu verkaufen.

Der Lokalrivale FSV Frankfurt war vom jüdischen Mitbürger Alfred J. Meyers geführt worden. Meyers mußte emigrieren und schuf sich eine neue Existenz als „Direktor in den USA". Er vergaß seinen FSV nicht: „Der FSV Frankfurt", schrieb Werner Skrentny, „konnte im Dezember 1948 endlich wieder im traditionellen blau-schwarz gestreiften Trikot auflaufen, dank einer Spende des … ehemaligen Vorsitzenden Meyers, der die Arena am Bornheimer Hang geschaffen hatte …".

Stuttgarter Kickers: „Wir selbst hatten mit Juden keine Probleme"

Walter Trips, Jahrgang 1910, war 1938 für ein paar Monate Trainer der Stuttgarter Kickers. Trips, ein überregional erfolgreicher Leichtathlet der dreißiger Jahre, gehörte zur Kernmannschaft für die Olympischen Spiele 1936 in Berlin. Er mußte zwar wegen einer Angina absagen, erhielt freilich eine Ehrenkarte des Ritters von Halt, die er nach eigenen Angaben „dankend" annahm.

Trips gilt als auskunftsfreudiger Zeitzeuge für die Stuttgarter Kikkers, in deren Vorstandsriege seinerzeit zwar keine Funktionäre jüdischen Glaubens wirkten, in deren Mannschaft und Umfeld in den dreißiger Jahren indes Juden zu finden waren.

Etwa ein Herr namens Kerr, der nach den Worten von Trips vor und auch nach dem Krieg die Kickers trainierte. Zwischendurch war Kerr nach Argentinien ausgewandert. Zum Kader der Kickers Anfang der dreißiger Jahre zählte auch das jüdische Brüderpaar Grünfeld. Diese wanderten ebenfalls aus, einer nach England, einer nach Argentinien. Die Grünfelds hatten schon in der Jugend für die Stuttgarter Kickers gespielt.

Auf die Frage, inwiefern die Nationalsozialisten direkten Einfluß ausübten auf das Schicksal der Kerr und Grünfeld, antwortete Trips in der von vielen Zeitzeugen bekannten Oberflächlichkeit: „Ach, da gab's keinen Einfluß. Und wir selbst hatten mit den Juden keine Probleme."

Die Stuttgarter Kickers hatten im Gegenteil von Juden profitiert. Zu den Sponsoren zählten der Bettfedernfabrikant Hanauer und die Familie Marx, die nach Trips Erinnerung in der Bekleidungsindustrie tätig war. Herr Hanauer sei ein „sehr betuchter Mann" gewesen, der bis zum Ende seines Lebens gute Verbindung zu den Kickers gehabt habe. Auch er war indes zwischendurch außer Landes, gezwungenermaßen: Hanauer verbrachte die Jahre der Nazi-Diktatur in Kreuzlingen in der Schweiz. Familie Marx war ebenfalls ausgewandert.

Die Kickers hatten in den dreißiger Jahren einen Vorsprung vor dem späteren Großen Bruder VfB Stuttgart. In der Gauliga Baden-Württemberg spielten sie eine prima Rolle, in der Saison 1938/39 gelang es ihnen gar, den Titel dieser Spielklasse zu erringen. 1942 erreichten die Kickers nochmals Ausscheidungsspiele in der Meisterschafts-Endrunde, unterlagen aber SS Straßburg mit 0:2.

Tennis Borussia Berlin: „Ein dreifach kräftiges Sieg Heil“

In den siebziger Jahren wurde Quizmaster Hans Rosenthal („Dalli Dalli“) Präsident beim Berliner Profiklub Tennis Borussia. Rosenthal war Jude; den Holocaust überlebte der Knabe nur, indem er sich lange Zeit versteckt hielt.

Der Schlagerproduzent Jack White alias Horst Nußbaum streifte – ebenfalls in den siebziger Jahren – das Trikot der Borussen über, als Libero. Auch Nußbaum ist Jude.

Beide Beispiele passen gut in die Geschichte von Tennis Borussia, eines Klubs, der 1902 als Tennis- und Tischtennisverein in Berlin gegründet worden war. Der Gründervater, Alfred Lesser, kaufte seinerzeit für 50 Pfennig die Lizenz eines Vereins mit Namen Neu-Seeland und später den ersten Fußballplatz der Borussen in Niederschönhausen. Lesser, ein Jude, war von 1902 bis 1933 als Spieler und Vorstandsmitglied im Verein. „In den zwanziger Jahren“, schreibt Mike Ticher in einem Manuskript für ein Buch über jüdische Fußballer, „bildeten Juden etwa ein Viertel oder sogar ein Drittel der Vereinsmitglieder.“

Tennis Borussia stieg in diesen Jahren zur Nummer zwei des Berliner Fußballs auf, hinter der altehrwürdigen Dame Hertha. Ihr bekanntester und bester Spieler war Simon Leiserowitsch, ein Jude. Heute kennt kaum einer Leiserowitsch, doch jeder kennt Berlins Fußballdenkmal Hanne Sobeck von Hertha BSC. Jener Sobeck äußerte sich nach dem Zweiten Weltkrieg über Leiserowitsch wie folgt: „Schon als kleiner Junge, der noch über Zäune der Berliner Fußballplätze kletterte, nahm ich mir einen Tennis Borussen zum Vorbild: Es war Simon Leiserowitsch. Nicht nur sein spielerisches Können, auch seine moralischen Qualitäten haben mir damals sehr imponiert.“

Als die Nazis die Macht übernahmen, verließen die jüdischen Mitglieder Tennis Borussia – noch bevor sie hinausgeworfen wurden. Bei einer Außerordentlichen Mitgliederversammlung des Klubs am 11. April 1933 soll Vorstandsmitglied Ulrich Rüdiger gesagt haben, „daß die Politik nunmehr auf den Verein Einfluß bekommen hätte und daß nicht nur die Herren jüdischer Konfession ihre Vorstandsämter zur Verfügung gestellt haben, sondern auch der größte Teil unserer jüdischen Mitglieder ihren Austritt erklärt haben.“

Die jüdischen Fußballer und Funktionäre drängten in jüdische Vereine – oder gründeten neue. Alfred Lesser zum Beispiel hob die Berliner Sportgemeinschaft von 1933 (BSG) aus der Taufe. Die BSG nahm an der neuen jüdischen Meisterschaft in Berlin teil. Simon Leiserowitsch spielte zwischenzeitlich für Hakoah Berlin, soll dann aber noch 1933 emigriert sein – mit unbekannten Ziel. Alfred Lesser indes scheint in Riga ermordet worden zu sein, der ehemalige Vorstandkollege Julius Guth starb im KZ Kovno in Litauen.

Und Tennis Borussia? Hatte seine jüdischen Mitglieder schnell vergessen. Schon am 29. August 1933 fand eine erneute Generalversammlung statt. Vorstandsmitglied Rüdiger wurde zum Vereinsführer gewählt. „Die Ausführungen..., die die Überzeugung gewinnen lassen, daß alles getan wird, um geordnete Verhältnisse herbeizuführen", heißt es im Protokoll, „werden mit lebhaftem Beifall aufgenommen." Und die Versammlung endete „mit einem dreifachen kräftigen Sieg Heil auf unseren verehrten Herrn Reichspräsidenten und unseren Volkskanzler Adolf Hitler."

Hakoah Berlin: „Aufstieg in die erste Klasse"

In Berlin gab es neben dem sogenannten „Judenklub" Tennis Borussia den echten jüdischen Verein Hakoah. In Wien gab es neben dem sogenannten Judenverein Austria auch den echten jüdischen Verein Hakoah, der 1925 die Meisterschaft errang. Hakoah Berlin entstand 1924, nach einem Gastspiel der Wiener Hakoah. Paul Kestenbaum, einer der führenden Funktionäre von Hakoah Berlin, schrieb seinerzeit: „Diese Gründung wurde mit sehr viel Beifall und Begeisterung in Berlin aufgenommen, und wir bekamen einen riesigen Zulauf und Anmeldungen von jüdischen Fußballspielern, die in den verschiedenen Fußballvereinen Berlins tätig waren. Darunter fanden wir viel erstklassiges Material und gute Spieler, so daß wir bald in der Lage waren, eine gute Mannschaft aufzustellen. Wir konnten sofort in den unteren Verbandsligen eine große Rolle spielen. Wir begannen in der vierten Liga, und es gelang uns drei Jahre hintereinander, den ersten Platz in jeder Liga zu besetzen. Dadurch konnten wir bald in die erste Klasse Berlins aufsteigen, in der wir ständig eine führende Rolle spielten. In der Zwischenzeit entwickelten wir den Nachwuchs des Vereins. Die Bilanz der Entwicklung waren drei Schülermannschaften, drei Jugendmannschaften, zwei Junior- und vier Herrenmannschaften – zusammen zwölf Mannschaften. Unseren diversen Jugendmannschaften gelang es mehrmals, die Berliner Meisterschaft zu erringen. Dadurch wurden wir ein bekannter Faktor im Berliner Fußballeben. Wir spielten sehr oft gegen auswärtige Vereine mit recht gutem Erfolg. Im Jahre 1930 repräsentierte unsere Mannschaft die Ländervertretung Deutschlands bei den Makkabispielen in Antwerpen, wo wir den ersten Platz vor England, Frankreich, Belgien und Polen besetzten."

Georg Kareski und Hermann Leweler initiierten 1929 die Fusion der Hakoah mit dem Barkochba-Berlin. Der Klub nannte sich fortan I.T.S.V. Barkochba-Hakoah, seine Fußball-Abteilung, trat 1937 einmal eine Reise nach Israel an. 1934 errang sie die deutsche Makkabi-Meisterschaft. Das Team setzte sich aus folgenden Fußballern zusammen: Schaul, Isenheim, Sperber, Kalb, Weiss, Bogner, Fuß, Czupper, Schollak, Sattler, Vierziger; Ersatz: Scharf, Lewin, Meyer-Keyt. Keiner dieser Spieler hat je ein Länderspiel für Deutschland bestritten. Ebensowenig weitere exponierte Kicker des deutschen Makkabi wie Grünebaum (Frankfurt), Rafe (Leipzig), Hersch (Würzburg) oder Ball (Breslau).

Der Antisemitismus hat überlebt: jüdischer Sport nach 1945

Hakoah hat heute noch einen Namen in der Fußballwelt. Hakoah-Sydney und Hakoah-Melbourne gehören zu den renommiertesten Fußballklubs in Australien. Hakoah-Israel, das Anfang der vierziger Jahre unter der Federführung von emigrierten Wienern gegründet wurde, ist nach zweimaligem Cupgewinn in der Saison 1972/73 Meister der Nationalliga geworden.

Auch in Wien wurde die Hakoah nach dem Zweiten Weltkrieg wieder ins Leben gerufen, bereits am 10. Juni 1945, allerdings nur für eine begrenzte Zeit. Schon im Jahr 1951 wurde die Fußball-Abteilung wieder aufgelöst, in erster Linie wegen Personalproblemen. In Wien lebten nurmehr 5.000 Juden, darunter sehr wenig Jugendliche. Überdies sorgte die Zusammensetzung der Mannschaft bisweilen für Zwist. Manche Kicker hatten aufgrund der schlechten Ernährungsverhältnisse plötzlich eine jüdische Großmutter entdeckt und sich Vorteile verschafft durch ihr Mitwirken bei der Hakoah; die Kultusgemeinde verteilte nämlich Lebensmittelpakete. Der Volksmund nannte sie „Pakle-Juden".

Der „Makkabi – Jüdischer Turn- und Sportverband in Deutschland" wurde am 23. Mai 1965 neu gegründet. Er versteht sich als Breitensportverband. „Die gemeinschaftliche Komponente war und ist wesentlicher Bestandteil des Verbandes", sagte Henry Majingarten, Präsident von Makkabi Deutschland. „Die Mitgliederzahlen blieben zunächst niedrig", schrieb der *Tagesspiegel,* „und die Juden waren in den nun konfessionell offenen Klubs zuweilen in der Minderheit."

Das änderte sich im Laufe der Jahre. Nach dem Ende des Kommunismus setzte aus Osteuropa eine Zuwanderung nach Deutschland ein – wovon auch die Makkabi-Vereine profitierten. Im Jahr 1995 hatte der Verband 2.000 Mitglieder – bei etwa 45.000 in Deutschland lebenden Juden. Die meisten der 15 jüdischen Klubs spielen mit ihren Sportarten Basketball und Fußball in den unteren Ligen mit, etwa TuS Makkabi als Rechtsnachfolger von Bar Kochba in Berlin oder der TSV Maccabi München. Dort ist man, wie die *Süddeutsche Zeitung* schrieb, „um Normalität bemüht". „Wir sind kein elitärer Verein und wollen nicht in eine Ecke gedrängt werden", sagt TSV-Maccabi-Mitglied Hans Schneider. Der Klub ist offen für Menschen jedweder Nation und Glaubensrichtung.

Damit Vergangenes nicht der Vergessenheit anheim fällt, treten die Berliner Makkabi-Sportler mit dem Stern David auf dem Trikot an. „Makkabi Chai" lauten die Worte, mit denen sich Makkabianer vor jedem Wettkampf anfeuern. „Chai" bedeutet „Leben".

Der Antisemitismus auf dem Fußballplatz hat freilich überlebt. Münchens Maccabi-Kicker bekommen „latenten Rassismus", so die *Süddeutsche Zeitung,* „in Form von Verbalattacken auf dem Spielfeld zu spüren". Offenen Rassismus verspürten die Kicker von Tennis Borussia Berlin, als sie im vergangenen Jahr „reich, erfolgreich und unbesiegt" *(Frankfurter Allgemeine Zeitung)* durch die Regionalliga Nordost marschierten. In den Augen ewiggestriger Konkurrenten paarte sich beim Tabellenführer Geld, das sie vom Sponsor Göttinger Gruppe reichlich erhalten sollen, mit einer jüdischen Tradition. „Wer aus Berlin kommt und dann noch Geld hat, ist Jude", sagte Tennis Borussias Manager Lindner zur *Hannoverschen Allgemeinen,* „fertig ist das Feindbild für die Rechten." Hermann Gerland, damals noch Trainer der Berliner, mußte sich beim Auswärtsspiel in Dresden anhören, er sei eine „Judensau". Und: „Dich stecken wir auch noch in den Ofen."

Das ging selbst dem hartgesottenen Gerland an die Seele. „Das tut weh", sagte er, selbst Frauen und Kinder seien eingefallen in rassistische und antisemitische Tiraden. Weil die Berliner überdies überdurchschnittlich viele Ausländer beschäftigten, gesellten sich zu „Scheiß-Juden"-Rufen auch Verbalattacken wie „faule Ausländerbande" oder „Kanakentruppe".

Alles Antisemiten in Dresden und auch in Chemnitz, wo sich Ähnliches abspielte? Oder ein Ost-West-Konflikt, weil Tennis Borussia, wie die *Frankfurter Allgemeine Zeitung* schrieb, „für vieles steht, was im Osten Wut auslöst". Manager Lindner meint, daß in erster Linie der Neid auf die Erfolgreichen und Reichen die Antriebsfeder sei für das Verhalten dieser sogenannten Fans. Daß Neid und Wut ihr Ventil finden in Rassismus und Antisemitismus, macht die Sache umso schmerzhafter.

Daß Nachwuchsspieler der Frankfurter Eintracht mit dem Begriff „Jude" oder „Jude-Bube" verunglimpft werden, wurde in diesem Kapitel an anderer Stelle bereits beschrieben. Bisweilen geschieht dies auch den erwachsenen Kickern des Bundesligaklubs – vornehmlich verantwortlich ist dafür der Nachbarverein Offenbacher Kickers. „Zwar haben die Eintracht und der OFC schon 13 Jahre nicht mehr in der gleichen Liga gespielt", sagt Volker Goll vom Offenbacher Fanmagazin *Erwin;* aber bei gemeinsamen Hallenturnieren seien derlei Schmährufe nach wie vor zu hören. Die Eintracht ist in den Augen der Offenbacher „der Judenverein". Goll: „Samstagnachmittag, nach den Bundesligaspielen, heißt es in Offenbach immer: Wie haben denn die Juden gespielt? Das sagt Alt und Jung – und für die ist das ganz normal." Ganz normal war es vermutlich auch, als Offenbacher Fans vor einigen Jahren Vorbehalte gegen den neuen, jüdischstämmigen Manager George Hubermann äußerten. „Die ersten Kommentare", so Goll, „waren: Naja, ein Jude und noch dazu aus Frankfurt – aber er wird ja wenigstens mit Geld umgehen können."

Frankfurt als Feindbild. Als die Kickers 1993 in der Oberliga gegen Rot-Weiß Frankfurt spielten, wurden einige Offenbacher Anhänger wegen antisemitischer Äußerungen von der Polizei festgenommen. Der damalige Kickers-Präsident Jürgen Bittdorf, Besitzer eines großen Offenbacher Autohauses, sprang den Krakeelern zur Seite. „Antisemitische Äußerungen", zitierte die *Offenbach-Post* den Funktionär, „habe es nicht gegeben, und Judenpack werde schon gebrüllt, seit es die Frankfurter Eintracht gebe." Alles ganz normal also…

Ein ehemaliger Kickers-Funktionär sah das anders. Ehrenpräsident Waldemar Klein, zu Offenbacher Bundesliga-Zeiten an der Spitze des Klubs, schrieb einen Entschuldigungsbrief an die jüdische Gemeinde in Offenbach. „Das", sagt Volker Goll, „ist in der Presse allerdings eher untergegangen." Dafür soll ein Kommentar der *Offenbach-Post* zu diesem Thema hervorgehoben werden. Am 30. April 1993 schrieb das Blatt zu den Äußerungen Bittdorfs: „Das war voll daneben und beweist nicht nur Unsensibilität, sondern auch ein fragwürdiges Verhältnis zum rechtsradikalen Sprachgebrauch. Wenn dieser schlimme Begriff (Judenpack, d.A.) aus dem Nazivokabular nicht antisemitisch ist, welcher ist es dann?… Manche Fußballfunktionäre halten die Sportplatz-Tribüne offensichtlich für einen rechts- und anstandsfreien Raum, in dem Entgleisungen selbst der übelsten Art hinzunehmen sind."

Pervers ist nicht nur das Verhältnis mancher Kickers-Fans zum Begriff „Juden"; auch Eintracht-Anhänger sollen, so Goll, schon mal das Wort „Jude" als Schimpfwort eingesetzt haben – gegen Offenbacher Fans. „Jude" als Schimpfwort. Manch einer lernt es nie.

„Schon der Begriff 'Jude' ist", so Schulze-Marmeling und John, „auch heute noch bei vielen Deutschen negativ besetzt." Nach einer Umfrage des Meinungsforschungsinstituts Emnid von 1989 seien etwa 15 Prozent der (west-)deutschen Bevölkerung antisemitisch eingestellt, weitere 30 Prozent seien anfällig für eine solche Haltung (John / Schulze-Marmeling 1993, S. 146). Dabei liegt der Anteil der Juden in Deutschland mittlerweile im Promillebereich.

Jüdische Profi-Fußballer haben nur sehr selten den Weg nach Deutschland gefunden. Shmuel Rosenthal, auf einem Mannschafts-Photo im *Kicker*-Almanach von 1973 zwischen Klaus-Dieter Sieloff und Ersatztorwart Bernd Schrage placiert, bestritt in der Saison 1973/74 13 Bundesliga-Spiele für Borussia Mönchengladbach. Holger Jenrich schrieb in einem Gladbach-Buch über Rosenthal: „Die 42 Länderspiele, die er bei Dienstantritt in Gladbach vorweisen konnte, nutzten ihm nicht viel: der begnadete Techniker war vor allem in puncto Schnelligkeit und Robustheit den Anforderungen der Bundesliga nicht gewachsen. Weisweiler zog schnell die Konsequenzen und ließ an seiner Stelle u.a. Netzer Libero spielen. Ohne großen Groll kehrte Rosenthal nach einem gescheiterten Fußball-Experiment zu seinem Stammverein (Hapoel Petach Tikva, d. A.) zurück, den er nach Beendigung seiner Karriere als Trainer und Manager weiter betreute. ... Der Mann mit dem Walroßbart war der erste Israeli, der je in der Bundesliga kickte – er sollte (fast) der einzige bleiben." (Jenrich 1995, S. 307). Fast: Landsmann David Pisanti absolvierte zwischen 1985 und 1987 19 Partien für den 1. FC Köln.

Trotz der Absenz von greifbaren Feindbildern ist das Schimpfwort „Jude" aus deutschen Fußball-Stadien nicht gebannt. Wie erwähnt werden Frankfurter und Berliner verunglimpft, bevorzugt werden auch Schiedsrichter und Gegenspieler mit „Jude" beschimpft. „Und auch die rechtsradikale Berliner Fangruppe, die sich nach dem Auschwitz-Gas 'Zyklon-B' nannte, bewies in den achtziger Jahren perverses Geschichtsbewußtsein", schreiben John und Schulze-Marmeling. In München existiert obendrein eine Anhängerschar mit dem Namen „Doc Zyklon". Nicht minder geschmacklos ist der Name eines Fanklubs in Berlin. Er nennt sich „Endsieg".

Ein Fußballer im Konzentrationslager: György Braunstein

In den dreißiger Jahren wirbelte György Braunstein über die Fußballfelder Ungarns; acht Spiele bestritt er für die A-Nationalmannschaft seine Landes. „Die Journalisten", sagte Braunstein, „nannten mich Barna, Braun. Sie verschluckten die zweite Silbe meines Namens."

Insgesamt elf Jahre kickte er in der Oberliga Ungarns, die vergleichbar ist mit der Bundesliga der Bundesrepublik Deutschland. Seine sportlichen Stationen: Papai Perutz SC, Raba Eto Gyoer und Dosza Ujpest Budapest. Im August 1943 spielte er zum letzten Mal Fußball – als Mitglied der ungarischen B-Nationalmannschaft. Knapp zwei Jahre später war er als todkranker Mann im Konzentrationslager Dachau inhaftiert. Braunstein litt an einer schweren Rippenfellentzündung, hatte Wasser in der Lunge und wog nur noch knapp 40 Kilogramm. Der Jude György Braunstein war in die Mühlen des nationalsozialistischen Kasernierungs- und Vernichtungsprogramms geraten.

Bei Kriegsausbruch arbeitete Braunstein als Stellvertretender Abteilungsleiter in den Perutz-Werken für Textilien und Wolle. Als der Druck der Deutschen auf die ungarische Regierung immer größer wurde, schickte man den jüdischen Fußballspieler in einen Steinbruch bei Tabolcza am Plattensee. Dort schuftete er in einer sogenannten Schwerarbeiterschaft; er mußte dort Steine schleppen. Im November 1944, berichtete Braunstein, wurde er mit einigen Kameraden in einen Zug gesteckt, „wir wußten nicht, wohin die Reise geht".

Die Eisenbahn fuhr nach Oranienburg.

An das Datum seiner Ankunft im Deutschen Reich erinnerte sich György Braunstein ganz genau: „Es war der 13. November 1944." In Oranienburg indes blieb er nicht lange. Über die Konzentrationslager Sachsenhausen und Buchenwald kam er am 18. Januar 1945 nach Dachau. Dort wurde er im Frühjahr „einwaggoniert" in Richtung Garmisch-Partenkirchen, „wo wir vermutlich umgebracht werden sollten".

Die Todeskandidaten hatten Glück. Bei Murnau waren die Schienen von Engländern bombardiert. Der Zug mußte umkehren, fuhr zurück nach Dachau, mit Kraft und Nerven war György Braunstein gleichwohl am Ende angelangt. „Wenn ich einen Revolver gehabt hätte", sagte er, „dann hätte ich mich wohl umgebracht, es hatte keinen Zweck mehr."

Nach der Befreiung des Konzentrationslagers Dachau lebte György Braunstein, der im Dritten Reich neben etlichen Familienmitgliedern auch seine Frau verloren hatte, fortan in Bayern. Er zog nach München, arbeitete dort in einem Krankenhaus, verlor auch seine zweite Frau und erlitt selbst im Laufe der Jahre mehrere Herzinfarkte. Halt fand der schmächtige Mann im Fußball, als Fan des TSV 1860 München. Stets war er als Rentner beim Training anwesend, berichten andere Fußballfreunde, und stets kreiste sein Gesprächsstoff um die Sechziger. György Braunstein, der mittlerweile Georg Braunstein hieß, starb Mitte der neunziger Jahre in München.

Auch das Beispiel Braunstein zeigt, daß selbst überdurchschnittliche jüdische Sportler mit einer Besserbehandlung durch die Nationalsozialisten nicht rechnen konnten. Braunstein war Jude. Also wurde er verfolgt, verschleppt und fast getötet. ■

KAPITEL 8

Tragödie und Farce: Fußball im Krieg

„Gewiß mußten unter dem Zwang der Stunde viele geplant gewesene internationale Treffen abgesagt werden. Doch soll auch in Zukunft mit den Nationen, die sich nicht von Juda und dem haßerfüllten britischen Krämergeist einfangen ließen, der Sportverkehr aufrechterhalten bleiben."
(Das „12 Uhr Blatt" im September 1939)

„Ab fünfuhrfünfundvierzig wird zurückgeschossen." Als Hitler, der Aggressor, am 1. September 1939 seine Untertanen via Volksempfänger glauben machen wollte, ein polnischer Übergriff müsse gesühnt werden, begann der Zweite Weltkrieg. England und Frankreich erklärten dem Deutschen Reich den Krieg.

Zunächst fegte Hitlers Armee über das bedauernswerte Polen hinweg, machte in knapp fünf Wochen 700.000 Gefangene, schoß 133.000 Menschen kampfunfähig und 70.000 tot. Obendrein nahm die Rote Armee der Sowjetunion, die sich gemäß dem Hitler-Stalin-Pakt an der sogenannten Kriegsbeute Polen beteiligte, circa 217.000 Polen gefangen. Die Wehrmacht hatte folgende Verluste: 10.572 Tote, 3.409 Vermißte und 30.322 Verwundete.

Der Sportbetrieb in Deutschland war am 1. September schlagartig zum Stillstand gekommen. Die Fußballsaison wurde gestoppt, etliche Balltreter mußten in den Krieg ziehen. Doch schon wenige Wochen später gingen die Nazis daran, in der Heimat wieder Normalität einkehren zu lassen: Das Wettkampfverbot wurde gelockert, Stadtmeisterschaften und Begegnungen um regionale Pokale konnten fortan wieder ausgetragen werden. Im November 1939 gab Reichssportführer von Tschammer und Osten schließlich sein Placet für eine Fortführung der deutschen Fußball-Meisterschaft. Am 12. Dezember vermeldete das Fachblatt *Fußball* frohgemut: „Nun mit ganzer Kraft Kriegsmeisterschaft."

Schon bald machten dort auch Vereine aus den besetzten Gebieten mit, NSTG Prag zum Beispiel, oder die elsässischen Vereine aus Mülhausen und Straßburg, überdies die polnischen Klubs Boelecke Krakau und SDW Posen, welche den neuen deutschen Sportgauen „Wartheland“ (Regierungsbezirke Posen, Hohensalza und Litzmannstadt) und „Generalgouvernement“ (die restlichen polnischen Gebiete) angehörten. Zuvor waren schon die ostpreußischen Teams dem Gau Ostpreußen und die ostschlesischen Mannschaften dem Gau Schlesien eingegliedert worden. Ansonsten verhängte Hitler ein „absolutes Sportverbot“ in Polen.

In den anderen besetzten Ländern, etwa Frankreich, in der Slowakei, Belgien, den Niederlanden oder Dänemark war Sport gewissermaßen als Ventil nationaler Gefühle erlaubt. Oder zur „Aggressionsabfuhr“, wie der Historiker Walter Gloede es nennt.

„Die deutsche Überlegenheit unterstreichen“

Bisweilen fanden auch sportliche Auseinandersetzungen zwischen den Besatzern und den Unterjochten statt.

In der Ukraine kam es im August 1942 zu einer Begegnung zwischen Einheimischen und einer deutschen Soldaten-Elf, der Luftwaffensportvereinsmannschaft „Adler“. „Das Spiel sollte Unterhaltung bieten, die deutsche Überlegenheit unterstreichen und Normalität im besetzten Hinterland vorgaukeln.“ (Gloede 1980, S. 320). Die Ukrainer, in deren Reihen zahlreiche Spieler von Dynamo Kiew gestanden haben sollen, traten demonstrativ in roter Spielkleidung (Dynamo hat eigentlich Blau-Weiß) an – und siegten im vollbesetzten Stadion mit 5:3 Toren. Der schöne Erfolg hatte böse Folgen: Tags darauf verhafteten die Deutschen alle Dynamo-Spieler an ihren Arbeitsplätzen, einer Brotfabrik. „Die meisten kamen in Lagern um, nur wenige überlebten“, berichtete Gloede. Der DDR-Autor Zöller ließ in dem Buch „Fußball in Vergangenheit und Gegenwart“ einen der Überlebenden, Makar Gontscharenko, zu Wort kommen: „Wegen Spionage wurden wir am nächsten Tag aus der Brotfabrik geschlossen abgeführt, ins Konzentrationslager, in Erdhütten, zu riesigen Ratten ... Diesmal sorgten wir dafür, daß wir nicht zusammenblieben, um den Nazis nicht immer geschlossen unter die haßerfüllten Augen zu kommen ... Trotzdem wurden vier der acht Dynamo-Spieler getötet: Drei zusammen mit 17 anderen Lagerinsassen aus Rache erschossen, weil jemand dem Hund des Lagerleiters einen Tritt gegeben hatte. So starben für einen beleidigten Hund: der Torwart Trussewitsch, der Verteidiger Klimenko sowie Kusmenko ... Ein Vierter, der Mittelstürmer Korotkich, wurde vor unseren Augen erschossen

– wegen Widerstands gegen die Lagerleitung. Er hatte die meisten Tore geschossen … Mir und meinem Freund Swiridowski gelang während der Kämpfe um die Rückeroberung Kiews die Flucht aus dem Lager." (Zöller 1978, S. 162)

Im Jahre 1965 wurden die Mitglieder der „Todesmannschaft", so Zöller, von der Regierung der UdSSR mit dem „Orden des Großen Vaterländischen Krieges" geehrt. Über das sogenannte „Todesspiel" von Kiew wurden zwei Bücher verfaßt: Alexander Bortschagowski: Ihr größtes Spiel, Berlin 1960, und Lothar Creutz/Carl Andrießen: Das Spiel mit dem Tode, Berlin 1969.

Star-Regisseur John Huston hat eine Partie zwischen der Besatzungsmacht Deutschland und einer Kriegsgefangenenmannschaft zum Thema eines Films gemacht. Das Fußballspiel findet in den letzten Kriegsjahren in Paris statt. Der Streifen „Flucht oder Sieg" mit Sylvester Stallone in der Hauptrolle ist indes nicht authentisch.

Er schildert das Leben in einem Gefangenenlager, die Vorbereitung auf ein Fußballspiel, in dem die Deutschen ihre Überlegenheit demonstrieren wollen. Die Häftlinge entwerfen einen Fluchtplan, wollen durch die Pariser Kanalisation entwischen.

50.000 Zuschauer verfolgen die Partie in Paris. Als Deutschland das 1:0 erzielt, herrscht Totenstille im Stadion, keine Hand rührt sich zum Beifall. Auf dem Rasen mühen sich die Alliierten vergebens; der Schiedsrichter, ein Schweizer, pfeift offensichtlich gegen sie. Er übersieht geflissentlich ein rüdes Foul gegen den in diesem Film ebenfalls mitwirkenden Edson Arantes di Nascimento, genannt Pelé. Der muß verletzt das Spielfeld verlassen, die Deutschen ziehen auf 4:1 davon.

In der Halbzeit will Stallone, der die Sache eingefädelt hatte, durch die Kanalisation verschwinden. Der Rest der Mannschaft, der die Partie als eine Frage der Ehre und des Nationalstolzes betrachet, will weiterkicken – und siegen. Stallone gibt nach.

Die Alliierten holen trotz Benachteiligung des Schiedsrichters auf: 2:4, 3:4. Ihr viertes Tor gibt der Schiedsrichter nicht. Der Ausgleich fällt trotzdem: Pelé kommt trotz arger Verletzung noch einmal aufs Spielfeld, erzielt mit einem spektakulären Fallrückzieher das 4:4.

In der Schlußminute gibt es allerdings Elfmeter für Deutschland. Die Zuschauer protestieren auf ihre Art: Sie singen lauthals die Marseillaise, die französische Nationalhymne. Der deutsche Spieler schießt – und Schlußmann Stallone hält. Daraufhin stürmen die Zuschauer das Spielfeld, feiern ihre Fußballhelden. So endet der Film. Im richtigen Leben wäre es anders gelaufen.

Bisweilen spielten auch die Wachmannschaften in den Konzentrationslagern gegen die Häftlinge. In dem ungarischen Film „Zwei Halbzeiten in der Hölle“ wurde ein solcher Fall, der auf einer wahren Begebenheit beruht, dargestellt: Das Fußballspiel der jüdischen Lagerinsassen gegen die SS endete mit dem Tod der Häftlinge (John/Schulze-Marmeling 1993, S. 132).

Diese Angst kannte auch Igor Fischer, ein österreichischer Fußball-Profi, der im Lager Auschwitz inhaftiert war. Spiele gegen Wachmannschaften bargen eine besondere Gefahr, „denn der Gegner da auf dem Fußballfeld war ein spezieller: er konnte dich auch umbringen. Nicht gleich am Fußballplatz, aber später!“ Es waren nämlich „auch ganz gefährliche SSler dabei. Naja, und Fußball ist ein emotionelles Spiel, so ein Profi, der ergreift dann schon die Chance, daß er seinen Peiniger und Bewacher ausspielt, naja auch, daß er ihn geschickt foult, daß er ihn abklopft – aber, da mußte man eben unbedingt ruhigen Kopf bewahren.“ Fischer war in Auschwitz eine Art Spielertrainer, stellte mehrmals Häftlingsmannschaften zusammen. „Das ganze war auf Befehl der SS, die wollten das so.“ (John/Schulze-Marmeling 1993, S. 131/132).

Tatsächlich wurde im Jahre 1942 auf Befehl des Reichsführers SS Himmler in den deutschen Konzentrationslagern „zur Steigerung der Arbeitsleistung eine Musikkapelle eingerichtet und Sportübungen, wie Fußballspielen etc., erlaubt. Selbstverständlich nur in der einzigen Freizeit Sonntag nachmittags nach 14 Uhr.“ (aus einem Häftlingsbericht).

Zur Steigerung der Arbeitsleistung. Mitnichten war also daran gedacht, den Häftlingen das Leben zu erleichtern im ansonsten brutalen Lageralltag. Wozu auch? Die Nazis hatten – neben der Erhöhung, respektive Erhaltung der Arbeitsfähigkeit – andere Intentionen. Sie gaben sich den Anschein der Menschlichkeit, um die realen Bedingungen in den Konzentrationslagern zu kaschieren.

Franz Brückl, der von 1940 bis 1945 im Konzentrationslager Dachau inhaftiert war, erinnert sich an ein Fußballmatch zwischen Häftlingen und dem Wachpersonal. „Es war, glaube ich, im Frühjahr 1944. Ich war als Zuschauer dabei. Die Häftlinge – man hat gesunde, besser genährte Männer spielen lassen – traten in ihrer gestreiften Kleidung an. Am Anfang war die Stimmung auf Seiten der Häftlinge gedämpft. Sie waren zurückhaltend, denn niemand wußte, welche Folgen beispielsweise ein Foulspiel gegen die SS haben würde. Doch das Spiel war ganz normal und fair, und mit der Zeit wurden die Häftlinge frecher und trauten sich was. Am Ende hatten sie 21:0 gegen das Wachpersonal gewonnen. Ein Spiel dieser Art wurde nicht wiederholt." Die SS präsentierte sich – in diesem Fall – trotzdem nicht als schlechter Verlierer. Brückl: „Es gab weder grobe Fouls während des Spiels noch irgendwelche Sanktionen hinterher."

Die sportliche Betätigung barg dennoch Risiken für die Gefangenen. „Wenn es bei Fußballspielen, welche die Häftlinge untereinander austrugen, irgendwelche Verletzungen gab", berichtete Brückl, „dann scheute man den Weg zum Lagerarzt." Die Häftlinge hatten nämlich Angst vor der sogenannten „Todesspritze". Brückl: „Man traute der SS nicht. Womöglich war man infolge einer Spritze, die gegen Schmerzen helfen sollte, nach 20 Minuten tot." Eine medizinische Betreuung verlangten die Häftlinge deswegen nur, wenn sie dem betreffenden Arzt vertrauten. „Wer hat heute Dienst?" war die übliche Frage vor dem Gang in die Kranken-Abteilung.

Im Konzentrationslager Dachau wurde das häftlingsinterne Fußballspiel in der zweiten Hälfte des Jahres 1943 eingeführt. Gekickt wurde an Sonn- und Feiertagen auf dem Appellplatz, auf Kiesboden also. „Hunderte von Häftlingen", so Franz Brückl, haben dort bis „etwa März 1945" gegen die Lederkugel getreten. Anfangs spielte „Block" (Baracke) gegen „Block", später gab es Wettkämpfe zwischen den Nationen. Brückl erinnert sich an eine Gruppe Luxemburger: „Etwa 28 oder 29 Mann, alles Polizisten. Die waren besonders aktiv beim Fußball." Juden waren von Beginn an ausgeschlossen. „Denen wurde nichts gestattet, was ihnen Spaß machen könnte."

Franz Brückl wurde 1910 in Posen geboren. Nach dem deutschen Überfall auf Polen richtete die SS in Posen ein Konzentrationslager ein. Brückl war damals Mitglied des Polnischen Roten Kreuzes (PCK) und versorgte in dieser Eigenschaft die Häftlinge mit Decken und Kleidung. Zudem schmuggelte er Berichte über Verhaftungen in das Lager und Informationen über Einlieferungen von dort hinaus. „Und dabei hat mich ein Landsmann verpfiffen", sagte Brückl. Der Rot-Kreuz-Helfer wurde damals selbst ins Konzentrationslager Posen gesteckt. Vom 18. März bis zum 24. April 1940. Vom 25. April 1940 bis zum Kriegsende war er dann in Dachau inhaftiert. Brückl blieb in Deutschland. Heute lebt er in München und macht unter anderem Touristen-Führungen in der Gedenkstätte des ehemaligen Konzentrationslagers Dachau.

Totaler Krieg, dezimierter Spielbetrieb

In den Jahren 1942 und 1943 hatte sich das Blatt gewendet in der militärischen Auseinandersetzung zwischen Deutschland und den Alliierten; der Aggressor war in die Defensive geraten. Hitler hatte sich mit dem „Unternehmen Barbarossa", dem Rußlandfeldzug, übernommen, und die Schlacht um Stalingrad hatte die Kräfteverschiebung endgültig manifestiert. Mit dem Rücken zur Wand hielt Joseph Goebbels am 18. Februar 1943 im Berliner Sportpalast eine berühmte Rede. An dessen Ende waren sich der Propagandaminister und seine Claqueure einig: Man wollte den „totalen Krieg".

Vorausgegangen waren bereits Hitlers Erlaß zur „totalen Mobilmachung" vom 13. Januar und eine Verordnung des Generalbevollmächtigten für den Arbeitseinsatz, Fritz Sauckel, „über die Meldung von Männern und Frauen für Aufgaben der Reichsverteidigung" vom 27. Januar. Demnach bestand für Männer vom 16. bis 65. Lebensjahr und für Frauen mit Ausnahmen (zum Beispiel Schwangerschaft) vom 17. bis 45. Lebensjahr Dienstpflicht. Überdies hatte das Reichswirtschaftsministerium am 4. Februar angeordnet, alle nicht kriegswichtigen Betriebe und sämtliche Gaststätten zu schließen. Etwa zwei Millionen Menschen wurden zusätzlich mobilisiert für die Kriegswirtschaft – und für die Front. Zehntausende aktiver Fußballspieler und auch Funktionäre waren nunmehr im Kriegseinsatz.

Natürlich traten unter diesen Bedingungen Beschränkungen für den Sport- und Spielbetrieb in Kraft – er wurde zur Farce. Den abenteuerlichsten Vorschlag, der im konservativen Mikrokosmos Fußball einer Revolution gleichgekommen wäre, vermeldete eine deutsche Sportzeitung im Jahre 1944: „Durch das Reichsfachamt Fußball wird vorgeschlagen, einen zusätzlichen Wettspielbetrieb durch Veranstaltung von Spielen und Wettbewerben mit je sieben (sic, d. A.) Spielern pro Mannschaft durchzuführen. Zweckmäßig besteht die Aufstellung aus einem Torwart, einem Verteidiger, zwei Läufern und drei Stürmern. Das Spielfeld kann normale Größe haben, aber auch im Verhältnis 2:3 verkleinert werden (60 mal 90, 50 mal 75, 40 mal 60 Meter). ... Die Abseitsregel ist bei Spielen von Siebenermannschaften aufgehoben. Die Spielzeit beträgt bei Austragung in Rundenform, in dem eine Mannschaft gegebenenfalls dreimal am Tag anzutreten hat, zwei mal zwölf Minuten mit drei Minuten Halbzeitpause. Finden die Spiele von Siebenermannschaften als Einzelveranstaltungen statt, so kann die Spieldauer auf zwei mal dreißig Minuten ausgedehnt werden" (Walter 1959, S. 104). Neben dem Personalmangel war die Tatsache, daß man bei kürzerer Spieldauer seltener von einem Fliegeralarm unterbrochen wurde, ausschlaggebend für diesen ungewöhnlichen Vorschlag, der freilich nie in die Tat umgesetzt wurde.

Schon in den Kriegsjahren zuvor hatte man dem Mangel an Spielern Rechnung tragen müssen. Bereits im zweiten Kriegsjahr waren nurmehr 14.000 Mannschaften am Wettspielbetrieb beteiligt (zum Vergleich: 1937 waren es noch rund 30.000). Die zahlreichen Einberufungen machten eine Dezimierung sämtlicher Spielklassen nötig. In den unteren Spielklassen war die Sportausübung bei manchen Vereinen ganz eingeschlafen.

In der Not wurden sogenannte Kriegszusammenschlüsse („Kriegssportgemeinschaften“) geboren. Eine dieser KSG, die aus Fußballern von TuS 48/99 und dem Spielverein zusammengesetzte Duisburger KSG, drang 1944 gar ins Achtelfinale um die Deutsche Meisterschaft vor. Dort unterlagen die Duisburger einer weiteren Kriegsgeburt, dem Luftwaffensportverein (LSV) Hamburg, mit 0:3 Toren. In der Vorrunde hatten die Duisburger immerhin den Dauermeister FC Schalke 04 aus dem Rennen gekickt.

Eine weitere Neuerung bestand darin, daß jugendliche Fußballer zusammen mit Männern in gemeinsamen Mannschaften spielen durften. Überdies war es den Kickern durch sogenannte Gastspielgenehmigungen erlaubt, in mehreren Vereinen gleichzeitig gegen das Leder zu treten. Auch die Soldaten griffen ins Geschehen ein, wenn sie denn zuhause waren. Von den 22 Spielern der Vereine Dresdner SC und FV Saarbrücken, die 1943 vor 80.000 Zuschauern zum vorletzten Mal um die Deutsche Meisterschaft spielten (Dresden gewann 3:0), waren 16 Soldaten. Einer hatte nur einen Arm, und zwei wurden aus dem Lazarett herbeigeholt.

Die Bedingungen, unter denen die Spiele stattfanden, wurden immer schwieriger. Manchmal trafen Fronturlauber erst wenige Minuten vor dem Anpfiff ein, zogen sich flugs um und traten sogleich gegen den Ball. Kam der Kicker zu spät, mußten die ersten Spielminuten in Unterzahl bestritten werden.

Der noch heute gültige Grundsatz, wonach insbesondere personelle Kontinuität den Erfolg gewährleiste, wurde im Krieg naturgemäß ad absurdum geführt. Die bekannten Klubs existierten zwar, in deren Trikots steckten indes im raschen Wechsel verschiedene Kicker: weil der Fronturlaub nicht genehmigt wurde; weil ein Spieler gefallen war; weil einer versetzt worden war; weil die Freigabebestimmungen dahingehend geändert wurden, daß ein Fußballer für jenen Verein kicken konnte, in dessen Heimatort er just stationiert war. Kuriose Ergebnisse, auch in der Gauliga, waren die Folge. Hardy Grüne griff „wahllos einen Spieltag der Gauligasaison 1942/43 heraus: Da war in den 96 Partien des 2. Novembers 1942 542mal ins Schwarze getroffen worden. Schnitt: 5,6 Tore pro Spiel. Sechs zweistellige Ergebnisse waren zu verzeichnen (16:1, 1:10, 17:0, 1:10, 15:2 und 10:0), weitere acht Teams markierten sieben oder mehr Tore. In der Saison 1943/44 wurde es noch besser: Da gewann beispielsweise die mit vielen Kriegsmarinesoldaten bestückte Elf der Spielvereinigung Wilhelmshaven 05 glatt mit 25:0 gegen den ASV Blumenthal. Den Rekord aber hält der siegerländische Klub Germania Mudersbach: Die Rot-Gelben gewannen ihr Ligaspiel gegen den FV Engers mit sage und schreibe 32:0." (Grüne 1995, S. 116).

Im vierten Kriegsjahr setzte Reichssportführer von Tschammer und Osten zusätzliche Grenzen: „Für die Einschränkungen des Sportverkehrs gelten ab 2. März 1942 bis auf weiteres folgende Bestimmungen: Sportliche Veranstaltungen einschließlich der Meisterschaftsspiele im NSRL sowie Lehrgänge sind uneingeschränkt zulässig, überörtlich nur insoweit, als sich der Sportverkehr auf den örtlich zuständigen Sportgau (Sportbereich) beschränkt. Sportveranstaltungen über die Grenzen des Sportgaues (Sportbereich) hinaus sind nur gestattet, wenn der Reiseweg nicht mehr als 50 Kilometer in einer Richtung beträgt." (Fachzeitschrift *Fußball,* 24.2.1942) Nur für die Endrunde der Gauligameisterschaft galt eine Ausnahmeregelung. Der Grund für diese Reisebeschränkungen lag auf der Hand: Benzin, Busse Reichsbahn – alle Transportkapazitäten wurden für den Krieg gebraucht.

Harmlose Begeisterung?

Daß dennoch weitergekickt werden konnte, verdankt der Fußball seiner schon damals immensen Volkspopularität. Im Sommer 1944 kickte im bombenbedrohten Köln eine Stadtauswahl gegen die Militärmannschaft der „Roten Jäger". 12.000 Zuschauer waren erschienen. „Laute Aaaas und Uuuus steigen aus dem weiten Oval des Stadions in den dämmrigen Abend", beschrieb Fritz Walter die Stimmung, „wann wohl haben sich diese 12.000 Menschen für so etwas so harmlos und temperamentvoll begeistern können?" (Walter 1959, S. 83).

Auch die Fußballer konnten 90 Minuten lang abschalten. Helmut Schön erinnerte sich an die Gefühle beim deutschen Endspiel 1944: „Es war eine unmögliche Situation. Im ganzen Land, an der Front, waren die Menschen verzweifelt. Wir mußten dagegen fußballspielen. Während des Spiels haben wir dann unsere ganze Verzweiflung vergessen."

Das mag auch für viele Soldaten gegolten haben, welche die sportlichen Großereignisse als Zuschauer verfolgten. Am 22. Juni 1941, dem Tag des deutschen Überfalls auf die Sowjetunion und des Fußball-Endspiels zwischen Schalke 04 und Rapid Wien, wurden zahlreiche verwundete Soldaten auf die Tartanbahn im Berliner Olympiastadion geschoben, damit sie das fußballerische Großereignis miterleben konnten, wie Zeitzeuge Wolfgang Hempel berichtet. Und die *Münchner Neueste Nachrichten* schrieben anläßlich des deutschen Endspiels zwischen Schalke 04 und Vienna Wien am 6. Juli 1942: „Das äußere Bild am Sonntag im Olympiastadion war eindrucksvoll. Kopf an Kopf staute sich die Masse. Auf den beiden Längsseiten der Aschenbahn konnte man viele Verwundete sehen, die als Gast des Reichssportführers dem Endspiel beiwohnten. Auf der Ehrentribüne hatten ebenfalls viele Tausende tapferer und an der Front bewährter Feldgrauer Platz genommen. Nachdem im Vorspiel die HJ-Elf von Hamburg gegen die HJ-Auswahl von Berlin mit 7:1 überlegen gewonnen hatte, erfogte der Gruß der 100.000 an die Front und an die Verwundeten in den Lazaretten und der Gruß der für den Endsieg arbeitenden Heimat an den Führer." – „Der Fußball machte das übrige Leben – sofern man es noch Leben nennen kann – erträglich", schreibt Fritz Walter.

Ungeachtet der Motive des Sportlers Walter ist klar, daß er und seine Mitspieler lediglich als Werkzeuge der NS-Sportpolitik dienten: Sie spielten für ein Regime, das durch Sportveranstaltungen versuchte, die grausame Kriegslage mit ihren tödlichen Folgen in den Hintergrund zu drängen und die kriegsmüde Bevölkerung „bei Laune" zu halten. Gleichsam wie durch die Fronttheater oder die UFA-Filme.

Schließlich riß die Reihe der Hiobsbotschaften von der Front nicht ab. Reichssportführer von Tschammer und Osten urteilte gar, „die Einordnung des Sports in die Aufgaben der totalen Kriegsführung" sei „kriegswichtig. Sportliche Veranstaltungen und Wettkämpfe örtlichen und nachbarschaftlichen Charakters bis zur Gaustufe sind zur Erhaltung des Arbeits- und Leistungswillens durchzuführen." *(Fußball,* 23.2. 1942)

Und noch etwas: „Die Führung wollte gegenüber der Zivilbevölkerung Stärke demonstrieren", schrieb der spätere Bundestrainer Helmut Schön, seinerzeit Kicker beim zweimaligen Meister Dresdner SC. „Uns kann nichts erschüttern", sei die Botschaft der Nazis gewesen, „wir spielen sogar weiter Fußball." (Schön 1978, S. 123). Und Stärke gegenüber den Kriegsgegnern sollte mit Siegen gegen neutrale oder besetzte Staaten gezeigt werden. Guido von Mengden meinte gar, das Wort „Sieg" werde jetzt „mit den Maßstäben von Stalingrad gemessen".

Volkssturm verteidigt Heimatboden

Als 1944 die Luftangriffe immer mehr zunahmen, verging indes kein Meisterschaftsspieltag mehr ohne abgebrochene Begegnungen. Es liegt auf der Hand, daß auch große Fußball-Veranstaltungen nicht wie gewohnt durchgeführt werden konnten, sondern strengen Sicherheitsvorkehrungen unterlagen. Eine davon war die Geheimhaltung von Ort und Zeit des sportlichen Wettkampfes, etwa beim deutschen Fußball-Endspiel im Juni 1944. „Erst Sonntag früh (am Tag des Finales, d. A.) war freigegeben, den Ort der Durchführung, das Olympiastadion (in Berlin, d. Autoren) zu nennen", schreibt Carl Koppehel. Trotz der kurzfristigen Information waren nach offiziellen Angaben 70.000 Zuschauer zu der Partie zwischen dem Dresdner SC und dem Luftwaffen-Sportverein Hamburg gekommen. Eine Sonderleitung zum Luftgaukommando vermittelte viertelstündlich die Luftlage. „Im Falle eines feindlichen Angriffs auf Berlin hätten die Zuschauer sich ohne Schutz irgendwo in der Gegend zerstreuen müssen", berichtete Koppehel (1954, S. 214).

Auch für die Spieler war es nicht leicht, unter diesen Umständen ihren sportlichen Job zu verrichten. Bereits beim Endspiel 1943 gab es in den Reihen des Final-Teilnehmers Dresdner SC „seltsame Gespräche", wie DSC-Spieler Schön berichtete (Schön 1978, S. 120): „Du, wenn wir morgen spielen, dann weiß das der Tommy (der Engländer, d. Autoren) doch, oder?", wollte ein Dresdner Kicker wissen, „und wenn der Tommy nun einfach einen Tiefflieger schickt, der mit seinem MG in die Ehrentribüne reinhält ... oder wenn der eine Bombe mitten auf den Platz wirft?"

Nach der Landung der Alliierten in der Normandie am 6. Juni 1944 und dem steten Vorrücken der Roten Armee geriet das Deutsche Reich im Sommer 1944 immer mehr in Bedrängnis. Der weiteren Ausübung des Fußballsports wurden daher noch engere Grenzen gesetzt. Zur neuen Gauligasaison 1944/45 trug man den veränderten Begebenheiten Rechnung, indem die 16 Gauligen aufgelöst und statt dessen regional 100 Staffeln installiert wurden. Alle noch bestehenden gut 600 Vereine und Kriegssportgemeinschaften nahmen somit am Spielbetrieb teil.

Zudem wurde die neue Spielrunde unmittelbar nach der alten Runde, nämlich am 16. Juli 1944 gestartet. Diese Regelung war aus der

Angst geboren, eine Sommerpause würde zur endgültigen Lahmlegung des Spielbetriebs führen.

Doch schon zwei Monate später war es vorbei. Als im September 1944 die ersten alliierten Soldaten den Boden des sogenannten „Altreiches“ betraten, wurde die Gauligasaison abgebrochen. Hitler schickte den sogenannten „Volkssturm“ zur Verteidigung des „Heimatbodens“ in ein aussichtsloses Gefecht. Alle bisher nicht eingezogenen Männer zwischen 16 und 60 Jahren mußten durch einen Erlaß vom 25. September 1944 an die Waffen.

Helmut Schön, der mit dem Dresdner SC zweifacher Deutscher Meister wurde, spielte während des Krieges mehrfach für die Nationalelf. Hier erzielt er 1940 gegen Dänemark das Siegtor zum 1:0.

Mit dem Ende der Fußball-Meisterschaft war auch die sportliche Verwaltungsarbeit auf ein Minimum reduziert. Im „Fachamt Fußball“ blieben nur noch zwei hauptamtliche Kräfte tätig. Ihre vordringliche Aufgabe bestand „in der Ermittlung der Schicksale der einzelnen Persönlichkeiten“ (Koppehel 1954, S. 214).

Spielplätze und Vereinsheime verfielen, in Ausnahmefällen trugen Unentwegte Freundschaftsspiele aus. Die letzte bekannte Partie fand am 23. April 1945 in München statt, eine Woche vor Hitlers Selbstmord und gut zwei Wochen vor der bedingungslosen Kapitulation des Deutschen Reiches. Der FC Bayern bezwang den TSV 1860 mit 3:2 Toren.

Stürmer im Rückraum: Die Militärmannschaften

Bekannte Kicker bekommen seit jeher Unterstützung für ihr Leben neben oder nach dem Fußball. Nach Ablauf ihrer Karriere wird ihnen beruflich unter die Arme gegriffen, hier ein Tabakladen eingerichtet, dort eine Lotto-Toto-Annahmestelle. Arbeitsstellen werden vermittelt. So war es auch im Dritten Reich. Weil damals die Not größer war als heutzutage, gab es überdies nicht selten einen Metzger, der den prominenten Fußballer bevorzugt und oft unentgeltlich mit Fleisch und Wurst versorgte.

Manche hatten das kaum nötig. In Schalke beispielsweise wurden die Spieler für ihr professionelles Training bezahlt, sie arbeiteten meist in Halbtagsjobs. Sportler genossen Privilegien – doch das bislang Beschriebene hat mit den Nationalsozialisten wenig zu tun.

Deren Gunst wurde wirklich bedeutsam, als der Krieg ausbrach. „Die Sportler unter den Soldaten bekamen leichter Urlaub", erinnert sich Karl-Heinz Heimann, „bei mir war das Urlaubsbuch immer ganz voll mit Eintragungen." Heimann, heute Herausgeber des *Kicker,* war damals ein Universalsportler: Handballer, Hockeyspieler, Fußballer, Wasserballer und Schwimmer.

Ferien gab es meist für sportliche Veranstaltungen: „Jeder strengte sich im Training an", erinnerte sich Fritz Walter, „damit der Einsatz im nächsten Länderspiel und damit der nächste Urlaub gesichert war." Die Militär-Chefs waren ihren Sportlern gegenüber meist kulant. Auch die Idole des FC Schalke 04, Fritz Szepan und Ernst Kuzorra, profitierten davon. „Die beiden waren während des Krieges Feldwebel bei der Luftwaffe und im Fliegerhorst Gelsenkirchen-Buer stationiert", schrieb Fritz Walter, „großzügig erhielten sie Urlaub für Training und Punktspiele." Kuzorra und Szepan waren Nationalspieler – und als solche genossen sie Privilegien. Nach den Ausführungen von Helmut Schön, der damals Spieler war und später Bundestrainer wurde, hat Reichstrainer Sepp Herberger „Listen aufstellen müssen, welche Spieler für die Nationalelf wertvoll sind". Diese habe man dann „gvH geschrieben – garnisonsverwendungsfähig Heimat."

Den sogenannten „uk-Stempel" für unabkömmlich von der Heimat, bekamen zuvorderst die Kicker aus dem Ruhrgebiet. „Die Region an Emscher und Ruhr hatte nämlich den großen Vorteil, daß in ihr Kohle abgebaut wurde“, schrieb Hardy Grüne, „dem dortigen 'schwarzen Gold' kam eine Schlüsselrolle in Hitlers Kriegsplanung zu, und auch Schalke, als Bergmannsklub, spielte eine Rolle (obwohl die Spieler nicht mehr unter Tage fuhren).... Freilich waren die Schalker nicht die einzigen, die vom 'Kohlevorteil' profitierten. Auch in anderen Bergbaustädten wie Altenbögge oder Erkenschwick wuchsen erstklassige Teams heran, denen der 'uk-Stempel' aufgedrückt worden war.“ (Grüne 1995, S. 123)

Viele Sportler haben deshalb die Härte des Krieges bis 1942 gar nicht richtig gespürt. Doch 1942/43, nach der Wende von Stalingrad und der Ausrufung des „totalen Krieges“, traf es alle – getreu dem Motto von Reichssportführer von Tschammer und Osten: „Meine besten Sportler sollen auch des Führers beste Soldaten sein.“

„Jetzt wurden auch die Schalker Spitzenspieler nicht mehr verschont“, schrieb Dieter Ueberjahn, „nur zu Wochenendtrips kamen sie von den Fronten zurück. Nach dem Pokal-Finale 1942, das Schalke mit 0:2 gegen München 1860 verlor, überstürzten sich die Trauernachrichten für die Königsblauen. 1943 kam die Kunde vom Tod Bernhard Füllers, eines der neuen Riesen-Talente. Wenige Monate später folgte die Nachricht vom Tod des blonden Ala Urban, der im Osten gefallen war.“ (Ueberjahn 1980, S. 41)

Manche Kicker hatten das Glück, daß ihre Militär-Herren ein Faible für den Fußball hatten. So war der kommandierende General in Dresden ein großer Fußballfan. Die Spieler des Dresdner SC wurden deshalb lange nicht eingezogen oder blieben eben bei den Truppenteilen in Dresden. Manche Soldaten, die als gute Fußballer galten, wurden auch eigens nach Dresden abkommandiert. Es entstanden Militärmannschaften.

„Der muß ja nie an die Front“

Militärmannschaften wurden von fußballbegeisterten Offizieren ins Leben gerufen: Sie sammelten die talentiertesten Balltreter ihrer Einheiten – und holten sich obendrein aus anderen Truppenteilen gute Fußballer. Der Vergleich mit der ehemaligen DDR bietet sich an. Der Vorsitzende des ostdeutschen Gewerkschaftbundes, Harry Tisch, kommandierte in den sechziger Jahren eine ganze Fußball-Mannschaft von Aue nach Rostock. Und der Chef des Staatssicherheitsdienstes, Erich Mielke, pflegte bekanntlich enge Kontakte zu Abonnementmeister Dynamo Berlin, der nachweislich manche seiner Titel durch Manipulation erringen konnte. „In dieser Hinsicht ist nach 1945 im Osten Deutschlands alles beim alten geblieben", meint Karl-Heinz Heimann, „nur die braune Farbe wurde durch die rote ersetzt."

Die Militärmannschaften hatten einige Vorteile gegenüber den anderen Vereinen. Beispielsweise standen die Spieler stets zur Verfügung, weil sie am Truppenstandort beschäftigt waren. Ihre Trainer konnten daher auf eingespielte Mannschaften zurückgreifen. Die übrigen Klubs mußten stets mit wechselnden Formationen antreten, da ihre Kicker verstreut an der Front im Einsatz waren. Manche Militärmannschaften bestritten nur Freundschaftsspiele, andere nahmen an der Deutschen Meisterschaft teil – oder trugen Soldatenmeisterschaften in besetzten Gebieten aus, etwa in Frankreich; dort spielte die berühmte Pariser Soldatenelf, die ausschließlich mit – meist bekannten – deutschen Kickern besetzt war. Fritz Walter bestritt einige Begegnungen, der Schalker Meisterspieler Hans Bornemann sehr viele.

Die Pariser Soldatenelf wurde kurz nach der Besetzung Frankreichs durch die deutschen Truppen im Jahr 1940 aus der Taufe gehoben – von Major Hermann aus Kornwestheim bei Stuttgart. Sie galt als Vorbild für weitere deutsche Fuballmannschaften in Frankreich. Schließlich wurde sogar eine eigene Soldatenmeisterschaft im K.o.-System ausgetragen, die sogenannte „Meisterschaft des Westens".

Im Endspiel des Jahres 1942 standen sich die Pariser Soldatenelf und Burgstern Noris gegenüber – vor angeblich 40.000 Zuschauern im Pariser Prinzenparkstadion. Burgstern Noris, dessen Division in der Bretagne stationiert war, bestand zum großen Teil aus Spielern des 1. FC Nürnberg. „Die beiden Uebeleins spielten mit", erinnert sich der deutsche Nationalspieler Albert Sing, „Eduard Schaffer war im Tor." Sing stand auf der anderen Seite, er spielte für die Pariser Soldatenelf. Fünf Minuten vor dem Ende hieß es 2:1 für die Franken; dann schoß Sing drei Tore zum 4:2-Sieg seiner Soldatenmannschaft. Und der Sportjournalist Heinz Ott schrieb auf der Titelseite der *Pariser Soldatenzeitung:* „Sing verwandelte sich in einen rauschenden Gebirgsbach". Der dreifache Torschütze wurde hernach von Burgstern Noris angeworben; die Division wurde später nach Rußland abkommandiert.

Albert Sing, der zwischen 1940 und 1942 neun Länderspiele bestritt, hatte zunächst den Frankreich-Feldzug mitgemacht, war danach in Esslingen und Stuttgart stationiert gewesen – in Stuttgart zusammen mit dem Nationalmannschaftskollegen Edmund Conen. Conen, so Sing, stand dort lange Zeit unter dem Schutze eines Majors, das heißt: Conen mußte nicht an die Front. Sing: „Am Anfang hat sich da keiner drüber

Auch die Kriegsmarine hatte ihre eigene Fußball-Auswahl – hier nach einem Spiel gegen die Luftwaffen-Elf 1941. In der Mitte in Uniform Ernst Lehner, langjähriger Rekordnationalspieler und Betreuer der Kriegsmarine-Kicker.

aufgeregt. Als aber immer mehr gefallen sind, kam aus den betroffenen Familien schon der Vorwurf: Der muß ja nie an die Front". In dieser Hinsicht hörten die Nazis auf Volkes Stimme: Conen wurde nach Rußland beordert. „Wir sollten von der Bildfläche verschwinden", sagt Sing, der nach Frankreich ging. Der frühere Präsident seines Stammvereins Stuttgarter Kickers, Reuter, war dort als Major stationiert und hatte ihn angefordert. So gelangte Sing zur Pariser Soldatenelf, einer seiner Ansicht nach „erstklassigen Mannschaft", in der auch ein Nationalspieler aus Fürth, Hans Fiederer, zum Einsatz kam. Fiederer, der später Chefredakteur des *Sport-Magazins* in Nürnberg geworden ist, verlor indes als Fußballer in Frankreich ein Bein. Man schrieb den 5. August 1942. „Wir drehten gerade auf der Aschenbahn in einem kleinen Stadion in Paris eine Runde", erzählte Sing. „Da wurden plötzlich über eine Hecke Handgranaten auf die Bahn geworfen. Diejenigen, die vor Fiederer liefen, waren tot. Fiederer verlor sein rechtes Bein, ich, der ich hinter ihm lief, blieb unverletzt." Die Handgranaten waren von französischen Widerstandskämpfern geworfen worden.

Die Pariser Soldatenelf bestand bis Ende des Jahres 1942. „Als der totale Krieg ausgerufen wurde (Februar 1943, d. A.), hat sich alles aufgelöst", sagte Sing, „die Soldatenelf, die Nationalmannschaft und so weiter."

Nur die Deutsche Meisterschaft wurde weiterhin ausgetragen, bis 1944 sogar. Auch bei der Deutschen Meisterschaft spielten Militärmannschaften mit, beispielweise der Luftwaffen-Sportverein (LSV) Danzig, der LSV Hamburg, der Heeres-Sportverein (HSV) Großborn oder „Möldes Krakau". In der Pokalrunde von 1942 waren unter den letzten 64 Mannschaften immerhin neun Fliegervereinigungen. Sie kamen, bis auf den LSV Gütersloh, allesamt aus den erbeuteten Gebieten in Schlesien, Sudetenland/Böhmen-Mähren, Ostpreußen und dem Generalgouvernement (Heiligenbeil, Stettin, Pütnitz, Görlitz, Krakau, Brieg, Olmütz und Deblin). Die Fachzeitschrift *Fußball* vom 14. Juli 1942 feierte dies wie folgt: „... das verrät nur zu deutlich, wie ernst unser Sport bei der deutschen Luftwaffe genommen und wie liebevoll er gepflegt wird." (Grüne 1995, S. 115)

Der bekannteste und erfolgreichste Luftwaffen-Sportverein kam aus Hamburg. Der LSV Hamburg, der nur von Dezember 1942 bis zum September 1944 am Spielbetrieb teilnahm, drang in dieser Zeit einmal ins nationale Pokalendspiel und einmal ins Finale um die Deutsche Meisterschaft vor. Den Tschammer-Pokal, den Vorläufer des heutigen DFB-Pokals, mußten sie 1943 dem First Vienna FC Wien überlassen; der LSV Hamburg verlor 2:3. Und im Endspiel um die Deutsche Meisterschaft, dem letzten zu Zeiten des Krieges, unterlagen sie 1944 gegen den Dresdner SC mit 0:4 Toren.

Der Klub war an die in Hamburg stationierte Flakartillerie angegliedert. Gründer und Vereinsführer war Oberst Laicher, dem es im Verbund mit der Sportlichen Leitung, bestehend aus dem Oberstleutnant Psyk und dem früheren Schalke-Trainer Faicht, vorzüglich gelang, prominente gleichwie begabte Fußballer für seinen LSV zu rekrutieren. Im Tor stand der Oberhausener Willi Jürissen, der zwischen 1935 und 1939 sechs Länderspiele bestritt. Jürissen, der wegen seiner Eitelkeit auch wenig schmeichelhaft „Pomaden-Willi" genannte wurde, war überdies für eine SA-Auswahl im Einsatz. Gleiches gilt für den Nationalverteidiger Reinhold Münzenberg. In Reihen der Hamburger standen des weiteren bekannte Fußballer wie Karl Miller (vorher St. Pauli), Robert „Zapf" Gebhardt (1. FC Nürnberg), Heinz Mühle (Altona) oder Ludwig Janda (1860 München), der Frankfurter Gärtner und der Schweinfurter Lotz. Auch Walter Ochs, der Vater des späteren HSV-Trainers Klaus Ochs, kickte für den LSV Hamburg, der seine Heimspiele auf dem Victoria-Platz Hoheluft absolvierte. Der LSV Hamburg mußte seinen Spielbetrieb – wie alle Luftwaffensportvereine – im September 1944 auf Weisung von oben einstellen.

„Rote Jäger“ und „Schwarze Büffel“

Eine der bekanntesten Militärmannschaften nahm nicht am Punkt- und Pokalspielbetrieb teil: Die „Roten Jäger“ des Jagdfliegerkommandanten Hermann Graf. Graf war 1943 gerade 43 Jahre alt. Mit 202 Abschüssen hatte er sich den höchst zweifelhaften Ruf erworben, der „erfolgreichste“ deutsche Jagdflieger zu sein. Dafür waren ihm die Brillanten zum Ritterkreuz verliehen worden. Graf war ein begeisterter Fußballer, der vor dem Zweiten Weltkrieg zweimal zu einem Nachwuchskurs der Nationalelf eingeladen worden war. Um seine Militärmannschaft zusammenstellen zu können, reiste er nach Berlin und „verhandelte unverdrossen mit den zuständigen Stellen der Wehrmacht. Und weil es nicht leicht war“, schreibt Fritz Walter, „ihm, dem prominenten Jagdflieger, eine Bitte abzuschlagen, konnten sich im Lauf der Zeit namhafte Spieler bei seinem Geschwader melden.“

Im Sommer 1943 holte Graf den talentierten Nationalspieler Fritz Walter. Inzwischen war die Einheit des Major Graf in Jever (Ostfriesland) stationiert. Als Walter dort ankam, traf er alte Bekannte: Franz Hanreiter (früher Admira Wacker Wien) und Hermann Eppenhoff (Schalke 04), beide Teamkameraden aus der Nationalelf. Eppenhoff war später als Bundesliga-Trainer tätig, coachte unter anderem den VfB Stuttgart. Auch Walter Bammes, Alfons Moog, Hermann Koch, Bruno Klaffke und Friedel Klages waren begabte Fußballer, die es zumindest zu nationaler Bekanntheit gebracht hatten. Als Oberstleutnant Graf 1944 ein neues Jagdgeschwader an der Ostfront übernahm, holte er seine Fußballer nach. Beim Wiedersehen in Krakau freute sich Fritz Walter: „Wir sind froh, weil wir uns bei ihm aufgehoben fühlen.“

Die Kicker brauchten Graf, und Graf brauchte seine Schützlinge: „Ich fühle mich nirgends so wohl wie unter Fußballern.“ – „Fußball war für ihn ein Ausgleich“, schrieb Fritz Walter in seinem Buch „Die Roten Jäger“, „er hatte ihn so nötig wie das tägliche Brot.“ Die Spiele der „Roten Jäger“ waren gerade in den letzten Kriegsjahren „der große Lichtblick in seinem Jagdfliegerleben, das von Tag zu Tag härter wurde – die durchschnittliche Lebenserwartung eines Flugzeugführers betrug im Frühjahr 1944 nur etwa drei Monate“.

Die „Roten Jäger“ absolvierten im Laufe der Zeit annähernd 50 Spiele – mit überwältigendem Erfolg. Nur etwa ein Zehntel der Begegnungen ging verloren. Als Gegner traten meist Vereine der umliegenden Gegenden an, aber auch andere Soldaten-Teams. Es gab „Schwarze Büffel“, „Schwarze Blitze“, „Blaue Teufel“, „Silberne Adler“ oder

„Graue Wölfe". Grafs großer Wunsch war es, seine Mannschaft für die Deutsche Meisterschaft zu melden. Aber die Rahmenbedingungen für Punktspiele waren bei den „Roten Jägern" nicht gegeben. Wo sollten regelmäßig Heimspiele ausgetragen werden – „bei einem Jagdgeschwader, das innerhalb kurzer Zeit oft den Fliegerhorst wechselt?" Dabei gehörten die „Roten Jäger" längst zur deutschen Spitzenklasse. Einmal gelang sogar ein Sieg über Schalke 04, auch der LSV Hamburg wurde bezwungen. Die Freundschaftsspiele waren immerhin lukrativ. Stets erschienen Tausende von Zuschauern, die Ablenkung vom Kriegsalltag suchten. Fritz Walter: „Da wir keine Heimspiele hatten, wurden grundsätzlich die Bruttoeinnahmen mit der gastgebenden Mannschaft 50:50 geteilt. Unser Vermögen wuchs stetig, und einmal erreichte es sogar die Rekordhöhe von 50.000 Mark." Das Geld wurde nach Auskunft von Walter für karitative Zwecke verwendet. Wenn einer von Grafs etwa 2.000 Geschwaderangehörigen fiel, dann erhielten die Hinterbliebenen eine Unterstützung aus der Kasse der „Roten Jäger". Der Major nannte sein Team deshalb einmal „eines der größten Sozialwerke Deutschlands".

Es ist unmöglich, darüber zu befinden, wievielen Fußballern ihre Zugehörigkeit zum Jagdgeschwader Graf das Leben gerettet hat. Im Krieg ist man überall in Lebensgefahr. In Grafs Einheit wurde ein Fußballer getötet: Leonhard, der Linksaußen, wurde abgeschossen. Dem Stürmer Kögerl wurde bei einem russischen Angriff auf den Geschwader-Standort ein Bein weggerissen. Vielleicht hat manch einen die Versetzung zu Graf vor Schlimmerem bewahrt. Etwa Franz Hanreiter, der zuvor „tagtäglich an der Ostfront als Minenwerfer sein Leben aufs Spiel setzen mußte".

Am Abend des 8. Mai 1945 geriet das Jagdgeschwader Graf bei Pisek in amerikanische Kriegsgefangenschaft. Im Gefangenenlager spielten sie Fußball gegen eine Soldatenmannschaft der USA-Streitkräfte. Fritz Walter: „Nicht während des Spiels, aber hinterher habe ich mir oft überlegt, was wohl besser die Sinnlosigkeit eines Krieges hätte demonstrieren können als diese Situation? Sieger und Besiegte, Bewacher und Gefangene lassen sich von einem Spiel verzaubern, als gäbe es nichts Wichtigeres auf dieser Welt." Wenige Tage später wurden die Gefangenen den Russen übergeben. ■

Opfer und Täter aus einem Team: Asbjørn Halvorsen und Tull Harder

Der Mann, der sich im Frühjahr 1944 im Krankenlager des Konzentrationslagers Vaihingen/Enz befindet, ist mehr tot als lebendig. Er wiegt nicht mehr als 40 Kilogramm, leidet an Typhus, Pneumonie, Rheuma, Fieber und – natürlich – mangelnder Ernährung. Die Lagerleitung verlegt den Mann in die Todeszelle. Es ist der Fußballer Asbjørn Halvorsen, dereinst norwegischer Nationalspieler – und zweimaliger Deutscher Meister mit dem Hamburger SV.

„Taktisch einen Kopf größer": Asbjørn Halvorsen

Asbjørn Halvorsen wurde 1898 im Städtchen Sarpsborg 80 Kilometer südlich von Oslo geboren. Als junger Fußballer machte er rasch Karriere: Mit 18 wurde er Mannschaftskapitän des norwegischen Erstligisten Sarpsborg FK, mit 19 gewann er mit seinem Team den nationalen Pokal, mit 20 bestritt er sein erstes Länderspiel und mit 22 seine ersten Olympischen Spiele. Ein Jahr darauf ging er nach Hamburg. Er war Schiffsmakler und wollte sich bei der namhaften Reederei Sloman weiterbilden. Zunächst habe er sich Altona 93 anschließen wollen, heißt es, doch als ein Arbeitskollege Wind von Halvorsens fußballerischen Meriten bekam, vermittelte dieser den Kontakt zum Hamburger SV. „Wir konnten es anfangs kaum glauben, daß ein so bedeutender Spieler unerkannt in Hamburg weilte, ohne sich mit uns in Verbindung zu setzen", schrieb man später von HSV-Seite.

Halvorsen ging also zum HSV, und die Liasion überdauerte immerhin zwölf Jahre. Fünf Endspiele absolvierte der Defensivstratege aus Norwegen mit dem hanseatischen Spitzenklub, zweimal wurde er Deutscher Meister – und sicherte sich obendrein einen Platz in der sportiven Zwischenkriegshistorie: 28 Spiele bestritt Halvorsen in der Endrunde um die Deutsche Meisterschaft; bloß das Berliner Denkmal Hanne Sobeck und der Nürnberger Luitpold Popp übertrafen den Norweger, der reichlich Lob erntete für sein Verteidigungsgeschick: Nach dem Meisterschaftsspiel zwischen dem HSV und Wacker München im Jahre 1922 stöhnte sein Gegenspieler, der ungarische Torjäger Alfred „Spezi" Schaffer: „Einen Kopf kleiner war dieser Blondschopf, aber taktisch einen Kopf größer als ich…"

Theorie und Taktik vermittelte Halvorsen weiter als Fußballehrer und Funktionär. 1933 kehrte er in seine Heimat zurück, wo er zunächst Instrukteur des Norwegischen Fußballverbandes (NFF) wurde, dann Teamchef. Als 1936 in Berlin die Olympischen Spiele ausgetragen wurden, sah Asbjørn Halvorsen als norwegischer Teamchef Deutschland wieder – und bereitete dem deutschen Nationalteam die denkwürdigste Niederlage in der Ära des Nationalsozialismus. Denn Adolf Hitler höchstselbst war anwesend, als Norwegen und Deutschland sich beim zweiten Spiel dieses olympischen Turniers begegneten; es war angeblich das einzige Länderspiel, das Hitler je besuchte. Er wollte sich auch im Fußballsport von der Überlegenheit der Deutschen überzeugen. Doch Deutschland verlor 0:2, die beiden Tore erzielte ein Spieler mit dem jüdisch klingenden Namen Isaaksen. Wutentbrannt verließ der Führer weit vor Spielschluß die Stätte der schmählichen Niederlage. Norwegen erreichte indessen das Halbfinale, unterlag dort dem späteren Olympiasieger Italien nach Verlängerung und gewann Bronze durch einen Erfolg über Polen. Halvorsen betreute die norwegische Auswahlmannschaft auch bei der Weltmeisterschaft 1938 in Frankreich. Dort unterlag sie – in der ersten Runde – erneut Italien, das später auch Weltmeister wurde.

Asbjørn Halvorsen

Dann begann der Zweite Weltkrieg, und am 9. April 1940 überfiel Hitler-Deutschland Halvorsens Heimat Norwegen; im Juni mußten sich die Skandinavier ergeben. Das Volk zerfiel in eine Minderheit, die mit den Deutschen zusamenarbeitete; die Kollaborateure wurden nach dem NS-Vasallen Vadkun Quisling „Quislinge“ geheißen. Und in eine Mehrheit, die weiterhin Distanz zu den Besatzern wahrte – darunter Asbjørn Halvorsen. So verweigerte der norwegische Fußball-Generalsekretär beim Pokalendspiel in Oslo dem Reichskommissar Terboven die Erlaubnis, mit seinem Gefolge die für die – geflüchtete – Königliche

Familie reservierten Plätze einzunehmen. Und als die Deutschen Ende 1940 begannen, den norwegischen Sportbetrieb unter ihre Fuchtel zu nehmen, machte beim landesweiten Streik auch Halvorsen als Mitarbeiter des Fußball-Verbandes mit.

Daß sich die Nazis derlei Renitenz nicht gefallen ließen, lag auf der Hand. Von vier Millionen Norwegern wurden 40.000 verhaftet, 10.000 davon nach Deutschland verschleppt, darunter auch Sportler – und Asbjørn Halvorsen. Am 5. August 1942 wurde der mittlerweile 43jährige Halvorsen ins Polizeihauptquartier von Oslo und am darauffolgenden Tag als Häftling Nr. 4058 ins KZ Grini in Baerum bei Olso gebracht. Ein knappes Jahr später, am 23. Juli 1943, wurde er ins Konzentrationslager Natzweiler im Elsaß deportiert. Aufgrund seiner Vergangenheit als Fußballspieler in Deutschland genoß er dort zunächst Privilegien, was sich alsbald änderte: Halvorsen weigerte sich, einen Mithäftling zu schlagen. Er wurde gefoltert und erkrankte schwer.

Dann kommt der Mann, der nur noch 40 Kilogramm wiegt, ins Konzentrationslager Neuengamme bei Hamburg. Und die Legende lebt bis heute, daß er dort einen früheren Mannschaftskameraden getroffen hat, den SS-Hauptscharführer Tull Harder. Doch der war nur kurz in Neuengamme gewesen und dann Lagerführer im Konzentrationslager Ahlem bei Hannover geworden.

Lagerführer im KZ: Tull Harder

Tull Harder war als Otto Fritz Harder 1892 in Braunschweig geboren. Seinen Kosenamen verdankte er im übrigen einem englischen Stürmer; er erhielt ihn noch in seiner Heimatstadt. Als der 1,90-m-Koloß die Braunschweiger Eintracht 1912 in Richtung Hamburg verließ, war er so populär, daß es beim Auszug aus der Heimatstadt einer Finte bedurfte: Er bestieg den Zug erst in Peine, denn am Braunschweiger Bahnhof wollten Anhänger Harders Abfahrt verhindern.

Beim HSV feierte der kantige Mittelstürmer – zusammen mit Halvorsen – zwei Deutsche Meisterschaften. Zwischen 1914 und 1926 bestritt Harder überdies 15 Länderspiele, in denen er 14 Tore erzielte. „Ein Volksliebling war er", schrieb der *Kicker* 1939. „Wenn er den Ball am Fuß über das Feld raste, dann rasten die Massen im Norden, im Westen, im Süden, im Osten." Und sie sangen: „Wenn spielt der Harder Tull, dann steht es drei zu null." Eine Hamburger Firma vertrieb gar eine „Tull Harder Cigarette". Den Packungen lagen Bilder des Stürmers bei, und die Werbung befahl: „Sportler, raucht die neue Tull Harder Cigarette!"

Doch der Volksliebling hatte auch eine andere Seite.

Harder, der in einem deutsch-nationalen Elternhaus aufgewachsen war, erhielt nach dem Ersten Weltkrieg das Eiserne Kreuz I. und II. Klasse und war empfänglich für Parolen der Rechten. Als der HSV in den zwanziger Jahren in Köln gastierte, prügelte sich Harder mit einem englischen und einem französischen Soldaten. Schon am 1. September 1932, also fünf Monate vor der Machtübernahme der Nationalsozialisten, trat er der NSDAP bei. Am 10. Mai 1933 wurde er dann Mitglied der SS und zeigte sich fortan bei bedeutenden Fußballereignissen gerne in der Uniform der Schutzstaffel.

1939 wurde Tull Harder als Wachmann ins KZ Sachsenhausen in Oranienburg bei Berlin befehligt. Schon im November 1939 wurde er auf eigenen Wunsch ins Konzentrationalsager Neuengamme bei Hamburg versetzt. Er war dort SS-Rottenführer, arbeitete zunächst als Wachposten, dann in der Lagerverwaltung. In einer Vernehmung vor Gericht sagte er später, daß er seinerzeit der Meinung gewesen sei, daß „Leute nur im KZ waren, wenn sie etwas ausgefressen haben." Außerdem war ihre Behandlung „nicht so schlecht, soweit sie sich gut führten" (zwischen 1933 und 1945 starben in Neuengamme 55.000 Menschen).

Dann gelang dem Fußballer der nächste Aufstieg: Im August 1944 wurde Harder, mittlerweile SS-Hauptscharführer, nach Hannover versetzt. Dort befehligte er ab November als Lagerführer im KZ Ahlem eine 60köpfige SS-Wachkompanie. Die Gefangenen arbeiteten in unterirdischen Stollen für die Rüstungsproduktion der Continental Gummiwerke und der Maschinen-Fabrik Niedersachsen-Hannover (MNH). Kälte, hohe Luftfeuchtigkeit, mangelnde Ernährung, unzureichende Kleidung und Mißhandlungen forderten von Ende November 1944 bis Februar 1945 230 Menschenleben.

Im März 1945 verließ Harder, nun SS-Untersturmführer, das KZ Ahlem. Nach dem Krieg wurde er gefangengenommen und vor Gericht gestellt, wo er sich reinzuwaschen versuchte – mit zum Teil hanebüchenen Aussagen. So sagte er unter anderem, daß in dem von ihm geleiteten KZ Ahlem „so viele Menschen gestorben sind, weil die inneren Organe der Häftlinge durch schlechte Ernährung im jüdischen Ghetto geschwächt waren, so daß sie die gute und reichliche Nahrung im KZ nicht vertrugen".

Über sein Verhältnis zu den Gefangenen sagte Harder: „Ich habe die Häftlinge bei Eintreffen in überaus menschlicher Art und Weise empfangen und auf ihre Arbeit und Pflichten hingewiesen. Ich habe ihnen gesagt, wenn sie ihrer Arbeitspflicht nachkämen, ich voll und ganz für

Der „Harder Tull", Liebling des Hamburger Fußballvolks, 1928.

sie eintreten würde. Und das habe ich getan." Eine Anwohnerin stützte Harders Version: „Ich wohnte in Neuengamme direkt neben dem Konzentrationslager. Ich weiß, daß die Häftlinge Tull Harder nahezu vergöttert haben – und das nicht nur, weil er ihnen einen Fußballplatz eingerichtet hat. Viele wollten ihm nach der Kapitulation Zeugnisse darüber ausstellen, daß er sich immer wie ein guter Mensch verhalten hat."

Im Widerspruch dazu stehen die Aussagen von Häftlingen. Einer meinte: „Die Bälle sind von Sattlern im Lager aus Lederabfällen hergestellt worden, die Dressen aus Textilabfällen in der Schneiderwerkstatt, die beiden Tore wurden von Zimmerleuten gefertigt und mit Eisenstiften in den Beton eingerammt. Lediglich die notwendigen Gummiblasen für die Bälle konnten wir nicht beschaffen, dafür verlangte und erhielt Harder 300 echte Zigaretten und noch den Kaufpreis von 9,60 Reichsmark für drei Stück. Es hat in Neuengamme bis April 1945 niemals einen Fußballplatz gegeben, den angeblich Harder eingerichtet hat. Die wenigen Häftlinge, die physisch in der Lage waren, Fußball zu spielen, etwa 50 in vier Mannschaften, konnten nur den betonierten Appellplatz vor den Baracken hierzu benutzen."

Der Häftling Herbert Schemmel, selbst aktiver Fußballer bei Borussia Halle und TuRa Leipzig, hatte Harder „in sehr unangenehmer Erinnerung“. Harder, der in Neuengamme für die Ausgabe von Seifen, Bürsten und anderen Säuberungsgeräten verantwortlich gewesen war, stand, so Schemmel, bei den Gefangenen „im Verdacht, Reingungsmaterial zu unterschlagen, die Holzwolle aus ihren Schlaflagern zu verhökern und durch Stroh zu ersetzen.“

Die wohlmeinende Zeugin möchte man fragen, wie Harders Karriere in der SS mit seiner angeblichen Kulanz gegenüber den Häftlingen in Einklang zu bringen war. Für das Amt des Hauptscharführers war sicherlich eher Härte gefragt.

Harder wurde am 6. Mai 1947 von einem englischen Militärgericht wegen Mißhandlung von Häftlingen zu 15 Jahren Haft verurteilt. Zwei seiner Untergebenen aus Ahlem wurden im selben Prozeß zum Tode verurteilt und hingerichtet.

„Ein jäh beendetes Leben“

Asbjørn Halvorsen war zu dieser Zeit daheim in Norwegen. Nach seinem Aufenthalt im KZ Neuengamme traf er am 11. April 1945 in den sogenannten „weißen Bussen“ der Evakuierungstransporte bei Padborg an der dänischen Grenze ein. Über Schweden kehrte er im Juni 1945 nach Norwegen zurück – nach Jahren unerträglichen Leids. Dennoch wurde Halvorsen noch im gleichen Jahr Generalsekretär des Norwegischen Fußballverbandes und machte sich sogleich daran, einen geordneten Spielbetrieb aufzubauen.

Tull Harder indes kam schon nach vier Jahren wieder frei. Sogenannte Sportfreunde hatten sich für ihn eingesetzt in einer Zeit, da man es mit der Entnazifizierung nicht so genau nahm und sich umso intensiver mit dem Feindbild im Osten auseinanderzusetzen hatte.

Als Harder sich beim HSV, der ihn zeitweilig aus seiner Mitgliedsliste gestrichen hatte, nach seiner Entlassung blicken ließ, wurde er begeistert begrüßt. Harder sei sogar auf den Schultern von HSV-Anhängern vom Platz getragen worden, heißt es.

Und Tull Harder sah Asbjørn Halvorsen wieder – weil die deutsche und die norwegische Nationalmannschaft 1953 WM-Qualifikationsspiele gegeneinander austragen mußten. Beim Rückspiel im neu errichteten Hamburger Volksparkstadion trafen sie sich – „spätestens beim Länderspiel-Bankett im Haus des Sports, wo der NFF-Generalsekretär und der Ex-Torjäger Ehrengäste waren“, wie es der Hamburger Autor

Werner Skrentny schildert. „So werden sie sich wiedergesehen haben nach 20 Jahren, der Assi und der Tull.... aber vieles, was dazwischen geschehen war, von 1933 bis 1953, wird wohl kein Thema gewesen sein an diesem Abend." Denn Halvorsen – hatte er verziehen oder kannte er Harders Vergangenheit nicht? – hatte im Vorfeld des Länderspiels seiner Freude darüber Ausdruck verliehen, daß er wieder nach Hamburg komme und sich erinnere an eine „Zeit, die für mich so reich gewesen ist... Morgen wird es ein frohes (sic!) Wiedersehen mit unserem alten Tull Harder, mit Ali Beier, vielleicht auch mit Heinz Dorn geben, der gerade erst aus Rußland zurückgekommen sein soll."

Am 16. Januar 1955, mit nur 56 Jahren, starb Asbjørn Halvorsen in Narvik – auf einer Reise, die er im Auftrag des norwegischen Fußballverbandes angetreten war; man fand ihn tot in seinem Hotelzimmer. *Kicker*-Chefredakteur Friedebert Becker schrieb in seinem Nachruf: „Unseren Schmerz um Assi vertieft das Wissen darum, daß die unmenschlichen Martern des deutschen KZ den großen Norweger wohl viele Jahre seines nun so jung, so jäh beendeten Lebens gekostet haben."

Tull Harder, der nach seiner Entlassung als Versicherungsvertreter arbeitete und im noblen Bendestorf am Rande der Lüneburger Heide lebte, starb am 4. März 1956 nach einer Operation im Krankenhaus von Hamburg-Barmbek. Hannes Krohn, früherer Mannschaftskamerad von Harder (und von Asbjørn Halvorsen!) sagte nach Harders Tod: „Wir werden dich nie aus dem Gedächtnis verlieren, du guter alter Tull."

Die Informationen zu diesem Exkurs wurden überwiegend vom Hamburger Fußball-Autor Werner Skrentny zusammengetragen. Er veröffentlichte seine Recherchen erstmals in dem Buch: Werner Skrentny / Jens R. Prüß, Hamburger Sportverein – Immer erste Klasse, Göttingen 1998.

Auf der Flucht vor der SS: Oscar Heisserer und Oskar Rohr

In der Profimannschaft von Racing Strasbourg spielten ab 1934 zwei Osk(c)ars: Rohr und Heisserer. Rohr hatte, obwohl erst 22, seine Nationalmannschaftskarriere schon hinter sich; Heisserer, zwei Jahre jünger, noch vor sich. Oskar Rohr war Deutscher, Oscar Heisserer Elsässer und somit Franzose, und die beiden Stürmer freundeten sich, trotz ihrer unterschiedlichen Herkunft, an. Im Elsaß, wo sich die französische und die deutsche Kultur trafen, wurden beide auf sehr unterschiedliche Weise mit der großen Politik konfrontiert, die in Form der Wehrmacht im Frühjahr 1940 in ihr Leben einbrach.

Oscar Heisserer wird von der SS Straßburg gejagt

Der Berufsfußballspieler mit dem unverkennbar deutsch klingenden Namen Oscar Heisserer rückte im Frühjahr 1945 als französischer Soldat in seine Heimatstadt Straßburg ein, um sie von der deutschen Herrschaft zu befreien. Was war geschehen, war er zum „Erbfeind" Frankreich übergelaufen? So hätten es sicherlich unbelehrbare deutsche Nationalisten gesehen, Heisserer jedoch keineswegs, er hat nur in der Armee seines Landes gekämpft. Und dies mußte er schon zum zweiten Mal tun, beim ersten Mal unterlag die französische Armee, als 1940 die NS-Wehrmacht Frankreich in einem Blitzkrieg überrollt hatte.

Heisserer, Jahrgang 1914 und erfolgreicher französischer Nationalstürmer, hatte noch Glück im Unglück, er wurde wie alle elsässischen Soldaten noch 1940 aus deutscher Kriegsgefangenschaft entlassen. Vor Kriegsausbruch hatte Heisserer seit 1938 als Profi bei Racing Paris gespielt – zusammen übrigens mit Rudi Hiden, dem Torhüter des österreichischen „Wunderteams". Nach Paris wollte er 1940 eigentlich auch gehen, um seinen Vertrag zu erfüllen – dies erlaubten die Nazis jedoch nicht. Sie zwangen ihn vielmehr, sich als Elsässer im „deutschen Elsaß" (wie es die Nazis sahen) niederzulassen und das deutsche Volkstum zu stärken.

Heisserer hatte von 1934 bis 1938 bei Racing Strasbourg als Außenstürmer gespielt, er zeichnete sich als guter Techniker aus und verfügte zudem über eine herausragende Kondition. Sein Mannschaftskollege war der ehemalige deutsche Nationalspieler und Mittelstürmer Oskar Rohr. Heisserer verdiente als französischer Nationalspieler zwar nicht schlecht, aber keineswegs soviel wie Ossi Rohr, der Star der Mannschaft. In der Mannschaft bestanden ziemlich große Gehaltsunterschiede, was im französischen Profifußball wohl gängige Praxis war.

„Autogrammkarte" von Oscar Heisserer.

Heisserer kam spätestens seit 1936 auf der Karriereleiter zügig voran, der Stürmer wurde immer öfter in die französische Nationalmannschaft berufen, und er nahm an der Weltmeisterschaft 1938 im eigenen Land teil. Anders als die deutsche Mannschaft, die ein Debakel erlebte, drang die französische bis ins Viertelfinale vor und unterlag dort dem späteren Weltmeister Italien 1:3 – Schütze des einzigen Tores für die Franzosen war Heisserer. Er war auch dabei, als die französische Mannschaft 1937 zu einem Gastspiel in Stuttgart antrat. Die ganze Stadt war voll von Menschen und Hakenkreuzfahnen, wie sich Heisserer erinnert. Die Machthaber hatten dieses Spiel gegen den „Erbfeind" also durchaus zum nationalen Kampf des „neuen Deutschland" hochstilisiert, und auch die Menschen auf der Straße waren, wie es Heisserer erlebt hat, begeistert dabei. Die Franzosen mußten mit 0:4 eine frustrierende Niederlage einstecken, im Stadion jedoch war von feindseligem Triumphgeheul nichts zu spüren – das Publikum verhielt sich sportlich korrekt.

Etwas andere Erfahrungen mußte Heisserer in Italien bei einem Spiel mit der Nationalmannschaft 1938 machen. Das Publikum, durch die faschistische Propaganda in Kriegsstimmung versetzt, verhielt sich während des Spiels alles andere als fair, die Franzosen wurden ausgepfiffen und ausgebuht. Anscheinend gab man sich in Italien keine so große Mühe, sich als normales, zivilisiertes Land darzustellen, wie dies NS-Deutschland schon seit 1933 – nicht zuletzt durch den Fußball – versucht hatte, insbesondere bei den Olympischen Spielen 1936.

1940 war ein großer Teil Frankreichs von Wehrmacht und SS besetzt; nicht nur die französische Nationalmannschaft existierte nicht mehr. Auch in Strasbourg, oder in „Straßburg", wie es jetzt hieß, hatten sich die Verhältnisse seit der Invasion drastisch geändert, auch die fußballerischen: Heisserers alter Klub hieß nicht mehr „Racing", sondern „Rasensport Straßburg". Außerdem war er kein Profiverein mehr, sondern mußte der „idealistischen" deutschen Sportideologie folgen und zum Amateurismus konvertieren. Dies bedeutete allerdings auch, daß die Spieler ihre Existenzgrundlage verloren und sich den Lebensunterhalt anderweitig verdienen mußten. Heisserer traf dies allerdings in geringerem Maße – ihm kam zugute, daß er immer auch als Bankkaufmann gearbeitet hatte. Eine solche Möglichkeit hatten sich jedoch nur die wenigsten Profis bewahrt.

In der Fußballwelt von Strasbourg hatten sich aber noch andere Dinge geändert: Racing (alias „Rasensport") war eine mächtige lokale Konkurrenz erwachsen, nämlich die leibhaftige SS selbst. Sie hatte sich in den Anfangsjahren des NS-Regimes, zu Beginn der Dreißiger, für den Sport noch kaum interessiert und dieses Feld der SA überlassen – mit ihrer wachsenden Macht engagierte sie sich aber auch auf diesem Gebiet stärker. Sie hatte den nicht-kommunistischen Straßburger Vortklub „Red Star" übernommen und in „SS Sportgemeinschaft" umbenannt. Die SS holte gute Spieler teils sogar aus Österreich, um eine Spitzenmannschaft aufzubauen; vor allem aber versuchte sie, die elsässischen Spieler von „Rasensport" abzuwerben. Dies gelang auch teilweise, so wechselten zum Beispiel die Brüder Keller, die beide französische Nationalspieler gewesen waren, und noch einige andere zur SS-Sportgemeinschaft. Die Bevölkerung war damit weniger einverstanden, und diese Spieler wurden in der Öffentlichkeit ausgesprochen unpopulär.

Es war aber wohl nicht leicht, dem Druck der SS standzuhalten, die mit ziemlich massiven Mitteln versuchte, die Spieler zu „überzeugen". Die Liste reichte von materiellen Anreizen bis hin zur Drohung, zur Wehrmacht einberufen oder eingesperrt zu werden. Heisserer berichtet, daß er von der SS „alles" hätte bekommen können, hätte er sich nur ihrem Verein angeschlossen. Er wurde als erfolgreicher Nationalspieler besonders heftig umworben, weigerte sich jedoch standhaft mit der Begründung, daß er als französischer Internationaler nicht plötzlich für Deutsche spielen könne. So wurde er von der SS unter Druck gesetzt und zu stundenlangen Gesprächen einbestellt. Man drohte ihm mit der sofortigen Versetzung an die Ostfront und gab ihm zu verstehen, daß er es noch bereuen werde, falls er sich weigerte.

Er war auch als Kandidat für die deutsche Nationalmannschaft ausersehen, als Reichstrainer Herberger 1941 ins Elsaß kam, um einen Lehrgang abzuhalten. Wie der „Volksdeutsche" Ernst Willimowski aus Polen, sollte auch Heisserer die Nationalmannschaft verstärken, aber der Elsässer lehnte dies ab. Herberger, so Heisserer, habe sich bei dieser Veranstaltung auf das rein Sportliche beschränkt. Heisserer, der Herbergers Verhalten bei dieser Begegnung als korrekt wertet, wurde von Herberger dann auch nicht weiter bedrängt, für NS-Deutschland zu spielen.

Trotz allem blieb er also bei seinem alten Verein, der durch die Zwangsmaßnahmen der SS freilich geschwächt war und abgewanderte Klassespieler irgendwie ersetzen mußte. Die Anwerbungspolitik der Konkurrenz von der SS trug Früchte, die „Sportgemeinschaft" plazierte sich in all den Jahren immer vor „Rasensport" in der Gauliga. 1942 qualifizierte sich die Nazi-Elf sogar für die Endrunde der deutschen Meisterschaft und schaltete dort die Stuttgarter Kickers mit 2:0 aus. In der nächsten Runde war aber beim NS-Vorzeigeverein Schalke 04 Endstation, man wurde mit 0:6 nach Hause geschickt. Obwohl „Rasensport" in der Liga immer hinter dem Konkurrenzverein lag, verlor man nie direkt gegen die SS-Mannschaft – „die Rasensportler" waren im Derby natürlich ganz besonders motiviert und spielten mit dem letzten Einsatz. Diese Duelle repräsentierten den Kampf der Frankreichtreuen gegen die mächtigen Besatzer.

Die Begegnungen zwischen den beiden Vereinen wurden von oppositionell eingestellten Zuschauern denn auch für Protestaktionen gegen die Besatzer genutzt, als Massenveranstaltungen mit rund 20.000 Zuschauern boten sie auch ein ideales Forum. Noch deutlicher wurde der Gegensatz dadurch, daß „Rasensport" in Trikots mit den französischen Nationalfarben spielte. Die SS schlug die Zuschauerproteste allerdings brutal nieder und verhaftete viele Stadionbesucher von den Tribünen weg, wie Heisserer berichtet. So drohte der beabsichtigte Propagandaeffekt, die Germanisierung im Elsaß voranzutreiben, sich ins Gegenteil zu verkehren. Auch wenn der SS-Verein die sportliche Überlegenheit erringen konnte, so half dies den Nazis nicht wesentlich, im Elsaß an Popularität zu gewinnen.

Während dieser ganzen Zeit hing über Heisserer das Damoklesschwert der Einberufung an die Ostfront, und er war sich darüber auch voll im Klaren. 1943, als die Wehrmacht in immer größere Schwierigkeiten geriet, kam dann auch die erwartete Einberufung. Heisserer hatte für diesen Fall einen genauen Plan für die Flucht in die Schweiz ausgearbeitet. Es ging nicht nur darum, noch am selben Tag das Land zu verlassen, vor allem mußte seine Frau, die gerade schwanger war, vor Racheakten der Nazis geschützt werden. Sie verbreitete also die Geschichte, ihr Mann hätte sie wegen einer anderen Frau verlassen und habe sich deshalb ins Ausland abgesetzt. Zwar mußte sie bei der SS peinliche Verhöre über den Verbleib ihres Mannes über sich ergehen lassen, kam aber letztendlich mit der Geschichte durch.

Wer nun denkt, daß der bekannte Fußballspieler im Schweizer Exil mit offenen Armen empfangen worden wäre und man sich seiner Ballkünste bedient hätte, der liegt falsch. Wie den meisten anderen Flüchtlingen erging es Oscar Heisserer in der Schweiz alles andere als gut: Er blieb die zwei Jahre bis Kriegsende in einem Arbeitslager interniert, das diese Bezeichnung anscheinend voll verdiente. Die Insassen wurden zu Arbeiten herangezogen, die selbst dem konditionsstarken Heisserer an die Substanz gingen. Seine Erinnerungen an diese Zeit sind alles andere als positiv, das Verhalten der Schweizer Behörden verurteilt er ziemlich scharf. Im Frühjahr 1945 konnte er sich endlich aus der Fron des Lagers befreien, indem er sich einer französischen Einheit anschloß, die die Alliierten bei der Befreiung Frankreichs unterstützte. So trug der Elsässer Heisserer dazu bei, sein Land wieder dem Staat anzugliedern, zu dem es seiner Überzeugung nach auch gehörte.

Heisserer überlebte den Krieg und die deutsche Besetzung letztlich unbeschadet, jedoch wurde die vielversprechende Karriere eines Spielers, der es im Alter von 25 Jahren schon zum 25maligen Nationalspieler gebracht hatte, nachhaltig unterbrochen. Heisserer setzte seine Karriere als 31jähriger zwar fort, aber seine internationale Laufbahn war unwiederbringlich beendet.

Odyssee eines Fußballers: Oskar Rohr

Herbst 1940: Oskar Rohr hatte sich in Marseille ein Zimmer genommen und fühlte sich vorläufig sicher vor den Nazis. Sofort war ihm aber die Polizei des unbesetzten französischen Staates auf den Fersen und durchsuchte sein Zimmer – es fragt sich, was man gegen einen einfachen Fußballprofi wie ihn hatte. Gerade war er nämlich den Nationalsozialisten glücklich entkommen, die ihn durch ihren Einmarsch aus Strasbourg vertrieben hatten, wo er von 1934 bis 1940 als Fußballprofi gespielt hatte. Für heutige Verhältnisse ist es eigentlich nicht weiter ungewöhnlich, im Ausland Fußball zu spielen. Im Deutschland der Nationalsozialisten hatte er damit aber eine Todsünde begangen, er hatte sich nämlich des Vaterlandsverrats schuldig gemacht. Deshalb setzte der NS-

Staat einiges daran, seiner habhaft zu werden, und dies ist wohl auch die Erklärung für die seltsame Polizeiaktion der französischen Vichy-Regierung. Diese war – seit der Kapitulation am 22. Juni 1940 geführt vom Ersten-Weltkriegs-Helden Marschall Petain – den Nationalsozialisten stets gerne zu Diensten. Sie lieferte auch eine große Zahl politisch Verfolgter und Juden an die Nazis aus, und zwar schon im Juni 1940, als es von NS-Deutschland noch gar nicht verlangt war. Dieser Staat war eine Diktatur von Hitlers Gnaden, geführt nach dem Führerprinzip, und die erste Aktion bestand in der Verabschiedung einer Verfassung, nach der Juden, Freimaurer und Kommunisten für weitgehend rechtlos erklärt wurden.

„Ossi" Rohr im Nationaldress, 1933.

Bei der schon erwähnten Hausdurchsuchung waren bei Rohr antifranzösische, wahrscheinlich kommunistisch eingefärbte Flugblätter gefunden worden, auf Grund derer man den Fußballer verhaftete. Nach Angaben seiner Witwe Josefine Rohr ignorierte man bei der Gerichtsverhandlung seltsamerweise jedoch zwei Tatsachen: Zum einen, daß sich kurz zuvor zwei Herren mit deutschem Akzent in Rohrs Zimmer zu schaffen gemacht hatten, wie die Zimmerwirtin bezeugte, und zum anderen, daß Rohr wohl das genaue Gegenteil eines politisch aktiven Menschen gewesen war. All dies half Rohr nichts: Man verurteilte ihn zu drei Monaten Gefängnis. Davon mußte er allerdings nur einen absitzen, jedoch hätte er zwei Monate französische Haft sicherlich dem vorgezogen, was dann kam: Rohr wurde in sein „Heimatland" abgeschoben, wo man begierig auf ihn wartete, um ihn für seine ach so schweren Verbrechen am deutschen Volk ins Konzentrationslager Kimslau in der Nähe von Karlsruhe zu stecken.

Rohr war in die Mühlen der Weltgeschichte geraten, hatte seine alte Heimat verloren und konnte keine neue gewinnen. Daß er überhaupt ins Ausland gegangen war, ist als höchst bemerkenswerter Schritt im Deutschland der frühen dreißiger Jahre zu werten. Fußballspielen war für die Mehrheit des Volkes etwas, womit man irgendwie auch der Gemeinschaft diente– etwa zur Stärkung der Wehrkraft des Vaterlandes –, was man aber sicherlich nicht des Geldes wegen tat. Rohr mißachtete diese Ideale auf zweifache Weise: Er versuchte nicht nur, Geld mit seinem Spiel zu verdienen, sondern tat dies auch noch im Ausland – besonders schwer wog wohl, daß es ausgerechnet das Land des „Erbfeindes" Frankreich war. In einem *Kicker*-Buch von 1940 beispielsweise wird er mit folgendem Satz geschmäht: „Als Spieler ein großes Talent – aber als Charakter? Über einen Vaterlandsverräter gehen wir mit Verachtung hinweg".

Oskar Rohr, der sich so gegen alle Normen verhielt, war ein Gastwirtssohn aus Mannheim. Er wurde 1912 als Jüngster von fünf Brüdern in eine fußballbegeisterte Familie hineingeboren, jedoch brachte er es in mannigfacher Beziehung am weitesten. „Ossi" begann bei Phönix Mannheim, spielte schon mit 16 in der ersten Mannschaft des reicheren VfR und fiel dort sehr bald durch sein ungewöhnliches Talent auf. Dieser Klub war, genauso wie Rohrs späterer Verein Bayern München, eher bürgerlich geprägt und galt als „Judenverein".

Der VfR war bei der Konkurrenz nicht sonderlich beliebt, denn er hatte, auch mit Hilfe eines verbotenen „kleinen" Handgeldes, den späteren Reichstrainer Herberger 1921 von seinem Lokalrivalen, dem erfolgreicheren und proletarisch geprägten Waldhof Mannheim, weggelockt, was eine Sperre Herbergers zur Folge hatte. (Diese Ereignisse lösten übrigens den ersten handfesten Fußball-Finanzskandal in Deutschland aus.) 1931, als er den VfR verließ, war dieser Sumpf zwar trockengelegt, trotzdem schien der FC Bayern für Ossi Rohr die vielversprechendere Alternative, zumal die Münchner ihrem Angebot auch mit einer kleinen Zuwendung an die Eltern des noch nicht volljährigen, 19jährigen Nachwuchsspielers zusätzliche Überzeugungskraft verliehen.

Bei diesem Verein hatte bis kurz zuvor auch eine Berühmtheit gespielt, der elegante Techniker und Mittelstürmer Josef Pöttinger, der Rohrs Vorbild war – und Ossi Rohr war ihm auf den Fersen. Er konnte glänzend mit dem Ball umgehen, dazu kam aber noch seine enorme Schußkraft, die ihm gefährliche Weitschüsse ermöglichte, wie einige seiner fünf Länderspieltore. Die Tatsache, daß er diese in nur vier Spielen schaffte, und daß er in seinen Strasbourger Jahren einmal mit 37 Saisontoren König der Torschützen wurde, beweist seinen ungeheuren Torriecher. Oskar Rohr war wohl der Spieler, der die Nationalmannschaft ihres Mittelstürmerproblems hätte entheben können, mit dem sich die Reichstrainer bis 1937 herumschlugen.

Bei seinem ersten Spiel für die Bayern im Jahr 1931 gegen Jahn Regensburg, als er die Rolle seines großen Vorbildes Pöttinger ausfüllen mußte, plagte ihn anfangs großes Lampenfieber. Dieses verlor er aber recht fix und jagte dem Nationaltorhüter Hans Jakob fünf Tore ins Netz – das Ergebnis war 7:1 für Bayern. Im Jahr darauf hatte er seinen ersten Einsatz in der Nationalmannschaft, dem bis März 1933 noch drei weitere folgten – als Abschiedsgeschenk rettete er Nazi-Deutschland im politisch bedeutsamen Berliner Länderspiel gegen Frankreich das 3:3-Unentschieden und damit vor der Blamage. Auch am Gewinn der ersten Meisterschaft für den FC Bayern 1932 hatte er entscheidenden Anteil – das wichtigste seiner Tore war wohl das 1:0 per Foulelfmeter beim 2:0-Endspielsieg in Nürnberg gegen Eintracht Frankfurt.

Im Frühjahr 1933 verließ sein Trainer Richard Dombi den FC Bayern in Richtung Grasshoppers Zürich, und der 21jährige Ossi Rohr sollte mitgehen und Profi werden. Dieser Schritt hatte mit den politischen Verhältnissen nichts zu tun, er sah wohl einfach nur die Chance auf ein besseres Leben. Nach einem Jahr zog es ihn zu Racing Strasbourg, wo er unter anderem mit Heisserer den Sturm bildete. In den Jahren bis 1940 erreichte seine Karriere einen neuen Höhepunkt – zumindest, was Verdienst und Popularität anging.

Bis 1937 wurde er jedes Jahr Torschützenkönig der Liga, und dies, obwohl er nicht der personifizierte Trainingsfleiß war. Entsprechend wurde er auch gut bezahlt – er hatte eine geräumige Wohnung und ein Cabriolet, und er war der Favorit der weiblichen Bevölkerung. Er lebte gut und hatte auch keine Probleme, dieses Geld wieder unter die Leute zu bringen, wie sein Freund Heisserer erzählt. Diese angenehme Zeit endete allerdings ziemlich abrupt, nämlich mit dem Einmarsch deutscher Truppen über Belgien. Nach sechs Wochen war der Blitzkrieg gewonnen, und die französische Regierung kapitulierte an diesem besagten 22. Juni 1940.

Nur wenige Wochen nach der Kapitulation steckten die Nazis Rohr ins KZ. Die einzige Erklärung für diese Eile liegt in seinen fußballerischen Fähigkeiten, die auch in Deutschland noch in lebendiger Erinnerung waren. Warum er so begehrt war, hat wohl mit dem Haß auf diesen Mann zu tun, der den Nazis als Verräter ihrer sportlichen Ideale galt. Politische Gründe können es nicht gewesen sein, denn alle drei Personen, die die Autoren befragt haben – Oskar Heisserer, die Witwe Josefine Rohr und der Großneffe Gernot Rohr –, schildern ihn als äußerst unpolitischen Menschen. Er war eher zu leichtgläubig, sicherlich kein politischer Aktivist, er konnte kaum die verschiedenen Parteien der Nachkriegszeit auseinanderhalten.

Die Zeit im Lager war sehr hart. Ossi Rohr mußte harte Zwangsarbeit im Bergwerk unter Tage leisten, was ihm ziemlich an die Substanz ging. Direkt gequält wurde er allerdings nie, was auch damit zusammenhängen könnte, daß er ein bekannter Fußballer war – dies vermutet jedenfalls sein Großneffe Gernot Rohr, der selbst lange in Frankreich gelebt hat und heute Manager von Eintracht Frankfurt ist.

Fest steht, daß sein Großonkel nach acht Wochen entlassen wurde, weil er ehemaliger Nationalspieler war. Nun steht in einigen Publikationen, daß es Herberger war, der sich für Rohr eingesetzt und dessen Freilassung nach acht Wochen erwirkt habe – dasselbe sagt auch Gernot Rohr. Josefine Rohr, die Witwe, widerspricht jedoch und meint, daß Herberger damit nichts zu tun gehabt habe. Der Bundestrainer habe Rohr nicht gemocht, weil er ihm noch größere Erfolge mit der Nationalmannschaft hätte verschaffen können, wegen des Geldes jedoch ins Ausland gegangen war.

Tatsächlich hat Herberger den Amateurismus und den Idealismus im Sport immer hochgehalten, zudem war er durchaus national eingestellt. Die Tatsache, daß er wegen Annahme von Geld als junger Spieler selbst gesperrt war, hinderte ihn nicht daran, dies bei anderen zu verurteilen. Bei Fritz Walter und Uwe Seeler nahm er in den fünfziger Jahren beispielsweise massiv Einfluß, daß diese sich eine bürgerliche Existenz in Deutschland aufbauten, anstatt auf Angebote aus dem Ausland einzugehen. Rohr und Herberger trafen sich nach dem Krieg noch einmal, aber Josefine Rohr erzählt, Herberger habe Ossi Rohr dabei links liegen gelassen.

Die Befreiung hat nach Angaben seiner Witwe sein ältester Bruder erwirkt, und zwar indem er sich an einen namentlich nicht bekannten, hohen SS-Funktionär gewandt habe – dieser habe Rohr dann aus dem KZ geholt. Mit seiner Entlassung kam Ossi Rohr aber ein weiteres Mal vom Regen in die Traufe. Er war gerade drei Tage zu Hause, als ihn die Wehrmacht an die Ostfront rief. Man kommandierte ihn zu den Infanteristen ab, dem Einsatzort mit der wahrscheinlich schlechtesten Überlebenschance. Seine Witwe meint, dies sei kein Zufall gewesen, sondern man habe dies für ihn ausgesucht, um ihn büßen zu lassen.

Eine leichte Verletzung rettete ihm vielleicht das Leben. Rohr wurde deshalb gegen Kriegsende mit einem der letzten Flugzeuge ausgeflogen. Sein Platz war hinten im Heck. Der Pilot war Münchener und erkannte den ehemaligen Bayern-Torjäger. Ansonsten wäre Rohr wohl an der Front geblieben.

Als Rohr nach Kriegsende zurück in Deutschland war, wurde er von zwei französischen Militärpolizisten erkannt, als er sich gerade ein Fußballspiel ansehen wollte. Auf der Wache erfuhr er, warum man ihn festhielt: Er hatte, nach Meinung der Franzosen, seine Strafe, die 1940 von der nazihörigen Vichy-Regierung gegen ihn verhängt wurde, nicht vollständig abgebüßt, und dies müsse er nun nachholen. Er war damals zu drei Monaten Haft verurteilt worden, hatte aber nur einen abgesessen – danach war er zwei Monate im deutschen KZ.

Rohr wurde letztlich in den beiden Ländern, in denen er gelebt hatte, als Verbrecher behandelt, obwohl er sich eigentlich nur unscheinbar verhalten hatte. Er wurde behandelt wie ein politischer Aktivist – ausgerechnet der Mann, der mit Politik nie etwas zu tun haben wollte. Obwohl er nur sein Leben leben wollte und mit seinem außergewöhnliches Talent den sportlichen Erfolg suchte, ließ man ihn nicht. Er landete schließlich zwischen allen Stühlen, und Oskar Rohr hätte sicherlich überzeugend davon berichten können, wie unbequem es sich da sitzt. Rohr wollte zeit seines Lebens so wenig mit Politik zu tun haben wie möglich. Sein Fall zeigt jedoch, daß jede exponierte Position in der Öffentlichkeit auch immer irgendwie eine politische ist, auch wenn man versucht, sich dem zu entziehen. Die Politik holt einen immer wieder ein. Rohrs Flucht endete stets im Niemandsland.

Nach seiner erneuten Haft heiratete er seine Frau Josefine und arbeitete bis zu seiner Pensionierung bei der Stadt Mannheim im kaufmännischen Bereich. Er spielte auch weiterhin Fußball, zuerst bei Schwaben Augsburg und dann bei Waldhof Mannheim – bis er sechzig war, kickte er bei seinem alten Klub, dem VfR Mannheim, in der Seniorenmannschaft. Rohr begann mit vierzig zu rauchen, mit 76 Jahren starb er 1988 an Lungenkrebs. ■

KAPITEL 9

Nach dem Krieg ist vor dem Spiel: Fußball in Ruinen

„Kaum war der Krieg beendet, packten überall im zerbombten Reich junge Männer Lederkugeln aus, füllten Bombentrichter mit Sand, stellten Holzgebälke auf und spielten Fußball."
(Hardy Grüne in: „90 Jahre deutscher Ligafußball")

Unzählige Fußballer kehrten verwundet aus dem Krieg zurück, viele konnten infolge körperlicher Versehrtheit ihren Sport nicht mehr ausüben. Zehntausende waren an der Front oder in der Heimat gestorben, den „Heldentod im Kampf gegen den Bolschwismus", wie der *Kicker* im Krieg noch formuliert hatte, darunter – ohne Anspruch auf Vollständigkeit – einige Auswahlspieler wie der Schalker Meisterspieler Adolf „Ala" Urban (21 Länderspiele zwischen 1935 und 1942), wie Dr. Hans Kalb (1. FC Nürnberg, 15 Länderspiele zwischen 1920 und 1928), Hermann Gramlich (Villingen 08, drei Länderspiele 1935), Willi Tiefel (Eintracht Frankfurt, sieben Länderspiele in den Jahren 1935 und 1936), Hugo Mantel (Dresdner SC, Eintracht Frankfurt, fünf Länderspiele zwischen 1927 und 1933), Willi Lindner (Eintracht Frankfurt, ein Länderspiel 1933), August Klingler (FV Daxlanden, fünf Länderspiele 1942), Hans Mengel (Turu Düsseldorf, ein Länderspiel 1938), Hans Lang (Hamburger SV und SpVgg Fürth, zehn Länderspiele zwischen 1922 und 1926), Ludwig Leinberger (Fürth, 24 Länderspiele zwischen 1927 und 1933) oder Georg Frank (Fürth, vier Länderspiele zwischen 1927 und 1930).

Gestorben an der Ostfront...

„Ala" Urban war der Bekannteste der Genannten. Seine Schalker waren sechsmal Meister geworden in der Ära des Nationalsozialismus, fünfmal stand Urban in der Endspielformation der Gelsenkirchener, zuletzt beim siegreichen Finale des Jahres 1942. Sein letztes Spiel bestritt der

Linksaußen gegen Hertha BSC Berlin – vor 70.000 Zuschauern im Frühjahr 1943. Der *Kicker* beschrieb Urban in den dreißiger Jahren so: „Er bringt von Natur aus das unbändige Temperament und den Drang zum Tor mit. ... Seine erstaunliche Vielseitigkeit gefällt uns am besten an ihm. Für ihn gibt es im Spiel keine Rätsel." Urban starb im Sommer 1943 an der Ostfront – mit 29 Jahren.

Gefallener Held: „Ala" Urban, der hier bei der Schalker Meisterschaft 1934 gefeiert wird, starb 1943 in Rußland.

Kaum weniger legendär war Dr. Hans Kalb, der Mittelläufer des Nürnberger Clubs. Anfang der dreißiger Jahre war der kickende Zahnarzt positiv aufgefallen, als er für seinen jüdischen Trainer Jenö Konrad öffentlich Partei ergriff. Konrad war vom Hetzblatt *Stürmer* in bekannt niveauloser Weise attackiert worden: „Der Jude ist ja auch als wahrer Sportsmann nicht denkbar. Er ist nicht dazu gebaut mit seiner abnormen und mißratenen Gestalt. ... Club! Besinn Dich und wache auf. Gib Deinem Trainer eine Fahrkarte nach Jerusalem. Werde wieder deutsch, dann wirst Du wieder gesund. Oder Du gehst am Juden zugrunde." Kalb bat Konrad, nicht auf „das Bellen dieses Gesindels" zu hören (Bausenwein u.a. 1996, S. 75). Doch Jenö Konrad tat es, gottlob. Er sah die Gefahr, packte die Koffer und emigrierte und überlebte das Dritte Reich. Sein Fürsprecher Hans Kalb starb im letzten Kriegsjahr, 1945, an einer Blutvergiftung; Kalb versah in dieser Zeit seinen Dienst als Militärzahnarzt.

Hugo Mantel, Willi Lindner und Willi Tiefel spielten beim vermeintlichen „Judenverein" Eintracht Frankfurt. Mantel war linker Läufer und bestritt schon mit 20 Jahren sein erstes Länderspiel. Er galt als Kicker mit erstaunlicher Fußballintelligenz. Nachdem er an der Ostfront schwer verwundet worden war, starb er in einem Lazarett an Flecktyphus. Willi Tiefel, der Läufer und Verteidiger spielte, wurde mit seinen Toren in allerletzter Minute berühmt. Tiefel fiel ebenfalls an der Ostfront, im September 1941.

Willi Lindner machte sein einziges Länderspiel ausgerechnet am 19. März 1933 gegen Frankreich in Berlin – es war das erste Auswahlspiel unter der Ägide der Nationalsozialisten. Nach „40 Minuten stand dem jungen Frankfurter die Ungläubigkeit ins Gesicht geschrieben", schrieb Jürgen Bitter. „Trainer Nerz wechselte ihn aus." Der Reichstrainer mußte allerdings Kritik einstecken für diese Maßnahme. „Die Auswechslung Lindners war völlig unbegreiflich", schimpfte die Sportzeitung *Fußball.* Gleichwohl wurde Lindner nie mehr für die deutsche Nationalmannschaft nominiert; er fiel ebenfalls in Rußland.

Nur 25 Jahre alt wurde August Klingler. Er starb am 23. Oktober 1943 bei Glina in Kroatien. Klingler kam aus Daxlanden, einem Stadtteil Karlsruhes. Er blieb seinem kleinem Klub stets treu; in der Saison 1938/39 erzielte er in der Bezirksklasse 58 von 65 Toren seiner Mannschaft – eine schier unglaubliche Bilanz. Beim letzten Spiel der deutschen Fußball-Nationalmannschaft im Krieg, dem 5:2-Sieg im Jahre 1942 gegen die Slowakei, wirkte Linksaußen Klingler mit. Als der Nationalspieler ein Jahr später als vermißt gemeldet wurde, soll Reichstrainer Sepp Herberger persönlich nach ihm gefahndet haben. Vergeblich. Der FV Daxlanden taufte sein Stadion 1958 nach August Klingler, sein Sohn führte beim Eröffnungsspiel den Anstoß aus.

Ebenfalls als vermißt gemeldet wurde Hans Mengel, der linke Läufer von Turu Düsseldorf, der im Weltmeisterschaftsjahr 1938 sein einziges Länderspiel bestritten hatte. Im März 1941 verloren sich seine Spuren.

Beim Marsch auf Moskau starb 1941 der Pforzheimer Arthur Hiller, der 1908 der erste Spielführer einer deutschen Nationalmannschaft gewesen war; die Deutschen unterlagen seinerzeit 3:5 gegen die Schweiz. Hiller II, wie der Kapitän in der offiziellen Schreibweise Eingang in die Annalen fand, trug die Binde auch in der nächsten Begegnung, die 1:5 gegen England verloren ging.

Der Augsburger Hans Lang, der für den Hamburger Sportverein und die Spielvereinigung Fürth seine insgesamt zehn Länderspiele bestritten hatte, wurde 1943 auf dem Fliegerhorst Aalborg in Dänemark getötet; er ist auf dem Soldatenfriedhof in Frederikshavn begraben.

Ebenfalls für Fürth war Ludwig Leinberger Nationalspieler geworden; er trug zwischen 1927 und 1933 24mal das deutsche Trikot, überdies elfmal die Kapitänsbinde. Leinberger starb 1943 im Lazarett Bad Pyrmont an seinen Kriegsverletzungen.

Einen weiteren Fürther, Georg Frank, erschossen 1944 versehentlich deutsche Soldaten. Andreas Franz indes, ebenfalls von der SpVgg Fürth, verlor seine Frau. Als er aus dem Krieg heimkehrte, lag sein Haus in

Schutt und Asche, unter den 40 Todesopfern war auch seine Gattin. „Aus dem Schutt wühlte er das Nadelkissen mit den gesammelten Fußballabzeichen", schrieb Werner Skrentny, „und sein Album mit 1000 Photos von Spielszenen heraus." (Skrentny 1993, S. 121)

Die Passion lebte fort

Jene, die heimkehrten nach dem Zweiten Weltkrieg und noch beschwerdefrei laufen konnten, traten rasch wieder gegen den Ball. Die Passion lebte fort und erfüllte ihren Zweck ähnlich wie in den Kriegsjahren: Ablenkung vom tristen Alltag.

Schon sechs Wochen nach der bedingslosen Kapitulation des Deutschen Reiches maßen in München der FC Bayern und der FC Wacker ihre Kräfte. Die „Blausterne", wie die Wackeraner im Volksmund heißen, siegten mit 4:3 Toren. Weil die Bayern die Partie ohne Genehmigung der Militärregierung bestritten hatten, mußte ihr provisorischer Vorsitzender Heilmannseder für 48 Stunden in Gefängnis.

Vor der Leibesertüchtigung mußten stets die Alliierten, die am 5. Juni 1945 offiziell die Macht über ihre Zonen übernommen hatten, um Erlaubnis gefragt werden; schließlich hatten die Siegermächte jede Art von Versammlung untersagt – aus Furcht vor der Bildung von „Widerstandsgruppen". In ihrer Kulanz gegenüber den Sportlern unterschieden sich Franzosen, Briten, Amerikaner und Sowjets in beträchtlichem Maße.

Einheitliche Richtlinien für den Sport gab es zunächst nicht. Die Alliierten hatten sich schlichtweg um Wichtigeres zu kümmern im gerade niedergerungenen Nazi-Deutschland. Klar, der Nationalsozialistische Reichsbund für Leibesübungen (NSRL) wurde als Untergliederung der NSDAP aufgelöst. Auch die Sportvereine, die von Tschammer und Osten einst als „Pflanzstätten soldatischer Tugenden" tituliert hatte, wurden erst einmal verboten, ihr Vermögen, Vereinsstadien und städtische Stadien beschlagnahmt.

Weiterhin lag es nahe, ehemalige Arbeitersportler mit dem Aufbau des örtlichen Sportlebens zu betrauen, weil diese politisch unbelastet waren im Gegensatz zu den bürgerlichen Funktionären. Und Übereinstimmung herrschte auch darüber, daß die unselige Verbindung der Leibesübungen mit dem Militär abgeschnitten werden, der gefahrbringende Wehrsport der Vergangenheit angehören müßte.

Überhaupt sollte der Sport seine politische Dimension gänzlich verlieren, selbst konfessionelle Gegensätze wollte man überwinden. Da überdies fortan Turner unter einem Dach mit Fußballern oder Fechtern firmieren sollten, entstand die Idee des Einheitssportvereins. Mancherorts wurde gar die Forderung laut, man möge pro Ort nurmehr einen Sportverein zulassen. Lange Zeit war es freilich so, daß viele Überlegungen lediglich im Raume standen, der tatsächliche Sportbetrieb alleine der Entscheidungsgewalt des örtlichen Kommandanten oblag.

Immerhin rangen sich die Alliierten bald zur generellen Wiederzulassung der Sportvereine durch – die Amerikaner am 27. August 1945, die Briten am 15. September 1945 und die Franzosen am 13. Dezember 1945. Die Ausführungsbestimmungen der alliierten Verordnungen vom September 1945, in denen es um die Wiedergründung der Vereine ging, dokumentierten noch einmal die – berechtigte – Skepsis der Siegermächte: „Die Mil.-Reg.-Kommandanten werden ... daran erinnert, daß die Geschichte von Sportvereinen unter dem Naziregime zeigt, daß sie ein mächtiges Werkzeug zur Verbreitung von Nazilehren und Einprägung von Militarismus bildeten. Es ist klar, daß die gegenwärtige Lockerung der Einschränkung ihrer Tätigkeit eine Gefahr enthält, daß sie wieder in dieser Weise mißbraucht werden."

Britische Zone

Den Briten lag generell nichts daran, den Neuaufbau des deutschen Sports zu behindern. Im Gegenteil, sie förderten ihn. Mit John G. Dixon ernannten sie einen ausschließlich für den Sport zuständigen Kontrolloffizier; die übrigen Siegermächte vergaben keinen vergleichbaren Posten. Am 15. September 1945 wurde das Verbot der Sportvereine aufgehoben, am 12. Dezember wurden auch die zunächst heftig umstrittenen, weil belasteten Traditionsnamen der Klubs wieder freigegeben. „Zum Jahreswechsel waren in der gesamten britischen Zone Vereine entstanden, und der Sportaufbau auf Kreisebene galt als abgeschlossen", schrieb Hardy Grüne, dessen Buch „90 Jahre deutscher Ligafußball" (1995) für die folgenden Zeilen eine wertvolle Basis gewesen ist.

Etwas Verwirrung herrschte freilich bei der Umsetzung des erklärten Ziels „Einheitssportbewegung". Eigentlich war für Orte unter 20.000 Einwohnern nur ein einziger, disziplinübergreifender Verein vorgesehen, in größeren entsprechend mehr. Doch „wie uneinheitlich die Politik allein innerhalb der britischen Besatzungszone war (ganz zu schweigen von der zonenübergreifenden), belegt ein Vorgang aus Hannover. Während nämlich am 5. Dezember 1945 der örtliche Stadtkommandant bestätigte, daß lediglich 20 Sportvereine gegründet werden

Oberliga-Fußball 1946: An der vom Krieg gezeichneten Grünwalder Straße schlägt der FC Bayern den BC Augsburg mit 5:1. In der Mitte der vierfache Torschütze „Schäberl“ Holzmüller.

dürften, hatte man einen Tag zuvor im 'Nachrichtenblatt der Militärregierung für die deutsche Zivilbevölkerung' lesen können: 'Sportvereine dürfen jetzt in der britischen Zone gegründet werden, ohne erst die Genehmigung der Militärregierung einzuholen.'“ (Grüne 1995, S. 137).

Amerikanische Zone

Mit Nonchalance goutierten die Amerikaner die ersten Gehversuche der Sportler nach dem Krieg. Sie drückten beide Augen zu, als noch hochoffiziell Fußballspiele verboten waren und diese mithin „illegal“ über die Bühne gingen. Sie verfolgten das halbherzig beschlossene Ziel einer Einheitssportbewegung bloß in geringem Grade. Sie schauten nicht mit Argusaugen hin, ob ein Klub die Vereinslizenz besaß; der FC Bayern München beispielsweise erhielt seine Wiedergründungserlaubnis erst, nachdem er schon Punktspiele bestritten hatte.

Ein weiteres Beispiel für die Großzügigkeit der US-Besatzer: „Die Amerikaner spendeten Hanau 93 Sportkleidung, da die 93er nur noch durchlöcherte Trikots in ihrem Besitz hatten. Die Löcher waren allerdings keineswegs von Motten hineingefressen worden. Im Gegenteil: Wenige Wochen zuvor hatte sich dort noch ein Hakenkreuz befunden…“ (Grüne 1995, S. 139).

Weil sich das sportpolitische Regiment der US-Amerikaner generell wenig restriktiv gestaltete, lag es nahe, daß in ihrem Distrikt am 4. November 1945 die erste zonenweite Spielklasse gebilligt wurde: die Oberliga Süddeutschland.

Französische Zone

Die Franzosen waren aus guten Gründen weniger zuvorkommend. Sie hatten die aggressiven Deutschen als ungebetenen Gast im eigenen Land, nicht nur im Zweiten, sondern auch im Ersten Weltkrieg, und davor schon 1870/71. Deutschland galt als Frankreichs „Erbfeind".

Also tat man wenig, um die Sportler, die unter Hitler für einen schrecklichen Krieg wehrhaft gemacht worden waren, bei deren Neuaufbau zu unterstützen. Einheitliche Richtlinien wurden auch in der französischen Zone nicht herausgegeben, allenfalls wurden vor Ort Ausnahmegenehmigungen für Fußballspiele erteilt. Während aber in der amerikanischen oder britischen Zone schon im Herbst 1945 recht ungeniert und eigenständig gekickt wurde, brauchte man in der französischen bis ins Jahr 1946 hinein stets diese Spielerlaubnis:

„... Der Sportbetrieb ist jedoch insofern gestattet, als jedes Spiel und jede sportliche Veranstaltung der vorherigen Genehmigung der Gouvernement Militaire Ravensburg bedarf. Die Sportvereine können namenlos als Stadtmannschaft oder Sportgemeinschaft Spiele oder sportliche Veranstaltungen durchführen. Sämtliche Gesuche um Spielgenehmigung mit namentlicher Aufführung der Spieler, Ort, Zeit und Gegner sind dem Gouvernement Militaire Ravensburg, Seestraße 32, zweisprachig mindestens eine Woche vorher vorzulegen."

Am 13. Dezember 1945 ließen die Franzosen als Nachzügler unter den Westzonen die Sportvereine wieder zu. Die Verordnung wurde am 4. Februar 1946 nochmals konkretisiert: Lediglich Sportvereine mit „allgemeinem" Charakter, also die sogenannten Einheitssportvereine, würden zugelassen – nach folgendem Schlüssel: je 20.000 Einwohner ein Verein. Diese Bestimmung wurde des öfteren unterlaufen, freilich mit ausdrücklicher Zustimmung der Franzosen. Auch mit der Regelung zu den Traditionsnamen, die offiziell erst 1949 wieder erlaubt waren, nahmen es die Besatzer nicht so ernst.

Sowjetische Zone

In der sowjetischen Besatzungszone war der letzte Deutsche Meister der Kriegsjahre beheimatet: der Dresdner SC, der vor 1944 auch schon 1943 den Titel errungen hatte. Der Osten war mithin keineswegs fußballerisches Niemandsland.

Und dort war zunächst eine ähnliche Entwicklung auszumachen wie im Westen. Der sogenannte Einheitssportverein war ganz nach dem Geschmack der Sowjets, und natürlich wurden ehemalige Arbeitersportler mit Führungspositionen betraut. Während indessen im Westen bald die alten Führungskräfte der Vereine wieder an die Macht kamen, mußten in der sogenannten Ostzone die bürgerlichen Funktionäre auf eine Wiederbeschäftigung verzichten.

Dafür sorgte in entschiedener Art und Weise die „Gruppe Ulbricht". Diese Gruppierung um den späteren Staatsratsvorsitzenden Walter Ulbricht kam aus Moskau, wo sie geschult worden war, um die Macht in der Sowjetzone zu übernehmen. Sie sollte sich nicht nur um die politische Neugestaltung kümmern, sondern auch um die kulturelle und die sportliche.

So geriet der Sport alsbald vollends in die Fänge der Politik. Die Sowjets erlaubten einen überregionalen Spielbetrieb nur, wenn eine Art politische Patenorganisation gefunden würde. Diese Aufgabe übernahmen die Freie Deutsche Jugend (FDJ) und der Freie Deutsche Gewerkschaftsbund (FDGB). Vertreter beider Organisationen trafen sich am 1. Oktober 1948 im Berliner Haus des Zentralrats der FDJ, um mit dem Deutschen Sportausschuß (DS) eine eigenständige landesweite Sportbewegung ins Leben zu rufen. Der Vorsitzende Waldemar Borde erklärte, die Sportbewegung solle zur demokratischen Erneuerung des Volkes beitragen. Und außerdem sei sie parteipolitisch nicht gebunden. Parteipolitisch nicht gebunden? Es war alles eins im Staat der SED.

Das Treffen von FDJ und FDGB hatte historische Bedeutung: Mit der Konstituierung des Deutschen Sportausschusses wurde nämlich gleichzeitig der Betriebssport als einzig legitime Organisationsform festgeschrieben. Sämtliche Sportler wurden fortan den Großbetrieben oder Landwirtschaftlichen Produktionsgenossenschaften untergeordnet. Es begann, so Grüne, „das Zeitalter des Betriebssports, welches dem DDR-Fußball so klangvolle Namen wie Sachsenobst Dürrweitzschen, Maschinelles Rechnen Neustrelitz und Aktivist Schwarze Pumpe bescherte" (Grüne 1995, S. 197).

Die 19 Sportvereinigungen und ihre Trägerbetriebe (Branchen):

Aktivist	Bergbau
Aufbau	Bauwirtschaft
Chemie	Chemische Industrie
Dynamo	Volkspolizei, Staatssicherheitsdienste
Einheit	Staatliche und kommunale Verwaltungen
Empor	Handel und Versorgung
Fortschritt	Textil- und Lederindustrie
Lokomotive	Reichsbahn
Medizin	Gesundheitswesen
Motor	Metallverarbeitende Betriebe
Post	Postwesen
Rotation	Presse, graphische Betriebe, Bühne, Film und Funk
Stahl	Hüttenindustrie und Maschinenbau
Traktor	Land- und Forstwirtschaft
Turbine	Energiebetriebe
Vorwärts	Kasernierte Volkspolizei (später Nationale Volksarmee)
Wismut	Wismut-Erzbergbau
Wissenschaft	Universitäten, Hoch- und Fachschulen

Ob sie wollten oder nicht – die Athleten mußten eintreten in diese Betriebssportgemeinschaften. 1951 gab es in der DDR 1.445 Betriebssportgemeinschaften, in denen 697.047 Sportler Mitglied waren.

Erster Fußballmeister der sogenannten Sowjetzone wurde 1948 die Sportgemeinschaft (SG) Planitz; sie besiegte am 4. Juli 1948 Freiimfelde Halle im Finale mit 1:0. Die Meisterschaft war im K.o.-System ausgetragen worden. Dem Endspiel wohnten im übrigen 40.000 Zuschauer bei.

Ein Jahr später holte sich die ZSG Union Halle den Titel des „Sowjetzonenmeisters“. Halle besiegte Fortuna Erfurt im Endspiel mit 4:1 Toren, war als eine der ersten Betriebssportgemeinschaften den politischen Machthabern ein willkommener Meister – und lieferte erste Verdachtsmomente der Manipulation. Im Viertelfinale schien es nämlich, als seien die Hallenser begünstigt worden. Beim 2:1-Heimsieg über Dresden-Friedrichstadt waren vier nicht spielberechtigte Kicker eingesetzt worden; ein Protest des unterlegenen Klubs blieb schlicht unbeantwortet. „Für die meisten war die Sache klar“, meint Grüne, „die ZSG Union mußte den Beweis erbringen, daß die Politik richtig ist, und da war den Funktionären alles recht.“ (Grüne 1995, S. 217).

Die hatten inzwischen den Plan gefaßt, eine überregionale Fußball-Spielklasse ins Leben zu rufen; am 3. September 1949 fand der erste

Spieltag der Oberliga statt. 14 Teams durften mitmachen, Mannschaften, die man heute kaum noch kennt: Horch Zwickau, der erste Oberliga-Meister 1949/50, Dresden-Friedrichstadt, Dessau, KWU Erfurt, Union Halle, F. Mehr Marga, Babelsberg, Indust. Leipzig, Einheit Meerane, H.W. Stendal, Gera-Süd, Altenburg, Anker Wismar und Vorwärts Schwerin.

Die Fußballer erhielten am 3. Juli 1950 eine eigene Sparte innerhalb des Deutschen Sportausschusses. Diese „Sektion Fußball" wurde am 24. Juli 1952 ordentliches Mitglied des Weltverbands FIFA, woraufhin der Deutsche Fußballbund (DFB) heftig protestierte. Schließlich betrachtete er sich als Repräsentant *aller* deutschen Fußballer – ein Vorbote jenes politischen Alleinvertretungsanspruches, den die Bundesrepublik noch 20 Jahre lang erheben sollte.

Am 27. April 1957 wurde der Deutsche Sportausschuß in den Deutschen Turn- und Sportbund (DTSB) der DDR umgewandelt, aus den bisherigen Sektionen wurden Fachverbände. Im Mai 1958 wurde der Deutsche Fußball-Verband (DFV) der DDR gegründet, das ostdeutsche Pendant zum westdeutschen DFB.

Die Lizenz zum Fußballspielen

In den drei Westzonen hatten die Oberligen rasch den Spielbetrieb wieder aufgenommen, zuvorderst die Süddeutschen am 4. November 1945.

Einige Wochen zuvor hatten sich im Gasthof „Krone" in Fellbach bei Stuttgart 16 süddeutsche Vereine getroffen, um über die Gründung einer Oberliga Süd zu debattieren. Bevor man am 13. Oktober 1945 in der „Krone", die nach dem Dafürhalten des Fußballfunktionärs Paul Flierl „im Laufe der Jahre durch Fußballtagungen eine Berühmtheit erlangte", erneut zusammentraf, mußte das Placet der Besatzungsmacht eingeholt werden. Dr. Walter, Vertreter des VfB Stuttgart, beschaffte sich die Lizenz zur Wiedergründung des Süddeutschen Fußballverbandes und die Durchführung einer regionalen Spielrunde beim Stadtkommandanten der Stadt Stuttgart, Oberstleutnant Jackson. So simpel war das.

Weniger einfach waren Organisation und Durchführung eines geordneten Spielbetriebs. „Zerstörte Bahnnetze, Benzinknappheit, streng rationierte Lebensmittelzuteilungen, teilzerstörte Hotels und Gasthöfe, Mangel an Sportkleidung und Sportmaterial, Wiederaufbau bedürftiger Stadien und Sportplätze waren die Merkmale bei Beginn der ersten Süddeutschen Meisterschaftsrunde 1945/46", schreibt Flierl. „Daß all diese Hindernisse genommen wurden, daß fast alles reibungslos klappte, darüber muß man sich heute noch wundern." (Flierl 1957, S. 121). Die Liga startete am 4. November mit folgenden 16, zum Großteil auch heute noch wohlbekannten Mannschaften: 1. FC Nürnberg, SpVgg Fürth, VfB Stuttgart, Stuttgarter Kickers, Eintracht Frankfurt, FSV Frankfurt, Kickers Offenbach, FC Bayern München, TSV München von 1860, Waldhof Mannheim, VfR Mannheim, Karlsruher Fußballverein, Phönix Karlsruhe, Schwaben Augsburg, BC Augsburg und FC Schweinfurt 05. Der Süddeutsche Fußball-Verband (SFV) wurde erst am 19. Dezember 1949 in Bad Dürkheim wiedergegründet. Paul Flierl, 1. Vorsitzender des SFV vor 1933 und unter dem Hakenkreuz Gausportführer für den Gau Bayern, wurde 2. Vorsitzender.

Im September 1947 hatten der Westen, der Norden und Berlin mit der Gründung von Spielklassen nachgezogen. Im Südwesten gab es seit dem Spieljahr 1946/47 zwei Oberliga-Staffeln, weil die französische Zone politisch praktisch in zwei Hälften geteilt war – in den Süden und den Norden. Zudem mußten die Kicker aus dem Saarland in einer eigenen Saarlandliga spielen, da die politischen Entscheidungsträger über die Zukunft dieser Region noch nicht befunden hatten (nach einer Volksabstimmung kam das Saarland 1955 wieder zur Bundesrepublik). Der 1. FC Saarbrücken kickte als „Hospitant" in der 2. französischen Liga und wurde dort inoffizieller Meister. Das Saarland trat im übrigen der FIFA bei und bestritt einige Länderspiele, darunter am 28. März 1954 ein WM-Qualifikationsspiel gegen die Bundesrepublik Deutschland, das der große Bruder mit 3:1 Toren gewann. Der spätere deutsche Bundestrainer Helmut Schön betreute in diesen Jahren die „saarländische Nationalmannschaft".

Schon seit 1951 durften die saarländischen Klubs am bundesdeutschen Spielverkehr teilnehmen, was zum Anlaß genommen wurde, eine einzige Oberliga im Südwesten zu installieren. Der 1. FC Saarbrücken besaß seinerzeit ein formidables Ensemble. 1952 drangen die Saarbrükkener bis ins Finale um die deutsche Meisterschaft vor, wo sie dem VfB Stuttgart 2:3 unterlagen.

Die Oberligen Süd, Südwest, West und Nord blieben bis 1963 bestehen, bis zur Einführung der Fußball-Bundesliga. Diese Oberligen waren im übrigen Vertragsspielerligen. Jeder Kicker war vertraglich an seinen Klub gebunden, und ihm standen maximal 320 Mark „Aufwandsentschädigung" pro Monat zu. Wobei die Vereine naturgemäß Wege und vor allem Mittel fanden, dieses Salär aufzustocken. Schließlich boomte die Liga, die Zuschauer strömten.

Mit diesem Anstoß übergibt der britische General Byrnes das Berliner Olympiastadion wieder in deutsche Hände. Adi Preißler und August Lenz (links) beobachten die Szene (bei einem Vorrundenspiel um die Deutsche Meisterschaft 1949).

Ost-West-Probleme

Die Oberligen waren also installiert, fehlte mithin lediglich der überregionale Kräftevergleich. Schon 1946 schwebte die Idee im Raum, scheiterte aber an terminlichen und strukturellen Problemen – und am Veto der Allierten, die einen zonenübergreifenden Spielverkehr noch nicht erlaubt hatten. Aus dem gleichen Grund gab es auch 1947 noch keine deutsche Meiserschaftsendrunde.

1948 konnten die Bedenken zerstreut werden: Alle Teilnehmer konnten unter annähernd gleichen Vorbedingungen antreten, außerdem hatten die Alliierten grünes Licht gegeben. Selbst aus der Sowjetzone kamen Teilnehmer.

Acht Mannschaften durften bei der deutschen Meisterschafts-Endrunde mitmachen: der 1. FC Nürnberg und der TSV 1860 München aus dem Süden, der 1. FC Kaiserslautern und der TuS Neuendorf aus dem Südwesten, die SG Planitz und Union Oberschöneweide aus dem Osten, sowie der Hamburger SV und der FC St. Pauli aus dem Norden. Die beiden Hamburger Klubs hatten in Ausscheidungsspielen die Konkurrenz aus dem Westen überraschend aus dem Weg geräumt.

Zwei Vertreter aus dem Osten für die Meisterschaftsendrunde zu gewinnen, war nicht unproblematisch. Der „Kalte Krieg" steckte in seiner ersten Phase, vor allem die Sowjets standen einem gemeinsamen sportlichen Wettbewerb skeptisch gegenüber. Hinzu kam, daß die Endrunde vom westdeutschen DFA (Deutscher Fußball-Ausschuß), dem Vorläufer des DFB, ausgerichtet werden sollte. Auf Druck der FDJ gaben die Sowjets schließlich nach.

Es waren freilich einige Anstrengungen vonnöten, um die Vertreter aus dem Osten zu ermitteln. Zwar hatte der SC Union Oberschöneweide die Berliner Stadtliga gewonnen und sich somit für die Meisterschaftsendrunde qualifiziert, doch der zweite Teilnehmer stand nicht fest; schließlich gab es noch keine Oberliga, mithin keine überregionale Meisterschaft. „In Windeseile wurde ein K.o.-Wettbewerb ausgeschrieben, der von der Sportgruppe Planitz gewonnen wurde", berichtet Grüne, „damit waren die acht Endrundenteilnehmer komplett." (Grüne 1995, S. 163).

Zum Vergleichskampf mit dem zugelosten 1. FC Nürnberg kam es indes nicht. Die sowjetischen Militärs verhängten ein Reiseverbot, weswegen Planitz nicht zum Austragungsort Stuttgart fahren konnte.

Die Oberschöneweider mußten nicht reisen, sie spielten im Berliner Olympiastadion. Dort unterlagen sie allerdings dem FC St. Pauli debakulös mit 0:7 Toren. Ins Endspiel zogen der 1. FC Nürnberg und der 1. FC Kaiserslautern ein. 75.000 Fußballfreunde sahen einen 2:1-Erfolg des Clubs.

Im Jahr darauf gab es keine gesamtdeutschen Titelkämpfe mehr. 1949 wurde erst die Bundesrepublik gegründet, dann die DDR. Der Meister der Bundesrepublik hieß VfR Mannheim, der Borussia Dortmund im Finale mit 3:2 Toren nach Verlängerung besiegte. Das Spiel fand im Stuttgarter Neckarstadion statt, das in der Nazi-Zeit Adolf-Hitler-Kampfbahn geheißen hatte. Das war nicht die einzige Erinnerung, der Krieg war erst vier Jahre vorüber. Fünf Stammspieler des Meisters VfR Mannheim, Jöckel, Henninger, Müller, Langlotz und de la Vigna, dazu der Ersatzmann Senck, waren gemeinsam fünf bis sechs Jahre in Kanada in Kriegsgefangenschaft gewesen. Rudolf de la Vigna etwa, ein Sudetendeutscher, war nur aufgrund dieser gemeinsamen Vergangenheit zum VfR gestoßen, wo auch Mittelstürmer Ernst Löttke aus Pommern eine neue Heimat gefunden hatte. Löttke war „ein ehemaliger SS-Mann", schreibt Werner Skrentny in seinem Buch über die Oberliga Süd. Ein SS-Mann also, „den Spielausschuß-Vorsitzender Hermann Fuchs aus dem Internierungslager Ludwigsburg herausgelotst hatte und der anfangs 1947 unter einem Pseudonym als 'Röckel' spielte, denn er war ja eigentlich noch in Haft." (Skrentny 1993, S. 110).

Doch daran dachte keiner der vielen tausend Mannheimer, die ihrem VfR an jenem heißen 10. Juli 1949 nach Stuttgart folgten. „Ab 7.30 Uhr regt sich etwas in der Stadt", berichtete der *Mannheimer Morgen,* „Wagen auf Wagen fährt durch die Augusta-Anlage in Richtung Autobahn. Ab 8.30 Uhr hinter Karlsruhe reißt die Kette nicht mehr ab. Alle 200 Meter fährt ein Motorrad, ein Personenwagen, ein Omnibus oder ein Lastauto südwärts." Außerdem fuhren 25 Reichsbahnsonderzüge nach Stuttgart, und elf Sonderflugzeuge aus der Schweiz schwebten im Ländle ein. 92.000 Besucher verfolgten schließlich dieses Spiel, für das 650.000 Kartenwünsche vorgelegen hatten. Das Interesse am Fußball war ungebrochen.

Wiedergründung des DFB

Der Deutsche Fußballbund (DFB) wurde erst am 21. Januar 1950 offiziell wiedergegründet. Nach Kriegsende waren die Alliierten strikt gegen eine zonenübergreifende Fußball-Organisation. Zaghaft gingen die deutschen Fußballfunktionäre daran, erst auf Kreis- und Bezirks-, später auf Zonenebene Verbandsformen ins Leben zu rufen. Mitte Dezember 1945 gab es mit der „Arbeitsgemeinschaft Süddeutscher Landesverbände" einen ersten zonalen Zusammenschluß; die Amerikaner hatten dies erlaubt. Der Arbeitsgemeinschaft folgten im Mai 1946 und im August 1947 Zonensporträte in der britischen und französischen Besatzungszone. Schließlich wurde ein „Bizonaler Fußball-Ausschuß" – ohne Mitglieder aus der französischen Zone – gebildet, der am 10. April 1948 in den „Arbeitsausschuß für Fußball" umgewandelt wurde. Aus diesem Arbeitsausschuß ging kurze Zeit später in Frankfurt am Main der „Deutsche Fußball-Ausschuß" (DFA) hervor. Dem gehörten nunmehr auch Delegierte der französischen Zone an. An der Spitze jenes DFA stand Dr. Peco Bauwens, der spätere DFB-Präsident.

Am 1. Juli 1949 fand der erste sogenannte „Bundestag" des DFA in Stuttgart statt. Und dort gründete man tatsächlich den neuen Deutschen Fußballbund. Carl Koppehel schreibt darüber: „Die Proklamation erfolgte in feierlicher Weise, obwohl die de-jure-Anerkennung von den Besatzungsmächten noch nicht ausgesprochen war. Im Staatstheater Stuttgart wurde die DFB-Fahne auf höheren Ratschlag hin zwar durch die Fahne des Württembergischen Fußball-Verbandes ersetzt, aber bei dem am Nachmittag des gleichen Tages im Neckar-Stadion durchgeführten Endspiel um die Deutsche Meisterschaft wehte sie stolz vom hohen Mast." (Koppehel 1954, S. 220)

Die Alliierten ließen die Fußball-Funktionäre gewähren. Hintergrund für diese Kulanz war die politische Entwicklung vier Jahre nach Kriegsende. Am 23. Mai 1949 war die Bundesrepublik gegründet und damit das Fundament für ein endgültiges Auseinanderdriften der Siegermächte gelegt worden. Der Kalte Krieg hatte begonnen, und den Westalliierten war es wichtiger geworden, ihr „Ziehkind" BRD zu konsolidieren, als die deutsche Gesellschaft grundlegend zu entnazifizieren. Der neue Verband konnte am 21. Januar 1950 seine amtliche (Wieder-)Gründungsurkunde im Empfang nehmen, ohne daß es eine nennenswerte Auseinandersetzung mit seiner Rolle in der Nazi-Zeit gegeben hätte.

Mit der internationalen Anerkennung des DFB war fußballerisch die Vergangenheit „entsorgt". Als Kriegsverursacher war Deutschland 1942 aus der FIFA ausgeschlossen worden. Im Spätsommer 1950 entsprach der internationale Verband dem Wunsch des DFB auf Wiederaufnahme. Im gleichen Jahr bestritt die deutsche Nationalmannschaft ihr erstes Länderspiel nach dem Zweiten Weltkrieg. Am 22. November besiegte Deutschland in Stuttgart die Schweiz mit 1:0. Das Tor schoß Herbert Burdenski, der Schalker.

DIETRICH SCHULZE-MARMELING

Der DFB nach 1945: Nationalismus statt Vergangenheitsbewältigung

Der Deutsche Fußballbund, heute mit fast 6,2 Mio. Mitgliedern einer der größten Sportverbände der Welt, schaut auf eine 100jährige Geschichte zurück. Die politische Seite dieser Geschichte ist weit weniger ruhmreich als die sportliche. Sie ist geprägt von der Dominanz erzkonservativer Funktionäre, die sich immer wieder anfällig zeigten für Kontakte und Arrangements mit rechtsextremen Diktatoren und Ideologen.

Bereits zum Zeitpunkt seiner Gründung war der Verband von seinem Funktionärskörper her national-konservativ ausgerichtet und unterschied sich diesbezüglich kaum von der Deutschen Turnerschaft, die den Fußball vehement als „undeutsche" Veranstaltung bekämpfte. Zwar gaben sich die Fußballer moderater als die Turner, die internationale Wettkämpfe kategorisch ablehnten und einem offenen Antisemitismus frönten. Doch auch der DFB begriff den Sport als ein Instrument, um die innere Geschlossenheit des Volkes gegenüber „äußeren Feinden" zu schmieden. Entsprechend enthusiastisch begrüßten viele Funktionäre den Ersten Weltkrieg.

Liberale und internationalistisch gesonnene Geister, die vor 1914 die ersten Kontakte zu ausländischen Teams mühsam und oft gegen erhebliche Widerstände hergestellt hatten, wurden in der Folgezeit zusehends marginalisiert. Länderspiele betrachtete man nicht als Instrument zur Völkerverständigung, sondern als nationalistisches Kräftemessen, als Ersatz-Krieg, bei dem es darum ging, die Überlegenheit der eigenen Tugenden unter Beweis zu stellen.

1933 überschritt der Verband die ohnehin fließenden Grenzen zwischen Nationalkonservativismus und Faschismus. Ob eine Identifikation mit der nationalsozialistischen Ideologie ausschlaggebend war oder ein machtbewußter Opportunismus, sei dahingestellt. Jedenfalls erleichterte die deutsch-nationale Prägung des Verbandes das Arrangement entscheidend.

Zu dieser Prägung kehrte der DFB zurück, als der Faschismus seinen Krieg verloren hatte und die Alliierten über das Schicksal auch des deutschen Sports entschieden. Nazi-Rhetorik war nicht länger opportun, und der Rückgriff auf ideologische Positionen vor 1933 verlieh der Behauptung, man habe sich dem Hitler-Regime nur widerwillig angepaßt, eine gewisse Glaubwürdigkeit. In dieser Argumentation waren auch die führenden Funktionäre eher Opfer als Täter. Der DFB hatte daher wenig Probleme damit, daß in seinen Reihen ehemalige Nationalsozialisten Unterschlupf fanden.

Schon in der Weimarer Republik hatte sich der DFB gegen die Arbeitersportbewegung mit dem Hinweis abgegrenzt, als Sportverband sei er überparteilich und unabhängig von der Politik. Auch diese Sichtweise wurde nach 1945 übernommen. Doch de facto hat sich der Verband seit seiner Gründung immer wieder in den Dienst der Politik gestellt. Die Anbiederung erfolgte allerdings ausschließlich nach rechts. Politisch neutral war der Verband eigentlich nie. Der DFB der Bundesrepublik ist eindeutig schwarz gefärbt; die Nähe zu den Unionsparteien und eine konservative Grundeinstellung waren viele Jahre gewissermaßen Voraussetzung für den innerverbandlichen Aufstieg. Die „geistig-moralische Wende" der Ära Kohl begleitete der DFB mit dem Bemühen, nationalistisches Pathos und Selbstbewußsein wiederzubeleben. Diesbezüglich gebärdete er sich so konsequent wie kaum eine andere bundesdeutsche Institution. Der DFB ließ das Trikot der Nationalmannschaft mit Schwarz-Rot-Gold dekorieren und verdonnerte seine Nationalspieler zum Mitsingen der Nationalhymne. Der Enthusiasmus, mit dem sich der DFB am „Projekt Nationalbewußtsein" beteiligte, basiert auf der auch durch den 8. Mai 1945 nicht gebrochenen national-konservativen Kontinuität des Verbands.

Demokratie? Entnazifizierung?

Es ist ein interessantes Phänomen, daß sich in den Chefetagen nationaler und internationaler Sportorganisationen auffallend viele Personen tummeln, die zur Demokratie ein gestörtes Verhältnis pflegen. Das IOC wird mit Juan Antonio Samaranch (noch) von einem ehemaligen Frankisten geführt, der hier nach dem Ende der Franco-Herrschaft weiter Diktatur spielen durfte. An der Spitze der FIFA stand mit Joao Havelange bis zur WM 1998 ein Mann, der seinen Reichtum nicht zuletzt dubiosen Geschäften mit einem aus Portugal geflüchteten Minister des faschistischen Salazar-Regimes zu verdanken hat. Daß dem korrupten Brasilianer in den siebziger Jahren nicht die Bürgerrechte entzogen wurden, hatte er seinen guten Beziehungen zum damaligen Regierungschef, dem Diktator Ernest Geisel, zu verdanken. Der argentinische Junta-General Carlos Lacoste wurde von Havelange zum FIFA-Vizepräsidenten ernannt, und der bolivianische Diktator Hugo Banzer bekam aus der Waffenschmiede des FIFA-Bosses 80.000 Granaten geliefert.

Organisationen wie IOC und FIFA zählen zu den letzten Monarchien. Die nationalen Sportverbände sind diesbezüglich oft nicht besser. Wenn sich die internationalen und nationalen Sportorganisationen mit Vehemenz gegen politische Einflußnahme von außen verwahren, so hat dies in den seltensten Fällen mit ihrem vorgeblich unpolitischen oder politisch neutralem Selbstverständnis zu tun. In der Regel erfolgt der Aufschrei nur dann, wenn die Politik die finanziellen Interessen dieser Organisationen tangiert oder aber deren demokratische Legitimation hinterfragt. Die Verbände bewahrten sich eine Sonderrolle, die sie in einer demokratischen Umgebung zu Fremdkörpern machte, in denen sich Autokratie und Korruption ausbreiteten.

Demokratisierung und Entnazifizierung gingen nach 1945 am DFB weitgehend vorbei. Der Verband entdeckte nun schnell die „Unabhängigkeit des Sports" wieder, die er noch einige Jahre zuvor bereitwillig geopfert hatte. Über den im „neuen" DFB vorherrschenden alten Geist schrieb 1951 Dr. Georg Xandry, zu Zeiten des Hitler-Regimes Hauptgeschäftsführer des DFB: „Mit dem Jahr 1949 (wuchs) der neue, im Grunde aber alte DFB wieder empor. In ihm beseelte der gleiche Geist, der gleiche Wille, das gleiche Streben die Männer, die heute dem Fußball organisatorisch den Weg weisen." In einer offiziellen DFB-Geschichte hieß es einige Jahre später, die Gleichschaltung der Vereine 1938/39 sei „nach dem üblichen nazistisch-kommunistischen Muster" erfolgt. Autor dieser Zeilen war ausgerechnet jener Mann, der 1937 vom Reichssportführer von Tschammer und Osten extra zum Zwecke dieser „Gleichschaltung" zum Pressewart gekürt wurde: Carl Koppehel.

In der offiziellen Schrift des DFB zu seinem 75. Jubiläum heißt es über Felix Linnemann, der den DFB von 1925 bis 1945 führte: „Sollte er sich selbstzerstörerisch auflehnen und den Fußball-Bund der Zerschlagung aussetzen? Statt dessen bekannte er sich zur verlangten Anerkennung und Durchführung des Prinzips autoritärer Führung, zur Einordnung der von ihm geführten Organisation in den neuen Staat. Es blieb nichts anderes übrig. Und heute, rückblickend, darf gesagt werden: er hat der Sache damit einen Dienst erwiesen." Ganz abgesehen davon, daß Linnemann bereits ein enthusiastisches Bekenntnis zum NS-Regime ablegte, als dieses noch gar nicht verlangt wurde: Der DFB reklamiert für sich seit ehedem nicht nur, oberster Wächter des deutschen Fußballs zu sein. Über seinen Sportbetrieb will er auch zur pädagogischen Betreuung der deutschen Jugend beitragen. Während im Geschichtsunterricht deutscher Schulen die Geschwister Scholl und der 20. Juli als Leitbilder gepriesen wurden, erklärte der DFB noch Mitte der siebziger Jahre entgegen dem demokratischen Zeitgeist: Nicht Widerstand, sondern Anpassung und Mitmachen seien das Gebot der Stunde gewesen. Kein Wort davon, daß der DFB dabei so ganz nebenbei seine jüdischen Mitglieder verriet.

Zu einer derartig katastrophalen Message kann nur kommen, wer die Verteidigung demokratischer Institutionen gegenüber der Bewahrung der Organisationsstruktur des Sports für zweitrangig erklärt. Im Interesse der Organisationen des Fußballs war es demzufolge unabdinglich, dem Regime seine Zustimmung zu erteilen, denn Widerspruch hätte deren Ende bedeutet.

Eine ähnliche Herangehensweise prägte auch den Umgang mit belasteten DFB-Funktionären: Ihr politisches Denken und Handeln während der NS-Zeit wurde schlicht ausgeblendet. Allein ihre Tätigkeit als Fußballfunktionäre wurde zum Bewertungskriterium. Der Offizielle konnte ein noch so aktiver Nazi gewesen sein. War er zugleich ein engagierter Funktionär, erteilte ihm der DFB umstandslos einen „Persilschein". So bleibt in der offiziellen DFB-Geschichtschreibung unerwähnt, daß Linnemann immerhin SS-Obersturmbannführer war.

Der DFB spricht davon, daß sich bei ihm zwischen 1933 und 1949 lediglich der Briefkopf geändert habe.

Sündenfälle

Einige prägnante „Sündenfälle" beleuchten das politische Milieu, in dem sich der Funktionärskörper des DFB seit 1945 bewegt. Sie belegen, daß der Verband alles andere als eine unpolitische Veranstaltung ist.

► **Peco Bauwens und die WM 1954:** Als das DFB-Team 1954 erstmals Weltmeister wurde, hieß der Verbandsboss Peco Bauwens. Seine nationalistische Schwadroniererei und teutonische Rhetorik sollte die offizielle Politik in Verlegenheit stürzen. Bauwens war alles andere als ein unpolitischer Präsident. Zwar trennte ihn vom Nationalsozialismus dessen Antisemitismus, nicht aber dessen aggressiver Patriotismus. Die Nationalmannschaft wurde für Bauwens zum Instrument revanchistischer Gelüste und Ersatz für die im Zweiten Weltkrieg geschlagene Wehrmacht. Der Triumph von Bern war für ihn nicht nur Ergebnis eines fuß-

1949 trat der erste Bundesvorstand des neuen alten DFB zusammen; Peco Bauwens (Mitte) wurde sein erster Präsident.

ballerischen Kräftemessens, sondern „zu aller eigentlichen Freude auch noch eine ganz besondere Genugtuung, Genugtuung im wahrsten Sinne des Wortes. Er (der Sieg, d. A.) zeigt nämlich der FIFA ganz deutlich, welchen Fauxpas sie beging, als sie Deutschland ... eine Vertretung in der FIFA verweigerte." (Aggressor Deutschland war 1942 aus der FIFA ausgeschlossen worden.) Auf der Siegesfeier beschwor Bauwens den altgermanischen Donnergott Wotan und geißelte die „welsche Mißgunst" der WM-Gastgeber. Und an die Adressse des re-souveränisierten Österreichs gerichtet: „Aus der Enklave, die da bei Konstanz liegt, ich weiß jetzt den Namen nicht mehr genau ..., die abgeschlossen ist von unserem deutschen Land, wurde die Bitte geäußert, daß der Wagen (mit der heimkehrenden Mannschaft) auch dort halten sollte ... Ein Appell an die Bundesbahn, diese prachtvolle Institution ... hatte dann auch Erfolg, und so konnten wir das Zeichen der Treue dieser Deutschen in der Enklave, die nicht mit unserem Vaterland vereint sein dürfen, entgegennehmen." Staatsekretär Bleek vom Innenministerium beeilte sich, die chauvinistischen Ausfälle des DFB-Bosses zu relativieren: „Man darf die politischen Äußerungen des Herrn Bauwens nicht ernster nehmen als Äußerungen des Bundeskanzlers über die Technik des Fußballspiels." Auch Bundespräsident Theodor Heuss sah sich zur Intervention genötigt: „Der gute Bauwens, der meint offenbar, gutes Kicken sei schon gute Politik."

► **Hermann Neuberger und die WM 1978:** Hermann Neuberger wurde 1975 Nachfolger von Hermann Gössmann als DFB-Präsident. In der konservativen *Frankfurter Allgemeinen Zeitung* charakterisierte Joachim Fest den hemdsärmeligen Saarländer als „ambitiösen Provinzkönig, dessen Gängelungsgelüste den Spielern noch vorschreibt, welche Socken oder Pullover sie außerhalb des Spielfelds zu tragen haben". Auch außerhalb des DFB gab sich der selbstherrliche Neuberger („Spieler sind zu ersetzen, Funktionäre nicht") nicht gerade als Freund demokratischer Verhältnisse. Als Argentinien zur WM 1978 einlud, herrschten in dem südamerikanischen Staat rechtsextremistische Militärs. Parteien und Gewerkschaften waren verboten; 15.000 Bürger saßen aus politischen Gründen in Gefängnissen und Lagern, und viele der Gefangenen wurden brutal gefoltert; tausende andere Bürger wurden verschleppt und bestialisch ermordet. Die demokratische Öffentlichkeit war empört, nicht jedoch der DFB-Präsident, für den die Fakten bei weitem nicht ausreichten, um von einer Diktatur zu sprechen: „Ich bin mit dem Begriff der Diktatur sehr vorsichtig, weil wir sonst sehr viele Länder als Diktatur ansprechen müßten."

Neuberger begnügte sich nicht mit Neutralität, sondern ergriff offen Partei für ein Regime, dessen blutrünstige ordnungspolitische Pläne der Gouverneur der Provinz Buenos Aires wie folgt zusammenfaßte: „Erst werden wir die Sympathisanten töten, dann die Kollaborateure, danach die Indifferenten und zum Schluß die Lauen." Der DFB-Präsident: „Die Wende zum Besseren (!) trat mit der Übernahme der Macht durch die Militärs ein."

Während der Hitler-Zeit hatte es im peronistischen Argentinien gewisse Sympathien mit den Nazis gegeben, und nach dem 8. Mai 1945 fand dort eine Reihe von Nazi-Verbrechern Unterschlupf. Einer, der sich in dieser Szene tummelte, war der Nazi-Oberst und dekorierte Weltkrieg-II-Kampfflieger Hans-Ulrich Rudel, dem Neuberger gestattete, das deutsche WM-Quartier in Ascochinga zu besuchen. Dem in journalistischer Funktion erschienenen Günter Netzer wurde indes der Zutritt verweigert. Rudel war nicht irgendein Kampfflieger gewesen, sondern Hitlers Lieblingskiller, der seine Meinung über den Führer und dessen Regime auch nach dem Zusammenbruch nicht ein Jota geändert hatte. Nach dem Kriege brütete Rudel eine Zeitlang über Pläne, die im Gefängnis zu Werl einsitzenden ehemaligen Kameraden mit militärischer Gewalt zu befreien.

Zum Zeitpunkt seines Besuchs bei der Nationalmannschaft fungierte der unbelehrbare Nazi als Galionsfigur der neofaschistischen

Deutschen Volksunion (DVU), deren Vorsitzender Dr. Gerhard Frey mit dem „Weltkriegshelden" durch deutsche Lande tourte. Motto der Veranstaltungsreihe: „Noch ist Deutschland nicht verloren!" Den Saalschutz organisierte der mittlerweile verstorbene Nazi-Terrorist Michael Kühnen. Kühnen, dem die NPD zu reputierlich war, avancierte damals zum Kopf eines militanten Nazibandenwesens. Einige Jahre später sollten Kühnen und seine Kameraden zu einem Rekrutierungsfeldzug durch die Bundesligastadien starten.

Der Rudel-Besuch in Ascochinga war im übrigen nicht der erste des Alt-Nazis in einem Trainingslager der deutschen Natonalelf. Bereits bei der WM 1958 hatte Rudel dem DFB-Team seine Aufwartung gemacht. Die neuerliche Kumpanei der DFB-Führung mit dem Nazi stieß auf scharfe Kritik. Heinz Galinski, 1978 Vorsitzender der jüdischen Gemeinde in Westberlin, sprach von einem „Skandal" und forderte, der DFB-Pressesprecher Gerhardt „sollte im Interesse des Sports schnellstens zur Verantwortung gezogen werden". Der heutige Bundeskanzler Gerhard Schröder konstatierte eine „Provokation aller Demokraten". Der SPD-MdB Wolfgang Schmidt forderte die Entlassung von Neuberger und Gerhardt. Es sei „beschämend", so Schmidt, daß es der französischen WM-Delegation gelungen sei, die Schicksale von elf seit Jahren verschollenen Bürgern in Argentinien aufzuklären, während die westdeutsche Delegation mit dem Besuch des „Nazis Rudel" dazu beitrage, die unmenschliche argentinische Militärdiktatur zu verherrlichen und „Nazi-Größen wieder salonfähig" zu machen. Den selbstherrlichen Neuberger focht dies alles nicht an: „Herr Rudel ist meines Wissens Bundesbürger mit vollen Rechten wie die Protestierenden, und ich hoffe doch nicht, daß man ihm seine Kampffliegertätigkeit während des Zweiten Weltkrieges vorwerfen will." Die Kritik am Rudel-Besuch komme „einer Beleidigung aller deutschen Soldaten des Krieges gleich." Noch zwei Jahre vor Ascochinga hatte der damalige SPD-Verteidigungsminister Georg Leber Bundeswehr-Generäle vom Dienst suspendiert, die Rudel zu einem Traditionstreffen eingeladen hatten. Aber anders als die Generäle überlebte Neuberger seine Rudel-Äffäre – die DFB-Führung blieb auf Rechtskurs und von demokratisierenden Einflüssen gänzlich unbehelligt. Gegenüber dem Geist von 1968 und Willy Brandts „Mehr Demokratie wagen" war der DFB völlig resistent geblieben.

Beifall ernteten der DFB und sein Präsident damals nur von der neonazistischen Presse. Die *Deutsche Nationalzeitung* von DVU-Boss Gerhard Frey, deren Dauerthema bis heute die Verleugnung der Judenvernichtung ist, sprach von einer „Ehrung der deutschen Nationalmannschaft durch Oberst Rudel." (16.6.1978). Die *Deutsche Wochenzeitung* jubelte: „Schmähung Oberst Rudels vom DFB zurückgewiesen. Mannhafte Deckung des Deutschen Fußballbundes". (16.6.1978). Als Neuberger 1992 starb, widmete ihm die neonazistische Presse einen ehrenden Nachruf.

► **Länderspiel zum Hitler-Geburtstag 1994:** Am 20. April 1994 wollte der DFB in Berlin ein Länderspiel gegen England veranstalten. Datum, Austragungsort und Gegner steckten voller Brisanz, war doch der 20. April des „Führers Geburtstag", das Olympiastadion ein Monument der NS-Architektur und England ein ehemaliger Kriegsgegner. Der DFB behauptete zunächst, man habe nicht gewußt, daß an diesem Tag Hitlers Geburtstag sei. Doch der Verdacht lag nahe, daß hier nicht irgendwelche Tölpel am Werk waren, die in ihrer Schulzeit während des Geschichtsunterrichts Fußballbildchen getauscht hatten, sondern Überzeugungstäter, die ein politisches Projekt verfolgten: die Versöhnung ehemaliger Kriegsgegner mit der deutschen Vergangenheit. Das Länderspiel wirkte wie ein Pendant zu Kohls Händchenhalten mit dem französischen Präsidenten François Mitterand auf den SS-Gräbern in Bitburg. In einer Talkshow des NDR ließ der damalige Präsident des Berliner Fußballverbands, ein gewisser Otto Höhne, die Katze aus dem Sack: „Wir wollen einen Beitrag zur Bewältigung der deutschen Geschichte leisten!" Seinen Kritikern schmetterte der Funktionär entgegen: „Sie waren damals doch gar nicht dabei!", was in diesem Land gewöhnlich nichts anderes heißt als: „So schlimm, wie Sie es immer darstellen, war es im Nationalsozialismus überhaupt nicht."

DFB-Pressesprecher Wolfgang Niersbach setzte noch einen drauf, indem er – in bester Nazi-Tradition – eine jüdische Verschwörung internationalen Ausmaßes konstatierte. Von der *Hamburger Morgenpost* auf Kritik aus den USA angesprochen, stellte Niersbach klar: „Der 20. April steht bei uns nicht auf dem Index. (...) 80 Prozent der amerikanischen Presse ist in jüdischer Hand. Da werden die Ereignisse in Deutschland seismographisch genau notiert." Auf die Nachfrage, wie er zu einer solchen Behauptung komme, antwortete der Pressesprecher: „Das beruht auf Informationen der Deutschen Gesellschaft für Tourismus, die in den USA Werbung für Deutschland betreibt." Selbige sollte sich als äußerst pikante Adresse entpuppen. Einige Zeit später war die Gesellschaft nämlich Gegenstand einer Anfrage im Bundestag, nachdem bekannt geworden war, daß sich in ihrem Büro Rechtsextremisten und

Antisemiten tummelten. Die Mär von der von Juden dirigierten US-Presse war während der NS-Zeit erstmals von einer gewissen Elisabeth Noelle (nach 1945 bekannt als Noelle-Neumann) in der Nazi-Wochenzeitung *Das Reich* aufgetischt worden. Die *Morgenpost* in einem Kommentar zu Niersbachs antisemitischer Paranoia: „Wenn nun der Pressesprecher sich nicht entblödet, den uralten Quatsch von der jüdisch beherrschten und deshalb antideutschen US-Presse aufzuwärmen, wird man alarmiert. Könnte es vielleicht sein, daß da nicht nur geistig Unterbelichtete, sondern gar ewig Gestrige am Werk sind? Der Anfangsverdacht ist gegeben."

► **Völkischer Patriotismus:** Die Ereignisse während der WM 1998, als Hooligans und rechtsradikale Fans der Nationalmannschaft einen französischen Polizisten fast zu Tode prügelten, waren nur der Höhepunkt einer Kette unschöner Ereignisse, die die Auftritte der DFB-Elf in den letzten Jahren begleiteten. Offenbar ist die Nationalmannschaft für Rechtsradikale ein geeigneterer Bezugspunkt als die Vereinsmannschaften mit ihrem eher internationalen Antlitz. Die Nationalmannschaft fungiert als letzte Bastion völkischen Denkens im deutschen Fußball. Hermann Neuberger einst: „Es ist eine Identitätsfrage des Fußballsports, daß er überwiegend von Angehörigen der eigenen Nation ausgeübt und präsentiert wird. Das gilt mit Selbstverständnis für die Nationalmannschaft, gilt jedoch auch für den Fußballsport in der Spitzenklasse. Er enthält seine Eigenart und damit seine Akzeptanz (!!!) gerade durch das ausschließliche oder stark überwiegende nationale Element." Im großen und ganzen gilt diese Denkweise auch noch für die aktuelle DFB-Führung, wenngleich die Berufung von Paulo Rink oder Mustafa Dogan in den Kader der Nationalelf eine gewisse Öffnung und Modernisierung signalisiert. Doch dieser Schritt war wohl weniger kosmopolitischer Überzeugung denn sportlicher Notwendigkeit geschuldet. Verglichen mit Frankreich oder den Niederlanden wirkte das deutsche Erscheinungsbild bei der WM 1998 hoffnungslos altmodisch.

Hinzu kommt die deutschtümlerische Rhetorik, in die DFB-Funktionäre und -Übungsleiter anläßlich von internationalen Turnieren und anderen Länderspielen immer wieder verfallen, sowie die eingangs beschriebene Tendenz des DFB, solchen Treffen nationales Pathos zu verleihen. Es scheint, als sei im DFB nach wie vor eine Sichtweise tonangebend, die Länderspiele nicht als rein sportliches Ereignis betrachtet, sondern auch als Kräftemessen nationaler Tugenden, bei dem die eigene Nation ihre Überlegenheit demonstrieren muß. Als sich bei einem Länderspiel gegen Portugal im Berliner Olympiastadion die Ränge erhoben, um „Steht auf, wenn ihr Deutsche seid" zu skandieren, war dies dem DFB keine kritische Bemerkung wert. Doch von solch chauvinistischem Gegröhle bis zur Gewalt von Lens ist es viel kürzer, als so mancher DFB-Funktionär die Öffentlichkeit glauben machen will.

DFB-Führung heute: 3:0 für CDU/CSU

An der Spitze des DFBs stehen heute drei Funktionäre, die erklärtermaßen im Lager der Unionsparteien stehen und ihr Funktionärsamt keineswegs als Verpflichtung zu parteipolitischen Neutralität in der Öffentlichkeit betrachten.

Präsident Egidius Braun hat mit seinen Sympathien für die CDU und deren Ex-Kanzler Helmut Kohl nie hinterm Berg gehalten. Wiederholt gestattete der Funktionär es dem Politiker, seine werbewirksamen Besuche bei der Nationalmannschaft für politische Statements in eigener Sache zu mißbrauchen. Besonders penetrant geriet der Doppelpaß zwischen DFB und CDU-Kanzler nach dem Sieg bei der EM 1996, als Kohl und sein Verehrer Vogts im ZDF gemeinsam gegen das „Volk der Krankfeierer" vom Leder zogen. Als 1998 das Wahlvolk Kohl recht unsanft in den Ruhestand versetzte, hielt Braun ein Trostpflästerchen parat: Der Pfälzer wurde für seine Wahlkampftourneen durch Trainingscamps, Kabinen und Stadien mit der Ehrenmitgliedschaft im DFB belohnt. Kohl ist der erste Politiker, dem diese Ehre zuteil wurde.

Brauns Neu-Vize Franz Beckenbauer warb im jüngsten bayerischen Landtagswahlkampf einmal mehr für den Unions-Rechtsaußen Edmund Stoiber und dessen CSU. Als junger Fußballer bezeichnete Strauß-Verehrer Beckenbauer den damaligen Bundeskanzler Willy Brandt einmal als „nationales Unglück", unter dem sich „Verhältnisse ..., wie sie in der DDR bereits herrschen", einstellen würden. Während der WM 1986 drohte der Teamchef Beckenbauer in Richtung des mexikanischen Journalisten Miguel Hirsch: „Dieser kleine Mexikaner. Wenn man da kurz zudrückt, gibt es ihn schon nicht mehr." Und die Gegner einer deutschen WM-Bewerbung im internationalen Fußball mußten sich 1997 vom Kaiser im kriegerischen Ton belehren lassen: „Wer sich gegen unsere WM-Bewerbung ausspricht, ist ein Feind Deutschlands."

Den zweiten Vize Gerhard Mayer-Vorfelder (genannt MV) verfolgt bereits seit langem der Ruf eines CDU-Rechtsaußens. MV gibt sich alle Mühe, diesen Ruf zu pflegen. Jüngstes Beispiel ist seine Reaktion auf die gegenwärtige sportliche Krise der deutschen Nationalmannschaft. Für den erklärten Doppelpaß-Gegner begannen diese Probleme schon mit der Niederlage des Deutschen Reiches im Ersten Weltkrieg: „Hätten wir 1918 nicht die Kolonien verloren, dann hätten wir Spieler aus Deutsch-Südwestafrika in der Nationalelf", trauerte MV nach der peinlichen Niederlage gegen das Fußball-Entwicklungsland USA im Februar 1999.

MVs politischer Ziehvater hieß Hans Filbinger und mußte 1978 aufgrund seiner braunen Vergangenheit vom Amt des Ministerpräsidenten zurücktreten. Als Militärrichter der Nazi-Kriegsmarine hatte Filbinger noch kurz vor Kriegsende einen Deserteur in den Tod geschickt. Multifunktionär Mayer-Vorfelder selbst sorgte Mitte der achtziger Jahre für Aufregung, als er die Ansicht äußerte, die deutschen Schüler sollten alle drei Strophen des Deutschlandliedes beherrschen und singen. Wenig später tat er seine Ansichten über die SA und deren Terror kund: Die „Chaoten" in Berlin, der Hamburger Hafenstraße und in Wackersdorf sprängen „schlimmer herum als die SA jemals". Mit anderen Worten: Das Besetzen von leerstehenden Häusern und WAA-Bauplätzen und Steinwürfe gegen Polizisten waren für den CDU-Rechtsaußen ein schlimmeres Delikt als das Anstecken von Synagogen und die Morde an Juden.

Vergangenheitsbewältigung? Nein Danke!

Allem Anschein nach wird der DFB auch seinen 100. Geburtstag nicht dazu nutzen, um sich mit seiner unrühmlichen Vergangenheit in der notwendigen Ausführlichkeit zu befassen. Während mittlerweile selbst Institutionen wie die Deutsche Bank schonungslos ihr Verhalten während der NS-Zeit aufarbeiten, ohne Rücksicht auf Namen und Ansehen der involvierten Personen, spielt der DFB unverändert und in arroganter Weise das Unschuldslamm, das derartiges nicht nötig habe. Der Verdacht liegt nahe, daß mit der gegenwärtigen DFB-Spitze und der dort vorherrschenden politischen Gesinnung eine kritische Aufarbeitung nicht zu bewerkstelligen ist. Nicht einmal zu einer Entschuldigung gegenüber den von ihm verstoßenen und vom NS-Regime verfolgten jüdischen oder linken Fußballern sah sich der DFB bislang in der Lage. Der Schutz belasteter Funktionäre – auch über deren Tod hinaus – ist auch einem Egidius Braun offenbar wichtiger als die Solidarität mit den Opfern.

Allerdings steht der DFB mit dieser Form des Umgangs mit der Vergangenheit im deutschen Fußball nicht allein. Die überwiegende Mehrheit der aktuellen Profivereine praktiziert in dieser Hinsicht keine andere Politik. So wird in der offiziellen Geschichtsschreibung vieler Klubs die Zeit des Nationalsozialismus auf ein Naturphänomen reduziert: Es wurde dunkel über Deutschland, weshalb man nicht genau sehen konnte, was nun geschah.

Nur an die sportlichen Ergebnisse aus dieser Zeit möchte man sich noch erinnern, an Tabellenplätze und Meisterschaften. Ansonsten wird noch über zerbombte Geschäftsstellen und vernichtete Klubarchive geredet, vielleicht noch über bekannte Spieler, die an der Front den Heldentod starben. Nichts wird gesagt über die aus dem Klub verstoßenen Juden und andere Opfer des Hitler-Regimes.

Besonders peinlich wird die Angelegenheit, wenn nicht nur die braunen Flecken verschwiegen werden, sondern auch das, was es durchaus an Positivem zu berichten gibt. Der FC Bayern, vor 1933 auch eine Heimat für jüdische Bürger, ist solch ein Klub. Man fragt sich, wessen Geistes die Funktionäre sind, die die „jüdische Geschichte" des FC Bayern als zu peinlich erachten, um sie öffentlich zu erwähnen. Oder will man nur das rechte Milieu innerhalb der Fans nicht verschrecken? Als der FC Bayern aufgrund von Schlachtrufen wie „Ajax ist ein Judenklub" negativ ins Gerede kam, fühlte sich kein Bayern-Funktionär zu dem Hinweis bemüßigt, daß auch der Rekordmeister selbst schon mal in dieser Weise beschimpft wurde. Die liberale Tradition des FC Bayern ist offensichtlich nichts, auf daß man in der Säbener Straße sonderlich stolz ist.

»Wie kläglich sind die Fußballer«

■ Interview mit Walter Jens

Walter Jens, Jahrgang 1923, lehrte mehrere Jahrzehnte als Professor für Rhetorik in Tübingen. Der Politologe und Schriftsteller war überdies von 1976 bis 1982 Präsident des PEN-Zentrums der Bundesrepublik Deutschland. 1975 lud ihn der Deutsche Fußball-Bund (DFB) als Gastredner zu seiner 75-Jahr-Feier; die Rede des Rhetorik-Professors war schonungslos und sorgte für Aufsehen: Der DFB, kritisierte der Fußballfreund, habe nie Bereitschaft erkennen lassen, seine Rolle in der Zeit des Nationalsozialismus aufzuarbeiten. „Fast scheint es", sagte Jens seinerzeit, „als habe es während der dreizehn Jahre der faschistischen Herrschaft nur ein einziges Problem gegeben: Wie bringen wir es fertig, die verschiedenen Spielsysteme, das kraftvolle, im Altreich geübte WM-System und den eleganten Offensivfußball aus Wien zu verbinden. Auschwitz aber, Buchenwald, Emigration, der Widerstand der Antifaschisten, davon hätte doch auch die Rede sein müssen. Nichts ... über das Echo in den eigenen Reihen: die Anpassung und die Verweigerung."

Jens bezeichnete es als Ziel seines Vortrags, „den deutschen Fußball-Bund daran zu erinnern, daß er eine Geschichte hat, die nicht nur aus Bilanzen besteht, nicht nur aus Länderspielen, Meisterschaften, Vereinen und Ligen, sondern eine politische Geschichte ist. Eine Geschichte, die der DFB, einer der großen Meinungsbildner in unserem Land (der größte vielleicht), endlich aufarbeiten sollte – aufarbeiten, indem er mit dem Widerruf der These beginnt, die da lautet: Sport ist ein Element, das fern von der Politik im Wolkenkuckucksheim angesiedelt ist."

Sie haben 1975, beim Festakt zum 75jährigen Jubiläum des Deutschen Fußballbundes, den DFB wegen seiner mangelhaften Aufarbeitung seiner Geschichte im Dritten Reich kritisiert. Hat sich seither beim DFB etwas getan?

Es hat sich nichts geändert seither. Die unpolitische Betrachtungsweise des DFB ist geblieben. Ich könnte diese Rede heute genauso halten, wie ich sie damals gehalten habe. Übrigens: DSB-Präsident Willi Weyer hat sich damals dagegen verwahrt, sich von außen angreifen zu lassen. Doch Walter Scheel, der Bundespräsident, unterstützte mich. Die Rede hätte ihn zum Nachdenken angeregt.

Der DFB hat für das Jahr 2000 die Chronik seiner dann 100jährigen Geschichte angekündigt. Er will einen Historiker beauftragen, der sich auf 15 bis

20 Seiten mit der Rolle des Fußballs in der Zeit des Nationalsozialismus befaßt. Was sagen Sie dazu?

Das ist wohl ein Musterbeispiel für eine kuriose Unterbewertung eines entscheidenden Kapitels in der Geschichte des DFB. Das ist ein Alibibeitrag. Jeder Beitrag, der unter 100 Seiten ist, ist nicht seriös. 100 Seiten zu diesem Thema sind milde gerechnet. Alles andere ist Augenwischerei. Seriös wäre es, wenn ein Historiker mal die Akten auswerten würde. Der DFB müßte mal seine Archive öffnen. Die Leichtathleten beispielsweise sind da sehr viel weiter. Unter der Ägide des Präsidenten Digel haben sie sich mit der Geschichte auseinandergesetzt, mit dem Verhältnis zu jüdischen Sportlern, zu Bar Kochba beispielsweise, mit dem Schicksal von Otto Pelzer, der im KZ war. Die Leichtathleten haben das fabelhaft gemacht, wie kläglich sind dagegen die Fußballer. Dabei glaube ich, daß die Menschen sehr daran interessiert wären, mehr, als die Funktionäre meinen.

Sie haben etwas angedeutet in ihrer Festrede: „War kein Emigrant unter den DFB-Funktionären? (Doch, man kennt sogar ihre Namen)." Kennen Sie diese Namen? Was wissen Sie darüber?

Ich habe die Namen leider nicht mehr parat. Ich kann Ihnen dazu nichts mehr sagen, das ist über 20 Jahre her.

Noch einmal zu den Funktionären. Gab es nach 1945 eine Elitenkontinuität beim DFB? Durften die alten Funktionäre weiterwirken?

Es gab einen fugenlosen Übergang von 1932 zu 1933 und von 1945 zu 1946. Es ist nach dem Krieg das Gleiche geblieben wie zuvor, und aufgearbeitet wurde nichts.

Sie sagten in Ihrer Festrede, Sport und Politik seien nicht zu trennen. Wie würden Sie den DFB von 1945 bis heute politisch und ideologisch einschätzen? Konservativ…

(Jens lacht laut) …konservativ wäre ein sehr behutsames Wort. Ich würde sagen: erzkonservativ. Man muß da nicht nur auf die entente cordiale zwischen dem FC Bayern und der CSU hinweisen. Denken Sie dran, Kohl ist gerade zum Ehrenmitglied des Deutschen Fußball-Bundes ernannt worden. Bei Willy Brandt, achje, wäre das nicht denkbar gewesen. Auch bei Fans auf der Linken wäre eine Ehrung nicht möglich. Aber jetzt, wo Berti und Kohl weg sind, kann man dem Ganzen ja eher freundlich zuschauen. Insgesamt gibt es eine konservative Kontinuität von einst bis heute. An die Aufklärung ist der DFB noch nicht herangekommen. ■

KAPITEL 10

Wie nationalsozialistisch war der Fußball? Ein Fazit

„Gab es in dieser Zeit nichts wichtigeres als Fußball? Wir dachten nicht darüber nach. Wir hätten und wir haben uns später jedem anderen Befehl gebeugt.“ (Fritz Walter über sein Fußballerleben im Krieg)

Hitler, Göring, Goebbels und andere Nazi-Größen saßen im Poststadion in Berlin, in froher Erwartung eines deutschen Triumphes beim denkwürdigen Fußballspiel gegen den damaligen Fußballzwerg Norwegen beim Olympischen Fußballturnier 1936. Dies war die einmalige Chance für den Beginn einer „wunderbaren Freundschaft“ zwischen Fußball und Politik. Gerade bei diesem Spiel schien der Propagandaminister in seinem Tagebuch das Potential des Fußballs für seine Zwecke zu entdecken – begeistert schrieb er: „Das Spiel als Massensuggestion“. Diese Begeisterung war, wie sich herausstellen sollte, ziemlich vorübergehend, denn Goebbels ließ den Sport bei seinen Propagandaaktionen in der Folgezeit eher links liegen. Die Chance zu dieser Freundschaft wurde kläglich vergeigt. Die deutsche Mannschaft zeigte das Gegenteil deutscher Tugenden, präsentierte sich saft- und kraftlos und ging jämmerlich mit 0:2 unter. Die glorreiche deutsche Nationalmannschaft schied ruhmlos aus dem Turnier aus, der Führer war aufgebracht und beschämt, und mit ihm Propagandaminister Goebbels. Die Begegnung endete damit, daß sich die Politik mit dem Fußball als Propagandainstrument zum Transport von Ideologie doch nicht so ganz anfreunden konnte, von einem Intermezzo da und dort einmal abgesehen.

Das bedeutet jedoch nicht, daß die Fußballer konsequent versucht hätten, sich von den Nationalsozialisten fernzuhalten und sich in einer Art inneren Emigration weltabgewandt ihrem geliebten Sport hingegeben hätten. Genau das versuchen aber Zeitzeugen und Memoirenschreiber großteils zu sagen, wenn sie überhaupt die Notwendigkeit sahen, sich dieser Frage zuzuwenden – und überraschend oft haben sie das unterlassen. Die Häufung von politisch Sehbehinderten, die diese welt- und politikferne Haltung für sich in Anspruch nehmen, ist schon etwas erstaunlich. Die interviewten Münchner Spieler, die in ihren Vereinen jahrelang in der ersten Mannschaft gespielt haben, behaupteten etwa, daß sie ihre (Nazi-)Funktionäre nicht einmal gekannt hätten. Natürlich kann man den einzelnen nicht absprechen, tatsächlich nichts von den politischen Vorgängen um sich herum mitbekommen zu haben. Es könnte sich wirklich um Naivität handeln – möglicherweise entspringt diese Sichtweise aber auch eher dem Wunschdenken.

Fritz Walter bekennt sich dazu, in dieser Zeit an absolut nichts anderes als an seinen Fußball gedacht zu haben – als einer der Autoren dieses Buches ihn befragen wollte, war eine Diskussion um seine Biographie in der Nazi-Zeit nicht möglich; das Gespräch endete in Mißklängen. Ähnlich rechtfertigten sich auch jene Funktionäre, die teilweise bis zum Hals im Sumpf des nationalsozialistischen Machtapparats steckten und die „neue Zeit" stürmisch umarmt hatten – sie hätten sich doch nur bis zur Selbstaufgabe in den Dienst des (Fußball-)Sports gestellt.

Nun ist politischer Opportunismus keine Spezialität der Funktionäre von damals: Wie Thomas Kistner und Jens Weinreich in ihrem Buch über die FIFA unter Havelange und Blatter schreiben, verteidigen der ehemalige FIFA-Präsident Havelange und auch IOC-Präsident Samaranch ihre autoritären Methoden der Vetternwirtschaft mit ähnlichen Argumenten – sie dienten ja nur bis zur Selbstaufopferung dem Sport. Die Betrachtung dieser hochverdienten Vollblutfunktionäre, die beide engste Verbindungen zu Diktaturen der schlimmeren Art hatten – Samaranch als Franco-Minister und Havelange als Günstling der brasilianischen Militärjunta – zeigt eines: Institutionalisierter Sport und Demokratie sind zwei Sphären, die nicht immer problemlos zueinanderfinden, manchmal auch gar nicht. Dies verdeutlicht die jüngste Geschichte auch der FIFA.

Nicht nur das eingangs erwähnte Beispiel zeigt die politische Dimension des Massensports Fußball in der Nazizeit – noch einmal, beim Anschluß Österreichs 1938, sollte der Fußball eine propagandistische Hauptrolle spielen. So veranstaltete man eine Reihe von Begegnungen zwischen deutschen und österreichischen Mannschaften, die schließlich im Abschiedsspiel für die österreichische Nationalmannschaft anläßlich der Volksabstimmung gipfelte. Außerdem traf es sich, daß das Weltmeisterschaftsturnier, bei dem die österreichische Mannschaft einen vierten und die deutsche einen dritten Rang zu verteidigen hatten, einige Wochen nach dem Anschluß Österreichs stattfand. Der Fußball war auserkoren, die Zusammengehörigkeit (die zumindest in der Fußballnationalmannschaft absolut nicht vorhanden war) der „Ostmark" mit Großdeutschland zu demonstrieren. Genau der Versuch, dem Volk eine politische Botschaft zu übermitteln, war für den sportlichen und auch für den propagandistischen Mißerfolg verantwortlich, und die zusammengewürfelte Mannschaft fand – schlechtes Vorzeichen – zu keiner Einheit. Man schied noch früher aus als bei Olympia, nämlich schon in der ersten Runde – hinzu kam, daß diese Blamage auch noch im Land des Erzfeindes, in Frankreich, passierte. Die Machthaber hatten sich von einer Verschmelzung der deutschen und der österreichischen Nationalmannschaften zu einer großdeutschen nicht nur größeren sportlichen Erfolg versprochen – man wollte durch 50%ige Beteiligung österreichischer Spieler auch die Bindung der österreichischen Bevölkerung an das Dritte Reich verstärken. Dieses Ziel wurde allerdings auch ohne die Hilfe des Fußballs ziemlich gut erreicht.

Die politische Instrumentalisierung des Sports ist keineswegs auf die Nationalsozialisten beschränkt, auch demokratische Staaten der Gegenwart haben den Wert des Sports für die Imageverbesserung erkannt. Jedoch bedienten sich fast alle Diktaturen, die dieses Jahrhundert gesehen hat, besonders die stark ideologisch geprägten, des Sports für ihre Zwecke – in unterschiedlicher Form und in unterschiedlichem Ausmaß allerdings. Der Sport wurde nach innen eingesetzt, um das eigene Volk günstig zu stimmen, man zielte aber auch auf das Ausland, um sich dort Sympathien oder auch Respekt zu verschaffen.

Neben Nazi-Deutschland galt dies insbesondere für das faschistische Italien unter Mussolini, aber auch in besonderem Maße für die 'realsozialistischen' Diktaturen in der Zeit nach dem Zweiten Weltkrieg. Sport war hier nicht nur Massenunterhaltung und -beschäftigung, sondern er sollte die überlegenen Errungenschaften des Systems vor Augen führen. Dies war umso wichtiger, als es spätestens Anfang der sechziger Jahre immer schwieriger wurde, auch für die eigenen Bürger, die Überlegenheit des Systems auf wirtschaftlichem Gebiet zu erkennen. Damals setzte der planmäßige Einsatz des Doping ein, um diese angestrebte Hegemonie so weit wie irgend möglich zu garantieren.

Genau diese Überlegenheit hätten auch die Nazis u.a. mit Hilfe des Fußballs gern demonstriert, doch funktionierte das gerade bei dieser Sportart nur beschränkt, wie die geschilderten Geschehnisse zeigen. Gerade das Beispiel Fußball läßt ein Dilemma erkennen, mit dem es alle zu tun bekommen, die den Sport für etwas anderes benutzen wollen als zur Körperertüchtigung und Unterhaltung. Sport wird von Menschen betrieben, und diese Menschen neigen zu unberechenbaren Verhaltensweisen, hervorgerufen durch die Psyche, die allerhöchsten Belastungen nicht immer standhält. Wenn aber eine ganze Mannschaft am Werk ist, potenziert sich dieser Effekt noch, Unsicherheiten können von einem auf den anderen übertragen werden und sich dabei aufschaukeln. Oder es kann Spaltungen innerhalb der Gruppe geben, so daß die Mannschaft nicht an einem Strang zieht.

Die Niederlage 1936 war sicherlich zu einem gewissen Grad mitverantwortlich dafür, daß der Fußball später in der NS-Propaganda eine eher untergeordnete Rolle spielen sollte. Diese sportpolitische Katastrophe macht die Poblematik deutlich, vor der man steht, wenn man den Sport vor den Wagen der politischen Propaganda spannen will – es zeigt sich, daß dieses Vorhaben ein ausgesprochenes Minenfeld ist.

Nun ist dies auf den ersten Blick nicht so offensichtlich: Spricht doch der Sport die Massen noch unmittelbarer an als politische Parolen allein; das Denkvermögen des Einzelnen, das kritische Gedanken produzieren könnte, muß erst gar nicht aktiviert werden, man könnte den Menschen die Ideologie also ganz nebenbei einimpfen. Der Film wurde ja zum Teil planmäßig zur Ideologisierung des Volkes eingesetzt, äußerst bösartig zum Beispiel in den Filmen „Jud Süß“ und „Der ewige Jude“, etwas unterschwelliger in den Filmen über „große Deutsche“, wie etwa Friedrich II. Sport ist dem Film in vieler Beziehung gar nicht unähnlich, beide bilden das menschliche Leben ab, nur daß der Sport einen sehr archaischen Aspekt behandelt, nämlich den Kampf entweder gegen die Natur oder gegen andere Menschen oder Gruppen. Dies sprachen die Nazis aber nur unterschwellig und subtil an, etwa durch die Verwendung von Kampf- und Kriegsvokabular in Reden und in der Presse.

Obwohl der Sport durchaus ebenso geeignet gewesen wäre für explizite Propaganda wie etwa der Film, taten die Nazis dies nicht. Dies hat sicherlich mit der außenpolitischen Bedeutung des Sports zu tun, und hierzu hätten schrille nationalistische oder rassistische Töne nicht gepaßt. Als man nach 1936 den Sport für diese Zwecke immer weniger benötigte, hatte schon ein Wechsel der Propagandastrategie stattgefunden. Die Nationalsozialisten haben nämlich um ca. 1935 erkannt, daß die „Volksgenossen“ ideologisch nicht überfordert werden dürften, deshalb verloren auch die Filme zunehmend ihre eindeutig politische Botschaft und dienten umso mehr der Unterhaltung und dem Wohlbefinden des Volkes. Genau hier fügte sich der Sport glänzend ein. Mit seiner Hilfe können politische Ziele genau deshalb erreicht werden, weil er vordergründig so unpolitisch ist. Der Sport hatte den großen Vorteil, daß er eine ungeheure Massenanziehung besaß – in jener Zeit umso mehr, als es wesentlich weniger Konkurrenz durch andere Freizeit- und Unterhaltungsangebote gab. Neben dem Fußball erregten vor allem Boxen, Automobilrennsport und in geringerem Maße noch Radsport, Leichtathletik und Tennis die Aufmerksamkeit der Massen.

„Wehrhaftmachung" und Ablenkung

Der Sport – und ganz besonders der kampfbetonte Fußball im damaligen Deutschland – erfüllte für die Nationalsozialisten also zwei Funktionen:

▶ Zum einen sollten bei den Menschen bestimmte allgemeine Lebenshaltungen verstärkt werden: das Leben als Existenzkampf des Einzelnen und im Idealfall auch der Nationen zu sehen. Dies sollte dazu führen, daß die Menschen sich eher bereit fanden, die kriegstreiberische und rassistische Politik der Nazis aktiv zu unterstützen oder zumindest zu billigen. In dieser Funktion hat der Sport in der NS-Programmatik schon von Beginn an eine herausgehobene Rolle gespielt, er ist Gegenstand zweier Programmpunkte des NSDAP-Programms von 1920. Anfangs war dies sicher auch dadurch bedingt, daß Sport unter den Vorschriften des Versailler Vertrages die einzige Möglichkeit zu militärischer oder paramilitärischer Ausbildung bot. Spätestens ab 1933 sollte der Sport eine programmatische Schlüsselrolle erhalten, als es darum ging, das gesamte Volk unter anderem durch Wehrsport zu militarisieren – die Nazis nannten dies „Wehrhaftmachung". Der von den Nazis stark geförderte Sport hat die soldatische Ausbildung bei der Mobilmachung 1939 sicherlich deutlich erleichtert, da ein größerer Teil der Menschen trainiert war als früher.

▶ Die zweite Funktion war es, den Menschen etwas Ablenkung von der gesellschaftlichen und politischen Realität zu gönnen. Auch die Nationalsozialisten wußten, daß keineswegs alle Menschen enthusiastische Befürworter sämtlicher Maßnahmen des Regimes waren. Umso klarer wurde dies, als der Inlandsnachrichtendienst ab 1938 begann, die Stimmung im Land systematisch zu erkunden. Die Haltung der Bevölkerungsmehrheit wurde wiederholt als „passive Loyalität" bezeichnet; man nahm die zunehmenden Gewalttaten des Regimes insofern hin, als man sich weigerte, genauer hinzusehen oder Fragen zu stellen (Benz 1997, S. 49). Genau diese Einstellung förderte das Regime mit dem Unterhaltungsangebot, in dem der Fußball eine wichtige Rolle spielte. Dies zeigt die Tatsache, daß man nach dem Kriegsbeginn den Spielbetrieb – so gut es eben ging – auf allen Ebenen aufrechterhielt, und zwar nicht nur in den Gau-Ligen (fast bis unmittelbar vor Kriegsende), sondern auch beim Länderspielbetrieb. Die Bedeutung, die der Fußball zu dieser Zeit hatte, wird dadurch illustriert, daß zahlreiche Nationalspieler hinter der Front oder in Wehrmachts-Fußballmannschaften eingesetzt oder für umfangreiche Trainingslager von ihren Truppenteilen freigestellt wurden; und dies konnte gegen jede zuvor lauthals verbreitete Propaganda geschehen, daß nämlich die besten Sportler auch „des Führers" beste Soldaten sein sollten. Diese Privilegierung war nicht ganz unproblematisch, denn sie war propagandistisch gefährlich, da nicht alle Leute ihre „Lieblinge" in Sicherheit wissen wollten. Vielmehr gab es zahlreiche Menschen, die neidisch und argwöhnisch beobachteten, ob die Härten des Krieges auch wirklich für alle galten. Mit dem Kriegseinsatz von Spitzensportlern wollte die NS-Propaganda vielleicht auch so etwas wie einen Mythos aufbauen: Die Besten opfern sich für ihr Volk auf, so wie beim äußerst populären und langlebigen Langemarck-Mythos aus dem Ersten Weltkrieg.

Letztlich instrumentalisierten die Nationalsozialisten den Sport und den Fußball also in ziemlich großem Ausmaß für ihre Zwecke, allerdings auf eher subtile Weise und weniger im Sinne einer offenen politischen oder ideologischen Beeinflussung. Ob es nur an den Mißerfolgen bei Großereignissen lag, die die Nationalmannschaft seit 1936 regelmäßig einfuhr, oder an einer klugen Propagandastrategie, kann an dieser Stelle nicht beantwortet werden. Es steht jedoch fest, daß Sport und Fußball außenpolitisch sehr gezielt und auch effektiv eingesetzt wurden, um die politischen Ziele der Nationalsozialisten zu fördern. Nach innen beschränkte sich die explizite politische Instrumentalisierung auf wenige Großereignisse; und darauf, daß einzelne Nazi-Größen Fußballvereine benutzten, um eigene Prominenz und Bedeutung zu steigern. Dies betraf dann besonders solche Vereine, die von Mitgliederstruktur und Tradition her zur Nazi-Ideologie paßten, so etwa 1860 München oder Schalke 04, den Vorzeigeverein der Nazis. Die Schalker Erfolgself gab sogar das Vorbild ab für den Unterhaltungsfilm „Das große Spiel", der 1942 mit beträchtlichem Aufwand abgedreht wurde – unter Einsatz von Filmstars und Teilen der Nationalmannschaft.

Die Untersuchungen zur Rolle des Fußballs im Nationalsozialismus haben also gezeigt, daß die Nationalsozialisten den Fußball zwar instrumentalisierten, aber kaum versuchten, den Fußball mit Ideologie aufzuladen. Dies mindert nicht die politische Funktion des Fußballs, ganz im Gegenteil. Daran schließt sich eine zweite interessante Frage an: Inwieweit hat der nationalsozialistische Apparat den Fußball durchdrungen, und inwieweit hat sich der einzelne Fußballspieler und -funktionär „in die Pflicht nehmen lassen“? Da rassische und politische Verfolgungen keineswegs an der Spielfeldgrenze haltmachten, sollte man nachfragen, ob der Sport dabei genauso betroffen war wie andere Bereiche der Gesellschaft.

Zunächst kann man gefahrlos behaupten, daß der Sport sicherlich kein Hort des Widerstandes gegen die NS-Diktatur war, gemeinhin war eine kooperative Haltung verbreitet – nur: wie weit ging diese bei einzelnen Personen und bei den Sportorganisationen?

Nun waren die meisten Fußballer und Funktionäre, sofern sie keine Arbeitersportler waren, vor der Machtergreifung politisch nicht aktiv und waren auch keine Nazis gewesen. Die meisten waren von politischem Denken wohl tatsächlich weitgehend unbeleckt, allerdings schloß dies eine vage nationalkonservative Grundhaltung meist nicht aus.

Viele Funktionäre wurden auf Gau- und Bezirksebene von den neuen Machthabern neu installiert: Die NSRL-Gauführer und die politischen Beauftragten waren fast durchweg alte Nationalsozialisten, oft waren sie SA- oder SS-Mitglieder. Im Fall der Fachamtsleiter blieben die bisherigen Amtsinhaber jedoch meist auf ihren Posten, dies gilt auch für die Gauführer im Bereich Fußball. Es ist interessant zu beobachten, wie diese „Fußballer“ bzw. „Sportler“ sich nach der Machtergreifung durch die Nazis verhielten, inwieweit sie kooperierten, ihre Karriere betrieben oder sogar aktive Nazis wurden. Man kann hier einige Gruppen unterscheiden, die sich in etwa an den Einstufungen der Entnazifizierungs-Spruchkammern orientieren.

Die aktiven Nationalsozialisten

Die erste Gruppe besteht aus den – nach 1933 – aktiven Nationalsozialisten; diese Leute waren schon vor 1933 solchen Ideen nicht ganz abgeneigt, sie begannen sich aber erst nach der Machtergreifung bei der SA oder in Parteiorganisationen zu engagieren. Herausragend waren im Bereich des Fußballs sicherlich Guido von Mengden, zunächst Pressereferent bei Tschammer und später Stabschef des NSRL, sowie Reichstrainer Otto Nerz. Beide wurden publizistisch tätig und verfaßten Artikel, in denen sie sich ganz explizit im Sinne der NS-Ideologie äußerten, von Mengden hatte sich schon zuvor stramm deutschnational präsentiert. Nerz nützte diese engagierte Pro-NS-Haltung jedoch nur begrenzt: Er verlor im Gefolge des Ausscheidens bei Olympia seinen Posten, versuchte dann aber, seine akademische Karriere als Professor an der Reichsakademie für Leibesübungen voranzutreiben. Diesem Vorhaben war die antisemitische Artikelreihe sicherlich nicht abträglich, die er 1943 im *12-Uhr-Blatt* veröffentlicht hatte. Nerz verstieg sich hier in einem Artikel mit dem Titel „Europas Sport wird frei vom Judentum" vom 4. Juni 1943 zu schrillen Haßtiraden: „In der Krise vor 1933 war die Gefahr der Verjudung auch im Fußball sehr groß", schrieb er zu den Plänen zur Einführung des Profitums 1932, und weiter „... der damalige Staat konnte der Sportführung keinen Halt geben, weil er selbst dem Juden hörig war." (Leinemann 1997, S. 265f). Er hatte schon 1937 Herberger brieflich genötigt, die Nationalmannschaft zur Radioübertragung einer Hitlerrede zusammenzurufen, als diese sich im Trainingslager befand. Nimmt man noch die Tatsache hinzu, daß er schon relativ früh SA-Mitglied gewesen war und 1937 nach Aufhebung der Aufnahmesperre auch in die „Partei" eintrat, so ergibt sich das Bild eines Mannes, der sicherlich sehr ehrgeizig war, dessen politische Aktivitäten aber damit alleine nicht zu erklären sind. Nerz erscheint als ein durchaus politisch denkender Mensch, der sich offen zum Nationalsozialismus bekannt und sich politisch betätigt hat.

Anders als Nerz schaffte Guido von Mengden, auch dank seiner politischen Haltung, einen steilen Aufstieg und wurde zu einer der mächtigsten Figuren im deutschen Sport: Er wurde als Stabschef des NSRL im Haus des deutschen Sports Tschammers persönlicher Vertrauter. Nicht nur war er Obersturmbannführer, nicht nur schrieb er im Kaderblatt *NS-Sport,* dessen Schriftleiter er war, hetzerische Leitartikel, die von völkisch-nationalsozialistischem Pathos nur so überquollen, er war auch ab April 1939 als Leiter der Führungsabteilung im NSRL Führer der Exekutive. Obwohl nicht im Detail zu klären ist, wie die Aufgabenverteilung zwischen ihm und Tschammer aussah, darf man annehmen, daß von Mengdens Machtfülle erheblich war: In Anbetracht von Tschammers Führungsschwäche und seines mangelnden Interesses an Ideologie darf man annehmen, daß von Mengden den NSRL nicht nur ideologisch führte, sondern auch weitgehend organisatorisch. Er war also an leitender Stelle verantwortlich für die dienende Rolle des Sports im Nationalsozialismus, und er wäre auch sicherlich nicht gegen eine weitere Instrumentalisierung gewesen, hätten es die Machthaber gewünscht. Für seinen Widerstand gegen weitere Pläne der DAF unter Ley und der SA, die alten Verbandsstrukturen zu zerschlagen, lassen sich zwei Erklärungen finden: Zum einen war er den traditionellen Zielen der Sportbewegung soweit verbunden, daß der Leistungssport – und dies schloß auch internationale Wettkämpfe mit ein – für ihn unabdingbar war. So war er nicht an einem stärkeren Einfluß von leistungssportfeindlichen Kräften interessiert. Zum anderen hätte ein Aufgehen in der SA für ihn selbst einen erheblichen Machtverlust zur Folge gehabt, und daran konnte ihm nicht gelegen sein.

Die ideologische Führung oblag ihm offensichtlich ebenfalls: Er war nicht nur der Ghostwriter von Tschammers Reden mit ideologischem Schwerpunkt, er indoktrinierte nicht nur durch seine linientreu-fanatischen Artikel, sondern er nahm sich auch persönlich der „Dietarbeit" in den Vereinen an. Daß diese letztlich eine Totgeburt war, wie er später selbst zugab, dürfte er als persönliche Niederlage des „großen Organisators" von Mengden gesehen haben.

Guido von Mengden war von allen bürgerlichen Sportfunktionären wohl derjenige, der im größten Ausmaß Teil des NS-Machtapparates geworden war und der die menschenverachtenden Ziele des Nationalsozialismus fast vollkommen verinnerlicht hatte. Von den ins NS-System verstrickten Sportfunktionären hat nicht nur von Mengden seine Karriere nach dem Krieg fortsetzen können, aber sein Fall scheint der krasseste zu sein: Als Generalsekretär des späteren Deutschen Sportbundes (DSB) konnte er als aktiver Nationalsozialist nahtlos dort weitermachen, wo er im „Dritten Reich" aufgehört hat.

Für die guten Beziehungen des Fußballs zum Nationalsozialismus ist auch die Figur des Kriminalrats Felix Linnemann ein herausragendes Beispiel. Linnemann, von 1925 bis 1945 ununterbrochen an der Spitze des deutschen Fußballs, war Mitglied in mehreren NS-Organisationen, wenn er sich auch erst relativ spät eingereiht hat: 1937, direkt nach Aufhebung der Aufnahmesperre, wurde er Mitglied der NSDAP, 1940 beim neuen Verbündeten des Fußballs, der SS, bei der er es bis zum Standartenführer brachte. Unter welchen Umständen und wie freiwillig der Eintritt in die NS-Organisationen erfolgt ist, kann nicht mehr vollständig geklärt werden. Man darf als gesichert betrachten, daß er schon immer stramm deutschnational eingestellt war. Mit den Nazis hatte er schon in den zwanziger Jahren die Idee gemeinsam, daß die Fußballer später, wenn die Versailler Beschränkungen abgeschüttelt wären, den Kern einer neuen Reichswehr bilden könnten. Nach der Machtergreifung hatte Linnemann nicht die geringsten Schwierigkeiten, mit den Nazis zusammenzuarbeiten: Er unterstützte von Anfang an den SA-Mann von Tschammer (u.a. gegen den parteilosen Diem) als Reichssportkommissar und setzte durch, daß der DFB als erster Sportverband überhaupt die Auflösung und freiwillige Selbstgleichschaltung durchführte. Er führte das Fachamt Fußball, dessen Leiter er nach 1933 war, autoritär nach dem Führerprinzip; mit dessen Hilfe setzte er auch die fatale Mannschaftsaufstellung beim vielzitierten Spiel gegen Norwegen bei den Olympischen Spielen durch. Möglicherweise hat dies eine Rolle dafür gespielt, daß er 1937 zur Polizei nach Stettin versetzt wurde, möglicherweise war es auch eine Auseinandersetzung mit Heydrich, wie anderenorts behauptet wird. Jedenfalls verlor er zunehmend an Macht. Linnemann bleibt eine zwiespältige Figur: Obwohl es keine Hinweise für eine fanatische Identifikation mit den NS-Ideen gibt, bekleidete er doch als Mitglied in nationalsozialistischen Institutionen hohe Positionen. Er arbeitete nur zu bereitwillig zum eigenen Machterhalt mit mächtigen Nazis aufs engste zusammen, besonders als er sich dafür einsetzte, freiwillig die Organisationen des bürgerlichen Sports aufzulösen.

Neben Guido von Mengden und Linnemann gab es unter den bürgerlichen Sportfunktionären nur noch zwei weitere, die vielleicht ähnlich großen Einfluß hatten: die IOC-Mitglieder Ritter von Halt und Carl Diem.

Halt war nicht nur Multifunktionär auf dem Gebiet des Sports, im Bereich des IOC sowie im gleichgeschalteten DRL, sondern er war auch in der SS als Gruppenführer und als finanzieller Förderer Himmlers außergewöhnlich aktiv. In seinen Reden offenbarte er seine Übereinstimmungen mit den Zielen und Ideen Hitlers, so zum Beispiel bei seiner Eröffnungsansprache der Kampfspiele der HJ in Breslau 1941, bei der er pathetisch zu Opfern für den Krieg aufrief: Es sei die Aufgabe, das zu erhalten, „...was der Führer schuf und was immer wieder Wiege und Hort neuer deutscher, starker Jugend sein soll: Deutschland!“ (*NS-Sport* 3, 1941).

Halt war sicherlich ein Karrierist, der sich wohl schon aus diesem Grund allein mit den Nationalsozialisten eingelassen hätte. Sein Engagement und seine Äußerungen legen allerdings die Vermutung nahe, daß er dem Nationalsozialismus auch inhaltlich nahestand und durchaus ein Überzeugungstäter war. Nach dem Krieg wurde er NOK-Präsident. Daß in den Wirtschaftswunderjahren kaum mehr jemand etwas von seiner Vergangenheit wissen wollte, zeigen die Nachrufe, als er 1964 starb. Darin findet sich keine einzige Andeutung seiner Rolle in der NS-Zeit. Dies paßt aber durchaus ins Bild – auch die meisten verurteilten Kriegsverbrecher waren Mitte der fünfziger Jahre bereits freigelassen.

Die Rolle von Carl Diem im Nationalsozialismus ist relativ ausführlich in der Öffentlichkeit diskutiert worden, ausgelöst dadurch, daß sich der ZDF-Chefredakteur Reinhard Appel 1984 an seine Zeit in einer HJ-Kampfeinheit und die Rolle Diems bei seinem Einsatz am Reichssportfeld in den letzten Kriegswochen erinnerte. Diem hielt vor Appels Division einen flammenden Appell zur Opferbereitschaft, als die Rote Armee, sechs Wochen vor Kriegsende, schon an der Oder stand. Diem, der sich mit Halt um den Rekord der gleichzeitig gehaltenen Funktionärsposten stritt, stand in der NS-Zeit im Sport ganz an der Spitze, und dies, obwohl er kein NSDAP- oder SA-Mitglied war. Er bewarb sich dreimal um den Posten des Reichssportführers, zuletzt 1943 nach Tschammers Tod. Er war zudem als Generalsekretär des Organisationskomitees für Olympia 1936 tätig und somit für das Propagandaspektakel führend mitverantwortlich. Im NSRL war er von 1939 an zunächst Leiter des „Gaues Ausland" (zuständig für die „Volksdeutschen") und dann der Auslandsabteilung. Damit hatte er die Zuständigkeit für alle internationalen Sportbegegnungen in der Kriegszeit – politisch also ein hochsensibler Posten, dessen er sich anscheinend als würdig erwies. Er betreute und begleitete auch die Spiele der Fußballnationalmannschaft und sorgte für deren reibungslosen Ablauf.

Diem war führend im NS-Sport beteiligt, als es über die politischen Ziele des Regimes und die Rolle des Sports keinerlei Unklarheiten geben konnte. Trotzdem schaffte es Diem offensichtlich, innerlich zwischen dem rein Sportlichen und dem Politischen zu trennen – dafür spricht, daß er niemals Mitglied bei SA oder NSDAP gewesen ist. Nach dem Krieg kritisierte er außerdem die anderen Sportführer schonungslos dafür, daß sie sich den Nationalsozialisten „an den Hals geworfen haben", seine Kritik gipfelt in dem Satz „Charakterlos wie die Sportführer". Seine schonungslose Kritik am Mitmachen anderer steht in einem auffälligen Kontrast zur Beschäftigung mit seiner eigenen Rolle während der NS-Zeit. Mit vielen NS-Ideen zum Sport sympathisierte Diem: Daß der Sport im Dienst von Wehrhaftmachung und Nation zu stehen habe, hatte er schon Anfang der zwanziger Jahre vertreten. Seine „Opferrede" 1945 auf dem Reichssportfeld hatte also ihre eigene Tradition.

Der einzige bekannte Spieler, der sich als Nazi besonders hervorgetan hat, war der ehemalige „Internationale" Otto „Tull" Harder vom Hamburger SV. Er war einer der bedeutendsten Spieler seiner Zeit und einer der zwei Spieler, die vor und nach dem Ersten Weltkrieg in der Nationalmannschaft spielten. Harder schlug eine Karriere bei der SS ein und war Aufseher im KZ Neuengamme. Er wurde deshalb zu einigen

Jahren Haft verurteilt, seinem Status als Idol in Hamburg tat dies jedoch absolut keinen Abbruch: Die Stadionbesucher bereiteten ihm nach seiner Rückkehr aus der Haft einen lautstarken Empfang. Von Spielern wurde generell weniger verlangt, daß sie sich politisch aktiv betätigten – sie hatten vor allem zu kooperieren, und dies taten auch fast alle in irgendeiner Form.

Etwas anders war die Situation naturgemäß bei den Sportjournalisten, die ja seit der Gleichschaltung Teil des Propagandaapparats waren, unabhängig davon, für welche Zeitung sie schrieben. Dies galt auch für ein Sportfachblatt wie den *Kicker,* das mit Sicherheit unkritisch zu bleiben hatte, sofern es über den Fußball hinausging. Nicht nur 1936 bei den Olympischen Spielen (wo dies aus offensichtlichen Gründen opportun war) bemühte man sich um eine gewisse Objektivität, von der allerdings nichts mehr zu spüren war, wenn es um sportpolitische Fragen oder um Schlüsselereignisse ging. Dies war der Fall bei der Gleichschaltung 1933 und beim Anschluß Österreichs 1938, als sich das Blatt voll in den Dienst der „Bewegung" stellte. Hier tat sich der Schriftleiter Hanns-Joachim Müllenbach besonders hervor, der vor 1933 noch nicht durch politisches Denken aufgefallen war und seine neuen Freunde nun vor „Wendehälsen" warnte. Daß er sich dazu bekannte, den Sport in den Dienst des neuen Deutschlands zu stellen, versteht sich von selbst. Auch 1938 begleitete er die Werbeaktion des Sports in Österreich für den Anschluß an Deutschland publizistisch, indem er dazu aufforderte, dem Führer seinen Einsatz zu danken und bei der Volksabstimmung mit „ja" zu stimmen. Müllenbach warf sich den neuen Machthabern durch sein „Coming Out" richtiggehend in die Arme, und auch zur Propaganda für den „Anschluß" mußte er wohl nicht allzu lange überredet werden.

Ob er innerlich ein besonders überzeugter Nationalsozialist war, ist schwer zu beurteilen, er hätte dem Führer sicherlich noch kräftiger „zuarbeiten" können, so wie es die genuinen NS-Blätter getan haben. Müllenbach liefert ein typisches Beispiel für jemanden, der durch die geänderten politischen Verhältnisse eine ungeahnte Chance zum Aufstieg sieht, die er dadurch erhielt, daß sein jüdischstämmiger Vorgänger, Walther Bensemann, gehen mußte. Und diese Chance nutzte er ziemlich konsequent, er adaptierte die Ideologie, und dies zahlte sich auch insofern für ihn aus, daß er Schriftleiter blieb, bis er zu Kriegsbeginn eingezogen wurde. Den Krieg mußte er allerdings mit seinem Leben bezahlen, er starb bei einem Flugzeugabsturz.

Clevere und passive Mitläufer

In einer zweiten Gruppe könnte man vielleicht diejenigen zusammenfassen, die letztlich Mitläufer waren, sich dabei aber nicht darauf beschränkten, sich von der Masse mitschieben zu lassen, sondern auch einmal ihre Ellenbogen benutzten, wenn man damit einige Meter nach vorne kommen konnte. Diese Leute entwickelten meist keine direkten politischen Ambitionen, weil sie kein entsprechendes Bewußtsein besaßen. Sie ließen sich aber auch nicht lange bitten, entweder einer NS-Organisation beizutreten oder dem Machtapparat propagandistisch ein wenig zur Hand zu gehen, wenn dies ihrem Fortkommen dienlich war.

In diese Gruppe dürfte der allergrößte Teil der Menschen im damaligen Deutschland und Österreich passen, also die 54%, die man bei der Entnazifizierung als „Mitläufer" einstufte. Genau dieses Urteil fällte am 21. September 1946 die Spruchkammer Weinheim über den dort ansässigen Josef Herberger, Reichstrainer a.D., der deshalb mit einer Geldsühne in Höhe von 500 Reichsmark belegt wurde, die er sogleich beglich. Herberger rechtfertigte seine Mitarbeit im Sport an führender Position im entmenschten NS-System und seine Mitgliedschaft in der NSDAP mit dem in Sportlerkreisen üblichen Argument: In der „Partei" sei er Mitglied geworden, „wie man zuweilen in einem Verein Mitglied wird", und weiter erläutert er in seiner schriftlichen Erklärung zum Entnazifizierungsverfahren: „Ich habe immer nur für meinen Sport gelebt, hatte nur meine berufliche Ausbildung im Auge und hatte nie Zeit, mich auch um Politik zu kümmern. Als Hitler 1933 an die Macht gekommen war, redete man aus meiner Umgebung auf mich ein, mich doch nicht abseits zu halten..." (Leinemann 1997, S. 267). In der Gesamtschau von Herbergers Verhalten im „Dritten Reich" erscheint seine polititsche Naivität relativ glaubwürdig, weniger allerdings die widerständlerischen Gedanken, mit denen er schwanger gegangen sein will: „Ich habe aus meiner Einstellung keinen Hehl gemacht, und ich war bereit, mich jedem und allem anzuschließen, die entschlossen waren, gegen Hitler vorzugehen. Ich habe es bedauert, daß ich keinen Anschluß an die Widerstandsbewegung fand..." (Leinemann 1997, S. 269)

Herberger sind sicherlich zwei Dinge nicht abzusprechen, nämlich seine Kriegsfeindlichkeit und eine persönliche Integrität denen gegenüber, denen er sich verbunden fühlte, und dies waren in erster Linie seine Nationalspieler. Einige hatte er sicherlich durch seine Aktion „Heldenklau" vor dem Tod an der Front gerettet, und zwar unter Gefährdung seiner eigenen Sicherheit. Vor dem Spruchkammerverfahren sprachen dann auch alle Nationalspieler für ihn, außerdem sind drei Beispiele echter Zivilcourage belegt; er stellte sich Plänen von SA-Leuten entgegen, für die Spieler Fahnenappelle einzuführen, und er setzte sich in zwei Fällen öffentlich für jüdische Mitbürger ein.

Herberger hat im „Dritten Reich“ vor allem seine Karriere im Auge gehabt, an Politik war er in den ersten Jahren nach 1933 wohl tatsächlich nicht interessiert. Wie jemand ein solches Desinteresse, auf das sich Herberger beruft, angesichts der durchaus sichtbaren Radikalisierung des Regimes aufrechterhalten konnte, ist aus heutiger Sicht schwer nachvollziehbar. Allgemein wird Herberger eine ausgesprochene Listigkeit nachgesagt, besonders in seinem Verhalten gegenüber übergeordneten Personen, und vielleicht hat er klarsichtig erkannt, daß politische Aktivitäten für einen Mann in seiner Position nicht nötig und auch nicht sehr nützlich waren. So war es natürlich auch umso mehr opportun, sich bestimmte Fragen gar nicht zu stellen oder sie wegzuschieben – oder ein politisches Bewußtsein gar nicht erst zu entwickeln, das ihn dann möglicherweise zum Handeln gezwungen hätte.

Unter den Nationalspielern seiner Zeit (1930-1938) waren nach Aussage des 38maligen Nationaltorhüters Hans Jakob acht Mitglied der NSDAP. Wer dies im einzelnen war, darüber sind keine Erkenntnisse zu bekommen. Die prominenteste Figur in der Nationalmannschaft war der Spielgestalter Fritz Szepan von Schalke 04 gewesen, auch von ihm ist nicht bekannt, ob er „Parteigenosse“ war. Seine Unterschrift prangt allerdings zusammen mit derjenigen Matthias Sindelars, der sicherlich nicht nazifreundlichen Fußballegende Österreichs, unter einem Aufruf zur Volksabstimmung über den Anschluß Österreichs 1938.

Besonders in den späten dreißiger Jahren wurde der Druck auf die Spieler stärker, sich einer NS-Organisation anzuschließen und politisch Flagge zu zeigen, wie Helmut Schön berichtet. Passive Mitläufer wie die Spieler des FC Bayern traten z.B. geschlossen in den NSKK ein und absolvierten Spiele für dessen Fußballmannschaft. Andere Spieler hingegen erklärten sich bereit, sich in den Dienst der SA zu stellen – einige prominente Nationalspieler ließen sich bei den Kampfspielen 1937 für deren Fußballmannschaft anwerben. Wieder andere (französische) Nationalspieler reihten sich bei der SS ein, wie in Straßburg geschehen, um die Nazis im besetzten Elsaß populär zu machen.

Die meisten Aktiven folgten dem Ruf der Machthaber recht bereitwillig. Beispiele von Verweigerung sind äußerst selten. Je prominenter die Spieler, desto größer war die Erwartung, sich politisch zu exponieren – bei der ersten Mannschaft des FC Bayern genügte der NSKK, der politisch von eher untergeordneter Bedeutung war. Nationalspieler waren für bedeutende Organisationen wie SA oder SS grundsätzlich interessant, allerdings waren die Anwerbemethoden (mit der Ausnahme Straßburg) wohl nicht so aggressiv. Die Beispiele Helmut Schöns und Oscar Heisserers zeigen aber, daß auch der Ruf der SS kein unvermeidbares Schicksal war und daß man diesem Schicksal – wie Schön – mit etwas Wendigkeit durchaus entgehen konnte.

Die Widerständler

Nun fanden sich auch bei Fußballern und Sportlern allgemein Beispiele unangepaßten Verhaltens bis hin zu aktivem Widerstand. All diese Personen sollen in der letzten Gruppe zusammengefaßt werden. Zahlenmäßig erscheint diese Gruppe nach allen Untersuchungen als ziemlich verschwindend, darin unterscheidet sich der Sport allerdings nicht von der Gesamtbevölkerung, von der nur 0,6 % von den Spruchkammern als Regimegegner anerkannt wurden. Unter den prominenten Spitzensportlern gab es wirklich nur einen, der aktiven politischen Widerstand geleistet hat, den Ringer Werner Seelenbinder. Das spätere Idol des antifaschistischen Kampfes in der DDR war Kommunist und Arbeitersportler, und er war bereit, für seine Überzeugungen ins KZ zu gehen und schließlich auch dort zu sterben.

Es gab natürlich noch mehr Fälle von prominenten Arbeitersportlern (wie der Hamburger Fußballer Postler), die im Widerstand aktiv waren, aber von „bürgerlichen“ Spielern oder Funktionären ist ein solches Verhalten nicht bekannt geworden. Demokratisches Bewußtsein war bei fast niemandem aus dieser Gruppe vorhanden oder wurde verdrängt, und so fehlte wohl auch jede Basis für regimefeindliche Aktivitäten, die Leib und Leben akut gefährdet hätten. Solch heldenhaftes Verhalten ist natürlich immer die große Ausnahme und von niemandem zu verlangen. Jedoch ist auch denkbar, die Kooperation zu verweigern und eine Beeinträchtigung der sportlichen Karriere in Kauf zu nehmen – auch hier ist weitgehend Fehlanzeige. Der begnadete Techniker Matthias Sindelar, von dem es heißt, daß er kein Freund der Nazis gewesen sei, ist eines dieser seltenen Exemplare.

„Arische“ Sportler und Fußballer profitierten insgesamt von der NS-Herrschaft, die jüdischen Funktionäre und Spieler wurden jedoch mindestens genauso gnadenlos verfolgt wie alle anderen Juden. Stellvertretend für alle Sportler jüdischer Abstammung steht das tragische Schicksal des ehemaligen Nationalspielers Julius Hirsch vom FV Karlsruhe, der auch nach dem Vereinsausschluß in Deutschland blieb und schließlich im Konzentrationslager ermordet wurde. Der zweite ehemalige Nationalspieler, der genau wie Hirsch aus allen Ergebnislisten und Statistiken getilgt wurde, Gottfried Fuchs, emigrierte rechtzeitig in die USA und entging so dem Holocaust. Die Glücklicheren der jüdischen Funktionäre wie Kurt Landauer, der langjährige Präsident des FC Bayern München und der Gründer des *Kicker,* Walther Bensemann, emigrierten ebenfalls rechtzeitig – Landauers Familie jedoch gelang dies nicht, und fast alle seine Geschwister starben im KZ.

Diese Untersuchung hat einige wenige Sportler zu Tage gefördert, die sich geweigert haben, als „Öl“ im NS-Apparat zu fungieren, und zum Teil sogar „Sand“ gewesen sind, der die Funktion dieses Apparates wenigstens ein wenig gestört hat. Die allermeisten haben sich jedoch bereit erklärt, das „Öl“ zu sein, sie haben dabei ihr Denken entweder auf das runde Leder beschränkt und/oder den Sport dazu benutzt, die eigene berufliche und materielle Position im Vorbeigehen ein bißchen zu verbessern. Herberger, persönlich integer, und sein Star, Fritz Szepan, scheinen insgesamt recht typische Beispiele für das Verhalten von Sportlern im „Dritten Reich“ gewesen zu sein. Und es scheint, daß die Sportler sich nicht schlechter, aber sicherlich auch nicht besser verhalten haben als der Rest der Bevölkerung.

Befragte Zeitzeugen

Helmer Boelsen, ehemaliger Sportjournalist bei der *Frankfurter Rundschau,* Jahrgang 1925.

György Braunstein: Ungarischer Fußball-Nationspieler in den dreißiger Jahren. Braunstein war als Häftling in den Konzentrationslagern Oranienburg, Sachsenhausen, Buchenwald und Dachau. Jahrgang 1913. Mittlerweile verstorben.

Franz Brückl: Der gebürtige Pole war als Häftling in den Konzentrationslagern Posen und Dachau. Brückl beobachtete in Dachau, wie Häftlinge gegen das Wachpersonal Fußball spielten. Jahrgang 1910. Im Februar 1999 verstorben.

Herbert Burdenski, Schalker Meisterspieler und Nationalspieler im „Dritten Reich", Jahrgang 1922.

Karl-Heinz Heimann: Sport-Journalist und Herausgeber des *Kicker- Sportmagazins.* Jahrgang 1924. Lebt heute in Nürnberg.

Oscar Heisserer: Ehem. 25-maliger französischer Nationalspieler und Profi bei Racing Strasbourg und bei Racing Paris. Jahrgang 1914. Lebt heute in Strasbourg.

Wolfgang Hempel, Rundfunkreporter u. Schalke-Fan im „Dritten Reich", Jahrgang 1927. Lebt heute in Erfurt.

Hans Jakob: Deutscher Fußball-Nationaltorwart von 1930 bis 1938. 38 Länderspiele. Jahrgang 1908. Verstorben im März 1994.

Josef Kronzucker, Spieler des TSV 1860 München im „Dritten Reich", Jahrgang 1911. Lebt heute in München.

Bert Merz: Jahrgang 1920, Sportchef der *Frankfurter Rundschau* von 1965 bis 1985.

Ludwig Maibohm: Langjähriger Fernseh- und Rundfunkjournalist. Maibohm berichtete von den Olympischen Sommerspielen 1936 in Berlin. Mittlerweile verstorben.

Rudi Michel, ehemaliger Fernsehjournalist, Kommentator von WM-Endspielen, Jahrgang 1921. Lebt heute in Baden-Baden.

Herbert Moll, Spieler des FC Bayern im Dritten Reich. Jahrgang 1916. Lebt heute in München.

Georg Rassl: Gründungsmitglied des Turn- und Sportvereins Hilgertshausen (1927). Nach dem Zweiten Weltkrieg war Rassl 30 Jahre lang Bürgermeister der Gemeinde Hilgertshausen im Landkreis Dachau. Jahrgang 1916. Mittlerweile verstorben.

Josefine Rohr: Witwe des ehem. Nationalspielers Oskar Rohr (1912-1988). Lebt heute in Mannheim.

Hans Schiefele, ehemaliger Journalist bei der *Süddeutschen Zeitung.*

Uri Siegel: Neffe von Kurt Landauer, entging dem Holocaust in Palästina und lebt heute als Rechtsanwalt in München.

Wilhelm Simetsreiter, Jahgang 1915, Spieler beim FC Bayern 1933 bis 1947, Nationalspieler in den Jahren 1935 bis 1937.

Albert Sing, Nationalspieler im „Dritten Reich" und Assistent Herbergers bei der WM 1954. Jahrgang 1917. Lebt heute im Tessin in der Schweiz.

Michael Steinbrecher, ehemaliger Sportjournalist, mittlerweile verstorben.

Literatur

Atlasz, Robert (Hrsg.): Bar Kochba. Maccabi - Deutschland 1898 bis 1938. Tel Aviv 1937.

Baar, Arthur: 50 Jahre Hakoah 1909 bis 1959. Tel Aviv 1959.

Baroth, Hans-Dieter: „Jungens, Euch gehört der Himmel!" Die Geschichte der Oberliga West 1947-1963, Essen 1988.

Bausenwein / Kaiser / Siegler: 1. FC Nürnberg. Die Legende vom Club, Göttingen 1996.

Benz, Wolfgang u.a. (Hg.): Enzyklopädie des Nationalsozialismus, München 1997.

Bernett, Hajo: Guido von Mengden: „Generalstabschef" des dt. Sports, Berlin und München 1976.

Bernett, Hajo: Der Weg in die nationalsozialistische Diktatur: Die Entstehung des Deutschen (Nationalsozialistischen) Reichsbundes für Leibesübungen, Schorndorf 1983.

Bernett, Hajo: Der jüdische Sport im nationalsozialistischen Deutschland 1933 bis 1938. Schorndorf 1978.

Bernett, Hajo: Der Weg des Sports in die nationalsozialistische Diktatur. Schorndorf 1983.

Berns, Heinz/Wiersch, Hermann: Das Buch vom deutschen Fußballmeister. Zwei Mannen und eine Mannschaft. Wattenscheid 1936.

Bitter, Jürgen: Deutschlands Fußball-Nationalspieler. Das Lexikon. Berlin 1997.

Böttiger, Helmut: Kein Mann, kein Schuß, kein Tor. Das Drama des deutschen Fußballs. München 1993.

Brecht, Bert: Die Krise des Sportes, in: Meisl, Willy (Hg.): Der Sport am Scheidewege, Heidelberg 1927.

Bringmann, Gilbert (Hg.): Fußball-Almanach 1900 - 1943. 2. Auflage. Kassel 1994.

Bronnen, Arnolt: Sport und Risiko, in: Meisl, Willy (Hg.): Der Sport am Scheidewege, Heidelberg 1927.

Bruggmoser, Wolfgang: Sport und Ideologie. Entwicklung deutscher Turn- und Sportvereine im Dritten Reich - aufgezeigt am Beispiel des FC Bayern München. Facharbeit im Leistungskurs Geschichte. München 1987.

Bunzel, John: Hoppauf Hakoah, Wien 1987.

„Der Kicker", die deutsche Fußball-Illustrierte (Herausgeber): Deutschlands Fußball-Meister. Berlin 1941.

Deutscher Fußball-Bund (Hg.): Fünfundsiebzig Jahre DFB. Eine Festschrift des Deutschen Fußball-Bundes. München 1975.

Deutscher Fußball-Bund (Hg.): Programm für den Festakt anläßlich des 75jährigen Bestehens des Deutschen Fußball-Bundes am 17. Mai 1975 im Schauspielhaus in Frankfurt am Main. Frankfurt 1975.

FC Bayern München (Hg.): 90 Jahre FC Bayern München. München 1990.

Flierl, Paul: Sechzig Jahre Süddeutscher Fußballverband 1897 bis 1957. Stuttgart 1957.

Gehrmann, Siegfried: Fußball-Vereine-Politik. Zur Sportgeschichte des Reviers 1900-1940. Essen 1988.

Geyer, Horst: Olympische Spiele 1896-1996. Ein deutsches Politikum. Münster 1996.

Gloede, Walter: Sport, die unbekannte Größe im politischen Spiel. München 1980.

Goch, Stefan: Sozialdemokratische Arbeiterbewegung und Arbeiterkultur im Ruhrgebiet. Eine Untersuchung am Beispiel Gelsenkirchen. Düsseldorf 1990. Reihe: Geschichte des Parlamentarismus und der politischen Parteien.

Grüne, Hardy: 90 Jahre deutscher Liga-Fußball. Kassel 1995.

Hack, Fritz: Torhüter des Jahrhunderts. Bad Homburg 1979.

Herberger, Josef: Fußball-WM, Kemnat 1973.

Huba, Karl-Heinz: Fußball-Weltgeschichte. München 1989.

Jenrich, Holger: Borussia Mönchengladbach. Tore, Tränen und Triumphe. Göttingen 1995.

John, Michael / Schulze-Marmeling, Dietrich: „Haut's die Juden!" Antisemitismus im europäischen Fußball, in: Beiersdorfer u.a. (Hg.): Fußball und Rassismus, Reinbek bei Hamburg 1994.

John, Michael: Fußballsport in Österreich, in: Eisenberg, Christiane (Hg.): Geschichte des Fußballsports, 1996.

Kehl, Anton: Sepp Herberger in Bildern und Dokumenten, München 1997.

Kicker-Sportmagazin: Kicker-Almanach 1973. Das Fußballjahr im Taschenbuch. München 1973.

Körfer, Hans: Weltmeisterschaft. Frankfurt am Main/Wien 1962.

Koppehel, Carl (Hg.): Geschichte des Deutschen Fußballsports. Herausgegeben in Zusammenarbeit mit dem Deutschen Fußball-Bund. Frankfurt/M. 1954.

Krämer, Gerd: Im Dreß der elf Besten. München 1961.

Krüger, Arnd: Die Olympischen Spiele Neunzehnhundertsechsunddreißig und die Weltmeinung: Ihre außenpolitische Bedeutung unter besonderer Berücksichtigung der USA. Berlin 1972.

Leinemann, Jürgen: Sepp Herberger. Ein Leben, eine Legende. Berlin 1997.

Mandell, Richard: Hitlers Olympiade – Berlin 1936. München 1980.

Matheja, Ulrich: Eintracht Frankfurt – Schlappekicker und Himmelsstürmer. Göttingen 1998.

Meisl, Willy (Hg.): Der Sport am Scheidewege. Heidelberg 1928.

Meißner, Toni Richard: Der politisierte Sport und seine Fachpresse unter besonderer Berücksichtigung ihrer politischen Propaganda während des nationalsozialistischen Regimes (1933-45). Worms 1956 (Diss.).

Mengden, Guido von: Umgang mit der Geschichte und mit Menschen. Ein Beitrag zur Machtübernahme im deutschen Sport durch die NSDAP, Berlin 1980.

Mikos, Lothar/Nutt, Harry: Als der Ball noch rund war. Sepp Herberger – ein deutsches Fußballerleben, Frankfurt/M. 1997.

Moritz, Rainer: Doppelpass und Abseitsfalle. Ein Fußball-Lesebuch. Stuttgart 1995.

Müllenbach, Hanns J. / Becker, Friedebert (1940): Die Feldherren der Fußballschlachten, Nürnberg 1940.

Munzinger, Ludwig (Hg.): Munzinger-Archiv. Internationales Sportarchiv. Ravensburg 1989.

Präsidium des Hamburger Fußball-Verbandes (Hg.): 100 Jahre Fußball in Hamburg. Hamburg 1994.

Priamus, Hans-Jürgen / Goch, Stefan: Macht der Propaganda oder Propaganda der Macht. Essen 1992.

Reuth, Hans Georg (Hg.): Die Goebbels – Tagebücher. Bd. 1, Bd. 2, Bd. 3: 1936-39. München 1992.

Röwekamp, Georg: FC Schalke 04. Der Mythos lebt. Göttingen 1996.

Rohr, Bernd / Simon, Günter (Hg.): Fußball-Lexikon. München 1991.

Schilde, Kurt: Mit dem Davidstern auf der Brust. Spuren der jüdischen Sportjugend in Berlin zwischen 1898 und 1938. Berlin 1988.

Schneemann, Wilhelm: Das „Volk in Leibesübungen“ als weltanschauliche Aufgabe, in: Leibeserziehung, Heft 4/6, Berlin 1943.

Schön, Helmut: Immer am Ball, München 1972.

Schön, Helmut: Fußball. Frankfurt am Main/Berlin/Wien 1978.

Schulze, Ludger: Die Mannschaft. Geschichte der Deutschen Fußball-Nationalmannschaft. München 1986.

Schulze-Marmeling, Dietrich: Der gezähmte Fußball. Geschichte eines subversiven Sports. Göttingen 1992.

Schulze-Marmeling, Dietrich: Die Bayern. Vom Klub zum Konzern, Göttingen 1997.

Schwind, Karl-Heinz: Geschichten aus einem Fußball-Jahrhundert, Wien 1994.

Seitz, Norbert: Bananenrepublik und Gurkentruppe. Die nahtlose Übereinstimmung von Fußball und Politik 1954 – 1987. Frankfurt am Main 1987.

Service Civil e.V., in Zusammenarbeit mit „Umdenken e.V.“ (Hg.): Spielkameraden, Prämien, Kaninchenführer. Hamburg 1990.

Skrentny, Werner (Hg.): Als Morlock noch den Mondschein traf. Die Geschichte der Oberliga Süd 1945 – 1963. Essen 1993.

Skrentny, Werner / Prüß, Jens: Hamburger Sportverein - Immer erste Klasse. Göttingen 1998.

Stadtarchiv München (Hg.): München und der Fußball. Von den Anfängen 1896 bis zur Gegenwart. München 1997.

Teichler, Hans-Joachim / Hanke, Gerhard (Hg.): Illustrierte Geschichte des Arbeitersports. Berlin und Bonn 1987.

Teichler, Hans Joachim: Internationale Sportpolitik im Dritten Reich. Schorndorf 1991.

Ticher, Mike: Es steht doch in den Akten – Juden und Fußball in Berlin (Manuskript).

Torberg, Friedrich: Die Erben der Tante Jolesch. München 1990.

Ueberhorst, Horst: Carl Krümmel und die nationalsozialistische Leibeserziehung, Berlin und München 1976.

Ueberhorst, Horst: Spiele unterm Hakenkreuz. Die Olympischen Spiele von Garmisch-Partenkirchen und Berlin 1936 und ihre politischen Implikationen, in: Bundeszentrale für politische Bildung (Hg.): Aus Politik und Zeitgeschichte. Beilagen zur Wochenzeitung Das Parlament (B31/86). Bonn 2. August 1986, S. 3 bis 15.

Ueberjahn, Dieter: Meisterclubs des deutschen Fußballs. Balve/Sauerland 1980.

Walter, Fritz: Elf Rote Jäger. o.O. 1959.

Weinbach, Horst: Das große Buch vom Fußball. München/Berlin 1972.

Winkler, Hans-Jürgen: Sport und politische Bildung. Opladen 1972.

Wistrich, Robert: „Wer war wer im Dritten Reich?“, Frankfurt am Main 1987.

Zöller, Martin u.a.: Fußball in Vergangenheit und Gegenwart. Berlin 1978.

Zu den Autoren

Gerhard Fischer, Jahrgang 1965, hat sich während seines Studiums (Geschichte und Politik) wissenschaftlich und publizistisch mit der Sportpolitik der Nationalsozialisten beschäftigt. Er arbeitet heute als Sportredakteur bei der *Süddeutschen Zeitung.*

Ulrich Lindner, Jahrgang 1962, hat Germanistik studiert und war Hochschuldozent in Schottland. Er arbeitet heute für das Goethe-Institut und als freier Autor in München.

Werner Skrentny, Jahrgang 1949, lebt als freier Autor in Hamburg. Zahlreiche Buchveröffentlichungen u.a. zur Geschichte des Fußballs.

Dietrich Schulze-Marmeling. Jahrgang 1956, lebt als Autor und Lektor in Altenberge bei Münster. Zahlreiche Buchveröffentlichungen u.a. zur Geschichte des Fußballs.

Personenregister

Nicht aufgenommen sind in der Regel Autoren und Journalisten aus der Zeit nach 1945.